完全予想　仏検準1級　（ISBN978-4-411-00555-7）　㈱駿河台出版社

解　答　編

JN065081

筆記問題編

1 動詞・形容詞・副詞の名詞化

3 **出題例**

(1) décès　(2) méfiance
(3) désapprobation　(4) fermeté
(5) fréquence

(1) **A** 私はその俳優が亡くなったことを知らなかった。
B 私はその俳優の死亡を知らなかった。
(2) **A** そのジャーナリストと話すときは気をつけなければならない。
B そのジャーナリストとは用心して話さなければならない。
(3) **A** 彼女の顔は承服しかねることを示していた。
B 彼女の顔からは不満の色を読みとりことができた。
(4) **A** 全員が彼(女)の断固たる態度に感服している。
B 彼(女)の毅然とした態度は全員の賞賛に値する。
(5) **A** あなたはあまりにも頻繁に遅刻する。
B あなたの遅刻の多さは度が過ぎている。

5 *EXERCICE 1*

(1) fleurs　(2) oubli　(3) sursaut
(4) emprunt　(5) secours　(6) frein
(7) soins　(8) projet　(9) refus　(10) arrêt
(11) souci　(12) gain

(1) **A** 春です，木々には花がふんだんに咲いている。
B 春です，木々はすっかり花盛りだ。
(2) **AB** この女優は完全に忘れられた。
(3) **A** このニュースは彼を驚きではっとさせた。
B このニュースを知らされたとき，彼は驚きではっとした。
(4) **AB** 彼は車を買うために銀行でお金を借りた。
(5) **AB** 負傷者を救出しなければならない。
(6) **A** 自転車に乗っている人は下り坂で急
B 自転車に乗っている人は下り坂で急ブレーキをかけた。
(7) **AB** その女性看護師は病人を看護する。
(8) **A** 私たちは来年旅行する計画をたてている。
B 私たちは来年旅行の計画がある。
(9) **AB** 彼(女)の提案は却下された。
(10) **A** 電車が完全に止まるまで降りることはできない。
B 電車が完全に止まるまで降りてはいけない。
(11) **AB** 母親は彼のことを心配している。
(12) **AB** あちらを通れば時間の節約になるのだが。

7 *EXERCICE 2*

(1) charge　(2) fête　(3) paye / paie
(4) réserve　(5) règne　(6) coupe
(7) fracture　(8) dépense　(9) refuge
(10) compte　(11) équilibre　(12) offre

(1) **AB** 注意してください，この拳銃は装填されている。
(2) **AB** 今年私たちは家族でクリスマスを祝うだろう。
(3) **A** この会社では毎月25日に給料が支払われる。
B この会社では毎月25日に給料を受けとる。
(4) **AB** 彼女はヴァカンスへ行くためにお金を蓄えておいた。
(5) **A** 彼は25年間統治した。
B 彼の統治は25年続いた。
(6) **AB** 彼は髪の毛を切ってもらった。
(7) **AB** 彼はバイクで転んで脚の骨を折った。
(8) **A** 彼は住居のために大金をつぎ込んだ。
B 彼は住居のために大きな出費をした。
(9) **A** 彼は沈黙のなかへ逃げ込んだ。
B 彼は沈黙のなかに避難所を求めた。
(10) **AB** 私は今年出費した総額を計算した。
(11) **AB** 政府は予算のバランスをとることに気を配っている。
(12) **A** 彼は職を提案された。

B 彼は求人をうけた。

9 *EXERCICE 3*

(1) preuve (2) hâte (3) pratique
(4) baisse (5) reproche (6) remarque
(7) épreuve (8) recherche (9) échange
(10) contrôle (11) excuse (12) envie

(1) **A** 私の無実をどうすればあなたに証明することができますか？
　　B 私の無実の証拠をどうすればあなたに示すことができますか？
(2) **AB** 彼女は急いで自分の仕事を終わらせた。
(3) **AB** このダイエットをするときはスポーツを行なうことが推奨されている。
(4) **AB** 値段が下がるのを利用して買わなければならない。
(5) **A** 彼は私の嘘を非難した。
　　B 彼は嘘をついたことで私を非難した。
(6) **AB** 私は彼(女)に誤りを指摘した。
(7) **A** 父の死で彼はとても悲しい思いをした。
　　B 父の死は彼にとってつらい試練だった。
(8) **AB** 警察は事故の目撃者を探している。
(9) **AB** 私たちはCDを交換した。
(10) **A** 君は車内で切符を検札されたの？
　　B 君は車内で切符の検札を受けたの？
(11) **A** 彼(女)の怠惰には弁解の余地はない。
　　B 彼(女)の怠惰にはなにをもってしても弁解できない。
(12) **A** みんなは彼(女)の成功をうらやんでいる。
　　B 彼(女)の成功はみんなの羨望をかきたてた。

11 *EXERCICE 4*

(1) addition (2) appui (3) témoignage
(4) apprentissage (5) progrès
(6) embarras (7) nom (8) démarrage
(9) regret (10) détail (11) essai (12) envoi

(1) **AB** これら3つの数字を足してください。
(2) **AB** いくつかの証言に基づいて，弁護士は依頼人の無罪放免を求めている。
(3) **A** 事故のあと私は証言するよう求められた。
　　B 事故のあと私の証言が採録された。
(4) **A** この少年はある整備士の工場で実地経験から仕事を学んでいる。

　　B この少年はある整備士の工場で見習いをしている。
(5) **AB** この学生は日本語が上達した。
(6) **AB** この質問は私を困惑させた。
(7) **AB** あなたのお母さんは何という名前ですか？
(8) **AB** 彼女はいつも坂道での発進に苦労する。
(9) **AB** 彼はそこへ行かなかったことを後悔している。
(10) **A** ジャンは私たちにヴァカンスに関する詳しい話をしてくれた。
　　B ジャンは私たちに詳細にヴァカンスの話をしてくれた。
(11) **AB** 私はこの新製品を試しに使ってみます。
(12) **AB** 政府はこの国への軍隊の派遣を断念した。

13 *EXERCICE 5*

(1) usure (2) fumée (3) découverte
(4) comparaison (5) déchirure (6) vue
(7) combinaisons (8) durée (9) levée
(10) brûlure (11) sortie (12) liaison

(1) **A** すり減っているタイヤに気をつけなさい。
　　B タイヤの摩耗に気をつけなさい。
(2) **A** この暖炉はよく燃えない，煙が出ている。
　　B この暖炉からは煙が漏れ出ている。
(3) **A** クリストファー・コロンブスは1492年にアメリカ大陸を発見した。
　　B クリストファー・コロンブスによるアメリカ大陸の発見は1492年に遡る。
(4) **A** 私たちの価格をライバル社のそれと比較してください。
　　B 私たちの価格とライバル社のそれを比較してください。
(5) **AB** 彼女はスカートにかぎ裂きを作った。
(6) **AB** 彼女の視力はますます低下している。
(7) **A** 異なる3つの数字を組み合わせることによって，6つの数字ができる。
　　B 異なる3つの数字を並べて置くことによって，6通りの組み合わせを作ることができる。
(8) **A** 会議は2時間半続く。
　　B 会議時間は2時間半だ。
(9) **AB** 街の包囲を解くことは重大な誤りだろう。
(10) **AB** この鍋に触らないで，やけどするよ。
(11) **A** みんなは彼が次の小説を出版するの

を待っている。

B みんなは彼の次の小説の出版を待っている。

⑿ **A** これら2つの段落を結びつけることはできない。

B これら2つの段落のあいだに関連性はない。

15 *EXERCICE 6*

⑴ étonnement ⑵ établissement
⑶ accomplissement ⑷ complément
⑸ payement / paiement
⑹ licenciement ⑺ glissement
⑻ développement ⑼ achèvement
⑽ roulement ⑾ jugement
⑿ renseignements

⑴ **AB** 彼がなにかにつけてびっくりするのを見るのは楽しい。

⑵ **A** 被告の無実を立証するのはむずかしい。

B 被告が無実であることの立証はむずかしい。

⑶ **A** 彼(女)の計画を実現するのはむずかしいし骨が折れる。

B 彼(女)の計画の実現はむずかしいし骨が折れる。

⑷ **A** 私は必要なお金の全額はないが，1ヶ月後には金額を補充する。

B 私はいま料金の一部を払い，1ヶ月後に不足分を払う。

⑸ **A** 支払わなければならない額は月々60ユーロだ。

B 支払いは月々60ユーロだ。

⑹ **A** 経営者は何人もの従業員が解雇されると告げた。

B 経営者は何人もの従業員の解雇を告げた。

⑺ **A** そりは静かに雪のうえを滑って行く。

B 雪上のそりの滑りは静かだ。

⑻ **A** エレクトロニクス産業は急速に発展している。

B エレクトロニクス産業の発展は急速だ。

⑼ **A** 工事は1ヶ月後に完成するだろう。

B 工事の完成は1ヶ月後になるだろう。

⑽ **A** 遠くで雷が鳴るのが聞こえる。

B 遠くで雷のとどろきが聞こえる。

⑾ **AB** その事件は5月15日に法廷で裁かれるだろう。

⑿ **AB** この問題について正確な情報を教えてくれますか？

17 *EXERCICE 7*

⑴ connaissance ⑵ vengeance
⑶ obéissance ⑷ négligence
⑸ appartenance ⑹ préférence
⑺ assurance ⑻ ignorance
⑼ tolérance ⑽ absence ⑾ naissance
⑿ souffrance

⑴ **AB** 彼女はイタリア語をよく知っている。

⑵ **AB** 彼は私がきのう言ったことへ仕返しをするためにあんなことをした。

⑶ **A** 法律にはつねに従う必要がある。

B 法律に従うことはつねに必要だ。

⑷ **A** 彼はよく仕事をおろそかにする。

B 彼は仕事でよく怠慢な態度をみせる。

⑸ **A** 私は入場料を払わない，クラブに所属しているから。

B クラブに所属しているので私は入場料を払わない。

⑹ **A** 私は朝働くほうがいい。

B 私は好んで朝働く。

⑺ **AB** 私は火災保険へ加入することをお勧めします。

⑻ **A** 私はその計画についてなにも知らなかった。

B 私はその計画についてまったくの無知だった。

⑼ **A** この通りでの駐車は大目にみてもらえる。

B この通りでの駐車はただの黙認である。

⑽ **AB** 私が留守をするとき，何事もいつも通りに運んでもらいたい。

⑾ **A** 彼(女)の赤ん坊は3月に生まれるだろう。

B 彼(女)の赤ん坊の誕生は3月の予定だ。

⑿ **A** そのうちわかるよ，君は苦労しないだろう。

B そのうちわかるよ，それは苦労なしですむだろう。

19 *EXERCICE 8*

⑴ imitation ⑵ utilisation
⑶ réparation ⑷ organisation
⑸ réservation ⑹ rénovation
⑺ représentation ⑻ augmentation
⑼ installation ⑽ proclamation
⑾ hésitation ⑿ participation

⑴ **A** これは私のサインではない，だれかがまねたものだ。

B これは私のサインではない，模倣だ。

(2) **AB** 太陽エネルギーを利用することは環境保護になる。

(3) **A** あなたの車を修理するには1週間かかるでしょう。

B あなたの車の修理は1週間を要するでしょう。

(4) **A** ジャンはまったく自由にこのパーティーを企画することができる。

B このパーティーの企画を任されているのはジャンだ。

(5) **AB** 私がホテルの部屋の予約はひき受けます。

(6) **AB** 改修されて以降はもうこのレストランを好きになれない。

(7) **AB** その画家は海の風景を表現した。

(8) **A** ガソリンの値段が上がった。

B ガソリンの値上がりがあった。

(9) **A** 作業員たちはセントラルヒーティングを設置した。

B セントラルヒーティングは作業員たちによって設置された。

(10) **A** その試験の結果は昨日発表された。

B その試験の結果発表は昨日行なわれた。

(11) **AB** もし私に用があったら，遠慮しないで電話してください。

(12) **A** クラスの全生徒がボランティアでこの仕事に参加した。

B クラスの全生徒のこの仕事への参加はボランティアだった。

EXERCICE 9

(1) destination　(2) notation

(3) vérification　(4) communication

(5) arrestation　(6) approbation

(7) application　(8) revendication

(9) amélioration　(10) publication

(11) justification　(12) exploitation

(1) **A** このお金は何につかうのですか？

B このお金の用途は何ですか？

(2) **A** これらの宿題を正確に採点するのはむずかしい。

B これらの宿題の正確な採点はむずかしい。

(3) **A** 私は車のブレーキを点検しなければならない。

B 私の車のブレーキ点検は欠かせない。

(4) **A** 私は彼と電話で連絡がとれない。

B 私は彼とうまく連絡がとれない。

(5) **AB** 警察は泥棒を逮捕した。

(6) **AB** 市議会議員たちは市長のプランを承認した。

(7) **A** 元老院は失業を減らすための措置がすぐに実施されることを要求している。

B 元老院は失業を減らすための措置の即刻実施を要求している。

(8) **A** 労働者たちは給与の値上げを要求している。

B 労働者たちの要求は給与の値上げに関してである。

(9) **A** 状況が改善したことが認められる。

B 状況の改善が認められる。

(10) **AB** この論説のシリーズ出版をとりやめなければならない。

(11) **A** そのような犯罪を正当化することはできない。

B そのような犯罪に考えられる正当性はない。

(12) **A** 私たちは労働者が搾取されていることと闘うだろう。

B 私たちは労働者の搾取と闘うだろう。

EXERCICE 10

(1) conception　(2) opposition

(3) apparition　(4) perception

(5) protection　(6) constitution

(7) proposition　(8) conviction

(9) réduction　(10) construction

(11) résolution　(12) définition

(1) **A** あなたは人生をどのように考えますか？

B あなたはどのような人生観をおもちですか？

(2) **A** 彼女は両親が反対していたにもかかわらず結婚した。

B 彼女は両親の反対にもかかわらず結婚した。

(3) **AB** 彼はつかの間窓辺に姿をあらわした。

(4) **A** 彼は色を識別できない。

B 彼は色の識別障害がある。

(5) **AB** 彼らは野生動物の保護を求めている。

(6) **A** 私はとても長い時間をかけてこのコレクションを形作った。

B このコレクションの形成にはとても長い時間がかかった。

(7) **A** 私は彼(女)にあることを提案するつもりだ。

B 私は彼(女)にある提案をするつもりだ。

(8) **A** 弁護士は依頼人の無実を確信している。

B 弁護士は依頼人が無実であることを

確信している。

(9) **AB** 国民教育の予算は出費の削減が予定されている。

(10) **A** このビルを建てるのにどれくらいの時間がかかるだろうか？

B このビルの建築はどれくらい続くのだろうか？

(11) **AB** もうたばこを吸わないと決意することができる？

(12) **A** あなたは私にこの単語を正確に定義してください。

B あなたは私にこの単語の正確な定義を教えてください。

25 *EXERCICE 11*

(1) confusion (2) soutien (3) réponse
(4) attente (5) descente (6) suite
(7) conclusion (8) réussite (9) fuite
(10) vision (11) crainte (12) expulsion

(1) **AB** 彼女は塩と砂糖をとり違えた。

(2) **AB** この件でギーは迷わず私を支持してくれた。

(3) **A** 彼は私の申し出に否定的な返事をした。

B 私の申し出に対する彼の返事は否定的だった。

(4) **A** バスが来るまで10分待たなければならない。

B バスとバスのあいだに待ち時間が10分ある。

(5) **AB** 戸棚を地下室へ降ろすのは簡単ではないだろう。

(6) **A** 彼は母親の後について行った。

B 彼は母親の後を歩いていた。

(7) **A** 彼はまもなくスピーチを締めくくる。

B 彼のスピーチは結論に近づいている。

(8) **AB** 私は彼が試験に合格してくれることを願っている。

(9) **A** この花瓶から水がもれている。

B この花瓶は漏水がある。

(10) **A** 私の祖父は目がかすむ。

B 私の祖父の目ははっきりと見えない。

(11) **AB** なにも心配しないでください，この犬はかみつきません。

(12) **A** 人々は警察が借家人を退去させようとするのを妨害した。

B 人々は警察による借家人の強制退去を妨害した。

27 *EXERCICE 12*

(1) fermeture (2) exercices
(3) habitude (4) études
(5) suppression (6) rupture

(7) culture (8) lecture (9) discussion
(10) expression (11) permission
(12) service

(1) **A** この郵便局は 8 月に閉鎖されるだろう。

B この郵便局の閉鎖は 8 月に行なわれるだろう。

(2) **A** ディアヌは毎日ピアノを弾く練習をした。

B ディアヌは毎日練習してピアノの弾きかたを習った。

(3) **A** 彼女は公衆の面前で話すことに慣れていない。

B 彼女は公衆の面前で話す習慣を身につけていなかった。

(4) **AB** 彼はアメリカで医学の勉強をした。

(5) **A** この条項はとり除くべきだと思う。

B この条項をとり除くことが必要であるように思われる。

(6) **A** 私には彼がなぜ奥さんと別れたのかわからない。

B 私には彼が奥さんと別れた理由がわからない。

(7) **A** この辺の土地はあまりにも貧しいのでなにも耕作できない。

B この辺の土地はあまりにも貧しいのでいかなる耕作もできない。

(8) **AB** 私の子どもは読み書きを習っている。

(9) **AB** この法案が国民議会で議論されている。

(10) **A** なぜ君の顔は大きな驚きを表わしているの？

B なぜ君はそんな驚いた表情をしているの？

(11) **AB** 宿題を終わったのだから，私は君が出かけることを許可する。

(12) **AB** 私の車が故障しているあいだ，君の車はとても役立った。

29 *EXERCICE 13*

(1) économie (2) dépôt (3) blessure
(4) amour (5) intérêt (6) départ
(7) aveux (8) mensonges (9) promenade
(10) cuisson (11) prière (12) échec

(1) **AB** ここを通れば君は時間の節約になるだろう。

(2) **AB** 彼は5000ユーロを銀行に預けた。

(3) **AB** 彼はこの事故で重傷を負った。

(4) **A** 彼は妻を愛している。

B 彼は妻に対して愛情をもっている。

(5) **A** 私はこの映画にまったく興味がない。

B この映画に私は何の興味も感じない。

(6) **AB** 君が旅行に出発するまえにもう一度会いたいのだが。

(7) **A** 裁判官は被告が自白したことを聞いた。

B 裁判官は被告の自白を聞いた。

(8) **AB** 政治家は遠慮なく嘘をつく。

(9) **AB** 雨が降っているときでも，私は森のなかを散歩するのが好きだ。

(10) **A** シチューは長時間煮られる。

B シチューは長時間煮込まなければならない。

(11) **AB** 被災者のために祈ってください。

(12) **AB** トマは試験に失敗した。

31 ***EXERCICE 14***

(1) faveur (2) valeur (3) salut

(4) trahison (5) plaisanterie

(6) vieillesse (7) efforts (8) pouvoir

(9) union (10) guérison (11) honneur

(12) tonnerre

(1) **AB** あの先生は初心者を優遇した。

(2) **A** ショーウインドーのなかのあのドレスはいくらですか？

B ショーウインドーのなかのあのドレスの値段はいくらですか？

(3) **AB** エンゾは私が彼に会ったときあいさつした。

(4) **AB** 彼は裏切ったために弾劾された。

(5) **AB** 彼はふざけてそんなことをした。

(6) **A** 彼は生まれ故郷で幸せに老いた。

B 彼は生まれ故郷で幸せな老後を送った。

(7) **AB** 彼は問題を解決するために努力した。

(8) **A** 私にはどうにもできない。

B それは私の力の及ばないことだ。

(9) **A** 圧制に苦しむ人たちは支配者に対して団結しなければならない。

B 圧制に苦しむ人たちは支配者に対して団結を緊密にしなければならない。

(10) **A** 私の父は回復するのに長い時間を要した。

B 私の父の回復は遅かった。

(11) **AB** こうした行ないは大いにあなたの名誉になるでしょう。

(12) **AB** 遠くから雷鳴が聞こえる。

33 ***EXERCICE 15***

(1) efficacité (2) netteté (3) rigueur

(4) finesse (5) objectivité (6) assiduité

(7) sincérité (8) faveur (9) souplesse

(10) sécheresse (11) générosité

(12) froideur

(1) **A** この薬はリューマチに効果がある，絶対だ。

B この薬はリューマチに効くと確信している。

(2) **A** 彼女は自分の意見をはっきりと述べた。

B 彼女ははっきりと自分の考えを表明した。

(3) **AB** 子どもたちには厳しくしなければならない。

(4) **AB** 私はこれほど上質なワインをめったに飲んだことがない。

(5) **A** あなたが客観的な判断をするかどうか疑わしい。

B あなたの判断の客観性は疑わしい。

(6) **A** 学生たちが授業中熱心なのが私はうれしい。

B 学生たちの授業中の熱心さが私はうれしい。

(7) **A** 私は彼（女）の返答が誠実だとは思わない。

B 私は彼（女）の返答の誠実さを信じない。

(8) **A** 好天なのが散歩に行くには好都合だった。

B 好天なのを幸いに私たちは散歩に行った。

(9) **A** 猫はとてもしなやかだ。

B 猫はとてもしなやかな動物だ。

(10) **AB** 花は乾燥した天気のせいでしおれた。

(11) **AB** 彼（女）の両親が気前のいいのは驚きだ，彼（女）に車を買いあたえた。

(12) **A** 彼（女）のもてなしはとても冷ややかだった，それにはびっくりした。

B 彼（女）のもてなしのたいへんな冷淡さにはびっくりした。

35 ***EXERCICE 16***

(1) extravagance (2) impertinence

(3) prudence (4) discrétion

(5) distraction (6) précision

(7) modestie (8) orgueil (9) rudesse

(10) audace (11) froideur (12) soin

(1) **A** 彼がやっていることは常軌を逸している，むちゃだよ。

B みんなは彼のふるまいの突飛さを不快に思っている。

(2) **AB** 彼女は生意気な話しぶりで母親に答えた。

(3) **AB** 彼女はとても慎重に車を運転する。

(4) **AB** 彼女はあまりにも控えめなので

人々のプライバシーにまで立ち入ることができない。

(5) **A** ごめんなさい，ぼんやりしていて塩を入れすぎました。

   B ごめんなさい，私が塩を入れすぎたのはぼんやりしていたからです。

(6) **A** あなたの計画についてもっと正確に話してください。

   B あなたの計画についてもう少し正確な説明を求めます。

(7) **AB** 彼は謙虚な態度で自分のことを語った。

(8) **A** 彼は非常に高慢だ。

   B 彼は並外れて高慢だ。

(9) **AB** 彼は私の失敗を手厳しく非難した。

(10) **AB** 彼は湖のまだ薄い氷のうえに大胆にも足を踏み入れた。

(11) **A** なぜ彼が私を冷たくあしらったのかわからない。

   B 彼の態度の冷淡さがなにを意味するのかわからない。

(12) **AB** マティスは念入りにシャツをしまう。

36 まとめの問題

1 (1) traduction (2) alliance
  (3) possession (4) retard
  (5) culpabilité

(1) **A** この本は初めて日本語に翻訳された。

   B この本の日本語訳は初めてなされた。

(2) **A** これら2国は共同で防衛するために同盟を結んだ。

   B 共同で防衛するためにこれら2国間で同盟が結ばれた。

(3) **AB** 私はあなたの興味をひくであろう前世紀の本をもっている。

(4) **A** 列車の到着は悪天候のために1時間遅れた。

   B 列車は悪天候のために1時間遅れて到着した。

(5) **AB** 被告が有罪であることが立証された。

2 (1) crainte (2) soucis (3) achat
  (4) inquiétude (5) minceur

(1) **AB** 計算間違いがあるといけないので，計算をもう一度やってみるほうが賢明でしょう。

(2) **A** いま彼は心配そうな様子をしている。

   B いま彼は心配を抱えているようだ。

(3) **AB** 彼は家を買う予定だ。

(4) **A** 私の父の健康状態がとても心配だ。

   B 父の健康状態は私を不安な気持ちでいっぱいにする。

(5) **A** 彼(女)の知識は乏しい，私はそうだろうと思っていた。

   B 彼(女)の知識が乏しいからといって驚きはしない。

3 (1) réception (2) marche
  (3) propreté (4) différence
  (5) retrait

(1) **AB** 君の手紙を受けとるとすぐに私はお金を送った。

(2) **AB** 駅へ行くには30分歩かなければならない。

(3) **A** ワイシャツは洗濯機から出てくるときはきれいになっている，そのことを確認してください。

   B 洗濯機から出てくるときはワイシャツがきれいになっていることを確認してください。

(4) **A** これら2つの石けんの品質は大きく異なる。

   B これら2つの石けんには大きな品質の違いがある。

(5) **A** 当然のことながら彼(女)は免許証を取りあげられた。

   B 彼(女)の免許証の取り消しは当然のことだった。

4 (1) admiration (2) démission
  (3) tendresse (4) toux
  (5) précision

(1) **AB** 私はあなたのお父さんを敬愛しています。

(2) **A** 私はもうこのような労働条件で働くことには我慢できない，辞職します。

   B 私はもうこのような労働条件で働くことには我慢できない，辞表を出します。

(3) **A** 彼がかけてくれたやさしいことばに私は心を打たれた。

   B 彼のことばのやさしさが私の心を打った。

(4) **AB** 医者は咳止めの薬を処方してくれた。

(5) **AB** あなたの列車の到着時刻を正確に教えてください。

5 (1) portée (2) plaisir
(3) proximité (4) indignation
(5) perte

(1) **AB** このミサイルは300キロメートル
の射程をもつ。
(2) **A** ひとり旅は私のお気に入りだ。
B ひとり旅は私の喜びだ。
(3) **A** ヴァカンスはもうすぐだ，私たち
はそれがうれしい。
B 私たちはヴァカンスの近づいてい
ることがうれしい。
(4) **A** 私たちはほんとうに憤慨している。
B 私たちの憤慨は本物だ。
(5) **A** このすべての仕事は何の役にも立
たない，私たちは多くの時間を無
駄にした！
B このすべての仕事は何の役にも立
たない，何という時間のむだだろ
う！

6 (1) identification (2) étendue
(3) maintien (4) ordonnance
(5) audace

(1) **A** 泥棒を識別するのは容易ではない
だろう。
B 泥棒の識別は容易ではないだろう。
(2) **A** この森はとても遠くまで広がって
いる。
B この森は広大だ。
(3) **AB** 物価を現在の水準に維持するに
はたいへんな努力が必要になる
だろう。
(4) **A** 医者は私に薬を処方してくれた。
B 医者は私に処方箋を書いてくれた。
(5) **AB** 君は奥さんと別れた。君はとて
も大胆だ。

2 多義語に関する問題

出題例
(1) ⑦ (2) ⑥ (3) ③ (4) ① (5) ⓪

(1) **A** それは彼の能力の範囲内に収まると
は思えない。
B 彼は昼食をとりに家へ帰る習慣があ
る。
(2) **A** そのダンサーは，リューマチ持ちな
ので，体がこわばっていると感じる。
B 庭園の並木道は急な坂になっている。
(3) **A** このワンピースは窮屈すぎるので着
ることができない。
B 私たちの先生は，たとえ優秀であっ
ても，女子生徒には公平ではない。

(4) **A** 彼は紙切れにパスワードを書き留め
た。
B 私はこの長時間に及ぶきつい仕事の
あとでもう限界だった。
(5) **A** 彼は元の配偶者に多額の年金を支払
わなければならない。
B 氷がいっぱい入ったグラスにコーヒ
ーを注いでくださいますか？

EXERCICE 1
(1) ② (2) ① (3) ⑩ (4) ⑫ (5) ⑪ (6) ⑥
(7) ⑨ (8) ⑦ (9) ④ (10) ⑤ (11) ⑧ (12) ③

(1) **A** 10月1日からアルコール税は2パー
セント値上がりするだろう。
B 彼女はこのドレスが流行遅れになり
始めていることを知らない。
(2) **A** 明日は両親の20回目の結婚記念日だ。
B 太平洋戦争の終戦記念式典は例年通
り8月15日に開催されるだろう。
(3) **A** イチゴのシーズンだ，それは高くない。
B あなたのアドバイスはまったくの的
外れだ。
(4) **A** それは夏の土曜日だった，前日嵐が
荒れ狂っていたことを覚えている。
B 第1次世界大戦前夜だった。
(5) **A** 彼女は先週の初めに田舎へ行った。
B 彼らが外食するのは土曜日か日曜日
で，平日はけっしてしない。
(6) **A** 私はきのうたっぷり働いた。
B 一日のこの時間は空いていない。
(7) **A** ラッシュアワーに地下鉄には乗りた
くない。
B 物音をたてないようにつま先立ちで
歩いてね。
(8) **A** 私は日曜日は朝寝坊をする習慣があ
る。
B 午前中の終わりに，たとえば11時半
ごろ会いにきてください。
(9) **A** 月曜日は図書館の週休日です。
B 彼は若者向けの絵入り週刊誌を予約
購読している。
(10) **A** カーテンが閉まっているので，室内
には弱い光しかさしこまない。
B 次回の会議の日付と場所を決めなけ
ればならない。
(11) **A** 私のアパルトマンは南向きだ。
B 私たちの仕事は明け方に始まり正午
頃終わる。
(12) **A** あなたの名前はリストの最後に登録
された。
B だれもがその小説家の最新作の話を
している，君は読んだ？

Page 43

EXERCICE 2

(1) ⑨ (2) ⑤ (3) ⑫ (4) ① (5) ⑥ (6) ⑦
(7) ③ (8) ⑧ (9) ④ (10) ② (11) ⑪ (12) ⑩

(1) **A** 彼が平日に私たちに会い来るとはとても珍しいことだ。
B この詩人はたぐいまれな才能の持ち主だ。
(2) **A** このパソコンはお買い得品だ。
B 君は郵便局へ行くのだから，そのついでにこの小包を発送してくれない？
(3) **A** このトマトはまだ青い，熟していない。
B 生徒たちはあす野外教室へでかける。
(4) **A** 彼女は骨董屋で年代物のネックレスを買った。
B 昔の先生に会ったとき，彼は私に兄[弟]が元気かどうかたずねた。
(5) **A** 地震を予測することはほんとうに可能だろうか？
B 政府は新空港の建設を計画しようとしている。
(6) **A** 彼は予定より１時間早く仕事を終えた。
B 10名用の夕食が準備された。
(7) **A** 彼は結婚にはまだ早い。
B ブドウは摘み取れるほどには熟していない。
(8) **A** 交差点では右側から来る車に優先権をあたえなければならない。
B 私たちは優先的に環境問題に集中すべきでしょう。
(9) **A** 彼はまだ仕事を全部覚えることはできない，彼はまだ駆けだしだ。
B 君はまた同じ過ちを犯した。
(10) **A** 彼はパーティーに行くことはできないでしょう，スケジュールに空いている時間がありません。
B リヨン行きの列車の時刻表を調べてみてよ。
(11) **A** 「リベラリスム」という用語はとても多様な概念を含んでいる。
B この期限を過ぎると，この滞在許可証は失効する。
(12) **A** 天気はよくなる。
B 時間をかけてゆっくり審議しましょう，即決するのはやめましょう。

Page 45

EXERCICE 3

(1) ⑩ (2) ④ (3) ⑦ (4) ⑧ (5) ② (6) ⑨
(7) ⑥ (8) ⑫ (9) ① (10) ⑪ (11) ⑤ (12) ③

(1) **A** アリシアは１週間入院していたので，仕事が遅れている。
B 列車は豪雪のために１時間遅れた。
(2) **A** 私の招待状に，彼女は拒否の返事を返してきた。
B おしゃべりは食事の時刻を告げる鐘が鳴るまで終わらないだろう。
(3) **A** 一部のクジラは長さ20メートル以上ある。
B これは川沿いの美しい遊歩道だ。
(4) **A** その政治スキャンダルの余波として，新しい資料が明らかになった。
B 彼は庭の奥まで塀を延長することにした。
(5) **A** 講演の間ずっと彼らはおしゃべりをやめなかった。
B たとえだれも賛成しなくても，彼女はやり遂げるだろう。
(6) **A** 彼女はサロメ役で輝かしい返り咲きをはたした。
B 新学年用に学用品を買わなければならない。
(7) **A** 彼女はゆっくりした口調で話す。
B 君は旅行の日程を組むのが遅い。
(8) **A** あなたの返事を遅らせてはいけません。
B もうじき晴れるさ。じきにそうなるよ！
(9) **A** あなたのスピーチを延ばすべきではありません。
B ソファーで脚を伸ばしていいですよ，そのほうがゆっくりするでしょう。
(10) **A** 彼は目が覚めるとすぐにベッドから飛びだす。
B 私は６時に目覚ましをセットした。
(11) **A** 映画監督が映画のラストシーンに登場した。
B マルセイユチームは決勝戦に進んだ。
(12) **A** 始まりのあるものはすべて終わりもある。
B あなたたちは話を聞いていない，最初からやり直さなければなりません。

Page 47

EXERCICE 4

(1) ⑨ (2) ⑦ (3) ⑤ (4) ② (5) ① (6) ⑧
(7) ④ (8) ③ (9) ⑥ (10) ⑩ (11) ⑫ (12) ⑪

(1) **A** 食事の最中に停電になった。
B １本の大きな松の木が野原の真ん中に立っている。
(2) **A** 彼は自分の誤りを認める代わりに，あくまで自分の責任を否定する。
B 上層部では時短について議論された。
(3) **A** この庭には木を植えるのに十分なスペースがない。
B 10分のあいだに彼は３回電話をかけた。
(4) **A** この視点から考えると，問題はもっと単純にみえる。
B 私のアパルトマンはモンパルナス通

9

りと大通りの角にある。

(5) A これらの陶器はフランスでは製造されていない，他国産だ。

B もうテレビゲームは十分やったでしょう，そもそももう寝る時間よ。

(6) A この作家は社会から離れて暮らしている。

B 実際に仕事を行なうときは私たちに少し時間的余裕をください。

(7) A 鏡は反対に見える，左が右になる。

B だれにでも物事の裏面がわかるというものではない。

(8) A 私がいる場所からは山が見えていた。

B この生地の表地と裏地を見分けることができる？

(9) A 彼女はすべてが快適になるように室内を整頓した。

B 内務大臣は行政と治安において中心的役割をになう。

(10) A 彼はチーズの4分の1を食べた。

B 私はこの辺のものではありません，郵便局がどこにあるのか教えてくださいますか？

(11) A 秋には木の葉が地面に落ちる。

B 船は沖へ出て行き，まもなく陸地は見えなくなった。

(12) A 私たちは湖畔に少し土地を買った，キャンプをするつもりだ。

B あなたは経済の分野で彼を論破することはできないでしょう，彼はとても手強い。

49 ## EXERCICE 5

(1)③ (2)① (3)② (4)⑫ (5)⑩ (6)⑦
(7)⑧ (8)⑥ (9)④ (10)⑨ (11)⑪ (12)⑤

(1) A その公務員は地方官庁への異動を求めた。

B これらの人たちの出張費は自分もちです。

(2) A 彼は私たちの提携計画作りを任された中心人物だ。

B 失業問題が議論の中心だった。

(3) A 彼女は右わき腹が痛かった。

B 彼はよく財布を家に忘れる，そこは彼の気ままな側面だ。

(4) A 彼女は自説を押し通すことができるような立場にはない。

B ピエールはりっぱな地位にある，営業部長だ。

(5) A 彼はいつも地下鉄で高齢者に席をゆずる。

B 警察は通報を受けてから5分以内に現場に着いていた。

(6) A 彼はナポレオンの生涯に精通している，どんな質問にも答えることがで

きる。

B 瓶の底に少しジャムが残っている。

(7) A 彼はなにをさせても不器用だ。またグラスを割った。

B 日本では車は左側通行だ。

(8) A 彼らは2階建ての家に住んでいる。

B 彼(女)の低級な冗談に私たちはうんざりしていた。

(9) A 私は書棚の本の配置を変えた。

B 君は何でも疑ってかかる傾向がある。

(10) A 医者は処方箋を書いた。

B 内閣の行政命令には実施されなければならないいくつかの措置が含まれている。

(11) A この自動車メーカーの本社はパリにある。

B ジェルボー氏は国民議会に議席がある。

(12) A 弁護士になるには法律学を修めなければならない。

B 君には私のプライバシーを侵害することはできない。

51 ## EXERCICE 6

(1)④ (2)③ (3)⑦ (4)① (5)⑨ (6)⑧
(7)⑥ (8)⑤ (9)⑩ (10)⑫ (11)② (12)⑪

(1) A 退院したら，彼は元気になって仕事に復帰するだろう。

B その女優は今度は老婆の姿で登場した。

(2) A この家は日当たりがいい。

B フレデリックは10月にパリで彼の絵の展覧会を開くだろう。

(3) A この川は2つの地域圏の境界線になっている。

B もし体のラインを維持したいのなら，フライドポテトをやめなさい。

(4) A 彼女は壊れためがねのつるを接着剤を使って直した。

B 19世紀末にその家系の一族はフランスへ移住した。

(5) A 彼女はいつも食事中，非発泡性のミネラルウォーターを飲む。

B 私の子どもたちは穏やかな海で泳ぐのが好きだ。

(6) A 彼女は同僚の計画に反対している。

B まちがって私は反対方向へ行く列車に乗った。

(7) A 彼はむずかしい諸問題を幅広い観点からとり扱った。

B 私のデスクは長さ1メートル幅70センチある。

(8) A 彼はこのような難局にも対処できることを示した。

B エッフェル塔は高さ300メートルある。

(9) **A** 私にはこの作家の深い考えが理解できない。

B この木を植えるにはかなり深い穴を掘らなければならない。

(10) **A** 私にはなぜ君がこの詩集を彼にプレゼントするのかわからない，彼にはこのジャンルの文学がまったくわからない。

B 彼(女)のリセは評判の悪い問題地区にある。

(11) **A** 学生たちは教師の指導のもとで研究をした。

B 彼らは経営陣との交渉を任された。

(12) **A** 彼(女)のバイクは車線を外れ，対向車線からきたミニバンに衝突した。

B 君はここを通ることはできない，車両進入禁止だよ。

53 ### *EXERCICE 7*

(1) ⑧ (2) ③ (3) ⑩ (4) ① (5) ④ (6) ⑦
(7) ⑨ (8) ⑪ (9) ⑤ (10) ⑫ (11) ⑥ (12) ②

(1) **A** この生徒は数学がまったくできない。

B 彼らは引き分けの試合をした。

(2) **A** 今年は事件が多かった。

B いい収穫をえるには肥沃な土壌が不可欠だ。

(3) **A** ガソリン満タンでお願いします。

B ヘリコプターが工場の真ん中に墜落した。

(4) **A** 彼はいつも資料がいっぱい詰まった鞄を持っている。

B ジャンヌは完全に酔っ払ってしまってもう歩けない。

(5) **A** 彼は団体よりもひとりで旅行するほうがいい。

B 彼はどの政治集団にも属していない。

(6) **A** 私はあなたを友人の1人と数えることを誇りに思います。

B 大多数の票にはその候補者の名前が書かれた。

(7) **A** 電子辞書が動かない，もう電池が切れている。

B もし本を山積みにしたら，これほどの場所はとらないのに。

(8) **A** 祖母が亡くなると，家のなかはぽっかり穴が空いたような感じになった。

B 彼(女)のしつこい文句はだれも聞いていなかった。

(9) **A** 時間がなかったので，彼は仕事を終えることができなかった。

B 労働者が足りなければ，企業は損失をこうむるだろう。

(10) **A** この作家の書簡は1冊にまとめられた。

B ラジオの音量を調整してください。

(11) **A** 霧のなかにお城の姿がぼんやり見えていた。

B 大勢の海水浴客が海水浴場に押し寄せる。

(12) **A** その夜は満室だったので，ホテルは遅い客を断った。

B 彼(女)の脱出の試みは結局完全な失敗に終わった。

55 ### *EXERCICE 8*

(1) ⑧ (2) ② (3) ⑦ (4) ③ (5) ⑩ (6) ⑤
(7) ⑥ (8) ⑪ (9) ④ (10) ⑨ (11) ⑫ (12) ①

(1) **A** この本は子ども向け文学の部類です。

B 野球の最終試合は雨のために中断された。

(2) **A** この従業員は営業部の優秀な一員だ。

B 音楽談義をしているとき，それは彼にとって得意な領分だ。

(3) **A** 毎月彼の給料の大部分が食費に使われる。

B 私は彼(女)にパリへ出発することを知らせなければならない。

(4) **A** この地域では団地の住民たちは一般的な設備の供給を受けることができる。

B この会社の従業員全員がストに入ることに賛成している。

(5) **A** たいていの場合，彼(女)のスピーチは長すぎる。

B 被災者の大多数は老人と子どもだった。

(6) **A** 19世紀後半には日本の製紙業は黄金期を迎えていた。

B 彼は欠陥があったので，このコートに半額を支払った。

(7) **A** 彼女は熟練した音楽家たちによる即興曲を聴いた。

B 1枚のハムを2枚に切ってくれますか？

(8) **A** 彼女はこの2年間給料の4分の1を貯金した。

B 彼らは準々決勝でブラジルチームを2対1で破った。

(9) **A** 彼女はまるまる1ヶ月パリにいなかった。

B 私はスタジアムに着くのが遅かった，だからその試合を全部は見なかった。

(10) **A** これらのカップは高い，1個20ユーロする。

B 大半の学生は1部屋しかないアパルトマンで暮らしていた。

(11) **A** 彼は夜しかここへは来ない，残りの時間は仕事にあてられるから。

B 手付金を払ってください，そうすれば残金については猶予期間を設けま

しょう。

(12) **A** あなたに細かいところまでお話しするつもりはありません，そうする時間もないでしょうから。

B 皿の小売りはしていますか？

EXERCICE 9
(1) ⑥ (2) ⑦ (3) ⑤ (4) ⑨ (5) ⑪ (6) ⑩
(7) ④ (8) ⑫ (9) ⑧ (10) ③ (11) ① (12) ②

(1) **A** 彼らは5人して狭いアパルトマンで窮屈に暮らしている。

B 私のズボンは窮屈すぎる，ウエストがきつい。

(2) **A** この話をだれが書いたのか確定することは不可能だ。

B あの娘はまったく手に負えない。

(3) **A** このパソコンはもう正常に動いていない。

B 親は子どもを戸籍簿に登録することが義務づけられている。

(4) **A** 絵はがきの収集は他と同じ1つの気晴らしだ。

B 彼(女)は忙しくてあなたに会いに行く暇がない。

(5) **A** 彼女の頭のなかは旅行の計画でいっぱいだ。

B しばらくしてからまた電話してください，いまは忙しい。

(6) **A** ヴァカンス中彼らはデラックスホテルに宿泊した。

B 私は思い切って新車を買った。

(7) **A** 彼はもう親のすねをかじらなくていいように自立した。

B この取引がうまくいくかどうかはあなたの頑張りにかかっているにちがいない。

(8) **A** 昨夜は停電のためにテレビを見ることができなかった。

B 私の車は道路の真ん中で故障した。

(9) **A** 水曜日は空けるようにします。

B 電話は話し中だ。

(10) **A** 熱意は成功の条件だ。

B 交通トラブルがなにもなければ，1時間後に着くでしょう。

(11) **A** 大臣のスピーチが中止された，とても珍しいケースだ。

B 青少年は親のアドバイスと関与を重視する。

(12) **A** 警視庁はこの特別な機会に首都に2000人の警察官を展開した。

B 人権は普遍的な価値であって，一時的な価値ではない。

EXERCICE 10
(1) ⑩ (2) ⑥ (3) ④ (4) ⑨ (5) ⑦ (6) ②
(7) ⑤ (8) ⑧ (9) ③ (10) ① (11) ⑪ (12) ⑫

(1) **A** この船は遠洋航海には適していない。

B 彼は車を買うのに自腹を切る気はない。

(2) **A** 子どもがときどき不注意なのは当然だ。

B 君はこの中古車に3千ユーロ払ったの？妥当な値段だね。

(3) **A** 私が問題の解決策を発見したのはまったくの偶然による。

B 彼は子どもたちが賭博サイトを訪れることを禁じている。

(4) **A** 彼女はきっかり12時に到着した。

B もう少し几帳面になってね，なにをしたいのかを詳細に説明して。

(5) **A** 彼はいつものように自転車で通学した。

B 私は特別料理は食べません，ふつうの献立で満足するでしょう。

(6) **A** 季節のわりには暖かった，私はひとりで散歩に行きたくなった。

B ソースはとろ火で20分温めなければならない。

(7) **A** 私はその問題に関してはとてもはっきりした意見をもっている。

B バターの入札価格は正味の重量につけられる。

(8) **A** 私は特別な注意を払って彼の話を聞いた。

B 私は店の車を使うこともあれば，個人の車を使うこともある。

(9) **A** 私はその哀れな男がどこに住んでいるのか知らない，彼の住所は不定だ。

B 安定した晴天だ，これは1ヶ月ずっと続くだろう。

(10) **A** 私は夜外出する気にはなれない。

B 悪寒がするのなら，温かいものを飲むほうがいい。

(11) **A** 北京は空気がまったく澄んでなどいない。

B 彼の反応は留保なしの拒否を示している。

(12) **A** 天気予報ではフランス全土が変わりやすい天気だと言っている。

B 収穫は年によってじつにさまざまだ。

EXERCICE 11
(1) ⑨ (2) ⑦ (3) ④ (4) ⑥ (5) ⑫ (6) ⑪
(7) ⑤ (8) ③ (9) ② (10) ⑩ (11) ① (12) ⑧

(1) **A** このパスポートはまだ半年有効だ。

B あなたは根拠のある理由もなく彼らの要求を拒むことはできません。

(2) **A** この仕事はたいへんな忍耐力を必要とするにちがいない。

B 彼は上司に昇給を要請するつもりだ。

(3) **A** この補足調査は結果をより正確なものにするために必要です。

B 混乱は怠慢であったことの必然的な結果です。

(4) **A** 彼には大きな長所がある，けして嘘をつかないことだ。

B つねに製品の品質改善の努力をしなければならない。

(5) **A** 彼はパーティーに来られないだろうと私に言った，じつは，そんなことだろうと思っていた。

B 彼が言ったことのなかにはたくさんの真実が含まれている。

(6) **A** 彼は，真実もまったく支持されなければ空疎なことばでしかないと覚悟した。

B 私はオーレリーを待ったがむだだった，彼女は来なかった。

(7) **A** 私はこのテーブルにかなりの代金を払った。

B 今年ゴンクール賞はベルギーの女流小説家にあたえられた。

(8) **A** ジャンは数学がとても劣っている。

B あなたは電話番号をまちがえた。

(9) **A** 私はゴキブリを撲滅するための有効な方法を知っている。

B 私の上司は有能で感じのいい人を探している。

(10) **A** 私はこの絵があまり好きではない，でもその価値は認める。

B 宅地面積の値を教えてくれませんか？

(11) **A** 本物の絵はオルセー美術館にある，これは複製でしかない。

B この詩からは人間の悲嘆を前にしたときの心底からの感慨が感じられる。

(12) **A** 家賃が妥当であればどんなアパルトマンでもいいです。

B あなたはまったく良識的で十分に根拠のある決断をくだしました。

63 ## *EXERCICE 12*

(1) ⑧ (2) ⑨ (3) ⑪ (4) ③ (5) ⑦ (6) ①
(7) ⑫ (8) ⑤ (9) ⑩ (10) ② (11) ④ (12) ⑥

(1) **A** このプリンターを使うまえに，使用方法を読みなさい。

B 今シーズンはこの形のズボンが流行している。

(2) **A** このソファーはふつうのタイプです，しかしお望みなら，もっと大きいものもあります。

B クララ，あなたの姉[妹]を見習いなさい，彼女がどれほど聞き分けがいいかごらんなさい。

(3) **A** 彼が君に言ったことはそれほど重要ではない，それはまったく副次的でさえある。

B フランスでは，中等教育は第6学年から最終学年までを含む。

(4) **A** この小説はおもしろくない，最終章だけは例外としましょう。

B 家族全員がいた，海外旅行中のジャンを除いて。

(5) **A** このバッグはどんな素材でできているのですか？

B 君はどの教科が好きなの？英語，それとも歴史？

(6) **A** プールは近所の人たち全員が共同で使っている。

B 私たちは双子です，でも私は兄[弟]と似たところがなにもない。

(7) **A** 彼女は肩にショールのようなものをかけていた。

B 父は私にお金を無駄遣いしないようにと言った。

(8) **A** 彼は変わらないなあ。

B 私の意見は君のものと同じだ。

(9) **A** ここにあるのは縮尺モデルですが，研究所には実物大の模型があります。

B 私には彼（女）の論証をすべてひっくり返すことができるような反論がある。

(10) **A** 6の2倍は4の3倍に等しい。

B 大粒の雨が降り始めた今となっては，私にとってすべてどうでもいい。

(11) **A** 彼が好む映画は全部同じジャンルのものだ。

B この帽子はかぶらないで，品が悪く見える。

(12) **A** 消防士たちはつねに，消火のために出動できる状態にある。

B 経営陣と従業員のあいだの対立に思いがけない解決策が浮上したところだ。

65 ## *EXERCICE 13*

(1) ⑤ (2) ⑩ (3) ⑫ (4) ⑧ (5) ⑦ (6) ⑨
(7) ① (8) ③ (9) ④ (10) ⑥ (11) ② (12) ⑪

(1) **A** 彼は成人であるにもかかわらず，けして選挙に行かない。

B いくつかの国では食の安全が主要な心配の種になっている。

(2) **A** この地域は海抜120メートルのところにある。

B 生活水準の向上はかならずしもストレスの軽減につながるわけではない。

(3) **A** これだけの金額があればヨーロッパ旅行をするには十分だ。

B 私はうんざりだよ。いいかげんにし

13

ないか！

(4) **A** 大型店なら，この商品をもっと安い値段で買うことができるでしょう。

B 援助してくれたことにお礼を言うために彼に電話するのは最低限しなければならないことだ。

(5) **A** 歴史的にみて箸で食べる人は少数派だった。

B 君主が未成年かもしくは不在のあいだ国を統治したのは摂政である。

(6) **A** 彼は今度の試験で20点中10点だった，これは及第点だ。

B 毎週末平均して30件の自動車事故がある。

(7) **A** 彼は優柔不断だ，それも君の想像が及ばないほどに。

B 何て寒いんだろう，外は１度しかない。

(8) **A** 彼はチェスに強くない，私はしょっちゅう彼を負かしている。

B だれにでも声が聞こえるように，私は大きな声で話す。

(9) **A** 彼らには銃声の響きのような物音が下階から聞こえた。

B 未熟児の体重は出産予定に生まれた子どもの体重を下回る。

(10) **A** 彼らは全員この状況を打開するために最大限の努力をした。

B 私はせいぜい年に１回しか両親に会いに行かない。

(11) **A** 私は心臓が悪い，医者からは過剰な体重を減らすように言われた。

B その記者は政治的スキャンダルに関して大臣を追求した，しかしほどほどにである。

(12) **A** 私のパソコンは８年ものだ，有効寿命を超えたか，もしくは超えようとしている。

B ステーキの焼き具合はなにがお望みですか，超レア，レア，ミディアムそれともウェルダンですか？

67 ### *EXERCICE 14*
(1) ⑦　(2) ③　(3) ⑤　(4) ②　(5) ⑫　(6) ⑥
(7) ⑪　(8) ⑩　(9) ④　(10) ⑧　(11) ⑨　(12) ①

(1) **A** これは銀行に口座を開設するのに必要な手続きです。

B 深い理解力のある人たちは漸進的な発展をよく知っている。

(2) **A** この点で彼らに譲歩しなければ，あなたは交渉を停滞させかねません。

B あなたは廊下の真ん中に立ちっぱなしです。通路をふさいではいけません。

(3) **A** 彼は物質界と精神界のあいだを揺れ動いているような気がしていた。

B 子どもたちは紙の船を川に浮かべて

いた。

(4) **A** 彼は会議用の資料を準備するために職場に早く着いた。

B 彼らは次世代科学技術においてリードするためにこの種の研究をしている。

(5) **A** 彼には浪費癖がある，しかし彼の奥さんはこの欠点を許している。

B 笑いとユーモアはあなたがつらい時期を切り抜ける助けになるでしょう。

(6) **A** 私は動く必要がある，終日デスクに向かって座ったままだから。

B あなたはフランスにおける16世紀のユマニスト運動をご存じですか？

(7) **A** 私はきのう食事の後片付けをした，きょうは君の番だよ。

B ブラン家の人たちは高層マンションの26階に住んでいる。

(8) **A** 私は野菜作りと肉体労働が大好きです。

B 故障したこの車は修理工場まで押して行かざるをえない。

(9) **A** 私はシールをうまくはがせない。

B 私たちの飛行機は何時に離陸するのですか？

(10) **A** 私は『失われた時を求めて』の１節を読んだところだ。

B 地下道を通りますか？

(11) **A** 来週テレビで数本の日本映画が放映される。

B 細かいところはとばして，要点を話してくださいますか？

(12) **A** 裁判所は規律違反に関して最終判決を下した。

B 養生のために医者は彼（女）に業務停止を命じた。

69 ### *EXERCICE 15*
(1) ②　(2) ⑩　(3) ⑥　(4) ⑧　(5) ⑨　(6) ⑫
(7) ⑤　(8) ⑪　(9) ③　(10) ⑦　(11) ①　(12) ④

(1) **A** 税込みで700ユーロになります。

B 出来の悪い練習問題を添削するのは苦労する。

(2) **A** あなたが彼（女）に言おうと思っていることは彼（女）の怒りを募らせるかもしれません。

B 彼はこの試験に落ちた，だから落第することになる。

(3) **A** その誤報が馬鹿げた憶測を生じさせた。

B 彼らは夜明けに出発した。

(4) **A** その話はアルゼンチンの有名な作家の単なる想像の産物でしかない。

B 小売業者たちは新製品を市場に売りだすために協力した。

14

(5) **A** 大きな犬を見ると，彼は後ずさりした。
B 歴史的事件の重要性を評価するには一定の時間の経過が必要だ。
(6) **A** 彼は列車の寝台料金を支払った。
B ル・モンドの監視委員会は日刊紙の文芸付録に対して厳しい批判をくわえた。
(7) **A** けさはひどく寒い。
B 私はだれが犠牲者をこの致命的な罠におびき寄せたのか知りたい。
(8) **A** 彼らは労働時間の短縮を獲得した。
B 商店は常連客に5パーセントの値引きをする。
(9) **A** 私は2Kのアパルトマンか，それがなければワンルームマンションを探している。
B 組織の欠陥が重大な結果をもたらした。
(10) **A** この国では石炭生産はほとんど伸びていない。
B 新製品の発売が待たれる。
(11) **A** 組合は5パーセントの賃上げを勝ちとった。
B 政府は一人親家庭数の増加を懸念している。
(12) **A** 予想されていた聴衆の2倍にあたる200人以上がこの講演会を聞きにきた。
B あなたはこの請求書のコピーを提出して，オリジナルを保管してください。

71 *EXERCICE 16*
(1)⑥ (2)⑩ (3)⑦ (4)① (5)⑪ (6)③
(7)⑧ (8)⑫ (9)② (10)④ (11)⑨ (12)⑤

(1) **A** 日本には石油がない，私たちはそれを輸入せざるをえない。
B あなたのアドバイスは私にはまったく重要ではない。
(2) **A** 訛りからしてあなたはイギリス出身だと思います。
B 衝突の原因は2年まえに締結された条約のなかに含まれていた。
(3) **A** ヴァチカンはローマの真ん中にあるにもかかわらず，1929年以来独立国だ。
B 若者は独立した判断力を身につけ，批判精神を培うべきだ。
(4) **A** 彼女は何て意地悪そうなんだろう！できたら彼女とは関わり合いになりたくないのだが。
B 彼は若い弁護士で，この強盗が彼の初めての案件だ。
(5) **A** それは私が言いたかったこととは何の関係もない。
B 私は事故に関する報告を専門家に任せた。
(6) **A** スピーチでは，間合いは劇的な効果を生み出すためによく使われる。
B 私の新しいワンピースは値段のわりに見栄えがする。
(7) **A** 彼は経済発展と環境破壊の関係という重要な問題にとり組んでいる。
B 私たちは政府と緊密に連携して仕事をしている。
(8) **A** 応接に関して1つアドバイスがあります。笑顔を忘れないでください。
B 比較的快適な生活を享受している人たちもいれば，あばら屋で暮らしている人たちもいる。
(9) **A** 私はその候補者の考え方に賛同していた，だから彼に投票した。
B 経済政策の改革が建設的な結果をもたらした。
(10) **A** 登山家はザイルで体を結び合ったパートナーたちを危うく滑落に巻き込むところだった。
B 彼らの精神を養い鍛えるのに3年かかる。
(11) **A** 計画は住民たちの激しい反対のあと政府によって中止された。
B 私たちは相場に支配される取引と対比しながら，市場担当者に依存する取引について話している。
(12) **A** 彼は不慣れであるにもかかわらず危険に立ち向かった。
B 君の額は熱で焼けるようだ，おそらく流感にかかったんだよ。

73 *EXERCICE 17*
(1)② (2)⑦ (3)⑤ (4)① (5)④ (6)⑫
(7)⑧ (8)⑨ (9)⑩ (10)⑥ (11)⑪ (12)③

(1) **A** このペースだと，君は部屋の片付けを正午までに終えることはできないでしょう。
B その家は高い天井のある外観をしている。
(2) **A** この装置は埋設された水道管の水漏れ箇所の探索に役立つ。
B 脱税行為はしばしば国際的な規模をもっている。
(3) **A** このピアニストは私たちにシューベルトの作品を演奏してくれる。
B 受刑者は他国での禁固刑に服さなければならなかった。
(4) **A** 子どもを部屋に閉じ込めておくのは残忍な行為だ。
B 不動産の売買証書は公証人のまえでサインされた。
(5) **A** 略奪者たちは中心街の宝飾店に侵入した。
B フレームのデザインは自転車からの乗降を容易にしている。

15

(6) A 彼はジョギングをやめた，もう時間がなかったのだ。

B 私はずっとまえから探していた本についに出会った。

(7) A 彼らは自由のための長期間にわたる闘いを続けるだろう。

B 彼(女)の口から軽い水蒸気のように吐かれる息が見えていた。

(8) A 私は運転操作を誤って，壁に衝突した。

B 兵士たちは兵舎の中庭で軍事演習をしている。

(9) A うまく掃除機を始動できない，故障しているのにちがいない。

B 海は30分歩いたところにある。

(10) A 欠席すれば，あなたは叱責にさらされるだろう。

B そのスリを捕まえるには現行犯逮捕しなければならない。

(11) A 工場長は新しい製造方法を紹介した。

B 君はわざと私の順番を飛ばした，それは言語道断な態度です。

(12) A 観光客たちはガイドに案内されて城巡りをした。

B 新しい水道の導管がその地域に敷設されるだろう。

75 **EXERCICE 18**
(1)⑧ (2)⑪ (3)④ (4)⑨ (5)⑤ (6)⑫
(7)③ (8)⑩ (9)⑦ (10)① (11)⑥ (12)②

(1) A この点については，あなたになにも言うことができません。

B 彼女は任務を果たすと固く心に決めている。

(2) A もう1年も便りがないけれど，この音信不通はなにを意味するの？

B 新聞各紙はこの金融スキャンダルについて沈黙を守った。

(3) A カミーユはきのう入国管理局での面接を受けた。

B 水管理公社は堤防の保守を任されている。

(4) A 今日問題になっているのは私たちの人権だ。

B 今年の夏イタリアへ旅行に行くなんてまったくの論外だよ。

(5) A この政治家は世論におもねってばかりいる。

B 人種差別に関するあなたの意見をお聞かせくださいますか？

(6) A « il trabvaille » という文で，« il » は動詞 « travailler » の主語です。

B あなたの不満の種は何なのか簡潔に言ってください。

(7) A 彼はこのポストをライバルたちと争わなければならなかった。

ページ

B うるさくしたら，君はお母さんに叱られるよ。

(8) A 彼は休息をとるためにベッドに横になりに行った。

B 考えられる危険について何時間も話題にするのはよしましょう。

(9) A パリで自分がどこにいるいるか知るにはそこの地図で調べなければならない。

B 経済面で，市場は国家の行き過ぎた介入から解放されなければならない。

(10) A 私は彼(女)の発言のなかに感じられる悲しみの色に心を動かされていた。

B 彼がパリ出身でないことはよくわかる，彼には南仏訛りがある。

(11) A 私はあなたの発言をさえぎらなければなりません，予定の時間を大幅に超過しているからです。

B あす家に寄る？約束してくれる？

(12) A 検事は告訴をとりさげざるをえなかった。

B あなたの発言は名誉を傷つける非難にあたります。

77 **EXERCICE 19**
(1)① (2)④ (3)⑪ (4)⑨ (5)⑧ (6)⑩
(7)⑤ (8)⑦ (9)⑥ (10)③ (11)⑫ (12)②

(1) A 数々の戦のあいだに破壊されたこの城は採石場として使われていた。

B 彼は代議士として長期にわたってすばらしい業績をあげた。

(2) A 若者たちのなかにはおそらく無職でのらくらと暮らしている者がいる。

B スケジュールが過密でほとんど暇な時間がない。

(3) A この女優は芝居のなかでとても重要な役を演じている。

B 世論形成において新聞の役割を軽んじるべきではない。

(4) A ドゥニは1ヶ月後に心臓移植手術をうける。

B 彼は株取引でもうけた。

(5) A スタンダールの話をしているけれど，もう彼の作品は読んだことがあるの？

B 彼らはおぼれかかっている子どもを救助するためにあらゆることを実行に移した。

(6) A ポストに就くのに必要な専門知識のリストを作成してください。

B 申込用紙に記入して郵送してくれますか？

(7) A 彼は教育職がかかえる諸問題について講演した。

B 肝臓の機能は体内の有毒物質をとり

除くことだ。

(8) A 彼は私に彼が住んでいる家で家政婦として働くことを提案した。

B 私は自由時間をすべて家事をして過ごしたくはない。

(9) A 私はコンクールで優勝を勝ちとる自信がある。

B 飛行機でニースへ移動すれば，私たちは時間を節約できる。

(10) A この作家のストへの政治的参加はとても勇気のいることだ。

B 予備会談のおかげで交渉を開始することができた。

(11) A 私たちは娘の結婚を祝ってコーヒーセットをプレゼントした。

B 私たちは15パーセントのサービス料込みの定食をとった。

(12) A 彼(女)はこのサッカーチームを監督する役目を負わされた。

B 大事に使うのなら私の自転車を使ってもいいよ。

79 *EXERCICE 20*

(1) ⑧　(2) ⑦　(3) ⑫　(4) ④　(5) ⑤　(6) ③
(7) ①　(8) ⑨　(9) ⑪　(10) ⑥　(11) ②　(12) ⑩

(1) A これらの記者たちはその疑獄事件に真っ向からとりくんでいる。

B 電気スタンドとテレビとパソコンを接続するには，多口コンセントが必要だ。

(2) A 彼(女)のすべての小説のなかで私が好むのはこの最後のものだ。

B できたら，フランス・ルーヴルホテルに泊まってください。

(3) A まちがっているのはトラックの運転手だ，赤信号を無視したのだから。

B 親に逆らうなんて大まちがいだ。

(4) A 時間がないので，私は今度の旅行を断念した。

B タクシードライバーにとって，酩酊運転は業務上の重大な過失です。

(5) A シャボン玉がそよ風に乗ってあちこちに漂っている。

B 彼女は意に反して20歳のときに結婚した。

(6) A 囚人たちは食料の一部と引き換えにこっそり本をうけとっていた。

B 市議会はその問題に関する意見交換に着手するだろう。

(7) A 彼は両親が亡くなったあと，家を放置されたままにしていた。

B 戦後，住民たちによって村が放棄されるということがあった。

(8) A 時間のむだになるかもしれないが，タイヤの空気圧を確かめておくほう

がいい。

B 車はカーブで横転したが，彼は恐い思いをしただけですんだ。

(9) A 銀行は損失を補うために自己資金の一部を予備にとっておかなければならない。

B 支配人は私たちの案を無条件で支持してくれた。

(10) A 薬物を所持しているとあなたは投獄されかもしれない。

B 町中が恐怖にとらわれた。

(11) A その客は最終的に絹のネクタイを選んだ。

B あなたは好みで万聖節かクリスマスに休暇をとっていいです。

(12) A 衣服購入後1週間たったら返品できない。

B 労使の対立が解決したので，あすからさっそく仕事が再開されるはずなのだが。

81 *EXERCICE 21*

(1) ①　(2) ⑫　(3) ⑧　(4) ②　(5) ⑪　(6) ⑩
(7) ⑥　(8) ③　(9) ④　(10) ⑨　(11) ⑤　(12) ⑦

(1) A 交差点で彼女はついさっき車をトラックと接触させた。

B 壁から釘がつき出ている，服をひっかける恐れがある。

(2) A この高校ではヴァカンスまえの最終日をお祝いするのが慣習です。

B コーヒーの飲用は9世紀に遡る。

(3) A その話は彼(女)ののでっちあげだ。

B 自動車の大手メーカーは新しい電動エンジンの発明に焦点をしぼっている。

(4) A 君の車を修理させなさい，エンジンの調子がよくない。

B 彼はむずかしい状況にあるが，事態を調停するためになにもしない。

(5) A 彼は毎晩上着をコート掛けにつるしておく習慣があった。

B 部屋に静かさが戻らないのなら，講演を中断します。

(6) A 原子炉の再稼働に起因する海洋汚染を忘れるべきではない。

B 店はお得意さまに5パーセントの値引きした。

(7) A 彼らはキャンプの設営に3時間かかった。

B 校長は生徒のひとりひとりに卒業証書を手渡す。

(8) A 私は私たちの面談の日取りを繰りあげざるをえない，金曜日ではなく，木曜日に会いましょう。

B あなたが主張するつもりの仮説を証

17

明することはできますか？

(9) **A** この小説の構成はとても込み入っている。

B この大聖堂の建築は90年以上続いた。

(10) **A** 新製品の発売は1ヶ月後に行なわれるだろう。

B 君はときどき人を身なりで判断する。

(11) **A** 私の夫はヴァカンスのプランを立てるのがうまい。

B 壁にこのはしごを立てかけてくれますか？

(12) **A** 昼食用に草のうえに広いシートを広げてくれる？

B あなたは支払いを6ヶ月の分割にすることもできます。

83 *EXERCICE 22*

(1) ⑥ (2) ⑨ (3) ⑦ (4) ⑪ (5) ⑧ (6) ②
(7) ③ (8) ⑩ (9) ① (10) ⑫ (11) ④ (12) ⑤

(1) **A** 君が彼女に恋するなんて考えもしなかった。

B これらの写真を見たらあなたは現状についてのあらましがわかるでしょう。

(2) **A** この北欧の風景は彼(女)に生まれ故郷を思い出させるにちがいない。

B ブリエさんは外出しました，どうかあとで電話をかけ直してください？

(3) **A** これは2つの解釈ができる文です。

B ベートーヴェンのソナタの演奏はすばらしかった。

(4) **A** 辞書でこの単語の意味を探してください。

B 犬は私たちのとはまったく異なる聴覚をもっている。

(5) **A** 彼女は修士論文を書き上げた。

B 私の祖母はまだ幸せな歳月の思い出を記憶にとどめている。

(6) **A** 彼は今回の約束を忘れていたことを思ってすっかり当惑していた。

B 私はよくエマとマノンを混同する。

(7) **A** 彼は丹念に仕事をするのだが，それでも同じミスを繰り返す。

B 私の3歳の娘は事故にあって，意識を失った。

(8) **A** 彼はいつも長々と考えた末でないと決断を下さない。

B 白い砂に太陽が反射して目が痛い。

(9) **A** 私は船酔いだ。

B 私は速く歩きすぎた，心臓の鼓動がとても速い。

(10) **A** 給与のアップは数年まえからほとんど実感がない。

B あまり彼女を責めるな，とても感じやすい女の子なのだから。

(11) **A** 私の父は同僚全員から尊敬されている。

B 人々は高齢であることを考慮して彼に敬意を払っていた。

(12) **A** いくつかの問題に精通するには委員会の一員になる必要がある。

B 寛容の思潮はフランスでさまざまな時代に現われた。

85 *EXERCICE 23*

(1) ① (2) ④ (3) ⑫ (4) ⑦ (5) ⑤ (6) ⑨
(7) ② (8) ③ (9) ⑧ (10) ⑥ (11) ⑩ (12) ⑪

(1) **A** 観光という観点からすると，この海岸地域は北海とは比べものにならないくらいいい。

B 先月に比べると，野菜は安くなっている。

(2) **A** 彼が政界から離れてずいぶんになる。

B 筆記試験と口頭試験のあいだは3日間ある。

(3) **A** 彼女は意志の強い女性だ，いつも最終的には欲しいものを手にする。

B こんな危険な企てにすすんで参加する人がだれかいるのですか？

(4) **A** 私は自らを抑制して，責任ある行動をとることができる。

B 君は節度をわきまえていない。

(5) **A** 彼は社会的地位が上昇するようにできる限りのことをする。

B 木に登るためにはしごをとりに行ってくれる？

(6) **A** 彼らは税金の重圧にすっかりまいっている。

B サラは今度の休暇のあいだに減量したと思わない？

(7) **A** これら2つのシャンプーのあいだには大きな価格の差がある。

B 彼女は兄[弟]とちがって愛想のいい女の子だ。

(8) **A** 私はその殺人事件を三面記事で読んだ。

B いろいろな所で雷雨になると報じられている。

(9) **A** 私はその件に関してとても明確な意見をもっている。

B このキャンディーパックの正味重量は100グラムです。

(10) **A** この作家の意図が私には理解できない。

B 私たちはニースでヴァカンスを過すつもりです。

(11) **A** 聴衆にわかるようなレベルの話をしてください，易しい用語を使ってください。

B たばこを子どもたちの手の届くとこ

ろに置いたままにしないで。

(12) **A** 彼に店の経営を任せないでください，彼にはその力はない。

B あなたのスカートのサイズはいくつですか？

87 *EXERCICE 24*

(1) ⑦　(2) ⑥　(3) ⑨　(4) ③　(5) ⑤　(6) ④
(7) ⑫　(8) ⑧　(9) ⑪　(10) ①　(11) ②　(12) ⑩

(1) **A** その説明を繰り返して言ってもらうには及びません，よくわかりましたから。

B ３分の２以上の国々が死刑を廃止した。

(2) **A** 私たちの助言に従わないことは君のためにならない。

B 新しい国債は年利２パーセントになるだろう。

(3) **A** これらの出来事は社会の反映だ。

B 彼は池の水に映る木々の影を見ている。

(4) **A** これらのナシはまだ青い。私はその渋い味が好きではない。

B 激しい口論が両党派のあいだでもちあがった。

(5) **A** 海へ行こうと山へ行こうと私にはどうでもいい。

B 彼は人間の悲惨さには無関心なようだ。

(6) **A** 彼は両親の期待にこたえられなかった。

B 会議は投票時刻を待つあいだ数分中断した。

(7) **A** 彼女はその高価なドレスの誘惑に負けてしまったようだ。

B 私はそれがうまくいくという自信はないが，ちょっとした実験をしてみます。

(8) **A** 彼らは来年アフリカ旅行をする計画をたてた。

B 私たちの目標は秋ごろには計画を完成させることだ。

(9) **A** 私は義理でくれるプレゼントより思いがけないプレゼントのほうがはるかにいい。

B 彼らの離婚は大きな驚きをもたらした。

(10) **A** このナイフの刃は鋭くない，もう切れない。

B 町のなかの白人と黒人の深刻な敵対は最近になっておさまった。

(11) **A** 刑事たちは，容疑者がちょうど逃げようとしていたときに，首尾よく彼を逮捕した。

B ふつうはすべてうまくいくだろう，

しかし手術のことは心配しないではいられない。

(12) **A** コンピューターの助けを借りるのは基本教育を改善したいという配慮からだ。

B 私の息子は１年まえから失業している，これが私の最大の気がかりだ。

89 *EXERCICE 25*

(1) ②　(2) ①　(3) ⑤　(4) ⑦　(5) ④　(6) ⑥
(7) ③　(8) ⑩　(9) ⑪　(10) ⑧　(11) ⑨　(12) ⑫

(1) **A** 私のまえに割り込むために私を押しのけるのはやめてください！

B 私の祖父は家族の習わしを変えることを好まない。

(2) **A** 多くの国が核拡散防止条約に関する協定を結んでいる。

B カーテンの色は壁の色と調和している。

(3) **A** この国家予算は国土の対空防衛に充当される。

B 彼は車での通学という禁止されていたことを無視した。

(4) **A** その兵士は新たな命令がでるまで休暇に入った。

B 私は３日の休暇をとることを許された。

(5) **A** その警察官は私に氏名，生年月日，生誕地を述べるよう求めた。

B 現状ではあなたの申し出を辞退せざるをえません。

(6) **A** 私は帽子をレストランに置き忘れたのにちがいない。

B 出るときドアは開けたままにしておいてくれますか？

(7) **A** 私は警察官による身分証明書の検閲のために足止めされた。

B 火曜日に英語の小テストがあるだろう。

(8) **A** 私はこの避難所にいても安全だとは思わない。

B かならずシートベルトを締めてください。

(9) **A** 社会党は国民議会議員選挙で票の８パーセントを獲得した。

B 彼(女)の小説はずっとまえからラテン文化圏の人たちに支持されている。

(10) **A** 橋は予想される交通の重量に十分耐えられるほど頑丈でなければならない。

B わが国の兵士たちは敵の攻撃への抵抗を続けた。

(11) **A** 消防士たちは被災者を救出するためにあえて命を危険にさらす。

B 思いきってやってみてもいい，そう

すれば事がうまくいくかどうかわかる。

(12) **A** 大きな声で話すな，勉強している人たちの邪魔だよ。

B あなたはどの候補者に投票するのですか？

91 ***EXERCICE 26***

(1) ② (2) ⑩ (3) ⑧ (4) ④ (5) ⑦ (6) ③
(7) ⑪ (8) ⑥ (9) ⑨ (10) ⑫ (11) ① (12) ⑤

(1) **A** ノックしないで入室するのは礼儀にかなったことではない。

B 画面に表示された価格は正確ではない。

(2) **A** 傘を持っていくのが賢明でしょう。

B 彼女は慎重に壁から絵をはずすと，これをまた元の場所にかけなおした。

(3) **A** 容疑者の潔白が証明されたのはこの証言のおかげだ。

B 受刑者は大統領の恩赦に浴した。

(4) **A** この控えめなパネリストは会話をひとりじめしない。

B 私は口の固い友だちにしか秘密を打ち明けなかった。

(5) **A** 彼女はこのパン屋の常連だ。

B 彼(女)のカミュ訳は原文に忠実だという話だ。

(6) **A** 彼女は逆境のなかにあってもあいかわらずとても威厳があった。

B 私は，彼(女)のふるまいは賞賛に値すると思う。

(7) **A** 彼女は婚約指輪を彼に送り返すことにした。

B 経営者は無断欠勤の多い１人の従業員を解雇するだろう。

(8) **A** 彼はコンサートへ行くために２枚の優待券を手に入れた。

B 難民たちは夜陰に乗じて国境を越えた。

(9) **A** このように利害が対立しているなかで交渉が決裂するのは当然のことだ。

B ブールジェ湖はフランス最大の天然湖と考えられている。

(10) **A** 共同作戦の計画はこのうえなく秘密裡に練りあげられた。

B そのことをアンリに話すな，彼は秘密をもらすおそれがある。

(11) **A** 疑念が，労働組合に対して私が抱いていた全幅の信頼にとって代わった。

B 子どもたちは知性を磨くことによって自信を獲得する。

(12) **A** 自分の行為の結果を考慮して，彼はやり始めていたことを中止した。

B 君は両親に対する振る舞い方を直すべきでしょう。

EXERCICE 27

(1) ⑤ (2) ⑦ (3) ⑩ (4) ② (5) ⑪ (6) ③
(7) ⑥ (8) ⑨ (9) ① (10) ⑫ (11) ⑧ (12) ④

(1) **A** このチーズはあまりにも固いのでかじることさえできない。

B 私は一番つらい仕事をひき受けた。

(2) **A** このズボンはきつい，私にはお腹のところが少し窮屈だ。

B 私が一番困っているのは資金がないことだ。

(3) **A** 真の価値観をもつことなく成長していく若者もいる。

B 私たちはこの件に関するあなたの見解を述べてもらいたいのですが。

(4) **A** 彼は内気で体が弱い子どもだった。

B 彼らはむずかしい問題に手をつけるのを躊躇した。

(5) **A** この他界は私には衝撃だ，とても仲のよかった人の死だから。

B ふつう，賞をもらうとき，副賞としてお金も受けとる。

(6) **A** 両親の反対にもかかわらず，彼はデモにくりだした。

B 彼は自分より熟練していない出願者のほうが選ばれるのを見てとても悔しかった。

(7) **A** 彼女は私のぶしつけな質問に当惑した様子だった。

B 彼はそれらの大きな荷物を抱えて身動きがとれなかった。

(8) **A** 残念ながらあなたの企画は受け入れられないと申しあげなければなりません。

B 祖母の死は彼(女)に深い哀悼の念を残した。

(9) **A** この大きなソファーに座っているとくつろいだ気分になれる。

B 口論のせいで私は居心地が悪かった，その場から出て行きたかった。

(10) **A** 私は空気がきれいな静かな町に住みたいのだが。

B 今までこの犬はおとなしかったのに，すぐ攻撃的になる。

(11) **A** どういたしまして，何でもありません。

B ワインを飲み過ぎないで，気分が悪くなるよ。

(12) **A** その嵐は農作物に多大な損害をもたらした。

B 彼女が今晩来られないとはなんて残念なんでしょう！

95 ***EXERCICE 28***

(1) ⑪ (2) ⑩ (3) ⑨ (4) ② (5) ① (6) ④
(7) ⑥ (8) ⑧ (9) ⑤ (10) ⑦ (11) ③ (12) ⑫

(1) **A** ビールを飲み過ぎるとお腹が出てくるよ！

B マノンはベッドに腹ばいになって本を読んでいる。

(2) **A** その馬はどうやってかわからないがトップに躍りでた。

B 日差しが強い，でも君は頭になにもかぶっていない。

(3) **A** 木の根元においてあった帽子は君のじゃないの？

B その子どもは海で泳いでいて足がつかなくなった。

(4) **A** この島は河の２つの支流に挟まれている。

B 彼は私が滑って転ばないように腕を支えてくれた。

(5) **A** 貧困国では娘が１人結婚すると家族は１人分の食費が軽減される。

B 私たちは地下鉄の入り口のまえで会う約束をした。

(6) **A** 人口の老齢化から生じる難問に向き合う準備をしておく必要がある。

B 向かい風があったので飛行機の離陸する性能が高まったのだろう。

(7) **A** 彼はドイツ語を流暢に話す，というのはそれが彼の母国語だからだ。

B 私は熱すぎるスープを飲んで舌をやけどした。

(8) **A** 私は彼（女）の筋の通らない理屈に関心があるふりをした。

B 国立博物館は尽きることのない情報の宝庫だ。

(9) **A** 細かいことには触れないで，なにが起こったのか私にざっと言いなさい！

B 彼（女）の父親はノール県の大実業家だ。

(10) **A** 私たちは子どもの教育をひき受ける心構えができている。

B 暇だったら，手を貸してください。

(11) **A** 彼（女）は赤字経営の責任を負わされた。

B 本の背表紙にはタイトルと作家名が書かれている。

(12) **A** 君のめがね？それは君の目のまえだよ！

B 君はまだ彼女が君を愛していることに気づいていない。それは明白なことだよ。

EXERCICE 29

(1) ④ (2) ⑩ (3) ⑤ (4) ⑫ (5) ① (6) ⑦
(7) ⑪ (8) ⑨ (9) ⑥ (10) ③ (11) ⑧ (12) ②

(1) **A** ３ヶ月の歯の治療のすえに私は歯科医の能力に疑問をもち始めた。

B この瓶の容量は１リットルだ。

(2) **A** 彼は弁護士の卵です。

B 山羊たちは一日中草原の草を食べている。

(3) **A** 彼は当てにできる若者です，人のうえに立つ素質がある。

B 彼女は軽い布地で夏用のドレスを作ってもらった。

(4) **A** 彼女はこの仕事にへとへとになっているが，やる気には事欠かない。

B この案件は教育省の管轄です。

(5) **A** その女詐欺師には，近づいてくる男たちをだれでもだましてしまう卓越した才能があった。

B あなたの現住所を教えてくださいますか？

(6) **A** 彼にはデスクを壁際まで押しやるだけの力がある。

B 父は飲み過ぎで肝臓が悪い。

(7) **A** 彼らはメディアの世論への影響力を重視している。

B 彼らは策略に時間をかけて政権の座につこうとした。

(8) **A** 彼は巧みに，関心のない話題から会話をそらす。

B 会議はマルタン氏の巧みな司会によってスムースに運んだ。

(9) **A** 調和のとれたメロディーのよさを聞き分ける能力は私たちめいめいのなかに刻み込まれている。

B 法学部は１万人以上の学生を受け入れている。

(10) **A** ローランは高校では優秀な生徒だった。

B 私たちにはなにかとても光る物体が夜空を飛んでいくのが見えた。

(11) **A** 夫の服装のセンスは私のとは異なる。

B 肉はおいしいが，ソースは何の風味もない。

(12) **A** 礼儀に反しないように気をつけなさい。

B 注意深い読者だったら誤植に気づいたでしょう。

EXERCICE 30

(1) ② (2) ① (3) ⑨ (4) ⑦ (5) ⑫ (6) ⑥
(7) ④ (8) ⑤ (9) ⑩ (10) ⑧ (11) ③ (12) ⑪

(1) **A** この原稿には本物だといういくつかの明白な特徴がある。

B これらの本は読みやすいように大きな活字で書かれている。

(2) **A** 彼は試験に上位で合格した優秀な受験生です。

B 彼は高い能力によって行政職のための非の打ちどころのない候補者とな

った。
(3) A 彼はまじめな男だ，けして約束を破ったりしない。
B 激しい突風は若木に甚大な被害をもたらした。
(4) A 川に沿った小道は歩行者専用です。
B 彼は判断するときとても慎重だ。
(5) A あなたはこのレストランのサービスには改善の余地があると思いますか？
B ローラはすぐに気分を害する，ちょっとした注意にも我慢できない。
(6) A 彼は投げやりな仕草で地図のうえでその場所を指し示した。
B 彼はあまりにもいい加減だから，こんなむずかしい交渉はできない。
(7) A 人の目を見ないで話すのは失礼だ。
B このところイチゴの値段が高すぎる，値段が下がるのを待ちましょう。
(8) A 私は中学・高校時代登山クラブに籍をおいていた。
B 戦没者たちの名前が自治体の慰霊碑に刻まれている。
(9) A その事故は単なる不注意から起こった。
B たった１本の電話だけで，この店の人は商品を宅配してくれる。
(10) A この地方の気候は一部の作物にとって過酷すぎる。
B 彼の振る舞いに彼が粗野で頑固な男だということがあらわれている。
(11) A 私の祖父は食べものにとてもうるさい。
B 彼(女)の解説はとても難解だ，私は理解するのに苦労した。
(12) A 彼の成功は彼の努力と辛抱のおかげだ。
B 登山隊はキリマンジャロの登攀に成功した。

101 *EXERCICE 31*
(1)④ (2)⑧ (3)③ (4)⑥ (5)① (6)②
(7)⑨ (8)⑦ (9)⑩ (10)⑤ (11)⑪ (12)⑫

(1) A bon はとてもよく使われる形容詞だ。
B 私たちは表示価格で薬を買う，割引は一切ない。
(2) A 彼は傑出したコック長だった，継承するのはむずかしいだろう。
B 会議が続いたので，私は会社を留守にすることができなかった。
(3) A 奥さんが亡くなって以来，彼は相次いで不幸を経験した。
B 水は約30メートルある断崖のしたの滝壺に滝となって落ちてくる。
(4) A 有権者たちは法案を潰すために不満

分子派の勢力を拡大したかった。
B 他の人たちのためらいを目にしたとき，彼はひとりで行動しようと決めた。
(5) A 彼は大通りの見知らぬ群衆のなかをぶらつくのが好きだった。
B 私たちが捜索したにもかかわらず，ひき逃げ犯の名前は不明なままだった。
(6) A 彼はぼんやりしていたので，危うく赤信号を無視するところだった。
B 私は日陰に行きます，日差しがまぶしくて目が痛くなり始めた。
(7) A 彼はたて続けに３杯のワインを飲んだ。
B 彼は肉屋の父親のあとを継いだ。
(8) A 彼はソファーで窮屈な姿勢で眠っている。
B 大臣は明確に原発反対の態度を表明した。
(9) A 私はその講演のなかに好ましくない政治的傾向があることに気づいた。
B 息子は父親に反抗し，口答えする傾向がある。
(10) A その理論は今日ではもう通用しないとは思わない。
B 会話のあいだに私は彼(女)に趣味がなにかをたずねた。
(11) A 私は会社社長としてではなく，個人の資格でここにきている。
B この本のタイトルは読者の関心をひくにちがいない。
(12) A 雨はとうとう私の古いレインコートにしみ入ってきた。
B 私の息子はうまくフォークをオリーヴに突き刺すことができなかった。

103 *EXERCICE 32*
(1)② (2)⑤ (3)⑧ (4)⑪ (5)① (6)⑨
(7)⑫ (8)④ (9)⑥ (10)⑦ (11)③ (12)⑩

(1) A 不動産屋が手にする手数料はいくらになりますか？
B 政府は子ども向け出版物をチェックするために委員会を設置した。
(2) A どうやら，これは何の動機もない無償の行為だ。
B コンサートは無料です，いかなる支払いも要求されません。
(3) A 彼女は火を通す必要のない食料を少し備蓄している。
B 私はヴァカンス中退屈しないようにたくさんの本をもっていった。
(4) A 結局のところ私たちは同じ目的を追求している。
B 整備士は自動車修理のために多額の金を要求した。

(5) **A** 彼は相手のあきらめを期待していたが，それは見込み違いだった。

　　B 私は計算した，列車よりも飛行機に乗るほうが安い。

(6) **A** 半径20キロの範囲内で借家を見つけるのはむずかしい。

　　B 食料品売り場はどこですか？

(7) **A** 彼は武器の密売に加担していたらしい。

　　B 数年後にはこの高速道路の交通量はもっと増えるだろう。

(8) **A** このケーキ屋にはさまざまな種類のケーキがある。

　　B あなたはカードで支払いますか，それとも現金ですか？

(9) **A** クリームを作るのに牛乳を入れすぎた。さもないとクリームがこんなに液状になることはない。

　　B 少額の買いものを精算するために現金を少しもってる？

(10) **A** 私はこの近くに安いレストランを知っている。

　　B 世界のIT市場は今年5.3％の成長が見込める。

(11) **A** 政府は内閣改造をしないで済ました。

　　B 節約のために私はより安いレストランを選んだ。

(12) **A** 私の銀行口座にはもう預金残高がない。

　　B 来週になったらこのセーターはバーゲンで半額になるだろう。

105 *EXERCICE 33*
(1)⑥ (2)② (3)⑧ (4)⑫ (5)⑦ (6)①
(7)⑨ (8)⑪ (9)③ (10)④ (11)⑤ (12)⑩

(1) **A** この投資家は株価の暴落で莫大な損失を被った。

　　B この仕事はすべて何の役にも立たない，何という時間のむだだろう！

(2) **A** このコンサートは身障者のために行なわれる。

　　B 彼は株取引で大きな利益をえた。

(3) **A** 私はこの仕事でくたくたに疲れた，体力を回復するためにソファーで横になります。

　　B 私は友だちに貸した本を回収したいのですが。

(4) **A** 母親が危篤状態に陥ったので，彼(女)は旅行からひき戻された。

　　B 修理費用を計算すると，この古い家は私たちにはとても高くつくにちがいない。

(5) **A** 私が君に言ったことを役立てるようにしなさい！

　　B 彼(女)のドイツ語の知識は大きな強

みだった。

(6) **A** エチエンヌはトップに立っている，他の人たちより少なくとも5メートルは先行している！

　　B 私はもうお金がない。経営者に給料の前払いをお願いしよう。

(7) **A** 彼は中学の校則を守らなかったので罰せられた。

　　B 紛争の解決は急を要する。

(8) **A** 彼は振るまいにおいてまったく慎みがない。

　　B きのう私の息子は居残りをさせられた。

(9) **A** 私は長いあいだマルタン一家と友好関係を保った。

　　B この製品はまだ市場に出回っていない。

(10) **A** 私はミスに気づかなかった。

　　B 招待者は招待する人の数を計算しなければならない。

(11) **A** 飛行機の席の予約は私がひき受けましょう。

　　B ヴァカンスのための別荘の賃貸料はいくらですか？

(12) **A** 仕立屋はスカートを手直ししてくれる，きつすぎるから。

　　B 新車を買えば，いまの車を下取りしてくれますか？

107 *EXERCICE 34*
(1)⑪ (2)⑩ (3)⑧ (4)② (5)⑦ (6)⑤
(7)⑨ (8)③ (9)① (10)⑫ (11)④ (12)⑥

(1) **A** やむをえない場合は，私が空港へ彼を迎えに行けるでしょう。

　　B 彼女は労働規則の厳格さに耐えられなかった。

(2) **A** その経営者には彼の会社の劣悪経営の責任がある。

　　B たばこは肺がんの原因になる。

(3) **A** 人が教育法を習得するのは長い職業経験を通してである。

　　B 理論と実践の間には大きな溝が存在するようだ。

(4) **A** この出来事は重大事件の予兆かもしれない。

　　B 彼は夕刊に広告を掲載した。

(5) **A** この会議はとても重要です，出席する義務があると考えてください。

　　B 私はどうしても引っ越してパリに住まなければならなかった。

(6) **A** ふだん彼はもっと遅くに家を出る。

　　B 彼は朝食まえに犬を散歩させる習慣がある。

(7) **A** 有罪だという証拠がないので，警察は彼を釈放せざるをえない。

23

B 気をゆるめてはいけません。
(8) A 彼はふだんよりたくさん飲んだ。
　B 慣習によると，新郎は奥さんを腕に抱えて家に入らなければならない。
(9) A 彼は農業問題の現状に関心がある。
　B 中国との経済的関係は今日的な問題だ。
(10) A 健康状態が私のすべての心配事の源だ。
　B 君はロワール河の源流がどこの地域にあるか知ってる？
(11) A 私たちは表現の自由を守る権利がある。
　B 弁護士になるには法律の勉強をしなければならない。
(12) A あなたの行為は法に触れます。
　B 私は彼（女）のまえではけしてピアノを弾かないことを信条とした。

109 *EXERCICE 35*
(1) ④　(2) ⑩　(3) ①　(4) ⑥　(5) ⑪　(6) ⑧
(7) ⑤　(8) ⑦　(9) ③　(10) ⑫　(11) ②　(12) ⑨

(1) A 彼女たちは双子の姉妹です。
　B 彼は競馬を双眼鏡で見ている。
(2) A これらの万年筆は君のもので，あれは彼（女）のものです。
　B 彼はよそへ行って気ままに暮すために，ためらうことなく家族と別れた。
(3) A この道具は庭いじりをするのにとても便利です。
　B 私は部長を説得するのにいつも苦労する，彼は気安い性格ではないから。
(4) A その女優はジャンヌ・ダルク役を演じている。
　B ド・ゴールは歴史上の人物だ。
(5) A この対立は一方で個人の自由と他方で社会生活に関係しているようだ。
　B 彼は10年まえにスポーツ団体を設立した。
(6) A 彼は個人と自然界の関係に関する講演を行なった。
　B 私はもう2年まえからアランとはつきあっていない。
(7) A 分娩センターでなら出産はとても容易だ。
　B 講演会場にはたくさんの人がいた。
(8) A 彼らは自分たちを育ててくれた両親に感謝の念を抱いている。
　B カフェで会いましょう，私は目印として新聞を持って行きます。
(9) A この近くに釣りに適した川縁がありますか？
　B 病院内では大声で話さないでください，それは礼儀に反します。
(10) A 彼が私の信頼を裏切ることができる

なんて一度も思ったことはなかったのだが。
　B 嘘をつかないでください，最後にはあなたの態度にほんとうの考えがあらわれますから。
(11) A 私は数日の予定でパリを留守にします，でもメールであなたとの連絡は絶やしません。
　B 竹製のかごは手で触れることによって古色をつけられる。
(12) A 初めての吹雪はこの地方の道路網に影響を及ぼした。
　B 投票結果はテレビの全国ネットで放送される。

111 *EXERCICE 36*
(1) ⑫　(2) ④　(3) ⑥　(4) ⑤　(5) ③　(6) ②
(7) ⑧　(8) ⑩　(9) ⑪　(10) ⑦　(11) ①　(12) ⑨

(1) A 私の祖母を歩かせるために彼女を支えるのを手伝って。
　B 私は次の選挙でその若い候補者を支援することに決めた。
(2) A この資料の下にあなたのサインをしてください。
　B この上着には有名デザイナーのマークが付いている。
(3) A これはブランド品で，保証つきだよ！
　B 覚えなければならない各単語のまえに印をつけてください。
(4) A この出来事はきっとフランス史に残るでしょう。
　B 毎晩彼は子どもたちに物語を聞かせてやったものだった。
(5) A その政治家は既成政党のレッテルをはられるのを嫌っている。
　B このコートの値段はラベルに書いてある。
(6) A その事故について詳しく説明してください。
　B 皿は1枚だけでも買えますよ，私どもは小売りもしています。
(7) A 彼は2通の手紙を同じ封筒に入れた。
　B 君はシャツのしわにアイロンをかけるほうがいい。
(8) A あなたの的確な質問に詳しい回答をあたえることは私には不可能です。
　B 私は彼（女）に数通のメールを出したが，まだ返事がない。
(9) A 彼らは和解の印に握手した。
　B 大きな黒い雲がでている，ひと雨くる兆しだ。
(10) A あすお宅に寄ります，約束します。
　B 発言してもいいですか？
(11) A あなたが離婚するといううわさは私のところまで流れてきました。

B 遠くから雷鳴が聞こえる。

(12) A 彼に秘密を打ち明けないでください，彼は何でも口外してしまう傾向がある。

B 説明をもう一度繰り返してくれますか？よくわかりませんでした。

EXERCICE 37

(1) ⑨ (2) ⑫ (3) ⑪ (4) ③ (5) ① (6) ⑤
(7) ⑧ (8) ⑥ (9) ② (10) ⑦ (11) ④ (12) ⑩

(1) A この日本製磁器はまさに美術工芸品だ。

B 失業問題がはげしい議論の対象となった。

(2) A この地域は資源が乏しい。

B 彼は状況を改善するために潜在能力をすべて発揮した。

(3) A 原則として，彼はあす出張から帰ります。

B この機械の原理を説明してくれますか？

(4) A 彼はパリ行きの飛行機に乗った。

B 私たちは彼（女）にお金の使途を明確にするよう求めた。

(5) A 彼はようやく定めていた目標を達成した。

B わがチームは1対0で勝った。

(6) A その被疑者が有罪であるという明白な証拠を立証しなければならない。

B 彼（女）の礼儀正しさはまったく形式的なものだ。

(7) A 彼らはあらゆる手段を使って紛争の拡大を阻止するために闘った。

B 私にはクルーザーを買うだけの財力はない。

(8) A 彼はいつも手紙を月並みなあいさつの決まり文句で締めくくる。

B 列車の旅はもっとも経済的な方法だ。

(9) A 私はこの許可証を取得するために面倒な手続きをしなければならなかった。

B やり方は違ったけれども，彼らは似たような結論に達した。

(10) A 生産性をあげる方法を教えていただけますか？

B 先生は彼（女）にこのピアノの教則本を買うように勧めた。

(11) A カルマン夫妻が来てくれるように，彼らに前もって知らせてください。

B 君の服の着方は変だよ。

(12) A 疲れたからというのは，パーティーに来ないための彼（女）の口実でしかない。

B どんな事情があってもこのような条件で働くことを受け入れるべきではありません。

EXERCICE 38

(1) ⑫ (2) ③ (3) ⑥ (4) ⑧ (5) ④ (6) ⑨
(7) ⑤ (8) ① (9) ② (10) ⑦ (11) ⑪ (12) ⑩

(1) A この調査で私たちはオオカミが残した足跡を発見することができた。

B 医者は犠牲者の血中から微量の毒物を検出した。

(2) A これはデカルトの注釈付きの版です。

B 記者はただちに政府の決定について解説した。

(3) A 科学者たちはコロラド峡谷の探検計画を進めている。

B 小包の発送業務についてもっと知りたいのですが。

(4) A 彼は逮捕されるまえに，読まれると困る書類を焼却した。

B 警察署に身分証をもっておいでくださいますか？

(5) A 彼は環境保護に関する資料ファイルを作成した。

B 椅子の背もたれは90度に調整することができる。

(6) A 多くの宗教的立場を調停するには柔軟性を発揮する必要がある。

B 彼らはたいてい無実が証明されるまでは自分たちを被疑者だと感じている。

(7) A 私は封筒に受取人の旧住所を書いたかもしれない。

B その計画に100万ユーロの予算枠が当てられた。

(8) A 私は商品の在庫を全部まとめて買いましょう。

B その彫像は30トンあるたった1個の石の塊に彫られた。

(9) A 道路地図の本来の目的は地域の詳細な道路網を示すことだ。

B 私たちはアラカルトで食べることにした。

(10) A インターネットサイトの電子証明書はいわば身分証明書である。

B あなたはあらかじめ客の身元を確認することもなく取引関係を結ぶのですか？

(11) A この週刊誌の発行部数は毎週1万2千部以上に達する。

B ランナーのスタート順は抽選で決められる。

(12) A 被疑者は証拠不足で不起訴になった。

B いろいろな証言によると，事故はあっという間に起こった。

EXERCICE 39

(1) ⑤　(2) ⑦　(3) ⑩　(4) ⑪　(5) ⑫　(6) ②
(7) ⑥　(8) ⑧　(9) ④　(10) ⑨　(11) ①　(12) ③

(1) A　13歳のとき，彼は最初のビデオゲームをプログラミングした。
　　B　亡くなったある俳優の名誉がかかっている。
(2) A　ベジタリアン用の特別メニューはありますか？
　　B　新しいウインドウにメニューバーが表示された。
(3) A　この監督はその映画の制作に全精力を傾けた。
　　B　彼の計画を実現するには多くの忍耐力を要するだろう。
(4) A　この法案は元老院の次の会期で議論されるだろう。
　　B　私は19時から上映の映画を見に映画館へ行った。
(5) A　彼女は私にコンタクトレンズをつけるように勧めた。
　　B　とても喉が渇いていたので，私はたて続けにグラス3杯の水を飲んだ。
(6) A　彼は友人たちと協力して行動した。
　　B　自動車事故が交通を全面的に麻痺させ，一斉にクラクションが鳴らされ始めた。
(7) A　君は子どもたちに読み方を教えるべきでしょう。
　　B　テープに録音されたこの詩の再生状態はあまりよくない。
(8) A　私は桃のにこ毛で覆われた皮があまり好きではない。
　　B　毎週末彼は海釣りに行く。
(9) A　テラスは生け垣に隠れている。
　　B　その小説家の最新作は近く映画化される。
(10) A　ガラスの花瓶をきちんと水平に置きなさい，それは倒れる恐れがある。
　　B　肉の皿を回してくれますか？
(11) A　もし日曜日にコンサートへ行きたいのなら，チケットを予約するべきでしょう。
　　B　50ユーロを10ユーロ紙幣5枚にしてください。
(12) A　新しくきた人のために追加の食卓を用意するのを手伝ってくれる？
　　B　冗談と見せかけて，彼はあなたへのいくつかの厳しい批判を口にした。

EXERCICE 40

(1) ⑩　(2) ⑧　(3) ⑥　(4) ④　(5) ③　(6) ⑨
(7) ⑫　(8) ⑤　(9) ⑦　(10) ⑪　(11) ①　(12) ②

(1) A　このペースだと，私は原稿が締切に間に合わないだろう。
　　B　うるさくしないでよ，勉強しているのが見えないの？
(2) A　傾斜地に家を建てるのはむずかしい。
　　B　君は食事中にたばこを吸う。君はよからぬ道に踏み込んでいる。
(3) A　定年退職を機に私は登山を始めた。
　　B　これは交渉を始めるよい出発点です。
(4) A　送風機によってこのホールへ空気が送られています。
　　B　今週末は交通事故がとても多かった。
(5) A　地下鉄でここからリヨン駅までだと乗り換えはありません。
　　B　住所変更の場合，郵便局はあなたの郵便物を新しい住所へ転送します。
(6) A　彼はスピードを出しすぎていた，危うく壁にぶつかるところだった。
　　B　彼らはまもなく新学期を迎える，ヴァカンスは終わった。
(7) A　彼は発展途上国においてこの病気を根絶できたらいいと思っている。
　　B　地図上の赤い線は鉄道を表わす。
(8) A　彼はなじみ客と電話連絡をとっている。
　　B　これら2都市間をつなぐ空の便は収益不足という理由で存在しない。
(9) A　大鍋にいれたマーガリンをとろ火で温めなければならない。
　　B　自転車に乗っている人が赤信号を無視した車にはねられた。
(10) A　車で移動するほうがいい，そこはとても遠い。
　　B　パリからトゥールまでの行程は私にはとても長く思われた。
(11) A　工事期間中この通りへの車の乗り入れは禁止されている。
　　B　若者への投資法として，教育への道を開いてやること以上にいい方法がなにかあるだろうか？
(12) A　その大臣はほとんど面会できない，予約をとるのがとてもむずかしい。
　　B　君はこのフランス語の手引書を買うべきだよ，君にもとてもわかりやすいだろうから。

EXERCICE 41

(1) ⑧　(2) ①　(3) ④　(4) ⑫　(5) ②　(6) ⑥
(7) ③　(8) ⑪　(9) ⑦　(10) ⑩　(11) ⑨　(12) ⑤

(1) A　時間が経つにつれてそのパソコンは使いやすくなっていった。
　　B　私は緊急の電話をかけなければならない。
(2) A　この店では旅行用品しか売っていない。
　　B　彼はすでに権威ある新聞に記事を何

本も執筆した。

(3) **A** 彼女はいつも手首に細い金の鎖をつけている。

B 今晩3チャンネルでおもしろい映画が上映される。

(4) **A** 怒ると父は私を家から追い出したものだった。

B 管理人は門を開けて私たちを通してくれた。

(5) **A** 彼は猛勉強して相当な法律の知識を身につけた。

B 雨になりそうだ、荷物をまとめなければ。

(6) **A** 私が家に着いたときは、かなり暗くなっていた。

B 店は今度買ったソファーを家に配達してくれる。

(7) **A** 彼はデスクのまえに座って、パソコンのスイッチを入れた。

B 校長室は廊下の奥にある。

(8) **A** 彼らは飲みものをトレーにのせて持ってきてもらった。

B 河は高原の中央を流れている。

(9) **A** 電気のスイッチを入れるにはこのレバーを上げるだけでいい。

B 発電所は遠く離れた村へ電気を供給している。

(10) **A** 私はズボンをクリーニングに出す。

B 掃除中は手袋とエプロンを着用してください。

(11) **A** 広場の泉は鉄柵に囲まれている。

B クロスワードパズルをすることによってアルツハイマー病のいくつかの症状を軽減できる。

(12) **A** 金融汚職に関する記事が新聞の3段分を占めている。

B ギリシア人は寺院を支えるすばらしい円柱を作り上げた。

122 まとめの問題

1 (1) ③ (2) ⑤ (3) ⑦ (4) ⑧ (5) ④

(1) **A** この受験者は試験に合格したが、私は彼の順位を知らない。

B この書類を全部整理するには何日もかかるだろう。

(2) **A** この薬は頭痛に速効性がある。

B 彼は職場のすぐ近くに住んでいる。

(3) **A** このトンネルはとても暗い。

B 彼はいつも物知り顔で話をするが、彼が言うことは時としてとても曖昧だ。

(4) **A** 野外コンサートは嵐のために中止された。

B デパートは人がいっぱいだった。

(5) **A** 応接間に新しい絨毯を広げるのを手伝いにきてよ。

B あなたは約束の日付が重複しないようにしなければならない。

2 (1) ⑤ (2) ⑨ (3) ④ (4) ⑥ (5) ⑧

(1) **A** これらの書類は邪魔だよ、私のデスクからどけてくれる？

B 君はコートを脱いでクロークに預けてもいいよ。

(2) **A** 彼女はエプロンを作るために生地を買った。

B 彼(女)の話は矛盾だらけだ。

(3) **A** 彼は5月に1週間の休暇をとってスペインを訪れた。

B 経営者は従業員の1人を解雇した。

(4) **A** 彼は腰抜けだ、決心するまで長らく迷う。

B バターを冷蔵庫に入れなさい、すっかり柔らかくなっている。

(5) **A** 彼は君の仕事を手伝ってくれた。お返しに君は彼になにをあげるの？

B 旅行から帰ったら電話します。

3 (1) ② (2) ⑥ (3) ⓪ (4) ③ (5) ⑤

(1) **A** 彼女の非難はいつも手厳しい。

B 水道の水は多くの場合塩素で殺菌されていて、酸っぱい味がする。

(2) **A** 彼は私が必要な資料をすべて自由に使えるようにしてくれた。

B インテリアをまったく新しくするには家具の配置を見直すだけでいい。

(3) **A** 彼は自分の計画を勧めることによって私をだまそうと思っていた。

B 私は転地することによって健康をとりもどしたかった。

(4) **A** 倒れるのを防ぐために老木に支えをしなければならない。

B 家庭を助ける方法は医療費を補填するために財政支援をすることだろう。

(5) **A** 発展途上国の子どもたちは危機的状況に置かれている。

B すぐれた哲学者は批判精神を示さなければならない。

4 (1) ⑦ (2) ⑨ (3) ⑥ (4) ① (5) ⑤

(1) **A** あんなに子どもを甘やかしたら、いいことはなにもない。

B 彼(女)の読書は精神を台なしにす

(2) **A** 拭くときにグラスに傷をつけない
ように注意してね。

B 彼は私に住所録から亡くなった人
の名前を抹消するよう指示した。

(3) **A** 私はピエールと結婚して幸せな家
庭を築きたいのだが。

B 火元はまだわかっていない。

(4) **A** 原発事故の被害状況はとても深刻
で，何百人もの犠牲者をだした。

B 健康診断はたしかに健康状態に関
して完全な現状分析をするための
最良の方法である。

(5) **A** 私たちは一定の時間内でこの仕事
を終えなければならない。

B 状況を考えれば，君の判断は適切
だった。

5 (1)⑥ (2)② (3)④ (4)⑦ (5)⑧

(1) **A** この料理は赤ワインととてもよく
合う。

B 怒った彼は壁を平手打ちした。

(2) **A** 彼はとてもうまく選挙戦を闘った，
おそらく当選するだろう。

B 田舎では古くからのしきたりがず
っと残っている。

(3) **A** 彼は兄[弟]と従兄弟といっしょに
来た，後者は控えめそうだった。

B 私たちはやることがたくさんある，
この仕事は最後にやるほうがいい。

(4) **A** 雨水はトイレ用とか洗濯用など，
飲用に適していなくても十分であ
る用途で使うことができる。

B 旅行中の天気はまずまずだったよ。

(5) **A** この利益は共同出資者のあいだで
分配しなければならない。

B クラスの生徒たちを３つのグルー
プに分けましょう。

6 (1)⑤ (2)⑥ (3)⓪ (4)① (5)⑨

(1) **A** この画家は頭角を現わしつつある。

B 私たちはうまく彼(女)の意図をつ
きとめることができた。

(2) **A** これは５幕ものの戯曲だ。

B この10ユーロ硬貨は600ユーロで売
られている。

(3) **A** 各証人が私たちに事故について自
分なりの解釈をした。

B 私はフランス映画を日本語字幕の
ついたオリジナル版で見た。

(4) **A** 彼女にはこのつらい試練を耐えぬ
けるだけのしっかりした精神的安
定がある。

B アイススケートをするとき，バラ
ンスを保つのに苦労する。

(5) **A** 天気予報によると，今夜は乾燥し
た天気だが，あすは雨だ。

B 裁判官は彼(女)にあまりにもそっ
けなくてぞんざいな口調で話しか
けた。

3 前置詞に関する問題

125 **出題例**

(1)① (2)④ (3)⑥ (4)⑨ (5)②

(1) この紅茶は独特の味がする。

(2) 彼(女)を正面から攻撃しないほうがいい。

(3) 部長はジュリアンと取引を始めるために
彼と連絡をとった。

(4) なぜあなたは人を外見で判断するのです
か？

(5) サラはあとになってそのまちがいに気づ
いた。

127 ***EXERCICE 1***

1 (1) de (2) à (3) Par (4) contre
(5) dans

(1) パリ発の列車は何時に着きますか？

(2) このデザートはチョコレートをベース
にしている。

(3) ある面では，この提案は興味深い。

(4) 彼女は私に体を接するようにしてすわ
った。

(5) 彼はその訴訟の概略しか説明しない。

2 (1) vers (2) dans (3) hors (4) chez
(5) À

(1) この生徒に文学研究を志望させるのは
まちがっているかもしれない。

(2) 彼は両親の目の届かないところで気ま
まな生活を送っている。

(3) 衝撃で彼は車のそとへ投げ出された。

(4) サルトルの作品では「自由」という語
がよく使われる。

(5) 大臣たちの会議のあとで記者会見があ
った。

3 (1) par (2) dans (3) de (4) Chez
(5) à

(1) この大学は日本語教育で他のすべての
大学にまさっている。

(2) 彼女は計算をまちがえた。

(3) 彼は断然クラス１番のスポーツマンだ。

(4) ミツバチの世界では，女王バチ，雄バチと働きバチが区別されている。

(5) 飛行機が墜落したとき，100人近い乗客がいた。

129 EXERCICE 2

1 (1) entre (2) en (3) sous

   (4) devant (5) sur

(1) このことは私たちだけの秘密だよ。

(2) 彼ははしごのうえまで登った。

(3) 私はその事実を故意にふせた。

(4) 私にはもう20ユーロの余裕しかない。

(5) 殺人犯は殺人現場に戻ってきた。

2 (1) derrière (2) sur (3) sous (4) en

   (5) entre

(1) 彼は重い過去を背負っている。

(2) 彼は犯罪の責任を共犯者になすりつけようとしていた。

(3) この問題はいろいろな角度から検討しなければならない。

(4) 結婚式は2名の証人出席のもとでおこなわれた。

(5) 警察につかまろうが，軍隊につかまろうが同じことだ。

3 (1) sur (2) entre (3) devant

   (4) sous (5) en

(1) 彼女の名前が思いだせない。

(2) この文をギュメで囲ってください。

(3) 私たちには時間の余裕がある。

(4) 君の万年筆？君の目のまえにあるよ。

(5) あなたの成績は去年より少しも下がってはいない。

131 EXERCICE 3

1 (1) à (2) vers (3) De (4) depuis

   (5) dès

(1) その為替は折りよく着いて，彼を窮地から救った。

(2) 7時ごろまた電話します。

(3) 今日ではもう手紙をタイプで打つことはない。

(4) 私たちは知りあってからまもない。

(5) 今日から早速これらの薬を服用してください。

2 (1) vers (2) dès (3) de (4) à

   (5) Depuis

(1) その芸術運動は1920年ごろ芽生えた。

(2) 彼は帰るとすぐに私に会いにきた。

(3) 私は夜パリに着くだろう。

(4) 私はすぐ宿題を始める。

(5) 月初めから今まで雪が降っていた。

3 (1) dès (2) depuis (3) vers (4) À

   (5) De

(1) その映画はのっけから私を退屈させた。

(2) 私は火曜日からずっと彼には会っていない。

(3) 私はだいたい5月15日ごろフランスへ帰るだろう。

(4) 演説者の話が進むにつれて，聴衆は居眠りを始めた。

(5) 存命中父は猫が大好きだった。

133 EXERCICE 4

1 (1) avant (2) en (3) entre

   (4) Pendant (5) pour

(1) 亡くなる2日まえに，彼は海岸へ散歩に行った。

(2) 私は用事がたくさんある，あなたに会いに行くのは最後になるでしょう。

(3) 今日は2時から4時まで暇だ。

(4) 私が窓から見ているあいだに，交差点で接触事故があった。

(5) あなたのワイシャツは火曜日にはできます。

2 (1) Après (2) dans (3) en (4) par

   (5) Pour

(1) 列車から降りると，彼は私に合図した。

(2) 彼は歳をとってからも，なおとても活動的だった。

(3) 私は土曜日か日曜日に映画に行くが，ウイークデイに行くことはけしてない。

(4) 会議は停電のために中断している。

(5) 今のところ病人は平静を保っている。

3 (1) pour (2) après (3) pendant

   (4) dans (5) en

(1) アンリは2年後のちょうど同じ日に帰省した。

(2) 会議は10月半ば過ぎまで延期された。

(3) 店は工事期間中は休業する。

(4) 君は15分以内に食事を終えなければならない。

(5) あなたは2時間以内にパリに着くでしょう。

EXERCICE 5

☐1 ⑴ sur ⑵ pour ⑶ en ⑷ contre
⑸ auprès

⑴ フランスでは所得税はどのようにして計算されるのですか？
⑵ 彼女は年齢のわりには大柄だ。
⑶ 彼は音楽に関心がない。
⑷ 1冊のいい小説に対して20冊の割合で凡庸な小説がある。
⑸ 当局への私のすべての働きかけはむだだった。

☐2 ⑴ par ⑵ à ⑶ Pour ⑷ sur
⑸ envers

⑴ 彼女はご主人とは反対に散歩が大好きだ。
⑵ 私はジャックから100ユーロ借りた。
⑶ 私としては何の反対もない。
⑷ しょっちゅう昔の話をしないでください。
⑸ 彼（女）の書簡は私への敬意にみちていた。

☐3 ⑴ pour ⑵ à ⑶ sur ⑷ avec
⑸ Contre

⑴ 彼は父親に深い憎しみを抱いている。
⑵ 犯人に対して有効な措置を講じなければならない。
⑶ 議論は経済政策を対象としていた。
⑷ 君の決定は彼（女）が断ったこととなにか関係があるの？
⑸ 大方の見方に反して，彼（女）の商売はうまくいっている。

EXERCICE 6

☐1 ⑴ en ⑵ à ⑶ en ⑷ en ⑸ à

⑴ 私たちとしょっちゅう会っているので，彼らはとうとう家族の一員になった。
⑵ このアイスクリーム屋はバニラアイスで有名だ。
⑶ 改革はいくつかの段階にわけて実行された。
⑷ 車は修理中だ。
⑸ 包みはきちんと水平においてよ，とても壊れやすいんだから。

☐2 ⑴ à ⑵ en ⑶ à ⑷ en ⑸ à

⑴ 飛行機が降下するにつれて，その家は見る見る大きくなる。

⑵ その問題はまだ労使間で審議中だ。
⑶ 彼は事態を軽視した。
⑷ 彼らは最近レンガ造りの新しい家を買ったところだ。
⑸ 瓶はほとんど空だ。

☐3 ⑴ à ⑵ en ⑶ à ⑷ en ⑸ en

⑴ このコピー機は1分に15枚の割合でコピーする。
⑵ この百科事典は6巻本で出版されるだろう。
⑶ 彼は例外的にジャーナリストのインタビューに応じた。
⑷ そのことをざっと私に話してください，細部にはふれないでください。
⑸ 君がシャツをまとめて積みあげてくれたら，これほど場所ふさぎにはならないだろう。

EXERCICE 7

☐1 ⑴ En ⑵ en ⑶ à ⑷ à ⑸ À

⑴ このような不幸な状況であるにもかかわらず，それでも彼はパーティーに出席するだろう。
⑵ 彼は私にあなたの友人として自己紹介した。
⑶ 私たちは2人だけで会話する時間をとるべきだ。
⑷ 君は1日に12時間働いている，このペースだと病気になるよ。
⑸ 実をいうと私は離婚を考えている。

☐2 ⑴ en ⑵ à ⑶ en ⑷ à ⑸ à

⑴ 彼女は制服姿だ。
⑵ 彼は私たちの会話をすべてそっくりそのまま母親に話した。
⑶ 彼は私たちに実業家として話した。
⑷ 私は旧市街を散歩する時間はほとんどなかった。
⑸ 私には窓ガラス越しに花畑が見える。

☐3 ⑴ en ⑵ en ⑶ à ⑷ en ⑸ à

⑴ 彼はその件を詳しく説明してくれた。
⑵ 社長がみずから，私たちに楽しいヴァカンスを，とあいさつにきた。
⑶ 本のその一節を大きな声で読みなさい。
⑷ この件ではあなたの願望は重要ではありません。
⑸ 彼の妻が，ましてや娘までそう頼むなら，彼はきっと承諾するだろう。

EXERCICE 8

1 (1) sauf (2) sous (3) sans (4) hors
   (5) avec

(1) 家では父以外は全員ピアノを弾ける。
(2) 彼はピエロン教授の指導のもとで研究している。
(3) 私は彼女の説得に成功したが，苦労しなかったわけではない。
(4) 料金はシーズンオフに安くなる。
(5) 書類かばんはハンドル付きが欲しいのですか，それともハンドルなしのが欲しいのですか？

2 (1) sous (2) hors (3) sur (4) avec
   (5) sans

(1) かつて奴隷たちは主人に服従して暮らしていた。
(2) この車は法外な値段だ。
(3) 彼は本を積み上げておく習慣がある。
(4) 彼らは代議士を買収しようとしている。
(5) 心配しないで，5時にはかならず着きます。

3 (1) outre (2) sur (3) avec (4) sous
   (5) sans

(1) このプリンターはそんなに高くなかった。
(2) 以後，彼はずっと警戒していた。
(3) 彼は親切に私を手伝ってくれた。
(4) 講演はルイ14世治下のフランス人の生活をとりあつかっていた。
(5) 数年まえから生産が増え続けている。

EXERCICE 9

1 (1) de (2) pour (3) comme
   (4) Dans (5) entre

(1) その手術は外科の先端技術のおかげで成功することができた。
(2) 彼はニースの娘を妻にした。
(3) 彼はいつも他人とは違ったやり方を見いだす。
(4) 私たちはおおむね天候に恵まれた。
(5) 評論家は2人の作家を比較検討した。

2 (1) malgré (2) de (3) comme
   (4) dans (5) pour

(1) 彼はうるさいにもかかわらず話し続けた。
(2) 彼は見当違いな返事をした。

(3) 彼らは結婚こそしていないが，結婚しているのも同然だ，いっしょに暮らして10年にもなる。
(4) 私はできる限り来るようにします。
(5) みんなは彼をリーダーとして認めた。

3 (1) de (2) malgré (3) Dans
   (4) comme (5) pour

(1) 私は彼に会いたくない，おまけに私はほかに用事がある。
(2) 彼に話させなさい，なにはともあれ，たぶん彼はまちがってはいない。
(3) 彼はカミュに傾倒して，全集を買いに行った。
(4) 君は十分先んじている，だからそんなに急ぐにはおよばなかった。
(5) あなたは形式的にでもあなたの承諾を彼(女)に書簡で伝えるべきでしょう。

EXERCICE 10

1 (1) pour (2) par (3) à (4) de
   (5) Avec

(1) このカフェは改装のために閉店している。
(2) 彼女は母親からフランス人の血をひいている。
(3) 彼らは数人がかりでピアノを持ちあげ移動させた。
(4) 私はあの女の子の顔は知っています。
(5) すっかり変わってしまったので，もはや生まれ故郷だとはわからない。

2 (1) par (2) à (3) sous (4) de
   (5) Avec

(1) 私が援助を申し出るとすぐに彼は承諾した。
(2) 是が非でも紛争の拡大を阻止しなければならない。
(3) 母親の具合が悪いのでと言って彼は来なかった。
(4) 私は彼の名前は知っています，しかし話したことは一度もない。
(5) このような雨だと，田舎へハイキングには行けないだろう。

3 (1) par (2) à (3) sous (4) pour
   (5) avec

(1) 彼女はまちがってこの会場に入った。
(2) 彼は私に追いつくために全力で走ってきた。

31

(3) 運転手はまだ事故のショックから立ち
直っていない。
(4) そのような話が原因で怒るなよ！
(5) 私たちははさみで紙を切る。

147 **EXERCICE 11**

1 (1) pour (2) entre (3) dans (4) de
(5) par

(1) きょうこの映画館では1席分の料金で
2席とれる。
(2) エディット・ピアフはいろいろな歌を
歌ったが，代表的なのは『愛の賛歌』
である。
(3) あの夫人は90歳くらいになっていると
思う。
(4) 値段は3ヶ月で10パーセント値上がり
した。
(5) 私たちは仮説を1つ1つ検証しなけれ
ばならない。

2 (1) dans (2) pour (3) de (4) parmi
(5) par

(1) この辞書は10ユーロぐらいだ。
(2) 彼女は3ユーロで1ダースのオレンジ
を買った。
(3) 証拠不十分で彼を告発することはでき
なかった。
(4) 私はカミーユを友人の1人と思ってい
る。
(5) 10箱ずつ並べてください。

3 (1) de (2) parmi (3) par (4) pour
(5) sur

(1) この2人の少年のうちダニエルのほう
が断然背が高い。
(2) 彼はこの問題を一番早く解いたなかの
1人だ。
(3) 彼は月に4千ユーロ稼ぐ。
(4) 私はこの中古車をただ同然で手に入れ
た。
(5) 私は20点満点で18点とった。

149 **EXERCICE 12**

1 (1) En (2) Pour (3) Selon (4) À
(5) Avec

(1) あなたはどんなことがあってもこの公
文書を手放してはいけません。
(2) 彼はだれのために大臣に働きかけをし
たのだろう？
(3) けさの新聞によると，彼は殺人容疑で

逮捕された。
(4) 戦争は何になるのですか．何の問題解
決にもならないのに？
(5) 少し根気があれば，彼は彼女を説得で
きただろうに。

2 (1) pour (2) en (3) avec (4) selon
(5) à

(1) この勝利で彼らは決勝進出の資格を得
た。
(2) 彼らは試合に勝つために練習している。
(3) これだけ日が照れば桃はもうすぐ熟す
だろう。
(4) ガソリン料金の値上がりは場合によっ
て変わる。
(5) 出典を記載するのであれば，この一節
を引用してもいいです。

3 (1) à (2) Dans (3) Avec (4) pour
(5) sous

(1) 私は遅れてでもいなければ，めったに
タクシーに乗ったりしない。
(2) だれか現われたら電話してください。
(3) この天気だと，家から出ないほうがい
いでしょう。
(4) 風邪をひかないようにこのコートを着
なさい。
(5) 私たちは真偽の保証もないままにこの
ニュースを発表する。

151 **EXERCICE 13**

1 (1) à (2) de (3) à (4) de (5) à

(1) 彼は見るからに手ごわそうだ！彼とは
渡り合いたくないのだが。
(2) 君に電話しています，パリに一時滞在
しているから。
(3) これらのサービスは顧客ならだれでも
利用できるというものではない。
(4) 彼（女）の娘は秘書代わりをしている。
(5) 今は目立つのはあまり得策ではない。

2 (1) à (2) de (3) à (4) à (5) de

(1) この絵は個人の所蔵です。
(2) 彼女は子どもたちに対して我慢が足り
ない。
(3) 私が言ったことを大いに活用してみて
ください。
(4) 彼はこの仕事を終えるのに1週間かけ
た。
(5) あなたに私の決意を報告する必要はな
い。

3 (1) à (2) de (3) de (4) de (5) à

(1) この仕事は封筒に住所を書くことです。
(2) 彼は私を嘘つき呼ばわりしたが，それは真実ではない！
(3) 君は酒を飲みすぎる。
(4) 引き出しからこの書類を全部とり除きなさい。
(5) 泥棒は妻からバッグをひったくった。

153 **EXERCICE 14**
1 (1) de (2) de (3) à (4) à (5) de

(1) 彼は息子を医者にした。
(2) 彼は私たちへの連絡を忘れた。
(3) 私はその新たな困難に立ち向かわなければらばならなかった。
(4) 私はもうだれも信じられなくなった。
(5) 泥棒たちは暗がりに乗じて逃げ去った。

2 (1) de (2) de (3) de (4) à (5) à

(1) 彼はこの旅行のためにお金を貯めている。
(2) 私は彼（女）の正直さを疑ってはいない。
(3) この会議の成否はひとえに君にかかっている。
(4) 私たちは理解するのをあきらめます，それはむずかしすぎる！
(5) 私たちはおばさんを迎えに行った。

3 (1) de (2) à (3) à (4) à (5) De

(1) 私はまだ彼（女）に私の計画を教えていない。
(2) 現在まででインフルエンザにかかっていないのは私だけだ。
(3) 鑑定家はこの絵を5千ユーロと値踏みした。
(4) 用事があるときは，遠慮なくお電話ください。
(5) このお城はいつの時代のものですか？

155 **EXERCICE 15**
1 (1) à (2) de (3) à (4) de (5) à

(1) 私なら，あえてそのような責任をとったりはしないだろう。
(2) 彼は遅刻した，道をまちがえたからだ。
(3) 作家は1章が削除されることを甘受しなければならなかった。
(4) 若者はもはやスマートフォンなしではいられない。
(5) 君がベルを鳴らしたとき，私たちは出かける準備をしていた。

2 (1) à (2) de (3) de (4) à (5) à

(1) 彼女は子どもたちに専心している。
(2) 彼女は健康状態を医師に問い合わせた。
(3) 彼はたった今自分のミスに気づいた。
(4) 私はある週刊誌を予約契約した。
(5) あすは雨が予想される。

3 (1) de (2) à (3) de (4) de (5) à

(1) あの男には気をつけなければならない。
(2) 彼は人前で話すことになかなか慣れることができない。
(3) 彼はけしてなにも気にかけることがない。
(4) 彼らはがんばってこの家具を移動させた。
(5) 私はこのもめごとを解決するためにあなたを頼りにしています。

157 **EXERCICE 16**
1 (1) avec (2) contre (3) dans (4) avec (5) comme

(1) その大臣はこのスキャンダルとは何の関係もないと言い張っている。
(2) 地下鉄内では人々は場所を空けるために押し合いへし合いしている。
(3) 彼は研究に没頭している。
(4) 彼は兄［弟］とよく口論する。
(5) その変化はいい方向への一歩と見なされるべきだろう。

2 (1) avec (2) dans (3) avec (4) dans (5) contre

(1) 猛烈に働く時代はもっと落ちついた時代と交替している。
(2) 彼はカーブを曲がりそこねて木にぶつかった。
(3) 彼はその点については私と同じ意見だ。
(4) これはあれほど簡単ではないと思います。
(5) 君と立場を代わりたくないのだが。

3 (1) dans (2) contre (3) avec (4) avec (5) contre

(1) 彼は語学が上達するようにイタリアに滞在した。
(2) 彼らは世界の飢餓と闘っている。
(3) このやっかいな仕事にけりをつけたいのだが。
(4) 逮捕者は弁護士と連絡をとることを望

33

んだ。
(5) 君はあの女の子をよく思っていないの？

EXERCICE 17

1 (1) pour　(2) en　(3) pour　(4) en
　　(5) par

(1) 成人に達したら，彼はフランスかアメリカの国籍を選ぶことができるだろう。
(2) おしまいだ，もう君を信用できない。
(3) 彼は裕福だと思われている，しかしそうではない。
(4) 違いはこの商品が他より頑丈だということです。
(5) みんな，道路を渡るために手をつないでください。

2 (1) pour　(2) par　(3) pour　(4) en
　　(5) en

(1) 彼女は結局青いワンピースを選んだ。
(2) 彼らの要求を我慢して受け入れなければならなかった。
(3) 君のことが気がかりだ。
(4) いまはあなたにお金を返せるような状態ではない。
(5) ジャーナリストたちはその週の出来事を検討した。

3 (1) pour　(2) pour　(3) par　(4) en
　　(5) en

(1) 彼はこの事件と深くかかわっている。
(2) 彼はいつも兄[弟]の肩をもつ。
(3) 私はやることがたくさんある，まず身の回りのものを片づけることが手始めだ。
(4) エレベーターはいま修理中です。
(5) このコートの値段は生地の品質と釣合いがとれていない。

EXERCICE 18

1 (1) après　(2) parmi　(3) sur　(4) sur
　　(5) sur

(1) この彫刻家は美の追究をやめない。
(2) この詩は傑作の１つに数えられている。
(3) 彼は君を手本にすべきなのだが。
(4) 私はカフェを出るとき偶然彼女に会った。
(5) 取るに足りない事柄は無視しましょう。

2 (1) sous　(2) sur　(3) sur　(4) sur

(5) parmi

(1) その機会がたまたま彼（女）に訪れた。
(2) 彼女は息子にてんでなめられている。
(3) 彼はセーヌ川の見えるアパルトマンをもっている。
(4) 彼は向きを変えて，もと来た道をひき返して行った。
(5) この本はその作家の最良の作品のなかに数えられる。

3 (1) vers　(2) devant　(3) sur　(4) sur
　　(5) sur

(1) 彼女は法律学の道に進んだ。
(2) 彼は何に対してもたじろがない。
(3) 私はこの問題解決のためにあなたを当てにしている。
(4) 彼が着いたとき，私はちょうど出発するところだった。
(5) 野党はその法案について疑問を呈した。

EXERCICE 19

1 (1) à　(2) à　(3) de　(4) à　(5) de

(1) この手法は既成のあらゆる慣例に反する。
(2) 彼女はこの計画に好意的だ。
(3) 期限内に払えなければ，あなたは罰則を課せられるだろう。
(4) 彼は自分の要求にかなうアパルトマンを見つけた。
(5) 君は成功を確信しているけれど，疑念はまったくないの？

2 (1) à　(2) de　(3) à　(4) de　(5) de

(1) この肉はもう食べられない。
(2) 事故の責任者は警察につきとめられた。
(3) ジャーナリストは大臣に地方税に関する質問をした。
(4) 彼女のかごはキノコでいっぱいだ。
(5) 君は自分の記憶力に自信があるの？

3 (1) à　(2) à　(3) de　(4) de　(5) à

(1) しばらくまえから，彼は何にも関心を示さない。
(2) この新政策を最初に考えたのは彼だ。
(3) 今日はすごい嵐だ。
(4) 社長はあなたの仕事に満足している。
(5) 私たちはこのレストランをひいきにしている。

EXERCICE 20

1 (1) en (2) avec (3) dans (4) sur
(5) pour

(1) この果物はミネラルがとても豊富だ。
(2) 彼は今日評価されている文士たちと共通しているところはなにもない。
(3) あなたの考えは手にとるようにわかっている。
(4) 彼（女）の解答は教科書からまる写しされていた。
(5) 選抜試験を受けるには前もって申し込む必要がある。

2 (1) pour (2) avec (3) dans (4) en
(5) sur

(1) このバッグは買いものをするのにとても便利です。
(2) この発展は広く物価の安定とあいまっていた。
(3) 彼女はかたくなに拒絶している。
(4) 招待客は歴史上の人物に変装していた。
(5) 彼の運営は用心の原理に基づいている。

3 (1) en (2) dans (3) sur (4) pour
(5) avec

(1) この食品はビタミンが足りない。
(2) 彼は光学器械の製造が専門の産業に関心がある。
(3) 私の告訴はいくつもの証拠に基づいている。
(4) 私たちにはその車を買うだけの十分なお金がない。
(5) 彼（女）のライフスタイルは家庭生活と両立しない。

まとめの問題

1 (1) ② (2) ④ (3) ⑨ (4) ⑥ (5) ①

(1) アリシアは今年首尾よく２つの試験に合格した。
(2) なにか飲みものをもってきてください。
(3) この薬はカプセル状のものもある，そっちのほうが実用的だ。
(4) 語学教育では，段階的に進めたほうがいい結果がえられる。
(5) 私には彼女が君を招く気になるかどうかわからない。

2 (1) ⑤ (2) ⑩ (3) ⑥ (4) ⑦ (5) ①

(1) そんな生活を送ることで危険にさらし

ているのは君の健康だよ。
(2) その措置の適時性について彼は疑問を呈した。
(3) 彼はこの施策のもっとも強烈な敵対者に数えられる。
(4) 彼はウールのジャケットに決めた。
(5) その問題ははげしい論議に陥りやすい。

3 (1) ④ (2) ⑧ (3) ② (4) ① (5) ⑦

(1) そのような反論は理論全体を損ないかねない性質のものだ。
(2) ユゴーは少しの遠慮もなしに毎晩電話してくる。
(3) 彼はとてもやさしい。
(4) 私の父は胃が弱い，しかしそのことを除けば，他は健康だ。
(5) もう少しで彼はなにもかもあきらめていただろう。

4 (1) ⑤ (2) ⑩ (3) ② (4) ① (5) ③

(1) この芝居は５幕に分かれている。
(2) 私はこの映画を今晩フランス２で見ます。
(3) 法案は50対30で通過した。
(4) 私の父はやさしそうに見えるが，必要とあれば厳しくなれる。
(5) あなたたちが他の人を愛すればそれだけ，あなたたちは他の人たちから愛される。

5 (1) ③ (2) ② (3) ④ (4) ① (5) ⑧

(1) 彼女は人種的偏見と闘っている。
(2) それに要する時間も考慮しておかなければならない。
(3) 彼は私の動揺に気づき，それを心配している。
(4) 私はあえて彼女に反論することはしないだろう。
(5) 全員来ました，２名を除いて。

6 (1) ⑤ (2) ① (3) ⑧ (4) ④ (5) ⑥

(1) 自分の部屋ならやりたいことをなさい，いずれにせよ，もう書斎には入るな。
(2) 彼はその抗議を無視した。
(3) 新聞によると，天気がいいにちがいない。
(4) 彼はきのうなにがあったのか知らない。
(5) 雨が降っている，だから散歩の計画は断念された。

4 動詞の活用に関する問題

出題例

(1) Descendu　(2) aurait pu

(3) s'était fait　(4) ait

(5) sera déposée [serait déposée]

　3月6日土曜日21時ごろ, ボーヌ行きの地域圏急行 (TER) がディジョン駅を出発しようしていたとき, ひとりの乗客が電車のドアにつかまった。彼はホームでたばこを吸うために降車したのだが, 時間通りに列車に戻ることができなかった。車内にいた乗客がそのことをすぐに車掌に知らせた。地域圏急行は緊急停止した。

　電車を降りた男性の行動はきわめて重大な結果を招きかねなかった。「この乗客は命を危険にさらしました」とフランス国有鉄道側 (SNCF) は嘆く。とはいえ電車の運行は, ドアが閉まることを告げるメッセージとベルの音を流しながら, まったくいつも通りに行なわれた。「運転席にはドアの状況を見るためのモニターがあるにもかかわらず, 運転手はなにも気づきませんでした。たしかにその乗客は電車がまさに出発しようとしていたときにドアにつかまりました。そもそも彼はどうしてそんなことができたのか疑問です。ステップにはほとんどスペースはありませんし, ドアに取っ手などついていません」

　数日後にはフランス国有鉄道によって提訴手続きがとられるだろう[かもしれない]。

EXERCICE 1

(1) a annoncé　(2) assurerait

(3) être mis　(4) puisse　(5) Prévoyez

　6月15日, 教育省は次のように告知した。バカロレア期間中, SNCF (フランス国有鉄道) はリアルタイムで試験センターに通知する大学区本部との連絡を確保し, 受験生を乗せた列車に遅れが生じた場合はただちに試験センターに知らせがいくようにするというのである。そうなると, タクシーやバスの運行は, 受験生と試験官が試験センターへ行くことができるように, しかるべき場所に配置することが可能になるだろう。バカロレアでは, 正当性があれば1時間の遅刻は大目にみてもらえる。だからみなさんは, 受験にいくまえにSNCFの係員に証明書を求めなければならない。いっぽう試験監督官は, 採点者が採点するときにこの遅刻の要因を考慮できるように, みなさんの到着時刻を知らせなければならない。

　走っても何の役にも立ちません, いつもよ

り早く出発しなければなりません。そのためには, 先を読んでください。道のりに必要な所要時間をより長く想定してください。SNCFとRATP (パリ交通公団) の通知によると, 試験まえに何時間も待たなければならないにせよ, 発生している事態をうけとめてください。たとえ睡眠時間を減らしたり, 忍耐力を発揮しなければならなくなってもです。

EXERCICE 2

(1) remontait　(2) a percuté

(3) ayant été endommagée

(4) a été pris　(5) avait disparu

　バイクの転倒はたしかにピークである。火曜日の転倒のあと, 二輪車1台を巻き添えにする新たな交通事故が, 6月13日水曜日18時20分にモーリス・ラベル通りで発生した。ミニバイクに乗った15歳の少年が車の流れと反対方向に坂道を登っていたとき, バイクを制御しきれなくなり, 車にぶつかった。衝撃は激しかった。車はまえのバンパーとフロントガラスが破損した。

　両脚を負傷したドライバーは消防士たちの手を借りて, 病院へ搬送された。警察が現場に到着したとき, 認可をうけていないミニバイクは, 若者グループによって運びだされ姿を消していた。負傷者がヘルメットをかぶらないで走行していたかどうかはわからない。火曜日には, 20歳くらいの男性がヘルメットもかぶらずに, ヴォージェル広場近くの車道ではげしく転倒していた。手には携帯電話をもったまま後輪で立って車列を追い越したあとのことだった。

EXERCICE 3

(1) s'était produit　(2) concernait

(3) être transportée　(4) vienne

(5) seront [sont]

　6月13日水曜日14時, ソンム県南東部のある村の近くではリール・パリ方面へ向かう高速道路1号線ですでに6キロメートルの渋滞が生まれていた。徐行運転は45分まえに起きた事故によるものだった。工事のために通行車両が迂回させられているこの区域で発生した事故には, トレーラーをひいていた1台の車と3台のトラックがかかわっていた。事故に巻き込まれた4名は無事である。たとえ事故車両がもはや交通の妨害にならなくなっても, この方面の何キロメートルにもわたる渋滞は続いている。

　午前の終わり11時ごろに, 同じ方面への車の流れでさらに北へ400メートル行ったあた

りで，２台の車によるべつの事故が発生していた。１名が頚部の痛みのために病院へ搬送されなければならなかった。前日にも正午から14時までのあいだに１件の事故が報告されていた。

車道の改修工事は７月13日まで続き，６月18日月曜日から22日金曜日まで料金所の一時的な閉鎖をともなうことになっている。月曜日の６時から水曜日の６時まで，パリならびにリール方面への入り口ランプは閉鎖される。水曜日の６時から金曜日の正午までは，もう12番出口を使うことも，パリやリールから入ってくることもできなくなるだろう。出口ランプは工事に入るだろう［入る］。

173 *EXERCICE 4*

(1) étaient　(2) serait resté　(3) devait
(4) soit consigné　(5) s'est rendu

３月10日から25日まで８名の学生が，あたかも火星への使節団ででもあるかのように，ユタ州（アメリカ合衆国）の砂漠で暮らした。バスティアン・ベイクスはエンジニアの学業を終える。「10歳のときぼくは宇宙へ行く方法に関心をもちはじめました。この情熱からぼくはエンジニアの学業へ進めるように科学と数学の分野を選んだのです」たとえ航空学を専攻しなかったとしても，バスティアンは宇宙と「つながった」ままだっただろう。大学が火星計画を紹介しているのを見ると，彼は立候補した。セレクションは２部から成っていた。彼は１次試験に合格した！セレクションの第２部は火星協会によって滞りなく行なわれた。この協会はユタ州の砂漠に基地をもつ国際組織である。彼は２次試験にも合格した！

「ぼくたちは１年間かけて基地での15日間の滞在の準備しました。ぼくたちの大学からは８名来ていました。各人が現地で実施する実験を開発しなければなりませんでした。ぼくは，ドローンを使って基地周辺の地図を作るのに必要なものを用意しました」

ユタ州のこの基地では，１日は分刻みで使われる。科学的実験，「地球との」連絡（連絡は行なわれたことのすべてが英語で記載され，火星協会チームへ文書で郵送されなければならない），家事。「水は生息地に存在しますが，15日で3 000リットル以下と制限されています。ぼくたちは，水の半分は温室の植物への散水で消えていくことに気づきました。火星で新鮮なものを入手するために野菜を栽培しようという発想です」

174 *EXERCICE 5*

(1) comparaîtraient　(2) Soyons

(3) être poursuivie　(4) reconnue
(5) statuerait

鑑定精神科医として，特別裁判所を創設するという考えに組することはできない。そこには，精神状態が許せば，刑法上責任能力のない患者たちが出廷することになりかねないからだ。明晰になりましょう。心の病をもつ人は今まで以上に「罰することはできなく」なるだろう。計画はこの基本原則を問い直そうとはしていない。

その反面，計画は私からみて肝要だと思われる点を強調している。それは，精神医学的な観点から控訴棄却の決定がなされた場合は最後まで予審を行なうというものである。犯罪が「狂人」によって犯されたからといって，事実立証の捜査を続行すべきではないという理由にはならない。それは，被害者たちの正当な期待に答える前進である。今日，刑事上の免責が宣告されると，予審判事はときには時期尚早に閉廷を告げることができる。訴訟は行なわれない。ところで，犠牲者たちが期待しているのは社会的に認められた儀式のようなものである。そのあいだに，彼らは専門家たちの結論について公に説明してもらえるし，そこで訴訟事件の刑事責任について判決が下されることにもなるだろう。

175 *EXERCICE 6*

(1) a offert　(2) travaillait　(3) auraient
(4) a été prise　(5) retrouveraient

コンセティナ・ハッソン社は困難な状況にある人たちの教育を専門にしている。そこのデスクにはきれいな木製の筆箱が置いてある。１年半の授業をうけ，その結果，何行ものテキストを読めるようになったある生徒がそれをプレゼントしてくれたのだ。彼は工場で働くために15歳で学校を離れたのだった。47歳の快挙だ！

彼が働いている瓦工場は新たな近代化を目標にしなければならなかった。（棟瓦のような）付属品の製造だけがまだ多くの荷物取り扱いを必要としていた。そこでは，もっとも変わるのがむずかしいだろうと思われる人たちが働いていた。しかし，このユニットの近代化も決定された。受任者たちは，パソコンにいくつかのデータを取りこむことができて，モニターに表示される起こりうる不具合を識別し訂正することならびに品質管理の質問用紙に記入することが求められた。

この付属品ユニットの製造部門責任者アラン・デシャンにとって，１人でも解雇することなど論外だった。「もし解雇されたら，彼らに仕事が見つからないのは明白でした。私

はスタッフを保持し，彼らにもうまくできることを証明したかったのです」

176 *EXERCICE 7*

⑴ offrant　⑵ attendaient

⑶ ont été autorisées　⑷ soient

⑸ pourraient

　ヨーロッパのべつの国へあこがれの車をより安く買いに行くことによって，その購入価格を20%から30%節約すること。幅広いブランドとモデルを提供してくれるカルフール系の大型店で車選びをすること。下方修正された車の修理請求額を見ること。いや，これは夢ではない。ただし，それは1993年にヨーロッパ統一市場が開設されて以来多くのドライバーが待っていたことだ。悲しいかな，7年経ってもなにも変わらなかった！ルノー，プジョー，フィアット，その他フォルクスワーゲンまで相変わらず販売権の恩恵をうけている。

　こうした慣行はヨーロッパの競争の権利に反する。これは1985年に委員会の認可をうけ，そのあと1995年にはあらためて認可をうけたが，期限付きで，かつ消費者が主要な受益者になるという条件付きだった。ほど遠い現状である。

　1部の人たちは「こうした市場が保護されなければ，車の価格は20%から30%下げることができるのだが」と考える。

177 *EXERCICE 8*

⑴ a été rachetée　⑵ avaient accepté

⑶ voudraient [veulent]

⑷ soient engagés　⑸ soit reconnu

　今週，ブリュッセル・エアライン社のパイロットたちは月曜日と水曜日に仕事を中止した。彼らの飛行機はブリュッセル空港の滑走路から飛び立たなかった。ブリュッセル・エアラインはドイツのルフトハンザ社によって買収された会社である。

　労働組合はドイツのルフトハンザ社の諸計画についてつまびらかにすることを要求している。とくに500名のパイロットは，労働条件に関して経営陣とのあいだでふたたび話し合いが行なわれることを望んでいる。彼らは昇給を求めている。7年まえ難局にあった会社を助けるために，彼らは報酬の約30%カットを受けいれたことがあった。いま，できれば，彼らはこの合計金額の埋め合わせをしてもらいたいのだが［もらいたい］。

　彼らはまた職業生活と私生活がもっといいバランスになって欲しいと思っている。彼らは重すぎる仕事のペースを告発する。「クルー

はどんどん増えていくフライトを毎日滞りなく遂行しています。ときには海外での寄航もあります」と，CNE（ブリュッセル・エアラインの経営陣と交渉している3つの労働組合のなかの1つ）のリュック・マルタンは説明する。

　パイロットたちはできたら補充の30名のパイロットを採用してもらいたいと思っている。彼らとしては，彼らの仕事の厳しさが認知され，55歳で年金を受けとれるようにしてもらいたいのだが。

　経営陣は，1日のストは企業にとって1 000万ユーロの損失であると指摘する。4便中3便がキャンセルされ，63 000人の乗客が便を変更するか，払い戻しを受けなければならなかった。

178 *EXERCICE 9*

⑴ avaient été concernées　⑵ soit pris

⑶ proposerait　⑷ ont été reconnues

⑸ prévu

　思いだしてください。3月11日日曜日，県の北部は大規模な雷雨に襲われた。何十ヶ所もの自治体が影響を受けた。県議会議長フランソワ・ソヴァデは，コート＝ドール県全体の自然災害の状態を認識するために条令が採択されるように要求したのだった。また彼は選挙当選者たちに「自治体や管轄区域が待つことなく修復工事を始められるように特別な義援金の創設」を提案すると告げていた。

　7つの自治体が自然災害の状態にあると認識された。

「被災者たちは，1982年7月13日の法律によって準備された補償制度の恩恵をうけるために損害状態の見積もりを保険会社へ申告するには，この条令が官報に発表される日から10日間の猶予があたえられる」と県はコミュニケのなかで告げている。

179 *EXERCICE 10*

⑴ est né　⑵ fallait　⑶ voie　⑷ munis

⑸ pourront

　映像フォーラムは第1回ポケット・フィルムフェスティバルを開催した。

　このフェスティバルは映像フォーラム所長の発想から誕生した。全面的に携帯電話をもとにして考案されたイベントを創設するには，テクノロジーの刷新にくわえて大胆さも必要だった。計画が日の目を見るにはフォーラムチームは1年以上を必要としたらしい。

　5月にフォーラムはカメラ搭載の携帯をアーティストたちに自由に使わせ，撮影期間とテーマの選択は彼らに任せて映画製作を依頼

する。カメラマン，ビデオ制作者，作家，映画学科の学生，とだれもが昼も夜も，人生のいくつかの瞬間を携帯電話に永久保存する。

　携帯によって撮影できる映像は，映画化された題材の新しくてユニークな見方を提供してくれる。「このフェスティバルの目的は，携帯電話を使えば，リアルタイムで映画を撮影して，これを数秒で何十人もの人たちに送ることが可能だと証明することです」と計画を指揮したブノワ・ラブルデットは説明する。

　フォーラムは，観客の人たちも自分たちが使用できる携帯電話によって映画撮影をするように提案している。そのあと彼らはプロの助けをかりてこれを編集し，次にもし望むなら，ウェブ経由でこれを送ることもできるだろう。

5　長文完成

180 **出題例**

(1)② 　(2)③ 　(3)② 　(4)③ 　(5)③

「契約外 hors contrat」学校とはどのようなものなのでしょうか？それは，ほとんど話題にされることのない教育のカテゴリーです。というのは，それがフランスにおける教育機会の**ほんのわずかな部分**にしかあたらないからです。5万7千人の生徒（生徒数全体の0.5%）が，「契約外」と呼ばれる学校，いいかえれば国民教育省といかなる財政的つながりもない学校で学んでいます。**あいかわらずマージナルなものだとはいえ**，このような異例の教育施設は以前より数を増やしています。

　公的補助金を受けとっていないこうした「契約外」学校は完全に自主独立の経営をしています。そこでは，免許資格の条件を考慮せずに教員として**欲しい人材**を雇い入れることができます。フランスでは教育の自由は基本的なものとみなされています。19世紀末と20世紀初頭に採択された3つの法案はとても自由な考え方のなかにその様式を定着させています。すなわち，バカロレアをもち，21歳以上であれば，だれでも学校を開設することができます。学校の開設はまえもって行政当局に申告しなければならないのですが，行政は，それが「公的秩序を乱す」可能性があるとみなしたり，衛生面の条件がみたされていないと判断したら，学校の開設を**阻止することもできます**。

　ひとたび学校が開設されたら，国民教育省の部局は必要だと判断するたびに視察を行なうことができます。1998年と2005年の2つの法律は，セクト主義的な逸脱を回避するために——当時はそういう目的でした——監査の**強化を可能にしました**。教育は「法律の遵守」に反することを一片たりとも含むべきではあ

りません。
(1)① 　かなりの適時性
　　② 　ほんのわずかな部分
　　③ 　たしかな価値
(2)① 　（マージナルな）ものなので
　　② 　（マージナルなものに）見えるとき
　　③ 　あいかわらず（マージナルな）ままだとはいえ
(3)① 　そこが欲しいもの
　　② 　そこが欲しい人たち
　　③ 　それを望む人たち
(4)① 　奨励しなければならない
　　② 　援助することを望まない
　　③ 　阻止することができる
(5)① 　（監査を）中止するよう指導した
　　② 　（監査を）行なうことを禁じた
　　③ 　（監査の）強化を可能にした

182 ***EXERCICE 1***

(1)② 　(2)③ 　(3)① 　(4)② 　(5)②

　これは動物虐待の恐ろしい行為です。先週水曜日から木曜日にかけての夜，パーティーのとき生後10ヶ月の子猫が200度に熱されたオーブンのなかに15分間閉じ込められました。**2件の訴え**が警察によせられました。そのなかの1件は動物の飼い主からのものです。とくにある男に子猫虐待の**嫌疑がかかっています**。ベルギー警察は捜査を開始しました。

　オーブンのドアにぶつかる鈍い音を聞いて，なかにいる猫を発見し，救出したのはパーティーの会食者たちのひとりです。かわいそうな猫は15分もまえからオーブンのなかにいたのです。子猫のココが**獣医のところへ連れて行ってもらった**のは，やけどを和らげるためにシャワー室で48時間を過ごしたあと，やっと2日後のことだったのです。そのとき猫は哀れな状態でした。

「猫は重いやけどを負っています。四肢の肉球は完全にやけどしていて，内出血もあります。私たちはとりわけモルヒネの鎮痛剤と蜂蜜の膏薬を使って処置しています」と女性の獣医は説明してくれました。いま彼女は，ココは**命が助かったとはとても運がいい**と考えています。

　しかしながら**子猫を治療する**ための費用はとても高く（500ユーロ）つきます。猫の飼い主を支援するために，オンライン積み立てが始まりました。
(1)① 　いくつかの非難
　　② 　2件の訴え
　　③ 　何人もの招待客
(2)① 　…とは運がいい
　　② 　…しなければならない
　　③ 　…のことで嫌疑をかけられる
(3)① 　…しか獣医のところへ連れて行かれ

なかった

② 獣医のところへ連れて行かれなかった

③ 改善された

(4)① この悲劇のせいで生き延びることができた

② 命が助かったとはとても運がいい

③ 運悪く夭折した

(5)① この子猫の食糧の

② 子猫を治療するための

③ 各人が分担する

EXERCICE 2

184

(1)② (2)① (3)① (4)① (5)②

職業別のさまざまな部門間の労働人口の配分はまぎれもなく変化しました。営農者（開拓者と農業労働者）の数は20世紀半ばから**著しく減少してきました**。労働者の数はさらに近年，70年代初頭から減少しました。最初の2回の産業革命（蒸気機関と電力）を享受したあらゆる資格の「ブルーカラー」，作業員，労働者は，**第3次革命**，すなわち電子工学の革命**の影響を受けました**。

中間職（技術者，現場監督，班長，教諭）の人員は同じ時代におびただしく増加しました。管理職と上級の知的職業（教授，情報工学や芸術やショービジネスの専門家）**についても同様です**。反対に，職人と商人の数は，**スーパーマーケットの発達にともなって**減少しました。

世界規模でみると雇用の「第3次化」が見られました。雇用の72％がサービス業にかかわっています。女性の社会進出は顕著な波及効果がありました。**女性は労働人口の46％をしめていました**。最後に，サラリーマンは増え，今日では労働力人口の89％を構成しています。

(1)① 平均を超えた

② 著しく減少した

③ すごく上昇した

(2)① 第3次革命の影響をうけた

② 世論に左右されていた

③ 革命を起こしたがっていた

(3)① …についても同様だ

② …を必要としなかった

③ ときどき…に気づいた

(4)① スーパーマーケットの発達にともなって

② 商店数の増加に比例して

③ 労働時間の減少とは何の関係もなく

(5)① 女性たちは役職を辞めようとしていた

② 女性は労働人口の46％をしめていた

③ 女性社会は高く評価されていた

186

EXERCICE 3

(1)③ (2)② (3)③ (4)② (5)②

たばこを手に持っていることは，可能性として運転するうえで支障があるとみなされるかもしれません。しかし，運転中の電話使用と違って，道路規則は運転中の喫煙行為を**はっきりと禁じているわけではありません**。道路交通法には，たばこを吸いながら運転するという単純な行為を罰する条文はありません。

一部のメディアによって広められ，道路交通安全局によってうち消された誤報とは違って，道路交通法のいかなる条文も運転中の喫煙禁止を明白には規定していません。ただし，これは未成年者が同乗している**ときを除きます**。

それでも，一部のドライバーはすでに道路交通法のある条文に基づいて機動隊から調書をとられました。その条文というのは，ドライバーは「課されているすべての操作を余裕をもって**遅滞なく実行できる状態と姿勢**」でいなればならないと規定しているのです。べつな言いかたをすれば，ドライバーは可能性として，手にしている紙巻きたばこ（あるいは葉巻，電子たばこ，パイプ）が運転の**邪魔になりうる**ときはすぐに罰されるかもしれないのです。

こうした調書とりは警官隊や憲兵隊の自由な判断に任されています。**とはいっても**，この問題については機動隊のある程度の寛容さがあるらしく，**実際に調書をとられることはめったにありません**。

(1)① 全面的に認めている

② かならずしも許してはいない

③ はっきりと禁じているわけではない

(2)① …という条件で

② …のときを除いて

③ たとえ…でも

(3)① 苦労して

② 時おり

③ 遅滞なく

(4)① やけどの原因になりかねない

② 彼の邪魔になりうる

③ 彼の気晴らしになりうる

(5)① したがって多くのドライバーが調書をとられた

② とはいっても，実際に調書をとられることはめったにない

③ ドライバーはだれでも道路交通法を遵守しなければならない

188

EXERCICE 4

(1)① (2)① (3)③ (4)② (5)②

ロシアで最近，穴居時代のライオンがとてもいい保存状態で発見されました。**今では絶**

ページ
滅したこの動物はアフリカライオンの祖先で、1万年以上まえのマンモスの時代に生息していました。成長すると体長は2.5メートルまでになり、体重は300キロ以上になりました。しかし、今日のライオンとは違って、雄にはたてがみがなかったと思われます。

発見された標本は体長約45センチで体重は4キロでした。これは赤ん坊です。死んだとき1ヶ月ちょっとの年齢だったに違いありません。しかし**死亡時期はまだはっきりしません**。今のところ科学者たちは、死亡時期は少なくとも2万年はさかのぼると見積もっています。しかしそれは5万年さかのぼるかもしれません！彼らは死亡時期と原因をもっと正確に知るためにライオンの子どもに関して分析しようとしています。それはまた、そのライオンの子どもが雄か雌かを知るためでもあります。

この動物は**ふつうなら永遠に凍ったままの**地層に埋まっていたはずです。というのはシベリアはとても寒くて、冬は気温がマイナス45度まで下がる可能性があります。ライオンの子どもが埋まっていた土は、1年を通してここ何年も一度も解凍したことはなかったのです。そして、**氷が肉体の腐敗をはばむので**、有史以前のライオンの子どもは今日でもまだ保存状態がいいのです。なお、このライオンよりまえに同じ地域で、べつに2頭の穴居時代のライオンの子どもが**発見されました**。しかしそれらは今回ほどきれいな状態ではありませんでした。

(1) ① 今では絶滅した
    ② 絶滅が危惧される
    ③ 時おり出現した
(2) ① その死亡時期はまだはっきりしない
    ② その死亡時期は簡単に明確化できる
    ③ だれもその死亡時期を思いだせない
(3) ① めったに凍らない
    ② 永遠に開拓されない
    ③ ふつうなら永遠に凍ったままである
(4) ① 寒さが肉体の腐敗を妨げるにもかかわらず
    ② 氷が肉体の腐敗をはばむので
    ③ 穏やかな気候が肉体の成長を助けるなら
(5) ① 絶滅してしまった
    ② 発見された
    ③ すでに死んだ

190 | **EXERCICE 5**
(1) ②　(2) ①　(3) ③　(4) ③　(5) ②

人間は体内に約5リットルの血液をもっています。血液は命にとって不可欠なものです。ところが、人は手術のときや大事故のあとで大量の血液を失うことがあります。また、な

ページ
かには特殊な病気治療のときに**血液を必要とする**人もいます。

血液には大まかにいってO、A、B、ABの4つの型が存在します。Oの血液型の人はO型の血液しかもらうことができません。Aの血液型の人はA型とO型の血液をもらうことができます。Bの血液型の人はB型とO型の血液をもらうことができます。ABの血液型の人はどの型の血液でももらうことができます。

したがって病院は、型によって区分けしたビニール袋に保存して血液を備蓄しています。ベルギーでは1年に15万袋以上を必要とします。**これらの備蓄を補給するためには**、いつも血液を集めておく必要があります。それにとり組んでいるのは赤十字です。赤十字はドナーを受けいれます。ドナーは18歳以上で、健康で、**他のいくつかの条件に合致**しなければなりません。赤十字では採血のときと同じように1本の針を使って、12分で450ミリリットルの血液を採取します。ドナーにとっては問題ありません。**血液は数時間で再生されるからです。

赤十字はたえず血液のドナーを必要としています。赤十字が、関心を高めるためのキャンペーンを始めるのはそのためです。パートナー（自治体、企業、団体、メディア）は、広告、新聞、ロゴ、文書から**A、B、Oの3文字を抜きとること**を受け入れました。これは、関心をひいて、あらゆる型の血液のドナーが必要だということを思いだしてもらうための方法です。

(1) ① たくさんの血液をもらうべきではない
    ② 同じく血液を必要とする
    ③ 血流の障害をかかえている
(2) ① これらの備蓄を補給する
    ② 血液の備蓄を使いはたす
    ③ 殺戮を行なう
(3) ① 契約を無効にする
    ② 他の条件をだす
    ③ 他のいくつかの条件に合致する
(4) ① 彼は高い給与をもらっている
    ② 彼の体調はすぐに改善される
    ③ 彼の血液は数時間で再生される
(5) ① Sの文字を大文字で書くこと
    ② A、B、Oの3文字を抜きとること
    ③ 新しい型をとりだすこと

192 | **EXERCICE 6**
(1) ①　(2) ②　(3) ①　(4) ②　(5) ③

5月31日は世界禁煙デーです。これは、たばこの危険性を想起してもらうことを目的としています。喫煙で命をおとします。6秒おきに世界で1人の人間がたばこが原因で死ん

41

でいます。

たばこの煙には4 000種類以上のさまざまな成分が含まれています。ニコチンは心臓の鼓動をふだんより速め、脳に作用します。とりわけ、喫煙者が**なかなか喫煙をやめられない**のはニコチンのせいなのです。タールも肺に付着して傷つけます。これは、気管支炎や癌（肺癌、喉頭癌、口腔癌）の原因になりえます。

これだけではありません。たばこの煙のなかには一酸化炭素も含まれています。**一酸化炭素が血液内の酸素にとって代わる**と、とたんに酸素が足りなくなって、心臓が苦しくなります。喫煙者にとって息切れしないで走ることが困難なのはそのためです！喫煙者のほうが**心臓にトラブルをかかえる危険が非喫煙者より高い**のもそのためなのです。今年禁煙デーは、心臓にとってのたばこ中毒の危険性を強調しました。

たばこは非喫煙者の健康にも害をあたえます。受動喫煙と呼ばれるものです。今日では、**たばこを一度も吸ったことがないのに、**ぜんそくの発作がでたり、呼吸器系の病気になったり、癌にさえかかる人の数が**ますます増えています、**たばこの煙を吸い込んだからです！毎年、世界でたばこが原因で亡くなる7百万人のうち90万人は、**他人のたばこの煙にさらされたことのある**非喫煙者です。たばこを吸わないことで、自分の健康と他人の健康も守られるのです。

(1) ① なかなか喫煙をやめられない
　　② 難なく喫煙を控えることができる
　　③ 煙を吸いこむ恐れがある
(2) ① 血液中には酸素と同量の一酸化炭素がある
　　② 一酸化炭素が血液内の酸素にとって代わる
　　③ 一酸化炭素は部屋の空気を汚す
(3) ① 心臓にトラブルをかかえる危険がより高い
　　② 吐き気がする傾向がある
　　③ 病気を口実にしてよく仕事をやすむ
(4) ① たばこを吸っていた人の数はだんだん減っている
　　② たばこを一度も吸ったことがない人の数はますます増えている
　　③ 喫煙をやめられない大半の喫煙者
(5) ① その子どもたちはぜんそくを患っている
　　② 喫煙者の区域と非喫煙者の区域を分けることを強くもとめる
　　③ 他人のたばこの煙にさらされたことのある

EXERCICE 7
194
(1)③　(2)①　(3)②　(4)①　(5)②

科学者たちはスコットランドのネス湖の生物多様性を分析しています。ネス湖はスコットランドのハイランドに位置し、長さ39キロメートル、幅1キロメートルから3キロメートルの淡水湖です。そこは有名です。**言い伝えによると**、怪物が住んでいるらしいからです。6世紀からずっと規則的に、**それを見た**と断言する人たちがいます。ネッシーと名付けられたその生物の性質については、数々の解釈があります。先史時代から生きのびてきたと思われる水棲爬虫類だろうとか、巨大魚だろうとか、あるいはたんに湖面に漂う木片だろうとかです。現在までのところ、怪物の存在が科学的に立証されたことは一度もありません。

ニュージーランドの科学者ネイル・ジェメルは、**そこに住みついている生物のリストを作成する**ためにネス湖の水中に存在するDNAの分析を提案しています。この方法は、どの生命体も移動するとき水中にDNAの痕跡を残すという事実に基づいています。DNAは皮膚やうろこのものです。

実際にネイル・ジェメルのチームは湖の**さまざまな箇所と深さ**から約300種類の水の標本を採取しました。水に含まれるDNAの痕跡は、それがどのような種に属するのか決めるために実験室で抽出され、分析されるでしょう。分析を進めながら、科学者たちはネス湖に存在する種のリストを作成していくでしょう。彼らは運よくネス湖の怪物のDNAを見つけられるでしょうか？おそらく彼らは未知なる種のDNAを発見することになるでしょう。というのは、地球上にはまだ未発見のたくさんの生物が残っているからです。**このDNAを分析することによって**、それがどのような種類の動物もしくは被造物のものなのかということについていい考えを思いつくでしょう。

(1) ① 科学者たちによると
　　② それでもなお
　　③ 言い伝えによると
(2) ① それを見たと
　　② なにもいなかったと
　　③ その素性を
(3) ① そこで生育する植物のリストの作成する
　　② そこに住みついている生物のリストを作成する
　　③ そこに生息する微生物の種類を調査する
(4) ① さまざまな箇所と深さから
　　② 水面全体から
　　③ 最深部から
(5) ① 水質を変えるという条件で
　　② このDNAを分析することによって
　　③ 湖に潜ることによって

EXERCICE 8

(1) ②　(2) ②　(3) ①　(4) ②　(5) ①

　ベルギーの歌手ラフィー・ラファエルは子どもたちに歌を歌わせるのが好きです。彼は喜んでたくさんの子どもたちを集め，ステージで自分といっしょに歌わせます。今回「歌と包摂」という彼の計画には，異なる4つの言語を話す**4カ国の6校が協力しています**！百名ほどの子どもが参加しています。

　1年を通して，生徒たちはラフィー・ラファエルの歌を10曲ほど探しだして習いました。彼らはまた歌手といっしょに「愛することを愛すること」という歌を1曲書きました。

　彼らはヴァロン・ド・ペッシュ公立小学校に集まって，**練習の成果**を聴衆に披露しました。ラフィーと彼の3人のミュージシャンに付き添われて，118名の子どもがステージに立ちました。彼らはフランス語で，ただし**スペイン語と英語も少々まじえて**，1時間のコンサートを行ないました。来年はトルコ語を少し学ぶでしょう。

　生徒たちは計画を続行して，4カ国60名ほどの生徒たちが集まる国際的コンサートを準備する予定です。どの生徒もそれぞれ少しずつ他国の生徒の言語で歌うでしょう。各学校は文化に根ざした歌を1曲と**創作した歌**を披露するでしょう。各学校が地元のミュージシャンを2人ずつ連れてくるでしょう。この出会いは1年後に予定されています。準備のために**学校間の親交が結ばれるでしょう**。これは，実り多い出会い，感動の共有，人と文化の発見の可能性を生みだす計画です。

(1) ①　4クラスで受けいれられた
　　②　4カ国の6校に関係している
　　③　ほとんど学校から拒否される
(2) ①　この計画のむずかしさ
　　②　練習の成果
　　③　歌への嗜好
(3) ①　少しのスペイン語と英語もまじえて
　　②　スペイン語と英語を学ぶために
　　③　スペイン語と英語は使わずに
(4) ①　各学校が歌うことを好まない
　　②　各学校が創作した
　　③　流行している
(5) ①　学校間の親交が結ばれるでしょう
　　②　日時を決める必要があるでしょう
　　③　学校間にライバル心が芽生えるでしょう

EXERCICE 9

(1) ③　(2) ①　(3) ②　(4) ①　(5) ①

　天気がよくて暑いと，どうしても海岸ではしゃいだり，プールサイドでくつろいだり，

あるいはたんに屋外で時間を過ごしたいと思うものです。しかし，こうしたあらゆる活動を楽しむには，なによりもまず**きちんと水分をとら**なければなりません。夏は自然に水分不足になりがちです。これを補う唯一の解決策は，たくさん水を飲むことです！

　しかし，お勧めの水の量はどれくらいなのでしょうか？水分をとる方法はほかにもいろいろあるのでしょうか？

　水分の必要量は個人の体重と体格によって異なる可能性があります。必要な水分供給には**個人差があります**が，一般的には，外気温の高低の幅を考慮にいれれば，活動的な大人1人あたり2リットルから4リットルと見積もってください。**とはいっても**，規則的な肉体活動を行なうなら，きっともっとたくさん必要になるでしょう。

　暑さにさらされた体は発汗を通して体温を下げます，とリアル・ニュートリション・ニューヨーク診療所の栄養士エイミー・シャピロは説明します。「脱水状態にならないようにするには，**汗をかくことで失う水分を補うこと**がもっとも大事です。最良の方法の1つは，のどが渇くのを待たないで，一日を通して水を飲むことです」彼女のアドバイスは，必要な水分の量を決めるには**体重を30で割ることだそうです。たとえば，体重60キロの人は1日に約2リットルの水をとるべきでしょう。

(1) ①　いくつものスポーツをする
　　②　陽気に楽しむ
　　③　きちんと水分をとる
(2) ①　個人ごとに変わる
　　②　半減する
　　③　変わらない
(3) ①　その場合は
　　②　とはいえ
　　③　したがって
(4) ①　発汗によって失う水分を補う
　　②　水を飲み過ぎないように注意する
　　③　たくさん汗をかく
(5) ①　体重を30で割る
　　②　体重を2倍にする
　　③　体重を減らす

EXERCICE 10

(1) ①　(2) ①　(3) ①　(4) ②　(5) ③

　何年もまえから科学者たちは地球上の気温の上昇に気づいていました。地球はとても頑丈なので，もし現在の状態が続けば，地球の気温は2100年には今より平均して**4度上昇することもありうるでしょう**。それは多くの影響をあたえるでしょう。

　地球温暖化の最初の影響はすでに観察されました。地球温暖化はこれまでより速い氷河

ページ の溶解をひき起こし，そのために海洋の水位は上昇します。そして，一部の島々は水におおわれます。サイクロン，暴風雨，洪水，干ばつはより深刻になります。

動物に関していえば，動物種によっては生息地を離れざるをえないものもあります。彼らが**生きていけるようにするもの**をもはや見つけられないからです。絶滅しつつある動物種もあります。生活環境がもはや適合しないからです。

しかし，科学者たちはこの気候温暖化の新たな犠牲者を発見しました。食べもの，とりわけ野菜です。**気候温暖化のせいで**，大気温は上昇し，畑近くにある水は減少しています。このことは，時がたつにつれて世界のあちこちで野菜の健康を害しています。そのうちにもっとも弱い食べものから絶滅していくかもしれません。ジャガイモ，タマネギ，インゲンマメだけではなくコーヒーやココアが**料理から消えてしまうかもしれない**というのは，そのようにしてなのです。

このような破局を回避して，フライドポテトやチョコレートケーキを食べ続けることができるようにするには，事態に対処して，生活様式を改善し，**食べものの浪費をさけ**，耐久力が向上するように野菜を栽培する新しい方法を見つけることが肝要です。

(1) ① ４度上昇することもありうる
　　② ４度を記録することもありうる
　　③ ４度下がるかもしれない
(2) ① 彼らが生き延びることを可能にするもの
　　② 獲物を狩る動物たち
　　③ 彼らを飼育する畜産業者たち
(3) ① そのせいで
　　② 彼とは反対に
　　③ 彼のおかげで
(4) ① 食卓にあふれるだろう
　　② 料理から消えてしまうかもしれない
　　③ 皿に盛りつけられるかもしれない
(5) ① じゅうぶんな食糧を買おうとする
　　② まちがいなく食糧を備蓄する
　　③ 食べものの浪費をさける

6 長文読解

202 **出題例**

(1)② (2)① (3)① (4)②
(5)① (6)② (7)① (8)①

ディジョンの町は広大な野外図書館になろうとしています。この町では３月22日と23日に，「旅する本」の日がデシャン書店と「本の友」協会によって企画されています。この行事は本を流通させ，人々に読書をうながす

ページ ことを目的としています。共同で企画を立てることに慣れている２つの主催者は，このイベントを機にディジョンの文化的生活をより活発にすることを切望しています。

およそ500冊の本が，町のあらゆる地区および公共の場所に，なかには思いがけない場所にも，置かれることになります。「ベンチのうえや建物のタワーや何店もの商店など，本はだれでも思いがけない出会いができるようにあちこちにばらまかれます」とデシャン書店のミリヤン・バショは明かします。イベント名の記載されたラベルが各本に貼られています。参加者は，拾った本の写真をその本が置かれていた場所で撮影します。その写真は，ウェブサイトに載せてもらうためにメールで主催者へ送らなければなりません。こうした手続きをふむことによって，それぞれの本が旅した跡をたどることができます。「本がどこを経由したか知ることは，人々にとても喜ばれます」と「本の友」協会のオリヴィエ・サンピエリは言います。

この活動のために主催者は１ヶ月で700冊以上の本を集めました。「図書館，友人たち，友人たちの友人たちが本を送ってくれました」現代の本や外国の本，偉大な作家たちの本や若い世代向けの文学書，数冊の新刊書まで回収されました。「これほど多くの本を，かつとくにこれほど質のいい本を受けとるとは予想していませんでした」とミリヤン・バショは胸の内を明かします。およそ40カ所のさまざまな場所で，本は見つかるはずです，そしてあらゆる嗜好を対象にした本が置いてあります。そのあと，各自拾った本をそのままもっているなり，本に旅を続けさせるなり，好きなようにします。

(1) ディジョン市役所はまもなく野外図書館を開設する。
(2) 「旅する本」の日を機に，主催者は読書をしたいという思いを人々に植えつけたいと思っている。
(3) デシャン書店と「本の友」協会はすでに文化的行事を共催したことがある。
(4) 「旅する本」の日の参加者は，本が置かれている場所をまえもって知らされている。
(5) 「旅する本」の日の参加者はそれぞれ，拾った本の写真を主催者へ送るように求められている。
(6) 「旅する本」の日の主催者は，受けとった本をすべて町のなかに置く予定である。
(7) 「旅する本」の日の主催者は，考えていたよりもはるかに多くの本を集めることができた。
(8) 「旅する本」の日の参加者はだれも，拾った本を返却する必要はない。

44

EXERCICE 1

(1) ②　(2) ①　(3) ①　(4) ②
(5) ②　(6) ②　(7) ①　(8) ②

　パナマのもっとも美しい海岸がしばしばごみ処理場の様相を呈します。これは，環境保護協会と財団から指摘された，現在の状況に関する悲しい現実です。毎日，何百万トンものごみが海洋から漂着して，今日ではプラスティックごみであふれています。前代未聞の汚染が地球を脅かしているのです。各人で日々できるのはどのような行動なのでしょうか？

　なによりもまず，こうしたプラスティックごみの量をできるだけ減らさなければなりません。私たちの消費社会において，使い捨てのプラスティック製品はほとんど定番になりました（小瓶，袋，ストロー，瓶，コップ…）。日常的にこの種の容器に頼り，使用後それが自然界に捨てられると，地球にとって悲劇的な結果を招きます。

　再利用できるものはできるもののほうを選んでください。プラスティック製のコップよりむしろグラスで飲むようにしましょう。不要な包装を避けるために食料と家庭製品を梱包せずに買うようにしましょう。プラスティック製のケースよりむしろ広口瓶を使うようにしましょう。

　選びようがない場合は，リサイクルを優先させてください。理論的には，プラスティックは100％リサイクル可能です。しかし実際には，フランスはまだプラスティック製品の24％しかリサイクルしていません。ほとんど瓶と小瓶だけで，今のところは，大半の選別センターが受け入れている家庭の容器だけです。

　工場は，「プラスティック」と選別されたごみ箱にみなさんが捨てるものをすべて処理できるように変化しなければなりません。そうすれば古くからある小瓶と瓶のとなりに，たとえば今は家庭ごみ専用のごみ箱が最終処理場となっているヨーグルトの瓶を加えることができるでしょう。

　そうすれば，リサイクルできるものはすべてリサイクルされ，残りはエネルギー利用に供されるでしょう。目的は？将来，もはやごみ捨て場にプラスティックが1つもなくなることです。
(1) ふだんは美しいパナマ海岸は，毎年夏になるとまったく異なる様相を呈する。
(2) 山のようなプラスティックごみが毎日パナマ海岸に運ばれてくる。
(3) 私たちの日常生活はプラスティック製の日用品であふれている。
(4) 地球にとってプラスティックごみは海へ

捨てられるのが好ましい。
(5) 環境保護の観点からすると，食料と家庭製品は包装するほうが望ましい。
(6) フランスはリサイクルできるプラスティックの24％以上を再利用している。
(7) 現在フランスの工場には，「プラスティック」と選別されたごみ箱に捨てられたすべてのプラスティックをリサイクルするだけの能力がない。
(8) 再生可能エネルギーを産みだすためにプラスティックを利用することはできない。

EXERCICE 2

(1) ②　(2) ②　(3) ②　(4) ①
(5) ①　(6) ①　(7) ①　(8) ②

　水曜日です。ブリュッセルの保養所アンヌ＝シルビー・ムゾンで生活しているお年寄りたちにとっては庭で活動する日です。

　今週は子どもたちが来ています。母親に連れられてきた自治体の子どもたちです。この子どもたちは定期的に，保養所の住民たちと庭いじりをしに来ます。まもなく90歳になるイヴェットは，この出会いの時間が大好きです。満面笑みをうかべながら，彼女は私たちに説明してくれます。「庭はすてきです。これがなければ，けして外には出ません。そのうえ子どもたちは元気をくれます。ここへ来るのが好きなんです。あの子たちは私たちのことを知っています，私たちはあの子たちの，まあ，おばあさんのようなものです」

　外では子どもたちが道具を手にしています。アドバイスや説明をしてくれるリュカの助けを借りて，彼らはロケット，サラダ菜，ラディッシュ，ホウレンソウの種をまいています。子どもたちはせっせと働き，楽しんでいるうちに，話すことばがフランス語からオランダ語へ移行します。車椅子の婦人はこれをいぶかしげなまなざしで見ています。「アメッド，植物にかけるために水（ヴァーテル water）をくれる！」

　不意にジョジアーヌが決然とした様子でやって来ます。庭の隅でしおれそうなパンジーを発見したのです。彼女はルドゥアーヌとイマといっしょに精力的な救助活動の段取りをつけます。「私がどうするか見ていてね。くぼみに少しの水を注ぐのよ。これでいいわ！」

　12歳のロデナは2人の兄弟といっしょに数ヶ月まえからここに来ています。「去年はトマトを植えたんだ。それでスープを作って，お年寄りたちと食べたんだよ。お年寄りたちといっしょに遊んでるよ。すてきだよ」

　大半の子どもたちの家には庭がありません。このように自然と接することは彼らにはとて

45

も役立ちます。お年寄りたちとの出会いも重要です，とくに外国籍で，ベルギーに祖父母がいない子どもたちにとっては。

シニア世代にとっても，子どもたちが庭に活気をあたえ，しばしの時間を自分たちと過ごしてくれるのを見るのはうれしいのです。それは彼らの気晴らしにもなるし，生活に活気をとり戻させてくれます。そのうえ，花が咲き，鳥が飛び，蝶が舞っている自然は，気持ちを和らげてくれるし，美しいです。

(1) 子どもたちは毎週水曜日にこの保養所へ遊びに来る。

(2) 子どもたちはなにより，保養所で暮らしている人たちとおしゃべりをして楽しむ。

(3) イヴェットの孫たちの訪問は保養所をおおいに活気づける。

(4) リュカは野菜栽培において子どもたちにアドバイスするのが役目である。

(5) 子どもたちはときどきオランダ語まじりのフランス語を話す。

(6) ジョジアーヌは友だちと協力して，しおれつつある花を助けようとした。

(7) ロデナは栽培したトマトでスープを作り，お年寄りたちといっしょに食べた。

(8) ベルギー国籍ではない子どもたちには，園芸を教えてくれる祖父母がいる。

208 **EXERCICE 3**

(1)② (2)② (3)① (4)①
(5)① (6)② (7)② (8)①

パリは水没するかもしれないのでしょうか？

そんなことはありません。セーヌ川の水位は今晩までにさらに1メートル上昇する可能性がありますが，1910年の大増水の記録をまだ3メートル下回っています。パリが水浸しになるには，ロワン川に加えて，ヨンヌ川，マルヌ川，オーブ川，セーヌ川上流が同時に増水する必要があるでしょう。今は当てはまりません。

反面ロワン川にとっては，重大な危機です。めったにない出来事で，このような増水は平均して100年から120年のスパンで訪れるのです。とはいえ，なにか特別なことというわけではありません。この増水は河川の活動の一部なのです。

どういうわけで，このように水位が上昇するのでしょうか？

こうした洪水の原因は2つの現象の結合にあります。第一に，冬と春に降った大雨がこの盆地の自由地下水を飽和状態にしたことです。次に，この数日の並はずれた降水を地面が吸収できず，これがとどめの一撃となったのです。

洪水のピークには到達しましたか？

ヌムールとモンタルジについては，そうです。水位は1時間に数センチのペースでとてもゆっくりと下がっています。水が消えてしまうまでには何日もかかるでしょう。そこで各自治体にとっては，危機後の管理が始まろうとしています。保険証書への記入を手助けをすることによる被災者のための法律的支援，神経がまいっているかもしれない人たちのための心理的支援，たとえば停電しているところへ発電装置を支給することによる物質的支援といったことをそろそろ実施しなければなりません。

(1) パリ住民は未曾有のセーヌ川の増水に直面している。

(2) 現状においてパリが24時間後に水没することは避けられない。

(3) ロワン川はずっとまえから，これほどの大増水を経験したことはあまりなかった。

(4) 川の流れという観点からして，こうした増水は考えられなくはない。

(5) パリは冬と春の豪雨および最近の大雨が原因で洪水の被害を受けた。

(6) ヌムールとモンタルジを除く，すべての自治体において川の水位は頂点に達した。

(7) ヌムールとモンタルジでは，水位がゆっくりと下がっているから数日後には飲料水が底をつくだろう。

(8) 被災者には法律的，心理的および物質的観点から支援する必要がある。

210 **EXERCICE 4**

(1)② (2)② (3)② (4)②
(5)① (6)① (7)① (8)②

昨年の1月，オーストラリアのパース北部にあるウェッジ島の海岸で，友人たちと散歩していたトニヤ・イルマンは半分砂に埋もれている瓶に気づきました。彼女は大発見とは知らずにそれを拾いました。中にまで入りこんでいた砂をとりのぞくと，筒状に巻かれ，ひもで結ばれた1枚の湿った紙が現われました。

資料には文章が書かれていました。それは少し消えかかっていましたが，それでもドイツ語で書かれた連絡先と日付けを読みとることができました。夫のキムとインターネットで長い時間をかけて検索した結果，トニヤはこの瓶が1886年6月12日に海へ投げこまれたことがわかりました！ドイツ人船長ラ・パウラが海路を改善するために，海流の研究を目的としてインド洋に瓶を投下したのでした。

この発見後，イルマン家は古文書保管所で研究を続けているドイツ人とオランダ人の専門家たちと交流するようになりました。彼らはとりわけ船長がつけていた航海日誌を見つ

けました。それによって，船長がたしかに示された日に海洋へ瓶を投げいれたことを確認することができました。このようにして何千本もの瓶が1864年から1933年にかけて，ハンブルクにあるドイツ海軍天文台の命令によって世界中で投げこまれたのです。663通のメッセージが発見されました。トニヤのものもそこに含まれます。この瓶は，投げこまれたその年に海岸に乗りあげるまでに，はるばる950キロも海洋を渡ってきたことになります。そのあと砂におおわれ，こうして132年間保存されていたのです。

(1) トニヤ・イルマンは海水浴をしているときに瓶を見つけた。
(2) トニヤ・イルマンは瓶を拾いあげたときすぐに大発見をしたと確信した。
(3) 筒状に巻かれた1枚の紙は瓶から少しはみ出していた。
(4) 資料に書かれた連絡先と日付けは消えてしまっていて読めなかった。
(5) トニヤ・イルマンが，この瓶がいつどこで投げこまれたのかわかったのはインターネットによってである。
(6) ドイツ人船長は，海流を調査することによって新しい海路を発見するために瓶を海洋に投げこんだ。
(7) 専門家たちは，海洋に瓶を投げこんだ船長がつけていた航海日誌を発見した。
(8) トニヤ・イルマンが見つけた瓶は132年かけてはるばる950キロもの海洋を渡って来た。

212 ***EXERCICE 5***

(1)② (2)② (3)② (4)①
(5)① (6)① (7)① (8)②

1886年に，約36 000年まえの2体の人間の骸骨がベルギーのスパイ洞窟で発見されました。アドリー・ケニスとアルフォンス・ケニスが，骸骨を基にしてこれらの人間のうち一方の外観を復元する仕事を担当しました。

完全な骸骨を復元するために，まず発見されたすべての骨がスキャンされました。ただし，骨は全部そろっていたわけではありません。欠けている骨は，ヨーロッパで見つかった他の3体のネアンデルタール人の骸骨のものを基にして復元されました。次に，強力コンピューターが計算を重ねて，スキャンした映像の3Dバーチャル映像に変換しました。最後にコンピューターは，機械が実際にプラスチック材で骨を再現できるように，これらの情報をすべてそこに移しました。ケニス兄弟がかかわったのはここのところだけです。彼らは骸骨に，それが生きているような印象をあたえられるように，筋肉，脂肪，皮膚，

髪をつけました。もちろん全部模造です！髪以外はすべてプラスチック製です。

スパイ人はネアンデルタール人です。いいかれば，私たちとは異なる人類ですが，私たちの祖先であるホモ・サピエンスと同時期に生きていました。地球上には16か17種類の人類が住んでいたと考えられます。しかし私たちの祖先は最後の人類です。ネアンデルタール人は約3万年まえに姿を消しました。

ネアンデルタール人は私たちよりはるかに頑健でした！私たちより大きな頭蓋骨，肩幅は広くて，より短くて太い骨，より短い脚をもっていました。身長は約1メートル65センチでした。マンモスばかりでなく，トナカイ，バイソン，馬のすぐれた狩人でした。釣りもできましたし，収穫した果実を食べることもできました。ネアンデルタール人は寒い地域（とくにヨーロッパ北部とアジアで）で暮らしていました。

ネアンデルタール人は，知能もありました！脳は私たちとほぼ同じくらいの大きさです。石や骨や木で道具を作っていました。毛皮を身にまとい，木炭や黄土のような自然の染料も知っていました。おそらくその染料を身体に塗っていたのでしょう。死者は埋葬していました。埋葬をはじめた最初の人類です。最後に，簡単なことばを使っていたと思われます。

(1) アドリー・ケニスとアルフォンス・ケニスは1886年に2体のネアンデルタール人の骸骨を発見した。
(2) 人体を形成しているすべての骨が1886年に見つかった。
(3) とてもよくできた模造品であるネアンデルタール人の体のすべての部分はプラスチック製である。
(4) ネアンデルタール人はホモ・サピエンスとはべつの人類である。
(5) 地球上では15種類以上の人類が私たちの祖先と同時期に生きていた。
(6) ネアンデルタール人は私たちより頑健な体格だった。
(7) ネアンデルタール人は野生の動物の肉ばかりでなく，魚肉や果実も食べていた。
(8) ネアンデルタール人の生活様式は私たちのものとはまったく異なっていた。

214 ***EXERCICE 6***

(1)① (2)② (3)① (4)①
(5)① (6)② (7)② (8)②

時代は1561年でした。戴冠式のあと11歳のシャルル9世は，国の見聞を広めるためにフランスを巡りました。この旅のあいだに彼は，新年をいつ祝うかということも含めて，いか

47

に王国がばらばらであるかということを知りました。たしかに当時は，1年を4つの異なる日に始めることができたのです。メロヴィング王朝風に3月1日に，カペー王朝風に3月25日に，カロリング王朝風に12月25日に，もしくはローマ風に1月1日にとまちまちでした。このような混乱を終わらせるために，シャルル9世がルシヨンの勅令を発布したのはこの旅行中のことでした。そこには，以後1月1日が万人にとって一年の最初の日となるだろう，と書かれていました。

しかし4月1日が新年だという話はいまだかつてありません。

たしかにこの日付けは象徴的です。4月は冬に続く最初の月ですが，4月1日が1年の最初の日だったことは一度もないのです。その代わり，新年の日付け変更を知らなかったり，習慣を変えることを拒んだりする一部の人たちは，3月の終わりあるいは4月に，要するに春に新年を祝い続けたらしいのです。

このように時代に乗り遅れた人たちをやんわりとからかうために，なかには4月1日にうそのプレゼントととりわけ偽物の魚をプレゼントし始める人たちが現われました。

しかしなぜこの日のシンボルとして魚が選ばれたのでしょうか？なぜ，4月の魚なのでしょうか？その点についてはなお歴史家たちの数々の説明があります！

最初に，魚のしるしは占星術でいう冬の最後の星座（2月19日から3月20日まで）だというのです。他方，魚は初期のキリスト教徒たちがお互いを認識するために用いたシンボルを想起させます。イクティスは2つの交差する円弧からなり，図案化された魚に似ています。最後に，4月1日はふつう四旬節の終わりにあたります。キリスト教徒はこの断食のあいだ肉は食べませんでした。したがって魚（本物）は，しばしばプレゼントとして贈られ，1年のこの時期珍重されていたのです。

(1) フランス周遊中にシャルル9世は，新年を祝う日が地方によってまちまちだと知った。
(2) だれも1月1日に新年を祝ってはいなかった。
(3) シャルル9世は新年を祝う日を統一するために勅令を発布した。
(4) だれも4月1日を年の始まりとはみなしていなかった。
(5) みんながルシヨンの勅令に従ったわけではなかった。
(6) 新年を3月末か4月に祝いたい人たちは，4月1日にお互いにうそのプレゼントを贈りはじめた。
(7) 歴史家たちはなぜ4月1日が魚によって象徴されるのかを説明できない。
(8) 四旬節のあいだキリスト教徒は一切の食

べものを断った。

EXERCICE 7

(1) ①　(2) ②　(3) ①　(4) ①
(5) ②　(6) ②　(7) ②　(8) ②

4万年まえ私たちの祖先は物々交換をしていました。通貨がないので，人間は，たんにそのときそれが入り用だからというので，物と物を交換していたのです。

約5千年まえに，人間は金，銀，銅，鉛，鉄，錫といった金属の交換を始めました。金属の通貨には多くの利点がありました。それはあまり場所をとりません。一気にすべての価値が失われてしまう危険もありません。分割することもできます。しかしこれはまだ硬貨ではありません。塊，粉末，輪などの形状で，秤を用い重量で交換されていたのです。

トルコで最古の硬貨が発見されました。それは約2千7百年まえのものです。金と銀でできていました。この考案がまもなくとても実用的になるのです。第一に，硬貨には正確な重さの金属が含まれています。したがって，交換の際にもう重さを量る必要がありません。数を数えるだけでいいのです。しばらくすると，金属の重量が硬貨に表示されるまでになります。次に，金粉ではなくて金貨で受けとることによって，ぼられる危険が少なくなります。というのは，王や国や都市の求めに応じて製造された硬貨の金は純金であるにしても，知らない人がさしだす金粉の金は純金であるとはかぎらないからです。それに，金属を変えることによって，異なる価値の硬貨を鋳造することができます（たとえば，古代ローマのアウレウス金貨1枚はデナリウス銀貨25枚に相当します）。これは交換を簡便にします。最後に，価値をもつのはつねに「商品」としての通貨なのです。というのは金そのものが貴重だからです。

とはいうものの今日では紙幣というものがあります。私たちの硬貨はもはや金や銀ではできていません。たしかにその通りです。問題は，交換があまりにも増えて，もはやそれにまにあうだけの硬貨を鋳造するのにじゅうぶんな金属がなくなったことです。そういうわけで，物々交換，「商品」として通貨，金属製の通貨に続いて，ほんとうの意味では価値のない紙の通貨が製造されるようになったのです。それを最初に製造したのは11世紀の中国人だと思われます。

最終的に，今日では目に見えない通貨，「幽霊通貨」のようなものが存在しています。たとえば，インターネットでキャッシュカードを使って買いものをするときに用いる通貨です。

(1) 金属の交換は，交換方法でいうと物々交換に続くものだった。

(2) 金属の価値は形状によって評価された。

(3) 最古の硬貨が考案されてからほぼ2千7百年たつ。

(4) 交換の際，硬貨が使われ始めたが，このことによって金属の重さを量らないですむようになった。

(5) 交換の際，金貨ではなく金粉を使えば，計算をごまかされる危険がより少ない。

(6) 金属の価値はローマ帝国時代には硬貨の価値を表わしてはいなかった。

(7) 今日私たちの硬貨はもはや金製でも銀製でもない，というのは金貨や銀貨を鋳造できる人がいないからだ。

(8) 紙幣にも幽霊通貨にも貨幣価値はない。

218 **EXERCICE 8**

(1) ① (2) ② (3) ① (4) ①

(5) ② (6) ② (7) ② (8) ②

　自然界では，数多くの海洋動物が岩礁と呼ばれる岩場で生息したり餌を探したりしています。海の生命が乏しい場所に動植物をひき寄せるために，人工の岩礁を設置するというアイデアが生まれました。人工岩礁は自然の岩場とはまったく似てはいません。日本の漁師たちは17世紀にはもう，竹を集めて初めて人工岩礁を作りました。しかし今日，このような「魚の村」はとりわけコンクリートか金属で作られています。めったに美しいということはありませんが，魚には気に入るようです！

　数年たつと，魚はこの「村」で繁殖して，幼魚が成長します。だからそこはあたかも砂漠のなかに作られたオアシスのようです。こうした村は生物のいない砂地の海底に設置されます。そこを，さまざまな種類の動植物からなる豊かな場所にする試みです。

　全世界の海に魚のための「村」は存在します。しかし日本人はもっともたくさんの「村」を作った人たちです。彼らはあらゆる形，あらゆるサイズのものを考案しました。それを食糧貯蔵室として使っているのです。日本人はたくさんの魚を食べます。しかし魚をとりすぎていると，いつかもう魚がいなくなるでしょう。人工岩礁を設置することによって，魚に繁殖できるより多くの場所を提供しているのです。そして補充されたすべての幼魚たちはしばらくすると食べられる大きな魚になるでしょう。このようにして日本人は，魚を絶滅させることなく，たくさんの魚をとりつづけることができるのです。

　アメリカ人はむしろスキューバダイビングをする観光客のために「魚の村」の創設を好

みます。彼らは古い船や地下鉄の車両や骨組みだけの車を沈めます。これらはリサイクルの王たちです！自然保護論者たちは海がごみ箱のように使われていると言うにせよ，魚たちはというと，こうした場所を好むのです。ワシントン沖に地下鉄の車両を設置してから，海の生物の数は7年まえより400倍増えています！

(1) 人工岩礁は魚が食べものを探しにくる岩場として役立っている。

(2) 最初の人工岩礁はコンクリートか金属で作られていた。

(3) 「魚の村」を設置することによって，不毛な場所を豊穣な場所に変えることができる。

(4) 「魚の村」は，日本人には生きた魚の保管場所の役目を果たしている。

(5) 日本人は海洋汚染を回避するためだけに人工岩礁を設置する。

(6) 日本人は，人工岩礁で生まれた幼魚をとりたくてじりじりしている。

(7) アメリカ人は日本人と同じ目的で「魚の村」を作る。

(8) 魚の命は，アメリカ人が海に捨てる古い乗り物によって脅かされている。

220 **EXERCICE 9**

(1) ② (2) ① (3) ① (4) ②

(5) ① (6) ② (7) ① (8) ②

　私たち大人は運転免許試験を受けるとき，まず道路交通法を，いいかえれば道路での運転を可能にする規則に関する知識を学びます。そのあと，車の運転を学びます。はじめは，なにかにつけてよく考えなければなりません。どのようにしてギアチェンジするか，どのようにして忘れずにバックミラーを見るか，どのようにして正しいペダルを踏むか，と考えなければなりません。他にもいろいろありますが，このくらいにしておきます。訓練を積むと，最後にはこうした動作が無意識的なものになります。たとえばどのようにしてギアチェンジするかといった疑問さえ，もはや生じなくなるのです。

　「歩行者免許」キャンペーンは，交通の危険や公共のスペースの正しい使い方について，小学校初等科2年の子どもたちの意識を高めてくれます。彼らは幼すぎて車の運転はできませんが，毎日，あるいはほとんど毎日，道路を移動しています。登校のために，家に帰るために，友だちの家へ行くために，など。

　歩行者免許の着想は，できるだけ安全に移動するために歩行者が守らなければならない規則を彼らに教えこむことにあります。そのためには，なぜこれこれの行動をとらなけれ

ばならないか，次になぜ正しい習慣を身につけなければならないかを子どもたちにも理解できるように説明を受ける必要があります。

子どもたちが町を何の心配もなく移動できるように，市と教育コミュニティも腰をあげることを決めました。1月には都市生活の教育と安全と質課の係員が「幼い歩行者の法律」を生徒たちへ手渡すために小学校初等科2年の教室にやって来ます。教師から初めての道路教育証明の一環としての講習を受けたあと，生徒たちは4月に貴重な免許を取得するために知識と実地のテストを受けます。安全を自分の力で確保できるように，子どもたちの責任感を育てることが課題です。

(1) 常識に従って何でも判断できる大人は，道路交通法を学ぶ必要はない。
(2) 経験豊かなドライバーは，なにも考えず無意識的に車を運転できる。
(3) 「歩行者免許」キャンペーンの目的は，子どもたちを交通事故から守ることである。
(4) 子どもたちはめったに街中を歩くことはない，というのは親が彼らを車に乗せて行くからだ。
(5) 歩行者は道路を安全に移動するために規則を軽視すべきではない。
(6) 子どもたちになぜ規則を守らなければならないか説明してもむだである，彼らは規則を守らない。
(7) 1月には都市生活の教育と安全と質課の係員が「幼い歩行者の法律」を小学校初等科2年の生徒たちへ渡しに来る。
(8) 生徒たちが歩行者免許を取得するには，初めての道路教育証明の一環としての講習を受けるだけでよい。

222 **EXERCICE 10**

(1) ① (2) ① (3) ② (4) ①
(5) ② (6) ② (7) ② (8) ①

視覚，味覚，触覚に続いて，聴覚の話をしようと思います。あらゆる音が聞こえるのは耳のおかげです。

音は，水面のさざ波のように大気中を移動する振動です。音は秒速340メートル（時速1200キロメートル以上）のスピードで移動します。万一乗り物が（飛行機のように）音速より速くなると，バーンという爆発音がします！そういうとき音の壁を越えたと言われます。

音は耳を通って入ってきて，頭のなかまで達します。音は太鼓の皮のように鼓膜をたたきます。次に，鼓膜のうしろにある小さな骨が蝸牛殻に接して動き始めます。蝸牛殻は脳に信号を送ります。脳は信号を解読します。

そのときはじめて音が理解されるのです。

この奇妙な蝸牛殻のなかには，（有毛細胞と呼ばれる）数種類の繊毛があって，これが音を電気信号に変換し，つづいてこの信号が脳へ伝達されるのです。この繊毛は波のせいで行ったり来たりと揺れる藻にたとえることができます。ところでこれはとても壊れやすいのです。大きすぎる音はどれも（ビックハンマーの音，オーディオプレーヤーの音，爆発音…）繊毛を破壊するかもしれません。繊毛は他の細胞とは違って，けして取り替えることはできないでしょう。もちろん，耳が聞こえなくなるとか，耳鳴りと呼ばれるとても不快なブーンという音やひゅうひゅういう音が常時聞こえるというおそれもあります。

なかには，私たち人間とは異なる音が聞こえる生物種がいます。イルカは，人間には聞くことができないとても鋭い音が聞こえます。超音波音と呼ばれるものです。クジラやキリンやゾウについては，人間には聞くことができない音を発することができます。それほど音が低いのです。超低周波音と呼ばれるものです。超低周波音はこうした動物たちのコミュニケーションにおいてある役割を果たしているのです。

(1) 聴覚とはあらゆる音を聞こえるようにできる感覚である。
(2) 音はよく水面の波紋にたとえられる。
(3) どんな乗り物も時速1200キロメートル以上で走ると破裂するだろう。
(4) 音は耳から入り，いくつかの器官を通って，最後に脳に達する。
(5) 蝸牛殻の役割は，脳に伝達されたあとで，音を電気信号に変換することである。
(6) 蝸牛殻のなかにある繊毛はあまりにももろいので雷鳴にも耐えられない。
(7) 繊毛が破壊されても聴覚障害をひき起こすおそれはない。
(8) イルカには超音波音が聞こえ，クジラやキリンやゾウには超低周波音が聞こえる。

7　長文要約

225 **出題例**
（解答例）
(1) 人との会話や外出や娯楽活動の機会が減ることによって，社会から孤立するようになるから。（42字）
(2) 聴覚が衰えると，記憶を司る脳の部位の活動が不活発になり，全体的な認知活動が低下する。（42字）

フランスでは，およそ5百万人が聴覚障害に苦しんでいます。耳が聞こえないこと自体すでに困難な状況を呈するのですが，聴覚障害がもたらす影響のなかにはもっと深刻なも

のがあります。聴覚を失うことによって受けるかもしれない認知機能の低下への影響がまず考えられます。

たしかにいくつもの科学的研究によって，難聴とアルツハイマー病の関連性が強調されています。モントリオール大学教授フランシス・リンが行なった研究では，聴覚喪失が認知能力の喪失と結びつくことが立証されています。それでも彼は，この統計学的な関連性に因果関係があるかどうかはわからないとはっきり述べています。とりわけアルツハイマー病は，症状がでるまえに始まっているからです。

エクス・マルセイユ大学教授ロール・デュパンによると，聴覚障害を患っている人たちがじっさいに直面する社会的孤立によってこの関係は説明できるといいます。耳の遠い高齢者は社会生活を徐々に制約していくと考えられます。人と話したり，外出したりすることが少なくなりますし，あるいは娯楽活動も控えるようになります。そして，認知機能が低下する原因の１つとなっているのがこの漸進的な孤立なのかもしれません。

これはフランシス・リンの考えでもあります。ただし彼はほかの仮説も提唱しています。聴覚は記憶に関係する脳のさまざまな部位に働きかけます。耳が遠くなると，これらの部位の活動が不活発になります。日常生活の聞き慣れた音が聞こえなくなると，脳のこうした部分への刺激が弱まり，全体的な認知活動を低下させることになるのです。

226 ***EXERCICE 1***
（解答例）
(1) 高齢者が社会とのつながりや子どもとのつながりを築けること。（29字）
(2) 町を見て回ったり，海岸で時間を過ごしたりした。（25字）
(3) 高齢者としての年の功と子どもと過ごした豊かな経験。（25字）

オーペアの若い女性というコンセプトはまったく新しいものではありません。彼女たちは他国の家庭に溶けこんで，手伝いをしたり，家庭生活にかかわったり，家で子どもたちの面倒をみたり，子どもたちを学校へ迎えに行ったりします。しかしながら，世界人口の高齢化に直面して，オーペアのおばあちゃんという新しいコンセプトが広がっています！

オーペアのおばあちゃんというコンセプトには数多くの利点があります。引退した高齢者が旅行したり，新たな経験をしたり，社会的つながりばかりではなく，面倒をみることになった子どもたちと世代間のつながりをも紡ぐことができるのです。現代社会では引退したたくさんの女性が子孫から遠く離れて暮

らしていますから，他の人の子どもたちを相手に祖母役ができることに大喜びします。

たとえば65歳のマリー・バルデは，７歳の幼い女の子の世話をするために世界の果てまで行きました。「あるオーストラリア人の未婚の母は，幼い娘の面倒をみるために私の助けを求めました。私はとりわけ彼女を学校へ送って行ったり，宿題の手伝いをしなければなりませんでした。だから，女の子が学校にいるときは自由でした。それを利用して，私は町の魅力を発見したり，海岸で時間を過ごしたりしました」この経験に魅せられてこのフランス人女性はこのあとも，オーストラリア，フィリピンと旅を続けました。

人としての円熟味がとくに，子どもを世話した経験と同じくらい，家族から評価されるのです。オーペアのおばあちゃんを探す営業担当者マリオン・ルヌアールが言っているようにです。「私の赤ん坊はすでに子どもを育てたことのある経験豊かな人にあずけるほうがいいです。私の両親は遠くに住んでいるし，夫の両親は忙しいほうなので，自宅でおばあちゃんの代理のような人を雇うことは赤ん坊にとって好ましいでしょう」

３人の男の子がいるチューリヒの家族もこのコンセプトに心を奪われています。「私たちはオーペアのおばあちゃんを雇うようになって２年になります。彼女たちはふつう４ヶ月から６ヶ月滞在して，何度も戻って来てくれます。これらの人たちはたいてい，国の魅力を発見することが好きな寡婦か離婚女性です」

228 ***EXERCICE 2***
（解答例）
(1) 人間と自然の結びつきを壊して人類を自滅させる病んだ社会。（28字）
(2) 古い生活様態からの決定的な離脱過程に入ること。（22字）
(3) できるだけ自然に根ざした生活を心がけて，資源の消費を抑えること。（31字）

私たちが前世紀に経験していたような，雇用と購買力を守る成長がもはやけしてよみがえることはないだろうということを納得のいくように総括したあと，いくつかのグループの人たちは流れに逆らったシステムのなかで生きることにしました。

現在の成長に反対する人たちにならって，「急進的環境保護論」と呼ぶことのできるものの創始者たちはすでに「工業社会は人間と自然をつないでいる結びつきのバランスを危地に陥れる。人間は，最大の快適さの追求を中心におかない生活様態を見つけることが望ましい」と断言しています。こうした反成長派の人たちは，自給自足の経済体制で暮らす

51

アウトサイダーであるどころかなによりもま ず，人類がほかのものより自己破壊が進むよ うな病んだ社会を総括したのでした。

反成長への道を歩き始めるには，簡単な総 括だけではじゅうぶんでありません。これま で守ってきたさまざまな生活様態に対して心 底からの離脱のプロセスに入ることが肝要で す。私たちはだれでも心のなかに，一般的な 行動をすぐには変えさせまいとする抵抗感を もっています。それは，（私たちのなかに浸 透していて，無意識のうちに私たちのあらゆ る選択を誘導している親モデルのような）家 庭的抵抗であれ，（みんなと同じようにしな ければならない，さもないと気がおかしいと 思われるというような）社会的壁であれ，ど ちらでもかまいません。もっとも頻繁にみら れる内面的抵抗はあいかわらず，しばしば変 化への恐怖心によって誘発される合理化なの です。

要するに，こうしたことはすべて，反成長 の道をとるために，これらの人たちはたんに 内面的壁をとり除き，そうすることによって 解放されたのだと言うためなのです。

私たちが今日知っているような社会は経済 成長を基盤にしています。限りある資源から 生まれる製品を消費するおかげで成り立って います。物事はあるがままに言わなければな りません！地球の資源には限界があります。 私たちの生活様態はまさに際限なくこの資源 を使っているのです。反成長の運動は，でき るだけ自然に近づくことによって，こうした 果てしない開発から解放されるのです。

230 ***EXERCICE 3***
（解答例）
(1) 義理の親から，もう一方の親への背信感 をあたえられるから。（28字）
(2) 忍耐，時間，協調と実の親の配偶者への 無条件で絶え間ない支え。（30字）
(3) 子どもへの発言権をもち，教育面でも果 たすべき役割をもつ。（28字）

再構成家族はありふれたものになりました。 しかし，いまだにそれを「自然に反するもの」 とみなしている人たちもいます。家族の再構 成は，ある既成の秩序の転覆につながります。 このような混乱は，嫉妬，欲求不満，疎外感 といった感情や，さらにはカップルがひとつ しかない結びつきではなくなるという失望感 に由来するさまざまな感情が生まれる原因に なります。子どもは実の親の愛情や心くばり の欠如を感じるかもしれません。また，とき どきあるのですが，子どもが義理の親とつな がりをもつことで自分を責めるのです。義理 の親は一方の親に対する背信感を子どもにあ たえることができます。

したがって，再構成家族がうまく確立する かどうかは，忍耐，時間，協調，実の親から 配偶者への無條件で絶え間ない支えしだいな のです。こうして家庭を構築しているあいだ に，異父［異母］兄弟［姉妹］や準兄弟［姉妹］ のつながりをもつ子どもたちは，この新しい 家庭の枠組みのなかで自分の居場所を見つけ るために正面から向き合うことに専念できま す。

そのうえ，新しい生活習慣を作りあげるに は全員の協力がとても大事です。権限は実の 親が優先的に統御すべきでしょう，しかし義 理の親も家が順調に機能するように協力し， したがって一種の権限を行使すべきでしょう。 家族の一員として義理の親にもまた，日常生 活や家のなかでは配偶者の子どもに関して言 うべきことや責任の一端があるのです。こう したことがそろわないと，協調や尊敬をえる ことはむずかしいでしょう。というのも義理 の親は権限も責任もないひとりの大人にすぎ なくなって，締めだされ，子どもから見て評 価を落とすことになるかもしれないからです。

したがって再構成家族においては義理の親 も，母親や父親の役割を過剰にあるいは試み 程度にひき受けるのではなく，血のつながり のない子どもたちを教育するうえで果たすべ き役割をもつことが可能だし望ましいのです。

さらに，実の親が新しい配偶者といっしょ にいて幸せそうにしているのを見ながら，子 どもは新しい配偶者とどのようにして絆を作 りあげるのかとか，少なくともどのようにし て尊敬すればいいのかを学んでいくでしょう。

232 ***EXERCICE 4***
（解答例）
(1) とり扱いに慎重を要するものとさほど当 たり障りないもの。（27字）
(2) 契約書の作成，病気治療，救命のために 個人情報が必要な場合。（29字）
(3) 個人が自分の情報が使われる明確な目的 と期間を知っていること。（30字）

個人データは多岐にわたりますが，あちこ ちにばらまかれています。自治体はそれを握 っているし，医者も同様だし，学校も，スポ ーツクラブも音楽教室，友人たちばかりでは なく，製品を注文したことのある企業までそ れを知っています。

データのなかには「とり扱いに慎重を要す る」ものがあります。私たちは，みんなに年 齢を知られることを望みませんし，あまりお 金がないとか，反対にとても裕福だとか，重 病に苦しんでいることなども知られたくあり ません。こうした情報のなかには，職探しや 家の購入の邪魔になるようなものもありえる でしょう。

他のデータはそれほど当たり障りなさそうです。しかしふつう，インターネットの勝ち抜き番組に出たからといって，メッセージサービスに何百通もの広告を受けとることを好みはしません。ときには，一度も電話番号を教えたことのない企業から携帯電話に電話されて苛立つこともあります。実際はだれにでもプライバシーを尊重してもらう権利があるのです。

EU は市民の情報を守る規則を確立することによって，彼らを守ることを決めました。それが RGPD（一般的なデータ保護規則）です。この規則は個人情報の収集を認めていますが，いくつかの条件があります。たとえば，契約書の作成や治療や救命のために必要な場合です。

このような必要性に直面していない場合，個人は情報を使いたい企業や団体に同意しなければなりません。個人は，情報を使う明瞭で正確な目的および期間を知っていなければなりません。さらに，企業や団体は必要な情報だけしかとり扱うことができません。たとえば，あなたのサッカークラブは，クラブの雑誌やインターネットサイトにあなたの写真を掲載するまえにあなたの同意を求めなければなりません。そして，その写真をいつどこで配布するのかをあなたに知らせなければなりません。

234 **_EXERCICE 5_**

（解答例）

(1) ワインの味からどのブドウ区画畑産のものかを特定できること。（29字）
(2) 地質や水路や気象の特質および AOC による格付けされた特質。（29字）
(3) ブドウ生産の伝統と特有のノーハウを反映した生産モデル。（27字）

ブルゴーニュ地方のブドウ区画畑はコート・ド・ニュイとコート・ド・ボーヌにある境界が正確に画定され，配分されている小区画のブドウ畑です。ここはきわめて多様な成分を含む粘土・石灰質土壌の自然の丘陵で，ディジョン南部からマランジュまでの50キロメートルに広がっています。

ブルゴーニュ地方のブドウ区画畑は，その特性が製品の味わいと産地の区画を緊密に結びつけている土地にねざしたワイン畑の，今でもまだすたれていない発祥地であり原型です。ブルゴーニュ地方では中世初期以来，ワインとそれが生産された場所の同定が最高度に押し進められました。このことが，きわめて綿密な森林区画を生みだしたのです。数々の特産ワインは，このモザイクのような畑で産出され，独自の2種類のブドウ品種（ピノ・ノワールとシャルドネ）を源としている

ので，きわめて多様性に富んでいます。

そういうわけで，1247ヶ所のさまざまなブドウ区画畑は，地質や水路や気象の特質およびアペラシオン・ドリジーヌ・コントロレ（AOC）のシステムのなかで格付けされた特質によってとても厳密に境界が画定されています。ブドウ区画畑は，自然環境と，2千年近くにわたって形成されたブドウ栽培者のノーハウの蓄積された経験から生まれたものです。それは，地方の人間共同体とその領土とのとても古い関係を特別な仕方で表わしているのです。中世以来これらの共同体は，地質，水路，気象，土壌の特質と，ブドウ区画畑の潜在的生産力を漸進的に同定し，開発し，識別する能力を証明してきました。

したがってブドウ区画畑は，ブドウ生産の伝統と特有のノーハウを反映した特別なブドウ生産モデルを具体化しているのです。こうしたブドウ区画畑の大多数は，風景を眺めると道，石壁，柵から今でもまだ明確に身元を確認することができますし，アペラシオン・ドリジーヌの条令によって画定され，規制されています。

236 **_EXERCICE 6_**

（解答例）

(1) 人間の消費が生物圏に負わせている需要。（19字）
(2) 人間の需要に答えるために使用可能な生産的な土地の面積と供給。（30字）
(3) スウェーデン，フィンランド，エストニア，ラトヴィア，ルーマニアのなかの3ヶ国
(4) オランダ（4字）

国の発展は，未来世代が自分たちの需要に答えるための能力を損ねることなく，現在の需要に答えているとき「恒久的」だとみなされます。発展の度合いを測ることができるのは，人間の消費が生物圏に負わせている需要（生態学的足跡）とこの需要に答えるために自由に使える生産的な土地の面積もしくは供給（生物生産力）を比較することによってです。

グローバル・フットプリント・ネットワークの報告によると，EU 諸国の過半数は，生態学的赤字の状態にあります。国は，国民が国土に広げた足跡がこの国土の生物生産力を超えるとき生態学的赤字に陥ります。反対に，国の生物生産力が国民の生態学的足跡を上回るとき，生態学的備蓄があるということになります。生態学的備蓄状態にある国が位置しているのは，北部（スウェーデン，フィンランド，エストニア，ラトヴィア）と東部（ルーマニア）です。フィンランドはもっとも成績のいい国です。生物生産力が生態学的足跡

を１人当たり6.7グローバルヘクタール上回っています。

めざましい発展をとげていたのに，赤字に陥った国もあれば，赤字が深刻化した国もあります。たとえば，生態学的備蓄の能力があるとみなされていたオランダは，１人当たり4.7グローバルヘクタールの赤字に転じました。フランスも例外とは思えません。すでに赤字が１人当たり２グローバルヘクタールの大台を越えました。ブルガリアについても，生態学的備蓄国の地位を失い，それ以来もう少しで赤字というところにあります。

238 *EXERCICE 7*
（解答例）

(1) 幼児の経験を大人になって記憶していない原因に関する概念。（28字）
(2) 記憶力は生まれるまえの子宮内にいるときから働いている。（27字）
(3) 海馬が未成熟であることとことばへの置換能力がないこと。（27字）

子どもは生まれて数時間もするとすぐに完璧に記憶します。ところが，大人は生後３年間のことを思いだすことができません。

あなたの最初の記憶は何ですか？それが３歳か４歳のときに起きたまったく取るに足りない出来事である可能性はおおいにあります。たしかに，３歳か４歳よりまえに経験したことはなにも大人の歳になるまで覚えていることはありません。幼児時代には実効性のある記憶力をもつことはないのでしょうか？これはフロイトが幼児は「小児性記憶喪失」にかかっていると決めつけて以来長らく信じられてきたことです。しかし，小児性記憶喪失というのはまちがった概念です。というのは，その後何度も立証されたのですが，子どもの記憶力は申し分なく機能しているからです。それではこのように，より遠くへさかのぼる幼年期の記憶をもつことができないことをどのように説明すればいいのでしょうか？記憶力は生まれた直後から働く準備ができています。大学の心理学者チームは，1986年に行なった実験のとき，記憶力はすでに子宮内で存在していることを明らかにしました。生まれて33時間しか経っていない新生児に母親の声を録音したものと他の女性の声を録音したものを聞かせます。結果は，新生児は母親の声のとき，つまり記憶している声のとき，より強く乳房をすすります。

記憶力は子どもといっしょに生まれるけれど，３歳までの記憶を長期にわたってはまったく保存していないことはどのように説明すればいいのでしょうか？これは，いくつかある説明のなかの生物学的な仮説です。脳が完全にはできあがっていないのです。できあが

るのは７歳ごろです。記憶力のなかで記録係の役割をはたす海馬は働いてはいるのですが，成熟してはいないのです。幼い子どもの場合，保存し記憶にとどめるのですが，そのあと忘れてしまいます。しかしとりわけ，ことばがないことです。さまざまな出来事を記憶するには，それらをことばで表わすことができなければなりません。最初の出来事は，それらをことばに置き換えることができる年齢まで，つまり物質世界と精神世界が存在することを理解できる年齢までさかのぼります。

240 *EXERCICE 8*
（解答例）

(1) 敷設コストが安いことと地上を走るので乗り心地が快適なこと。（29字）
(2) 地面の改修，木々の植えかえ，新しい街路設備や照明設備の設置。（30字）
(3) 路面電車の専用走路が自動車の走路をふさぐため。（23字）

自動車と交代するために町を追われていた路面電車が大々的にかつ静かに町に帰って来ます。路面電車が通るようになれば，都市の環境は人間的な様相をとりもどします。

なぜ成功したのでしょうか？第一には経済的な理由です。あらゆる公共交通のなかで，路面電車はもっとも料金が安く，簡単で，手早く敷設できます。敷設するのに１キロメートルあたり1 520万から2 280万ユーロかかります。地下鉄だと，これらの数字を４倍しなければなりません。次に，路面電車は快適な交通手段で，薄暗いトンネルのなかに潜るよりストレスがありません。ここは地面のうえです。車両の広い窓ガラスから町を眺めることができます。スピードは自由に調整できます。路面電車はさまざまにスピードを変えながら中心街や周辺部を通ることができます。車道のタールとは異なる舗装面（木材，石畳，芝生）の専用路を走るので，渋滞にあうことがなくて，規則的な運行が強化されます。昔の狭くて床が高い車体は，徹底的に改良されました。床も低くなります。おかげで，乗客の乗降が楽になります。

路面電車は都市計画に影響があるのでしょうか？もちろん，と都市工学者パトリック・エクータンは答えます。「これは近代的な，したがって資格が復活した設備です。新線を創設すれば，都市の風景を根本から刷新することができます。地面を改修し，木々を植えかえ，新しい街路設備を設置し，照明設備を手直しすることができます」こうしたプロセスはストラスブールではとても顕著です。

結局，路面電車はひそかに自動車にとって代わるものであり，自動車の氾濫をくいとめる控えめな手段なのです。たしかに専用路を

走る車両はとうぜん独占的に道路の一部を占領します。2つの交通手段の競争は昨日今日始まったことではありません。第1次世界大戦後すぐに自動車の主要メーカー，ルイ・ルノーの手に握られていた自動車の圧力団体が，パリ地域公共交通協会（STCRP）がバスだけが利するように，路面電車をあきらめるようにしたのです。それが1937年から効力をもっていたのです。

EXERCICE 9

242

（解答例）
(1) 探査ロケットで一部の地域に濃縮した水素を観察したこと。（27字）
(2) 写真や間接的な観察だけでなく，実際の分析に基づいていること。（30字）
(3) 氷状の水で，炭酸ガスの広大な氷原のなかに凝縮されていた。（28字）

火星の南極に氷の形で水が存在することがヨーロッパの探査ロケット，マルス・エクスプレスによって初めて直接的に探知されました。それは，ヨーロッパ宇宙局の専門家たちが明らかにしたことです。たしかに専門家たちは，アメリカの探査ロケット，マーズ・オデュッセイが観測したことですが，一部の地域に水素が濃縮しているというような間接的な証拠に基づいて，すでに赤い惑星に水が存在するというほうへ傾いた一連の議論を展開していました。したがって，マルス・エクスプレスの仕事はいくつかの仮説を裏付けたことになります。

1ヶ月まえから赤い惑星を回る軌道に乗っていた探査ロケット，マルス・エクスプレスは，実際に7ヶ月間の宇宙旅行の終わりに火星にある氷状の水を確認しました。それは，赤い惑星に水が存在することの初めての直接証拠です。現在までそうであったように，写真や，間接的な観察から導きだした結論ばかりではなく，実際の分析に基づいています。

ヨーロッパ宇宙調査団にとってのこの重大な発見は，とりわけオルセー宇宙物理学研究所の研究者チームに帰属します。このチームは赤外線のスペクトル分析のおかげで水の存在を明らかにすることができたのです。彼らが発見したのは氷状の大量の水です。それは，炭酸ガス（CO_2）の広大な氷原のなかに凝縮されています。火星探査は，ナサの新型ロボット，オポチュニティの到着とととにますます盛んに続けられています。このロボットは，現在専門家たちにも理解できない故障にみまわれているもう一つのアメリカのロボット，スピリットが着陸したのとはまったく反対側の惑星の地表を探索することになっているようです。

EXERCICE 10

244

（解答例）
(1) 住宅戸数の増加が人口の増加するスピードを上回っている。（27字）
(2) 住居が広くなり，世帯規模の縮小によって専有面積は広くなった。（30字）
(3) 個人住居は伸び悩んでいたが，設備は飛躍的によくなった。（27字）

20世紀最後の2回の国勢調査が行なわれた1990年から1999年にかけて，フランス本国の住宅戸数は同じ期間の人口より速いスピードで増加しました。たしかにこの期間は，人口が3.4%しか増えていないのに，本邸の数は9.4%増えました。1982年以来住宅1戸あたりの人数は下がり続けました。1982年は3.1人でした。1990年2.6人，1999年2.4人でした。1999年の調査のとき首都で調査された住宅戸数は2 870万戸まで増えました。これらの住宅のなかで83%は本邸で，前回の調査のときより広くなりました。

1990年から1999年にかけての本邸の数の増加は，1982年から1990年の期間の増加に匹敵します。ただし，住居がやや広くなり，平行して世帯の規模が小さくなっているので，各自やや広いスペースをもつことができます。本邸1戸あたりの平均的部屋数は，（1962年に3.08部屋だったのに対して）いまは3.86部屋です。住居がもっとも広いのは農村部（平均して4.48部屋）です。もっとも狭いのはパリの住宅密集地域（平均して3.18部屋）です。

アパルトマンの所有者世帯の比率については，1990年から1999年にかけては，そのまえの30年ほどのあいだ急速に増加したのに対して安定しました（1990年54.4%，1999年54.7%）。

個人住宅も，1982年から1990年にかけての大幅な増加後1990年代はあまり増えませんでした。本邸の56%が一戸建ての家か農家です。こうした居住様式はフランスの西部と北部の大きな人口密集地域のない各県でとくに多く見られます。

そのかわり本邸の設備は進歩しました。1999年3月には，住人のいる5戸中4戸以上に，給排水設備，屋内トイレ，セントラルヒーティングが装備されています。この設備率は1990年には4戸中3戸しかありませんでした。1975年には2戸中1戸以下でした。設備はイル・ド・フランスおよび拡大している地方都市においてもっとも普及しています。給排水設備もトイレもない本邸の大半は，田舎の老夫婦や外国人が住んでいる小さな住居です。

8　和文仏訳

247　**出題例**
（解答例）

　Comme il faisait beau ce matin, | je suis sortie avec la robe blanche | que je
　　　　　　　　　　　　　　　　　　| j'ai mis pour sortir la robe blanche |
venais d'acheter.

Mais | sur le chemin du retour, | j'ai été surprise par un | horrible | orage.
　　　| en rentrant chez moi, |　　　　　　　　　　　　　| gros |
　　　|　　　　　　　　　　　| un horrible orage m'a surprise.

Ma robe était | tout abîmée, | et pourtant, | après la pluie,
　　　　　　　| toute perdue, |
Malgré la | ruine | de ma robe
　　　　　| perte |
Bien que ma robe ait été tout abîmée
le ciel du soir m'a paru plus | beau | que jamais.
　　　　　　　　　　　　　　| magnifique |
j'ai trouvé au ciel du soir plus de beauté

248　**EXERCICE 1**
（解答例）

　L'été est entre autres la saison des feux d'artifice.　Au Japon, il y en a des
centaines | à travers tout le pays. | Dimanche dernier, mon frère et moi, nous
　　　　　| dans tout le pays. |
sommes allés | assister à | un feu d'artifice qui serait tiré au bord de la rivière.
　　　　　　| voir |
Comme le spectacle commençait à 19h, il fallait partir tôt.　À 15h, nous étions sur
les lieux.　Il a fallu passer par | la supérette | pour acheter une boisson et des
　　　　　　　　　　　　　　　| la case combini |
sandwiches.　Nous avons croisé des jeunes gens en yukata.

248　**EXERCICE 2**
（解答例）

　Les villageois ont abandonné leurs beaux paysages pour aller s'installer en ville et
maintenant, | inversement, | les gens des villes | viennent à la montagne chercher de
　　　　　　| à l'inverse, | les citadins |
beaux paysages.
| N'y a-t-il pas là | une possibilité de survie pour ces villages ? | Délaissés par
| Cela amènera-t-il |
| Les villageois ne peuvent-ils pas survivre en tirant profit de cela ?
l'implantation d'usines et ne pouvant pas non plus espérer la modernisation de
l'agriculture, c'est à l'exploitation touristique que les habitants des villages de
montagne placent leur dernier espoir.

249　**EXERCICE 3**
（解答例）

　Depuis que j'aime nager, je | me rends | régulièrement à la piscine le matin avant
　　　　　　　　　　　　　| vais |

56

d'aller travailler. La boulangerie se trouve sur le chemin de la piscine. Je sens la bonne odeur de pain chaud en passant devant la boulangerie, alors que j'ai froid et du mal à garder les yeux ouverts. La tentation de m'y arrêter est grande mais il faut résisiter et surtout ne pas regarder les pains au chocolat qui me sourient derrière la vitrine.

249 *EXERCICE 4*
(解答例)

La France est avant tout un vaste village agricole. La plupart de ceux qui y vivent

| n'ont aucun rapport avec | la mode parisienne. Ils vivent modestement |
| ne portent aucun intérêt à | |

| en observant | un mode de vie ancien. Ayant eu l'occasion pendant un an |
| en maintenant | |

depuis octobre dernier, de prendre pension dans une famille de Besançon, petite ville à l'extrémité est de la France, comme stagiaire de langue, j'ai pu entrevoir la vie de ces petites gens.

250 *EXERCICE 5*
(解答例)

L'autre jour, je suis allée faire

| des courses | avec mon mari et ma fille de quatre |
| des achats | |

ans. Mon mari devait acheter une clé [clef] mémoire USB pour son ordinateur et j'ai commencé à discuter avec lui.
Quand tout à coup je me suis retournée, ma fille avait disparu. Je l'ai cherchée dans les rayons en criant son nom,

| en vain. | Mon mari |
| mais je n'ai pas pu la trouver. | |

| a fini par la retrouver | en dehors | de la grande surface, | elle était sur le trottoir. |
| l'a enfin retrouvée | | du supermarché, | |

250 *EXERCICE 6*
(解答例)

J'étais coiffeuse à Shinjuku. J'aimais ce travail qui, quoique

| m'obligeant à de longues stations debout, | ne me fatiguait pas outre |
| je doive rester debout pendant de longues heures, | |

mesure,

| le petit salon | où je travaillais n'ayant pas trop de clientes. |
| le petit salon de coiffure | |

Il me permettait aussi de connaître beaucoup de femmes de tous âges, tous caractères et tous milieux sociaux.
Le soir, j'aimais flâner, et acheter à manger dans une petite boutique près de chez moi.

251 *EXERCICE 7*
(解答例)

L'autre jour, il n'était pas encore huit heures du matin ; j'étais debout dans le métro bondé, en me frottant les yeux et en luttant contre le sommeil

| en raison d'un réveil très matinal, | quand j'ai vu une fille aux cheveux teints en |
| parce que je m'étais levé(e) tôt, | |

brun assise en face de moi. Elle dévorait une pizza en écoutant de la musique

57

avec de gros écouteurs. | Et | elle s'est levée pour me | laisser | sa place
| Mais | | céder |
aussitôt qu'elle m'a aperçu(e).

EXERCICE 8
251 （解答例）

| Chers souvenirs d'enfance ! | Quand le soleil brillait dans le
| Je me souviens de mon enfance avec nostalgie ! |
ciel, j'allais me promener dans la forêt ou pêcher en rivière. Quand la pluie ou le
froid | me retenait à la maison, | je jouais à cache-cache ou lisais des livres d'images
| m'empêchait de sortir, |
sur le canapé | du séjour.
| de la salle de séjour. |
| Quand la neige tombait, | j'allais faire une bataille de boules de neige avec des
| Quand il neigeait, |
amis.

EXERCICE 9
252 （解答例）

Je suis allé(e) me promener au jardin | près de chez moi. | C'était un beau jour
| du voisinage. |
d'automne.
Ce jour-là, j'ai croisé très peu de gens. Seuls les balayeurs qui ratissaient les
feuilles mortes brisaient parfois le silence du jardin. Cette atmosphère calme et
paisible m'a beaucoup | touché(e).
| plu. |
Toutes les feuilles des ginkgos avaient déjà jauni. De temps à autre des noix de
ginkgo se détachaient de leurs branches et tombaient à terre avec un bruit sec.

EXERCICE 10
252 （解答例）

J'ai été arrêté(e) un matin par une voiture de patrouille de la police qui m'a
traité(e) | en suspect, | alors que | je me promenais | sur mon vieux vélo pour
| pour un suspect, | | je faisais un tour |
me distraire. « C'est à vous ? » « Votre nom ? »
L'interrogatoire, sur un ton arrogant et | grossier,
| impoli, |
| s'est poursuivi | plus d'une demi-heure.
| a duré |
J'ai fini par me dégoûter de collaborer avec la police.

第1回模擬試験

262 [1] (1) satisfaction (2) lancement
(3) équité (4) ouverture (5) choix

(1) A　彼はバカロレアに合格したことによ
って両親を満足させた。
B　彼のバカロレア合格は両親を満足さ
せた。
(2) A　この新製品を売り出すのは困難だ。
B　この新製品の発売は困難だ。
(3) A　負担を平等に分担しなければならな
い。
B　負担の分担は平等でなければならな
い。

58

(4) **A** 美術館は10時に開館する。
B 美術館の開館は10時だ。
(5) **AB** あなたは２つの解決法のなかから
どちらかを選ぶことができます。

263 **2** (1) ⓪ (2) ⑧ (3) ⑥ (4) ① (5) ③

(1) **A** この界隈は夜は安全ではない，泥棒
に用心しなければならない。
B 私は彼にこの件にとり組むつもりが
あるかどうか確信がもてない。
(2) **A** 私たちがヴァカンスへでかけるとき，
旅行の企画を担当するのは彼です。
B 彼は非政府組織のボランティアです。
(3) **A** 彼はそのかどで訴えられている盗み
を犯してはいない。
B こんな話を信じるとはなんて世間知
らずなんだろう！
(4) **A** 彼らは新たな申し出を冷たくあしら
った。
B 私は歓待をうけた。
(5) **A** 私は彼(女)に，話したことを他言し
ないように忠告した。
B 学級評議会には，生徒と保護者同席
のもと，クラスの先生たちが集まった。

264 **3** (1) ① (2) ③ (3) ② (4) ④ (5) ⓪

(1) この両親はあまりにも簡単に娘の言うな
りになる。
(2) 彼らはときどき口げんかをするが，全体
的にみれば仲がいい。
(3) 彼はこんなひどい天気に出かけたいなん
て！
(4) 私は試しに禁煙してみます。
(5) 君のミスは大目に見ます。

265 **4** (1) a survécu (2) avait été enterré
(3) était (4) était tombé
(5) aient tenté

ブラジルのインディオ族の新生児は，家族
によって７時間のあいだ生き埋めにされたあ
と生き延びた，と木曜日現地当局は報じた。
ある看護師が，マット・グロッソ州にあっ
て，たくさんの原住部族が暮らしているシン
グー国立公園でこの女の赤ん坊が生まれてす
ぐに埋められたことに気づいたあと警察に通
報した。
カマユラ族に属する赤ん坊の曾祖母が職務
質問を受けた。
「私たちは，これが嬰児殺しなのかどうか，
もしくは彼女が赤ん坊は死産だと考えていた
のかを立証するために捜査を開始した」とパ
ウロ・ロベルト・ド・プラド検事は述べた。

土のしたで７時間という長い時間を過ごし
たにもかかわらず，「子どもは元気だ」。子ど
もは，集中治療施設に入院させるためにマッ
ト・グロッソ州の州都クイアバへ連れて行か
れた。
家族は警察に，赤ん坊は母親がトイレで出
産したあと頭から落ちたと説明した。しかし，
当局はこの説明を疑問視している。
「父親は子どもの認知を拒んでいるし，母親
はまだ15歳でしかないところから，彼らは嬰
児殺しを試みたのかもしれない」と現地警察
は断言した。

266 **5** (1) ② (2) ③ (3) ② (4) ③ (5) ①

アコルドリは金銭ではなくて時間に基づい
て行なわれるサービス交換システムです。交
換するサービスの種類がどのようなものであ
れ，１時間のサービスをすることと１時間の
サービスを受けることが等価です。各メンバ
ー（アコルドゥール）は，サービスの提供と
依頼を通してバランスよく交換に参加します。
コンセプトは，さまざまな世代，社会階級，
国籍，性別の人々のあいだの連帯意識を強化
することによって，**貧困や排斥と闘うこと**を
めざしています。それは単純で独創的な原理
に基づいています。同じ地区の住人たちに，
グループを組み，自分たちがもっている技能
に基づいて，お互いにサービスを交換しよう
と提案するものです。
具体的には，たとえば１時間のパソコン修
理をしたアコルドゥールには**時間のクレジッ
トが付与され**，あとでこの時間のクレジット
を使って，自分の地区の他のアコルドゥール
から申し出のあったサービスのなかから１つ
を取得することができます。アコルドゥール
は授受した時間に基づく交換が記帳されたネ
ット時間口座をもっています。所定の管轄区
域での社会的混成をスムースにするばかりで
はなく，**貧しいあるいは孤立した状況にある**
人たちの要求にも答えられるこのような新し
い連帯形式はケベック地方で大成功しました。
アコルドリは，新しい形の豊かさの創出を
基盤とする代替経済システムを提案すること
によって，社会の連帯経済の世界で機能しま
す。それは**なんといっても**全共同体の構成員
の**潜在能力を拠り所とした**集団的かつ連帯的
豊かさです。共同体では往々にしてもっとも
貧しい市民は，報酬の悪い仕事に従事してい
るという理由で非生産的だと判断されます。
アコルドリはむしろ，共同体の構成員全員の
貢献を基盤とすることによってこうした集団
的かつ連帯的豊かさを創出できるというとこ
ろに賭けています。アコルドリは支配的な経
済システムに代わるものを構築する**民主的で
組織的な方法**なのです。

59

(1) ① 政治体制をくつがえすこと
② 貧困や排斥と闘うこと
③ 表現の自由を獲得すること
(2) ① 別荘を借りる権利がある
② 自分の才能を発揮しなければならない
③ 時間のクレジットが付与される
(3) ① 食糧が不足している
② 貧しいあるいは孤立した状況にある
③ 住所不定の
(4) ① 財政支援に依存している
② 寛容さを必要としない
③ なによりも潜在能力を拠り所とした
(5) ① …の民主的で組織的な方法
② …のための単なる行政措置
③ …のための時代遅れのシステム

268 6 (1)① (2)① (3)② (4)②
(5)② (6)① (7)① (8)②

　国会議員は小学校と中学校，それどころか一部の高校においても，9月の新学期から早速，携帯電話の禁止を最終可決しました。5月に提出された共和党前進の代議士たちのこの法案は共和国大統領の選挙運動の公約を言い表わしています。
　先週元老院からゴーサインがでたあと，月曜日に国民議会の最終投票で「学校教育機関内での携帯電話使用制限」に関する法案の採択が決定しました。これは両議会の歩み寄りのたまものです。成文は賛成62票に対して反対1票でした。共和党の代議士たち，社会主義者たち，共産主義者たちとしては，「コミュニケーション操作である」とか「なにも変わらないその場限りの法律である」と批判し，棄権しました。
　成文は，「幼稚園，小学校，中学校において，あらゆる教育活動が行なわれているあいだ，内規によって定められた場所での生徒による携帯電話の使用は禁じられる」と規定していた教育法の古い条項を修正したものです。新法は，ネットワークに接続できるすべての器具（携帯電話，タブレット，腕時計など）の小中学校における使用を禁じています。ただし，「教育上の使用」目的や障害をもった子どもたちのためには例外を設けることができます。教育に結びつく諸活動ばかりではなく，スポーツのような戸外活動もかかわってくるでしょう。高校については，教育機関ごとに，携帯電話およびネットワークに接続できる他の器具の全面的もしくは部分的な禁止を内規にもりこむことができるようになるでしょう，ただしこれは義務ではありません。
　新しい成文には「内規によってはっきり許可されている場所を除いて，幼稚園，小学校，

中学校において，生徒による携帯電話の使用は禁止」と明確に述べられています。実際には，措置を講じても大した変化はないでしょう。しかし措置のおかげで学校機関は，内規をこれまでより簡単に書くことができるでしょう。携帯電話の使用禁止場所を列挙するまでもなく，許可されている場所を明確にするだけですむでしょう。
(1) 中学生も小学生も，9月の新学期から早速，学校で携帯電話を使うことはできなくなるだろう。
(2) 共和国大統領は学校での携帯電話の使用禁止を推進したいと思っていた。
(3) 両議会の対立によって，国民議会は法案の採択を妨げられた。
(4) 共和党の代議士たち，社会主義者たち，共産主義者たちは法案に反対票を投じた。
(5) 今回作成された教育法の条項は完全に革新的なものである。
(6) すべての高校がネットワークに接続できるすべての器具の使用を禁じるわけではない。
(7) 学校のなかには，生徒たちが携帯電話を使用できる場所がある。
(8) 措置によって，学校機関は携帯が禁止されているすべての場所を列挙せざるをえない。

270 7
(解答例)
(1) 老齢化の原因は寿命の延びと出生率の低下である。(22字)
(2) 大部分の工業国で人口の4分の1が60歳以上になる。(25字)
(3) ボランティアで老人の世話をした時間を自分の老後のために貯金する。(32字)

　老人はただの年老いた人になりました。彼らを第3から第4年齢期の人たちと呼んでいた時代は終わりました。広告業者が彼らにおもねり，彼らの購買力を開拓するためにシニアという呼びかたで彼らを飾りたてていた時代は終わりました。いいことです。こうした美辞麗句は欺瞞にしかすぎなかったからです。老人を指すために用いられる価値を高める婉曲語法がどのようなものであれ，老人は不幸で孤独なのです。彼らを老人と呼ぶことに嫌悪感をおぼえるとすれば，それは彼らの境遇を改善するためではなく，彼らの存在を否定し，彼らをうまく顧みないですますためなのです。
　ともあれ老人の数はますます増えています。出生率は減少しているのに，寿命は延びています。近い将来，大部分の工業国で人口の4分の1が60歳以上になるでしょう。昨今の老人は往年の老人とは違います。彼らはもう子

60

どもや孫といっしょには住んでいません。家があまりにも狭くなったのです。そして心もあまりにも狭くなりました。3世代から4世代がひしめきあっていた広い農家だからといって，すべてバラ色だったわけではありません，それどころではありませんでした。もうニワトリに餌をやったり，ガチョウの羽をむしったりができなくなった長老は，自分を無用の人間だと感じていました。死んでいくだけということもありました。

　老人はもう働けなくなったら捨てられていました。今日ではまだ働けるときにつまはじきにされてしまいます。老人が若者の居場所を奪ってしまうからです。就職争いが世代間の敵愾心をかきたてたのです。祖父母の金婚式をお祝いするだけのお金ももうありません。老人は，これまで尊敬され，家族に面倒をみ

てもらっていた日本でさえ好ましからざる存在になりました。日本はすべての工業国のなかでもっとも高い老齢化率にあるのですから，状況は悪化するしかありません。人口過剰のこの列島に老人の居場所はもうないのです。

　しかし日本人は，いつかはだれでも老齢化するのだから，年長者が置かれている状況を改善するのが得策だということを理解しました。彼らはまず「時間の銀行」を創設しました。原理は簡単です。あなたはボランティアで1人もしくは何名かの老人の世話をするとします。こうしてあなたは何時間分か何日分かのあなた自身の老後の世話を買うのです。日本人はこの後払いのサービス交換のために1200万人のボランティアの動員を期待しています。老いへの恐れは寛容の始まりです。

272　⑧
（解答例）

Le Japon est
l'un des pays du monde les plus sujets aux tremblements de terre.
l'un des pays où il se produit un tremblement de terre le plus souvent dans le monde.
Les grands séismes que ce pays a connus l'année dernière ont détruit de nombreuses maisons, et ont parfois causé d'immenses incendies, provoquant ainsi d'importants dégâts matériels et d'énormes pertes en vie humaine. Les séismes sous-marins provoquent souvent | des raz de marée | qui viennent ravager les villes
| des tsunamis |
| côtières | et les villages de pêcheurs. C'est ainsi, par exemple, que les habitants
| maritimes |
de la côte Sanriku, au nord-est du pays, ont été éprouvés, à maintes reprises, par
| des raz de marée. |
| des tsunamis. |

273

書き取り問題

Vendredi, un petit garçon de 4 ans s'est grièvement blessé en faisant une chute dans l'escalier mécanique d'un grand magasin. L'enfant, qui se trouvait sur l'escalier mécanique, est tombé d'une hauteur d'environ quatre mètres dans le vide. On ignorait ce samedi les circonstances exactes de cet incident. L'enfant était conscient à l'arrivée des pompiers. Il a été emmené au centre hospitalier régional de cette ville, dans un état jugé grave. À leur arrivée sur place, les secours n'ont pu que constater le décès du petit garçon. Les parents de l'enfant ont été pris en charge à l'hôpital pour recevoir un accompagnement psychologique.

訳：金曜日に4歳の男の子がデパートのエスカレーターで転倒して重傷を負いました。エスカレーターに乗っていたその子どもは約4メートルの高さから空中に放りだされたのです。今週の土曜日にはこの事故の正確な状況はわかりませんでした。消防士たちが着いたとき子どもの意識はありました。子どもは重体と判断された状態でこの町の地域医療センターへ搬送されました。そこに着いたとき，救助隊は子どもの死亡を確認することしかできませんでした。子どもの両親は心理的に

61

支えてもらうために病院にひきとられました。

聞き取り問題

274　[1]　(1) (réorienter) (touristique)
　　　　(2) (conseille) (renseigne)
　　　　(3) (intensif) (vingtaine)
　　　　(4) (vente) (agence)
　　　　(5) (écoute) (curieux)

（読まれるテキスト）

Le journaliste : Comment est née l'envie de travailler dans le domaine touristique ?

Sarah : Au départ, je voulais être journaliste. Mais ma vision du métier relevait plutôt de l'utopie. Quand je me suis réorientée, j'ai essayé de mettre l'accent sur ce que j'aimais faire. Comme j'aime beaucoup voyager, je me suis dit « pourquoi pas le tourisme ? ».

Le journaliste : À quoi ressemble le travail d'un agent de voyage ?

Sarah : On est là pour conseiller, renseigner et vendre. On est également amenés à gérer les réclamations quand il y en a. Parfois, on fait des voyages d'études qui servent avant tout à bien connaître les affaires étrangères. Par exemple, on est allés en Turquie l'année dernière. C'était intensif, on a visité une vingtaine d'hôtels en cinq jours.

Le journaliste : Quelles ont été vos expériences du terrain durant vos études ?

Sarah : J'ai eu l'occasion de faire trois stages en deux ans. D'abord dans la vente, ensuite dans une agence et enfin dans un service. Dans mon emploi actuel, c'est le premier qui me sert le plus.

Le journaliste : D'après vous, quelles sont les qualités essentielles pour exercer ce métier ?

Sarah : Il faut être à l'écoute des clients. Parfois, ils ont des exigences particulières auxquelles il faut savoir répondre. La curiosité est également très importante pour être un bon agent de voyage. On doit avoir envie de découvrir et s'intéresser aux destinations.

（読まれる質問と応答）

(1)　Sarah voulait être agent de voyages dès le début ?
　　— Non, au départ, elle voulait être journaliste. Mais, quand elle a essayé de se (réorienter), elle a eu envie de travailler dans le domaine (touristique).

(2)　En quoi consiste le travail de Sarah ?
　　— Elle (conseille) ses clients, les (renseigne) et s'occupe de la vente.

(3)　Comment était le voyage d'étude en Turquie qu'elle a fait l'année dernière ?
　　— C'était (intensif), elle a visité une (vingtaine) d'hôtels en cinq jours.

(4)　Quels sont les trois stages qu'elle a suivis en deux ans ?
　　—C'est un stage d'abord de (vente), ensuite d'(agence) et enfin de service.

(5)　D'après Sarah, quelles sont les qualités essentielles pour être un bon agent de voyage ?
　　— Il faut être à l'(écoute) des clients et être très (curieux).

（読まれるテキスト）

男性記者：観光の分野で働きたいという願望はどのようにして生まれたのですか？

サラ：最初私はジャーナリストになりたかったのです。しかし私の職業に対する見通しはどちらかというと夢物語の範疇に属していました。軌道修正したとき，私は自分がやりたいことを重視しようとしました。私は旅行が大好きなので，「観光業ではなぜいけないの？」と思ったので

す。

男性記者：旅行案内業者の仕事は何に似ていますか？

サラ：私たちはアドバイスしたり，情報をあたえたり，販売を担当したりするためにここにいます。また苦情がきたときはこれに対処しなければなりません。ときには，研修旅行をしますが，これはなによりも海外事情をよく知るのに役立ちます。たとえば昨年はトルコへ行きました。これは濃密でした。20軒ほどのホテルを5日間で回ったのですから。

男性記者：研修中の実地体験はどうでしたか？

サラ：私は2年間で3回の研修をうける機会がありました。最初は販売部門で，次に代理店部門で，最後に接客部門でした。いまの仕事でもっとも役立っているのは，最初の研修です。

男性記者：あなたの考えでは，この仕事をやるのに必要不可欠な資質は何ですか？

サラ：お客さんの話に耳を傾けなければなりません。ときには特殊な注文もありますが，それに答えることができなければなりません。いい旅行案内業者になるには好奇心もまたとても重要です。新しい発見をしたいという気持ちをもち，目的地に関心をもたなければなりません。

（読まれる質問と応答）

(1) サラは最初から旅行案内業者になりたかったのですか？
— いいえ，最初はジャーナリストになりたかったのです。しかし，**軌道修正**しようとしたとき，彼女は**観光**の分野で働きたいと思いました。

(2) サラの仕事はどのようなものですか？
— 彼女はお客さんたちに**アドバイスしたり，情報をあたえたり**，販売を担当したりしています。

(3) サラが昨年行なったトルコでの研修旅行はどうでしたか？
— それは**濃密**でした。彼女は**20軒ほど**のホテルを5日間で回りました。

(4) サラが2年間で受けた3つの研修は何ですか？
— それは，最初は**販売**，次に**代理店**，最後に接客の研修です。

(5) サラによると，いい旅行案内業者になるのに必要不可欠な資質は何ですか？
— お客さんの話に**耳を傾け，好奇心旺盛**でなければなりません。

275 **2** (1)① (2)② (3)① (4)① (5)②
(6)① (7)② (8)② (9)② (10)①

（読まれるテキスト）

Je suis abstinent depuis quatre ans et demi. Que la vie est belle ! J'ai commencé à consommer de l'alcool à l'âge de quatorze ans, pour vaincre ma timidité et mes complexes. Je buvais de plus en plus sans m'en rendre compte.

D'un premier mariage trop jeune, j'ai eu un petit garçon. Mais un jour, alors qu'il n'avait que 15 ans, j'ai divorcé avec ma femme et il s'est réfugié chez elle, je ne l'ai revu que 15 ans après. L'alcool avait détruit mon mariage et enlevé mon petit garçon.

Quelques années sont passées, je buvais toujours plus d'alcool. J'ai fait un deuxième mariage et j'ai eu deux enfants. J'ai rendu ma deuxième épouse, Thérèse, très malheureuse et mes enfants ont souffert beaucoup de voir leur père trop souvent ivre.

Mon parcours professionnel a été chaotique, j'ai commencé à travailler comme plongeur dans un restaurant, mais l'alcool me poursuivait. Je suis tout de même arrivé à gravir les échelons malgré les humiliations de mes supérieurs et collègues. Après des années de combat difficile pour garder mon emploi et d'efforts à gérer mon travail, je suis devenu chef de cuisine. Aujourd'hui, je suis guéri grâce à mon épouse qui a eu beaucoup de courage de me supporter, merci à mes trois enfants qui ne m'ont pas abandonné.

（読まれる内容について述べた文）

(1) Lucas a arrêté de boire il y a quatre ans et demi.

(2) Lucas avait déjà atteint sa majorité quand il a commencé à boire.

(3) Lucas est devenu un grand buveur sans qu'il s'en rende

compte.

(4) Lucas a eu un enfant né d'un premier mariage.

(5) Lorsque Lucas a quitté sa première épouse, son fils avait moins de 15 ans.

(6) Lorsque Lucas a revu son fils, il avait déjà 30 ans.

(7) Lucas a arrêté de boire aussitôt que son premier mariage a échoué.

(8) La deuxième femme de Lucas n'a pas eu d'enfant.

(9) Lucas a arrêté de boire avant de commencer à travailler dans un restaurant.

(10) Aujourd'hui, Lucas remercie sa femme de l'avoir supporté.

　私は禁酒して4年半になります。人生は何とすばらしいのでしょう！私は臆病さやコンプレックスを克服するために，14歳のときにアルコールを飲み始めました。気づかないうちに酒量は増えていきました。

　若すぎた最初の結婚で男の子が生まれました。しかしある日，子どもがやっと15歳になったときに，私は妻と離婚し，彼は妻の家へ逃げ込みました。彼と再会できたのはやっと15年後のことでした。アルコールが私の結婚生活を破壊し，幼い子どもを奪ったのです。

　数年が経過しました。あいかわらずアルコールの量は増えていました。私は2回目の結婚をして，2人の子どもができました。私はふたりめの妻，テレーズをとても不幸にしましたし，子どもたちは父親がしょっちゅう酔っぱらっているのを見てとてもつらい思いをしました。

　私の職歴は惨憺たるものでした。私はあるレストランで皿洗いとして働き始めましたが，アルコールは私につきまとっていました。上司や同僚から侮辱されながらも，それでも私は何とか階段を登ることができました。失職しないための苦しい闘いと仕事をやりこなす努力が数年続いたあと，私は料理長になりました。いまはアルコール中毒も治りました。とてもがんばって私を支えてくれた妻のおかげです。私を見捨てなかった3人の子どもたちに感謝です。

(1) リュカは4年半まえに飲酒をやめた。

(2) リュカは飲み始めたときすでに成人に達していた。

(3) リュカは気づかないうちに大酒飲みになった。

---

(4) リュカには最初の結婚で生まれた子どもがひとりいた。

(5) リュカはが最初の妻と別れたとき，息子は15歳になっていなかった。

(6) リュカが息子と再会したとき，息子はすでに30歳になっていた。

(7) リュカは最初の結婚が失敗するとすぐに飲酒をやめた。

(8) リュカのふたりめの妻には子どもができなかった。

(9) リュカはレストランで働き始めるまえに飲酒をやめた。

(10) いま，リュカは支えてくれたことで妻に感謝している。

第2回模擬試験

282　1　(1) intérêt　(2) interdiction
(3) identité　(4) mariage
(5) moisson

(1) **AB**　この映画はおもしろくなかった。

(2) **AB**　彼女は父親が禁じているにもかかわらず外出した。

(3) **AB**　警察はまだ，けさ死体で発見された男性の身元を特定できていない。

(4) **A**　市長は彼らの結婚式を土曜日に行なった。

　　B　彼らの結婚式は市役所で土曜日に行なわれた。

(5) **AB**　この麦畑の刈り入れをするのに3時間かかった。

283　2　(1) ④　(2) ⑥　(3) ⑧　(4) ⑤　(5) ⓪

(1) **A**　この通りは大通りと平行している，この通りを行きなさい，より早く着くでしょう。

　　B　ダイヤモンドのブラックマーケットが新聞で告発された。

(2) **A**　学会で研究発表するために資料を集めなければならない。

　　B　プラスティックボトルは植物用の雨水を蓄えておくのに役立つ。

(3) **A**　私はとても喉が渇いていたのでグラスの水をひと息に飲んだ。

　　B　雨が多いのはこの地方の気候のおもな特徴だ。

(4) **A**　店のレジ係は1日の売上高を計算した。

　　B　コックはキノコを使った鶏の新しいレシピを試した。

(5) **A**　給仕長は私のグラスにワインを注ぐのを忘れた。

　　B　私たちはその家の手付金を払うだけ

のお金がない。

③ (1) ① (2) ④ (3) ⑤ (4) ⓪ (5) ③

(1) この娘は勤勉です，兄[弟]と違って。
(2) 彼女はその買いものに必要なお金をとっておいた。
(3) あなたが空港に着いたらすぐに，私があなたのお世話をします。
(4) アルコール類にかかる税金は間接税です。
(5) 専門家はめったに予想をまちがえない。

④ (1) marqués (2) s'affrontaient
(3) a fait (4) ait (5) sera

シテ・ソレーユ，ここは広大な貧民街，言いかえれば住民が極端な貧困のなかで暮らしている広大な人口過密地帯だ。

シテ・ソレーユは55年まえに創設された。この貧民街は発展した。はげしい暴力に色どられたつらい出来事もたびたび体験した。

1つの新しい計画が話題をよんでいる。それは1年まえに始動した。それまで対立していた若者たちが協調するようになったとき，すべてが始まった。若者は50万人の住民のなかで過半数をしめる。彼らは図書館の計画を考えついた。

シテ・ソレーユには，中等教育の学校が1校しかなく，高等教育の学校はない。多くの住民は読み書きができない。しかし若者たちは，「シテ・ソレーユのためになにかしなければならないとしたら，それはまず住民たちといっしょに住民たちのために始めなければならない」と決めた。だから彼らは住民たちに訴えた。シテ・ソレーユで働く警官たちのなかのひとりは話してくれた。「私をとても喜ばせ，おおいに奮起させたのは，読み書きはできないけれど，それでも，これはおれの分の50グルド（0.6ユーロ）だ，おれの子どものために。子どもにはいい教育を受けてもらいたいんだ，と言いながら寄付してくれた人たちなんです」

すでに1万冊以上の本が470万グルドと同様に集まった。しかしこの図書館はどこに開設すればいいのだろうか？あらゆることが熟考された。それは，対抗するギャング団の過去の記憶をくすぐらないように，シテの34地区が交わるところになるだろう。一部の人たちによると，このようなkonbit（クレオール語で「共同作業」を意味する）の計画に参加することは誇りである。

⑤ (1) ③ (2) ③ (3) ② (4) ③ (5) ①

カリフォルニア州は現在大規模火災によっ

て大きな被害がでています。火は7月初めからカリフォルニア州に広がっています。なお一部の地域に**緊急事態**が宣言されました。カリフォルニア州知事管轄の緊急局によると，州内で燃え続けている14の火災は63 000ヘクタールを焼き尽くしたとのことです。**鎮火**を試みるために州全体から1万人の消防士が動員されました。その一方で，治安部隊は放火魔と思われる男を逮捕しました。

もっとも新しい火災「カー」はレディング市周辺に甚大な損害をもたらしました。火災のせいで2名の消防士が死亡し，32 700ヘクタールが焼けました。そのうえ，火事は500棟以上の建物を破壊しました。そういうなかにあって，最近，**強調されるに値する**小さな奇跡が猛火のなかで起こりました。

それというのも，州の高速道路を担当する警察官が何とか炎から逃れようとしていた子鹿を救出したのです。その警察官は「カー」との闘いで応援のために**現場へ行くところでした**。彼のパトロール隊は英雄的な救出についてツイッターで発表しました。その動物は生後たった1ヶ月だそうです。写真では，子鹿が命の恩人の首をなめている様子を見ることができます。ということは，幼い動物と警官のあいだにはすぐに自然な仲間意識が生まれたようなのです。救出のあと，子鹿は捨てられた動物たちの面倒をみる**団体に預けられました**。

(1) ① クーデター
    ② 破産状態
    ③ 緊急事態
(2) ① 火災をひき起こす
    ② 政府案と闘う
    ③ 鎮火する
(3) ① 1ヶ月有効である
    ② 強調されるに値する
    ③ 強調されるまでもない
(4) ① 炎に包まれていた
    ② 森をぶらぶら歩いていた
    ③ 現場へ行くところだった
(5) ① 団体に預けられた
    ② 手荷物預かり所に預けられた
    ③ 野生の状態に戻された

⑥ (1) ① (2) ① (3) ① (4) ②
   (5) ② (6) ① (7) ② (8) ②

ミツバチ同士のコミュニケーションはとても入念にできているので，数多くの研究対象になってきました。コミュニケーションによって，1つの巣に住むミツバチの結束，個体間の識別，警報の拡散だけではなく，えさ，水，樹脂の供給源や移住可能な用地の標定もまた可能になるのです。これは，触角を使っ

た触覚的やりとり，フェロモンと呼ばれる化学的メッセンジャー，ミツバチのダンスという注目すべき行動によって行なわれます。

フェロモンというのは，巣に住んでいるそれぞれのミツバチ―女王バチ，働きバチ，雄バチ，卵塊―から発散される化学物質です。この物質は，群れのなかでの行動を方向づける紛れもないメッセージなのです。

巣が乱されたあとで，あるいは分封期間中に，働きバチが頭を低くし，腹部をもち上げて，再結集のフェロモンを発散しているのを観察するのは簡単です。女王バチのフェロモンもまた，きわめて重要な結束のための役割を果たしています。たとえば，巣が過密になったり，女王バチが弱ったり，老化したり，死んだりすると，女王バチのフェロモンはもはや巣の周辺まで届かなくなります。そういうわけで女王部屋の建造を始めたり，新しい女王バチを育成したりする理由は説明がつきます。

ミツバチのダンスは，蜜を集めるミツバチたちのコミュニケーション方法をさすために養蜂や動物行動学の分野で用いられる用語です。とても特殊なこの方法はほとんど信じられないように思えます。それは，莫大な量の情報伝達を可能にする抽象的で，複雑で，洗練された言語活動です。ミツバチはこれを使って，えさの供給源，群れの入植に好都合な場所ばかりでなく，水場，プロポリス用の樹脂の収穫区域の位置を知らせるのです。場所が正確に特定されるばかりではなく，質量ともに豊富な情報が提供されます！

えさの供給源の位置と特徴を知らせるために，2種類のダンスが考えられます。近い（巣から数十メートル）供給源には円形ダンス，それより遠くて何キロメートルも先までなら小刻みに体を震わせるダンスです。

(1) ミツバチ同士のコミュニケーションは，群れの結束を維持することを可能にする手段である。

(2) ミツバチは3種類のコミュニケーション手段をもっている。

(3) ミツバチが発散するフェロモンは，彼らの行動を調整するメッセージの役割を果たしている。

(4) 働きバチだけが仲間を呼び寄せるためにつねにフェロモンを発散している。

(5) 女王バチはフェロモンの放出を増やすことによって，働きバチに女王部屋を建造するようにという合図を送る。

(6) ミツバチのダンスは言語活動のようなものとみなすことができる。

(7) ミツバチは，他のミツバチに敵の襲来を警告するためにダンスを使う。

(8) ミツバチは巣への愛着に応じて2種類のダンスを適切に使い分けることができる。

7

（解答例）

(1) 院内感染の事実が病院内で隠蔽されてきたこと。(22字)

(2) 皮膚や粘膜の表面に生息し，免疫力の弱っている人に感染する。(29字)

(3) おもに医師や看護師の手の接触による。保菌者も媒介者になる。(29字)

院内感染撲滅のためにさまざまな努力がなされたにもかかわらず，ますます抵抗力の強い病原菌が出現しています。おもな原因は，抗生物質の過剰消費と，ときには不十分な衛生観念です。

これはタブーの終わりなのでしょうか？長らく隠蔽されてきた院内感染の問題がいまやこれまで以上にガラス張りになってとりあげられています。「信頼できる唯一の方法は，いくつかの難問があることを認識することです」とクレテイユにあるアンリ＝モンドール大学病院センター長，ブリュノ・スーダンは認めます。彼の医療機関の蘇生ユニット内で，あるバクテリアに感染した4人の患者の死亡に直面して彼は，躊躇することなく衛生状態の詳細をすべて公表し，消毒が完全にすむまで関係する業務を停止することにしました。

このバクテリアはフランス人医師たちにとって未知のものではありません。それは数十年まえから急増しています。しかし，抵抗力の増したこの新しい変種が現われたのは最近のことでしかありません。これは周囲のあちこちに存在する「日和見性バクテリア」科に属しています。健康な人にはふつう病気を引き起こしたりしません。保菌者にとっては危険もなく皮膚や粘膜の表面で生息しています。反面，免疫力が弱っている人たちには重篤な感染症を発症させることができます。そういうわけで，集中治療中の患者はこの細菌にとってたやすい獲物なのです。

この微生物のもうひとつの特徴は丈夫さです。不活性物体（電話，テレビのスイッチ，パソコンのキーボード）のうえでも何日も，それどころか何週間も生き続けます。伝染は手によって，ふつうは医師や看護師の手によってなされます。ただし，感染した患者は，医療機関を移されるとき，自分自身が媒介者にもなりえます。15年ほどまえから保健当局は院内感染症の数を減らそうとしています。資金も捻出されました。監視機構も新設されました。それ以降，公立病院も私立病院もそれぞれ院内感染対策委員会を設置しています。

8 (解答例)

　　C'est mercredi dernier que j'ai décidé | sur un coup de tête | que ce samedi j'irais
　　　　　　　　　　　　　　　　　　　 | soudainement |
au Mont Fuji, du moins à l'un des cinq lacs qui l'entoure. Cela faisait des mois et
des mois que je regardais les belles photos sur Internet et que je les admirais. Je me
disais sans cesse : « Il faut que j'y aille et que je voie ça de mes propres yeux ». J'ai
donc réservé un billet de bus aller-retour entre Tokyo et Kawaguchiko.

293

書き取り問題

　　La première fois que je suis venue
à la bibliothèque municipale, c'était
il y a un an et demi, entre la fac et la
salle de concert. J'étais allée
rejoindre une copine pour travailler,
avant d'aller au concert. Je venais
d'entrer à la fac. Ce devait être vers
le mois d'octobre. En tout cas, il ne
faisait pas beau. En entrant, j'ai
trouvé ça lumineux et spacieux.
C'était impressionnant, le nombre de
personnes qui travaillaient. Je me
souviens de beaucoup de choses de
ma première visite. C'était pour moi
le début d'une nouvelle vie. Je me
rappelle, par exemple, du hot-dog
que j'ai mangé en sortant.

訳：私が初めて大学とコンサートホールのあ
　　いだにある市立図書館に来たのは1年半
　　まえのことでした。私はコンサートへ行
　　くまえに勉強するため，友だちと落ち合
　　いに行ったのでした。私は大学に入学し
　　たばかりでした。10月ごろだったはずで
　　す。いずれにせよ天気はよくありません
　　でした。なかへ入ると，照明が明るくて
　　広々としていると思いました。勉強して
　　いる人の数の多さも印象深かったです。
　　私は初めて行ったときの多くのことを覚
　　えています。それは私にとって新しい生
　　活のスタートだったのです。たとえば図
　　書館を出るときに食べたホットドッグの
　　ことを思いだします。

聞き取り問題

294 　1 (1) (plusieurs)
　　　　(2) (surpasser) (compétition)
　　　　(3) (aucun) (plein) 　(4) (alpinisme)

(5) (sommet) (4 200)
(6) (chute) (glacier)

(読まれるテキスト)

La journaliste : Vous acceptez de
　　répondre à quelques-unes de mes
　　questions sur le sport ?
Philippe : Bien volontiers.
La journaliste : Combien de sports
　　différents avez-vous pratiqués
　　dans la vie ?
Philippe : Combien exactement je ne
　　sais pas mais plusieurs. J'ai fait
　　des sports collectifs : basket,
　　handball… et puis j'ai essayé le
　　tennis, le ping-pong…
La journaliste : Vous avez l'esprit
　　compétitif ?
Philippe : Pas du tout. J'aime bien me
　　surpasser un petit peu mais jamais
　　dans l'idée de compétition, pas
　　du tout.
La journaliste : Et dans votre milieu,
　　dans votre famille, on était ou on
　　est sportif ?
Philippe : Non, il ne sont aucunement
　　soprtifs et moi je n'aime que les
　　sports de plein air. Je n'aime pas
　　l'exercice pour l'exercice.
La journaliste : Est-ce qu'il y a un
　　sport que vous pratiquez plus
　　régulièrement que les autres.
Philippe : Actuellement, je fais de
　　l'alpinisme.
La journaliste : Et votre exploit
　　sportif le plus performant ; votre
　　plus grand exploit sportif ?
Philippe : Peut-être que j'ai un peu

de fierté à avoir fait un sommet dans l'Atlas, c'est-à-dire à étre monté jusqu'à 4 200 mètres.

La journaliste : Est-ce que vous avez un très mauvais souvenir sportif ?

Philippe : Oui. Une chute sur un glacier en montagne qui m' a vraiment fait peur et qui maintenant m' incite à la prudence.

（読まれる質問と応答）

(1) Combien de sports différents Philippe a-t-il pratiqué dans la vie ?

— Il a pratiqué (plusieurs) sports différents.

(2) Philippe a l'esprit compétitif ?

— Non, il aime bien se (surpasser) un petit peu mais jamais dans l'idée de (compétition).

(3) Y a-t-il un sportif dans la famille de Philippe ?

— Non, il n'y a (aucun) sportif dans la famille et lui-même n'aime que les sports de (plein) air.

(4) Quel sport Philippe pratique-t-il régulièrement ?

— Il fait de l'(alpinisme), actuellement.

(5) Quel est le plus grand exploit sportif de Philippe ?

— Il a fait un (sommet) dans l'Atlas, c'est-à dire qu'il est monté jusqu'à (4 200) mètres.

(6) Est-ce que Philippe a un très mauvais souvenir sportif ?

— Oui. Il a fait une (chute) sur un (glacier) en montagne.

（読まれるテキスト）

女性記者：スポーツに関する私の質問のいくつかに答えていただけますか？

フィリップ：喜んで。

女性記者：あなたは生涯で何種類のスポーツをしましたか？

フィリップ：正確にいくつかはわかりませんが，いくつもです。バスケットボール，ハンドボールなど団体スポーツをいくつ

かやりました，そのあとでテニスや卓球に挑戦しました。

女性記者：競争心は強いですか？

フィリップ：まったくそうではありません。ほんのちょっとでも自分を凌駕していくのはいいのですが，けして人と競争するという考えはありません，まったく。

女性記者：ところで，あなたのまわりで，家族のなかで，だれかスポーツマンでしたか，あるいは現在スポーツマンですか？

フィリップ：いいえ，彼らはまったくスポーツ好きではありません。私にしても好きなのは戸外でやるスポーツだけです。練習のための練習は好きではありません。

女性記者：他より規則的に行なっているスポーツはありますか？

フィリップ：現在，登山をやっています。

女性記者：ところで，あなたのスポーツの最高成績，スポーツにおける最高の快挙は何ですか？

フィリップ：おそらく，アトラス山脈の登頂に成功したこと，いいかえれば4 200メートルまで登ったことは少し自慢していいでしょう。

女性記者：スポーツのとてもいやな思い出はありますか？

フィリップ：はい。山の氷河で滑落したことがあります。ほんとうに恐かったし，それがあったからいまでも慎重になります。

（読まれる質問と応答）

(1) フィリップは生涯で何種類のスポーツをしましたか？

— 彼は**何種類もの**スポーツをしました。

(2) フィリップは競争心は強いですか？

— いいえ，ほんのちょっとでも**自分を越えていく**のはいいのですが，けして人と**競争する**という考えはありません。

(3) フィリップの家族にスポーツマンはいますか？

— いいえ，家族のなかには**1人の**スポーツマンも**いません**。それと彼自身も**戸外**でやるスポーツしか好みません。

(4) フィリップはどのようなスポーツを規則的に行なっていますか？

— 現在は**登山**をやっています。

(5) フィリップのスポーツにおける最高の快挙は何ですか？

— 彼はアトラス山脈の**登頂**に成功しました。いいかえれば4 200メートルまで登りました。

(6) フィリップにはスポーツのとてもいやな思い出がありますか？

— はい。彼は山の**氷河**で**滑落**したことがあります。

295　**2**　(1)①　(2)②　(3)②　(4)①　(5)②　(6)②
(7)①　(8)①　(9)①　(10)②

（読まれるテキスト）

Il est aujourd'hui bien connu que les maladies cardiaques augmentent en raison de notre mode de vie moderne. La raison principale de ces maladies est le manque d'exercice physique régulier effectué par de nombreuses personnes. Selon l'Organisation mondiale de la santé, une personne souffre déjà d'un manque d'activité physique si elle se déplace moins de 90 minutes par jour. Nous ne faisons pas partie de ces gens qui ne bougent pas assez ? En plus des effets liés à ce mode de vie, les maladies cardiaques sont également favorisées par une mauvaise alimentation, le stress au travail et le dérèglement de la vie quotidienne.

De plus en plus de gens négligent leur santé et choisissent de ne pas faire d'activité physique ; seul un mode de vie sain assure l'équilibre émotionnel et le bien-être quotidien !

Pour ceux qui ne bougent pas assez et qui n'effectuent pas les examens médicaux de routine utiles, la montre connectée centrée sur la santé est d'une aide inestimable. Il s'agit d'une smartwatch qui mesure toutes les données vitales : un véritable assistant médical au poignet. Tout le monde souhaite faire quelque chose pour sa santé, c'est pourquoi elle se vend comme des petits pains.

（読まれる内容について述べた文）

(1) Il y a un rapport étroit entre le mode de vie moderne et les maladies cardiaques.

(2) Le manque d'exercice physique ne cause pas du tout des maladies cardiaques.

(3) Selon l'Organisation mondiale de la santé, il est préférable de se déplacer moins de 90 minutes par jour pour conserver la santé.

(4) Le stress au travail produit un mauvais effet sur la santé cardiaque.

(5) Il suffit d'améliorer l'alimentation pour éviter les maladies cardiaques.

(6) De plus en plus de gens tiennent compte de leur santé et diminuent leur exercice physique.

(7) La santé est une condition indispensable pour mener une vie heureuse.

(8) La montre connectée centrée sur la santé aide les antisportifs à rester en bonne santé.

(9) La montre connectée centrée sur la santé peut mesurer toutes les données vitales.

(10) Ceux qui prennent soin de leur santé n'ont pas besoin de la montre connectée centrée sur la santé.

心臓病が現代の生活様式のために増加していることは，今日ではよく知られています。この病気の主要な原因は，多くの人たちが実行している規則的な運動が足りていないことです。世界保健機構によると，1日あたりの移動時間が90分以下だと，人はすでに運動不足に陥っています。私たちはあまり動かないこうした人たちの仲間入りをしていないでしょうか？このような生活様式に関係する効果に加えて，心臓病は悪い食生活，仕事のストレス，日常生活の乱れによっても助長されます。

健康をかえりみず，運動をしないと決めている人々はますます増えています。感情的安定と日常の幸福感を約束してくれるのは健康な生活様式だけです！

あまり動かず，有益な定期検診を受けないような人たちにとって，健康管理に特化したコネテッド・ウォッチはこのうえなく貴重な助けになります。それは，あらゆるバイタルデータを測定するスマートウォッチです。

ページ まさに手首の医療助手です。だれでも健康の
ためになにかしたいと思っています。だから,
この時計は飛ぶように売れているのです。
(1) 現代の生活様式と心臓病のあいだには密
接な関係がある。
(2) 運動不足が心臓病の原因になることはま
ったくない。
(3) 世界保健機構によると,健康を保つには
1日あたりの移動時間を90分以下にする
ことが好ましい。
(4) 仕事のストレスは心臓の健康に悪影響が
ある。
(5) 心臓病を回避するには,食生活を改善す
るだけでいい。

ページ (6) 健康を重視し,運動を減らす人たちはま
すます増えている。
(7) 健康は幸福な生活を送るために不可欠な
条件である。
(8) 健康管理に特化したコネクテッド・ウォ
ッチはスポーツ嫌いの人たちが健康でい
る助けになる。
(9) 健康管理に特化したコネクテッド・ウォ
ッチはあらゆるバイタルデータを測定す
ることができる。
(10) 健康に気をつかう人たちは健康管理に特
化したコネクテッド・ウォッチを必要と
しない。

完全予想　仏検準 1 級

― 筆記問題編 ―
（別冊　解答編）

2023. 9. 1　3 刷

発 行 所　　株式会社　駿河台出版社

〒101-0062 東京都千代田区神田駿河台 3 の 7
電話03(3291)1676　FAX03(3291)1675

印刷・製本　㈱フォレスト

完 全 予 想

仏検

準1級

著者 富田正二

筆記問題 編

駿河台出版社

まえがき

　仏検は正式名を実用フランス語技能検定試験（Diplôme d'Aptitude Pratique au Français）といって，実際に役だつフランス語を広めようという考えかたから発足しました。第1回の実施は1981年ですから，すでに40年近い歴史を刻んできたことになります。準1級が新設されたのは1994年のことでした。当初は春季に1回実施されていましたが，現在は秋季に1回実施されています。

　仏検発足当時からすると，フランス語教授法もずいぶん変化しました。それは読む能力の養成だけに偏っていたものから，コミュニケーション能力を身につけさせるためのものへの方向転換だったといえるでしょう。語学学習は「話す，書く，聞く，読む」ということばが本来もっている役割を，できるだけむりのない段階を経ながら，総合的に身につけていかなければなりません。読む能力を高めることは語学学習にとって大切なことですが，それは言語をさまざまな側面から学習してゆくなかで，はじめて地に足のついた力となります。仏検はこうした改革の流れを先どりしていたのです。

　本書は，これまでに出題された問題をくわしく分析して，出題傾向をわりだしました。この結果にもとづいて章や項目をたてました。受験テクニックを教えるだけではなく，練習問題を終えたとき，自然に仏検各級の実力がついているようにしようというのがこの問題集のねらいです。いうまでもなく，仏検は級があがるほどに試験範囲も広がっていきます。準1級ともなると，設問のアウトラインを紹介することはできても，出題範囲を絞り込むことはとてもむずかしいと言わざるをえません。それでも本書を利用することで準1級のレベルをはかることはじゅうぶんに可能です。本書が仏検準1級にふさわしい実力を養成する助けとなりますように祈ります。

　なお，過去に出題された問題の使用を許可してくださった公益財団法人フランス語教育振興協会，フランス語の例文作成に積極的に協力していただいた青山学院大学のアニー・ルノドン氏にあつくお礼を申しあげます。また，本の出版を快諾していただいた駿河台出版社の井田洋二氏と，編集面で寛大にお世話いただいた同社編集部の上野名保子氏に心からの謝意を表します。

　　2020年秋

　　　　　　　　　　　　　　　　　　　　　　　　　　　　　　著者

も　く　じ

本書の構成と使いかた

　原則として各章は，そのまま実用フランス語技能検定試験問題の設問にそって構成されています。たとえば，「1．動詞・形容詞・副詞の名詞化」は仏検試験問題の第1問として出題されます。したがって，章の順番にしたがって学習していく必要はありません。各章のまえがきに，仏検における出題傾向のアウトラインや配点をしめしました。また，第3章までは学習内容とこれに対応する練習問題が見開きページになるように構成しました。まず左ページをよく読んでから右ページの練習問題にとりかかってください。巻末に，1次試験合格者を対象として実施される2次試験（面接試験）の実施方法に関する説明と，出題形式をコピーした模擬試験がついています。模擬試験は問題集を終えたら試してみてください。練習問題の解答は別冊になっています。なお，MP3　CD－ROMつきの「書き取り問題・聞き取り問題編」が別に刊行されていますので，あわせて活用してください。

　仏検の解答用紙は記述問題をのぞいて，マークシート方式です。本書では紙幅の関係でマークシートを使っていませんのでご了承ください。「実用フランス語技能検定模擬試験」については仏検と同じ形式の解答用紙です。

実用フランス語技能検定試験について

　公益財団法人フランス語教育振興協会による試験実施要項にもとづいて，仏検の概要を紹介しておきます。

検定内容と程度

　つぎに紹介するのは，公益財団法人フランス語教育振興協会が定めているだいたいの目安です。だれでも，どの級でも受験することができます。試験範囲や程度について，もっと具体的な情報を知りたいという受験生には，過去に出題された問題を実際に解いてみるか，担当の先生に相談することをおすすめします。なお，5級と4級，4級と3級，3級と準2級，準2級と2級，2級と準1級の併願が可能です。

5　級：初歩的なフランス語を理解し，聞き，話すことができる。学習50時間以上（中学生から，大学の1年前期修了程度の大学生に適している。）

　　　　筆記試験と聞き取り試験（すべて客観形式）合わせて，約45分

4　級：基礎的なフランス語を理解し，平易なフランス語を聞き，話し，読み，書くことができる。学習100時間以上（大学の1年修了程度。高校生も対象となる。）

　　　　筆記試験と聞き取り試験（すべて客観形式）合わせて，約60分

3　級：基本的なフランス語を理解し，簡単なフランス語を聞き，話し，読み，書くことができる。学習200時間以上（大学の2年修了程度。一部高校生も対象となる。）CEFR（ヨーロッパ言語共通参照枠）のA1にほぼ対応。

　　　　筆記試験と聞き取り試験（客観形式，一部記述式），約75分

準2級：日常生活に必要なフランス語の基本的な運用力を身につけており，口頭で簡単な質疑応答ができる。学習300時間以上（大学の3年修了程度。）CEFRのA2にほぼ対応。

《1次》筆記試験（客観形式，一部記述式）75分

　　　　書き取り・聞き取り試験（記述式・客観形式併用）約25分

《2次》試験方法：面接試験約5分（フランス語での簡単な質疑応答）

　　　　評価基準：日常生活レベルの簡単なコミュニケーション能力とフランス語力（発音・文法・語・句）を判定する。

2　級：日常生活や社会生活に必要なフランス語を理解し，とくに口頭で表現できる。学習400時間以上（大学のフランス語専門課程4年程度で，読む力ばかりでなく，聞き，話し，ある程度書く力も要求される。）CEFRのB1にほぼ対応。

《1次》筆記試験（記述式・客観形式併用）90分

　　　　書き取り・聞き取り試験（記述式・客観形式併用）約35分

《2次》試験方法：面接試験約5分（フランス語での質疑応答）

　　　評価基準：コミュニケーション能力（自己紹介、日常生活レベルの伝達能力）とフランス語（発音・文法・語・句）を判定する。

準1級：日常生活や社会生活に必要なフランス語を理解し，とくに口頭で表現できる。学習500時間以上（大学のフランス語専門課程卒業の学力を備え，新聞・雑誌などの解説・記事を読み，その大意を要約できるだけのフランス語運用能力と知識が要求される。）CEFRのB2にほぼ対応。

《1次》筆記試験（記述式・客観形式併用）100分

　　　書き取り・聞き取り試験（記述式・客観形式併用）約35分

《2次》試験方法：面接試験約7分（あらかじめあたえられた課題に関するスピーチとそれをめぐるフランス語での質疑応答）

　　　評価基準：コミュニケーション能力（自分の意見を要領よく表現する能力）とフランス語力（発音・文法・語・句）を判定する。

1　級：高度な内容をもつ文をふくめて，広く社会生活に必要なフランス語を十分に理解し，自分の意見を表現できる。「聞く」「話す」「読む」「書く」という能力を高度にバランスよく身につけ，フランス語を実地に役立てる職業で即戦力となる。学習600時間以上。CEFRのC1/C2にほぼ対応。

《1次》筆記試験（記述式・客観形式併用）120分

　　　書き取り・聞き取り試験（記述式・客観形式併用）約40分

《2次》試験方法：面接試験約9分（あらかじめあたえられた課題に関するスピーチとそれをめぐるフランス語での質疑応答）

　　　評価基準：コミュニケーション能力（自分の意見を要領よく表現する能力）とフランス語力（発音・文法・語・句）を判定する。

　　注意　＊客観形式の問題の解答はマークシート方式（黒鉛筆またはシャープペンシルで記入）です。

　　　　＊1級・準1級・2級・準2級の2次試験は，1次試験の合格者だけを対象とします。

　　　　　1次試験合格者には2次試験集合時間を，1次試験結果通知に個別に記載します。なお，変更等はいっさい受け付けられませんのでご了承ください。

　　　　＊2次試験では，フランス語を母国語とする人ならびに日本人からなる試験委員がフランス語で個人面接をします。

　　　　＊3級・4級・5級には2次試験はありません。

合格基準点

1次試験

	1級	準1級	2級		準2級		3級		4級		5級	
	春季	秋季	春季	秋季	春季	秋季	春季	秋季	春季	秋季	春季	秋季
満点	150点	120点	100点	100点	100点	100点	100点	100点	100点	100点	100点	100点
合格基準点 (2018年度)	89点	60点	58点	58点	57点	55点	60点	60点	60点	60点	60点	60点
合格基準点 (2017年度)	87点	72点	63点	58点	56点	58点	60点	60点	60点	60点	60点	60点
合格基準点 (2016年度)	84点	73点	62点	59点	56点	58点	60点	60点	60点	60点	60点	60点

2次試験

	1級	準1級	2級		準2級	
	春季	秋季	春季	秋季	春季	秋季
満点	50点	40点	30点	30点	30点	30点
合格基準点 (2018年度)	31点	23点	20点	19点	19点	18点
合格基準点 (2017年度)	32点	23点	20点	19点	18点	18点
合格基準点 (2016年度)	31点	23点	19点	20点	18点	18点

試験日程

春季と秋季の年2回（1級は春季，準1級は秋季だけ）実施されます。なお，願書の受付締め切り日は，1次試験の約1ヶ月半まえです。

　　春季《1次試験》6月1級，2級，準2級，3級，4級，5級

　　　　　《2次試験》7月1級，2級，準2級

　　秋季《1次試験》11月準1級，2級，準2級，3級，4級，5級

　　　　　《2次試験》翌年1月準1級，2級，準2級

試験地

　受験地の選択は自由です。具体的な試験会場は，受付がすんでから受験生各人に連絡されます。2次試験があるのは1級，準1級，2級，準2級だけです。

　《1次試験》

　札幌，弘前，盛岡，仙台，秋田，福島，水戸（1・準1級は実施せず），宇都宮（1・準1級は実施せず），群馬，草加，千葉，東京（渋谷），東京（成城），新潟（1級は実施せず），富山，金沢，甲府，松本，岐阜，静岡，三島，名古屋，京都，大阪，西宮，奈良，鳥取（1・準1級は実施せず），松江（1・準1級は実施せず），岡山，広島，高松（1・準1級は実施せず），松山（1・準1級は実施せず），福岡，長崎，熊本（1・準1・2級は実施せず），

別府（1級は実施せず），宮崎，鹿児島（1・準1・2級は実施せず），西原町（沖縄県），パリ

《2次試験》

札幌，盛岡，仙台，群馬（1・準1級は実施せず），東京，新潟（1級は実施せず），金沢，静岡（1級は実施せず），名古屋，京都，大阪，広島，高松（1・準1級は実施せず），福岡，長崎，熊本，西原町（1級は実施せず），パリ

注意　試験日程および会場は，年によって変更される可能性がありますので，くわしくはフランス語教育振興協会仏検事務局までお問い合わせください。

問い合わせ先

仏検受付センター

Tel. 03-5778-4073　Fax 03-3486-1075

www.apefdapf.org

筆記問題

1

動詞・形容詞・副詞の名詞化

　動詞，形容詞または副詞を名詞化して文を書きかえる問題で，配点は10点です。名詞にしなければならない語はイタリック体で指示されていますから，その語の名詞形を考えればいいのです。この問題は 1 級においても出題されますが，1 級では文全体を書きかえなければなりません。ふだんの学習で辞書をみるときに，探している単語の語義だけではなく周囲を見渡して派生関係にありそうな語にも関心をもつ習慣をつけましょう。本章では，名詞化における規則性に注目しながら整理しておきました。

出題例(2018 年 ①)

1　例にならい、次の (1) ～ (5) について、**A** のイタリック体の部分を変化させて **B** の (　　) 内に入れると、2 つの文 **A**、**B** がほぼ同じ意味になります。(　　) 内に入れるのにもっとも適切なフランス語 (各 1 語) を、解答欄に書いてください。(配点　10)

(例)　**A**　Son dernier livre n'était pas *intéressant*.
　　　B　Son dernier livre était sans (　　).

解答：intérêt

(1)　**A**　Je ne savais pas que cet acteur était *décédé*.
　　　B　Je n'étais pas au courant du (　　) de cet acteur.

(2)　**A**　Quand on lui parle, on doit *se méfier* de ce journaliste.
　　　B　Il faut parler à ce journaliste avec (　　).

(3)　**A**　Son visage disait qu'elle *désapprouvait*.
　　　B　On pouvait lire la (　　) sur son visage.

(4)　**A**　Tout le monde admire son attitude *ferme*.
　　　B　La (　　) de son attitude lui vaut une admiration unanime.

(5)　**A**　Vous êtes trop *fréquemment* en retard.
　　　B　La (　　) de vos retards est excessive.

1. 動詞の名詞化（1）

① □er → □　*ex.* crier → cri （不定詞から語尾 -er をとります）

appeler	呼ぶ, 電話する	→ appel	呼ぶこと	profiter	利用する	→ profit	利益
arrêter	停止させる	→ arrêt	停止	projeter	計画する	→ projet	計画
border	…に沿ってある	→ bord	縁	rapporter	報告する	→ rapport	報告
calculer	計算する	→ calcul	計算	refuser	拒否する	→ refus	拒否
chanter	歌う	→ chant	歌	regarder	見る	→ regard	視線
coûter	費用がかかる	→ coût	費用	reposer	休息する	→ repos	休息
crier	泣く, 叫ぶ	→ cri	叫び	respecter	尊敬する	→ respect	尊敬
débuter	始まる	→ début	初め	retarder	遅らせる	→ retard	遅延
dégouter	嫌悪感を抱かせる	→ dégout	嫌悪感	s'accorder	同意する	→ accord	合意
désirer	望む	→ désir	願望	sauter	飛ぶ	→ saut	ジャンプ
dessiner	描く	→ dessin	デッサン	se soucier	心配する	→ souci	心配
écarter	離す	→ écart	隔たり	sursauter	飛びあがる	→ sursaut	飛びあがること
éclater	爆発する	→ éclat	大きな音	signaler	合図する	→ signal	合図
emprunter	借りる	→ emprunt	借りること	souhaiter	願う	→ souhait	願い
freiner	ブレーキをかける	→ frein	ブレーキ	tirer	発射する	→ tir	射撃
goûter	味わう	→ goût	味	voler	飛ぶ	→ vol	飛行
mépriser	軽蔑する	→ mépris	軽蔑	*soigner	世話する	→ soin	気配り
oublier	忘れる	→ oubli	忘れること	*gagner	稼ぐ	→ gain	稼ぎ
parfumer	香りを放つ	→ parfum	香り	*pleurer	泣く	→ pleurs	涙

② □ir → □　*ex.* finir → fin （不定詞から語尾 -ir をとります）

finir	終わる	→ fin	終わり
fleurir	開花する	→ fleur	花
*secourir	救助する	→ secours	救助

注　＊のついたものは変則形です。

EXERCICE 1

次の（1）〜（12）について，**A** のイタリック体の部分を変化させて **B** の（ ）内に入れると，2つの文 **A**，**B** がほぼ同じ意味になります。（ ）内に入れるのにもっとも適切なフランス語（各1語）を，解答欄に書いてください。

(1) **A** C'est le printemps, les arbres *fleurissent* abondamment.
   B C'est le printemps, les arbres sont tout en ( ).   _____

(2) **A** Cette actrice *a été* complètement *oubliée*.
   B Cette actrice est tombée dans l'( ) complet.   _____

(3) **A** Cette nouvelle l'a fait *sursauter* d'étonnement.
   B Quand on lui a appris cette nouvelle, il a eu un ( ) d'étonnement.

_____

(4) **A** Il *a emprunté* de l'argent à la banque pour acheter une voiture.
   B Il a fait un ( ) à la banque pour acheter une voiture.   _____

(5) **A** Il faut *secourir* les blessés.
   B Il faut porter ( ) aux blessés.   _____

(6) **A** Le cycliste *a freiné* brutalement dans la descente.
   B Le cycliste a donné un coup de ( ) dans la descente.   _____

(7) **A** L'infirmière *soigne* un malade.
   B L'infirmière donne des ( ) à un malade.   _____

(8) **A** Nous *projetons* de voyager l'année prochaine.
   B Nous avons un ( ) de voyage pour l'an prochain.   _____

(9) **A** On *a refusé* sa demande.
   B On a opposé un ( ) à sa demande.   _____

(10) **A** On ne peut pas descendre avant que le train ne *se soit arrêté* complètement.
   B Il ne faut pas descendre avant l'( ) complet du train.   _____

(11) **A** Sa mère *se soucie* de lui.
   B Sa mère se fait du ( ) pour lui.   _____

(12) **A** Si on passait par là, on *gagnerait* du temps.
   B Si on passait par là, ce serait un ( ) de temps.   _____

2．動詞の名詞化（2）

| □er → □e (1) | *ex.* voyag*er* → voyag*e* |

aider	助ける	→ aide	助け	manquer	不足する	→ manque	不足
annoncer	告げる	→ annonce	知らせ	marcher	歩く	→ marche	歩行
avancer	前進させる	→ avance	前進	marquer	印を付ける	→ marque	印
charger	荷物をのせる	→ charge	積荷	mesurer	計測する	→ mesure	計測
compter	計算する	→ compte	計算	nager	泳ぐ	→ nage	泳ぎ
couper	切る	→ coupe	カット	partager	分ける	→ partage	分割
danser	踊る	→ danse	ダンス	payer	支払う	→ paye / paie	給料の支払い
dater	日付を記す	→ date	日付	rencontrer	出会う	→ rencontre	出会い
demander	要求する	→ demande	要求	rester	残る	→ reste	残り
dépenser	費やす	→ dépense	出費	rêver	夢みる	→ rêve	夢
douter	疑う	→ doute	疑い	réserver	とっておく	→ réserve	蓄え
écouter	聞く	→ écoute	聞くこと	se fracturer	骨折する	→ fracture	骨折
enquêter	調査する	→ enquête	調査	taxer	課税する	→ taxe	税金
équilibrer	均衡をとる	→ équilibre	平衡	téléphoner	電話する	→ téléphone	電話
fatiguer	疲れさせる	→ fatigue	疲労	voyager	旅行する	→ voyage	旅行
fêter	祝う	→ fête	祝宴	visiter	訪問する	→ visite	訪問
garder	世話する	→ garde	保護，管理	*offrir	提供する	→ offre	申し出
grouper	集める	→ groupe	グループ	*régner	統治する	→ règne	統治
limiter	境界を定める	→ limite	境界	*se réfugier	避難する	→ refuge	避難所
lutter	闘う	→ lutte	闘い				

EXERCICE 2

次の（1）～（12）について，**A** のイタリック体の部分を変化させて **B** の（ ）内に入れると，2つの文 **A**，**B** がほぼ同じ意味になります。（ ）内に入れるのにもっとも適切なフランス語（各1語）を，解答欄に書いてください。

(1) **A** Attention, ce pistolet *est chargé*.

    B Attention, ce pistolet contient une (   ).   _____

(2) **A** Cette année, nous *fêterons* Noël en famille.

    B Cette année, on célèbrera la (   ) de Noël en famille.   _____

(3) **A** Dans l'entreprise, on *est payé* le 25 de chaque mois.

    B Dans l'entreprise, on touche sa (   ) le 25 de chaque mois.   _____

(4) **A** Elle *a réservé* de l'argent pour partir en vacances.

    B Elle a gardé en (   ) de l'argent pour partir en vacances.   _____

(5) **A** Il *a régné* vingt-cinq ans.

    B Son (   ) a duré vingt-cinq ans.   _____

(6) **A** Il s'est fait *couper* les cheveux.

    B Il s'est fait faire une (   ) de cheveux.   _____

(7) **A** Il *s'est fracturé* la jambe en tombant de moto.

    B Il s'est fait une (   ) à la jambe en tombant de moto.   _____

(8) **A** Il *a dépensé* une grosse somme d'argent pour le logement.

    B Il a fait une grosse (   ) pour le logement.   _____

(9) **A** Il *s'est réfugié* dans le silence.

    B Il a cherché (   ) dans le silence.   _____

(10) **A** *J'ai compté* tout ce qu'on a dépensé cette année.

    B J'ai fait le (   ) de tout ce qu'on a dépensé cette année.   _____

(11) **A** Le gouvernement a le souci d'*équilibrer* le budget.

    B Le gouvernement a le souci d'établir l'(   ) du budget.   _____

(12) **A** On lui *a offert* un emploi.

    B Il a eu une (   ) d'emploi.   _____

3．動詞の名詞化（3）

attaquer	攻撃する	→ attaque	攻撃	pratiquer	実行する	→ pratique	実践
avantager	有利にする	→ avantage	優位	prétexter	口実にする	→ prétexte	口実
baisser	下げる	→ baisse	低下	rechercher	探す	→ recherche	捜索
cadrer	枠内に収める	→ cadre	額縁	récompenser	褒美を与える		
causer	原因となる	→ cause	原因			→ récompense	報酬
centrer	中心におく	→ centre	中心	remarquer	指摘する	→ remarque	指摘
cesser	やめる	→ cesse	中止	reprocher	非難する	→ reproche	非難
chuter	落ちる	→ chute	落下	risquer	危険にさらす	→ risque	危険
contrôler	検査する	→ contrôle	検査	s'angoisser	ひどく不安になる	→ angoisse	不安
copier	複写する	→ copie	複写	se hâter	急ぐ	→ hâte	急ぐこと
échanger	交換する	→ échange	交換	s'enthousiasmer	夢中になる		
envier	うらやむ	→ envie	羨望，欲求			→ enthousiasme	熱狂
estimer	高く評価する	→ estime	評価	se troubler	動揺する	→ trouble	動揺
forcer	強制する	→ force	腕力	s'excuser	わびる	→ excuse	言い訳
hausser	値上げする	→ hausse	上昇	triompher	勝つ	→ triomphe	大勝利
influencer	影響を及ぼす	→ influence	影響	*encadrer	額縁に入れる	→ cadre	額縁
manœuvrer	操作する	→ manœuvre	操作	*éprouver	試練にかける	→ epreuve	試練
mélanger	混ぜる	→ mélange	混合	*prouver	証明する	→ preuve	証拠

EXERCICE 3

次の（1）〜（12）について，**A** のイタリック体の部分を変化させて **B** の（　）内に入れると，2つの文 **A**，**B** がほぼ同じ意味になります。（　）内に入れるのにもっとも適切なフランス語（各1語）を，解答欄に書いてください。

(1)　**A**　Comment puis-je vous *prouver* mon innocence ?

　　　B　Comment puis-je vous apporter la (　　　) de mon innocence ?

　　　　　　　　　　　　　　　　　　　　　　　　　　　　　_____

(2)　**A**　Elle *s'est hâtée* de finir son travail.

　　　B　Elle a fini son travail avec (　　　).　　　_____

(3)　**A**　Il est conseillé de *pratiquer* un sport quand on suit ce régime.

　　　B　La (　　　) d'un sport est conseillée quand on suit ce régime.　_____

(4)　**A**　Il faut profiter de ce que les prix *baissent* pour acheter.

　　　B　Il faut profiter de la (　　　) des prix pour acheter.　_____

(5)　**A**　Il m'*a reproché* mon mensonge.

　　　B　Il m'a fait le (　　　) d'avoir menti.　_____

(6)　**A**　Je lui ai fait *remarquer* une erreur.

　　　B　Je lui ai fait une (　　　) sur une erreur.　_____

(7)　**A**　La mort de son père l'*a* beaucoup *éprouvé*.

　　　B　La mort de son père a été pour lui une dure (　　　).　_____

(8)　**A**　La police *recherche* les témoins de l'accident.

　　　B　La police est à la (　　　) des témoins de l'accident.　_____

(9)　**A**　Nous *avons échangé* nos CD.

　　　B　Nous avons fait un (　　　) de CD.　_____

(10)　**A**　On t'*a contrôlé* ton billet dans le train ?

　　　B　Tu as eu un (　　　) de billets dans le train ?　_____

(11)　**A**　Rien n'*excuse* sa paresse.

　　　B　Rien ne peut servir d'(　　　) à sa paresse.　_____

(12)　**A**　Tout le monde *envie* son succès.

　　　B　Son succès a suscité l'(　　　) de tout le monde.　_____

4．動詞の名詞化（4）

① **□mmer → □m, □nner → □n, □ller → □l, □tter → □t, □sser → □s**

ex. nom*mer* → nom, impression*ner* → impression, travail*ler* → travail,
regret*ter* → regret, embarras*ser* → embarras

additionner	加える	→ addition	加算	nommer	名付ける	→ nom	名前
collectionner	収集する	→ collection	収集	occasionner	契機となる	→ occasion	機会
conditionner	条件となる	→ condition	条件	pardonner	許す	→ pardon	許し
conseiller	助言する	→ conseil	助言	passionner	夢中にさせる	→ passion	情熱
démissionner	辞職する	→ démission	辞職	regretter	後悔する	→ regret	後悔
détailler	詳述する	→ détail	詳細	réveiller	目覚めさせる	→ réveil	目覚め
donner	与える	→ don	与えること	sélectionner	選別する	→ sélection	選別
embarrasser	邪魔する	→ embarras	窮地	sonner	鳴る	→ son	音
fonctionner	機能する	→ fonction	機能	travailler	働く	→ travail	仕事
impressionner	印象を与える			*combattre	戦う	→ combat	戦闘
		→ impression	印象	*progresser	進歩する	→ progrès	進歩
moissonner	収穫する	→ moisson	収穫				

② **□yer → □i** *ex.* emplo*yer* → emplo*i*

appuyer	支える	→ appui	支え	envoyer	送る	→ envoi	発送
employer	使う，雇う	→ emploi	使用，職	essayer	試す	→ essai	試み
ennuyer	心配させる	→ ennui	悩み	*payer	支払う	→ paie / paye	給料の支払い

③ **□er → □age** *ex.* la*ver* → lav*age*

bavarder	おしゃべりをする		passer	通る	→ passage	通過
		→ bavardage おしゃべり	témoigner	証言する	→ témoignage	証言
démarrer	発進する	→ démarrage 発進	tirer	印刷する	→ tirage	印刷（部数）
laver	洗う	→ lavage 洗うこと	user	使用する	→ usage	使用
marier	結婚させる	→ mariage 結婚	*bloquer	遮断する	→ blocage	遮断
nettoyer	きれいにする	→ nettoyage 掃除	*apprendre	学ぶ	→ apprentissage	見習（期間）

EXERCICE 4

次の（1）〜（12）について，**A** のイタリック体の部分を変化させて **B** の（　）内に入れると，2つの文 **A**，**B** がほぼ同じ意味になります。（　）内に入れるのにもっとも適切なフランス語（各1語）を，解答欄に書いてください。

(1)　**A**　*Additionnez* ces trois nombres.

　　　B　Faites l'(　　　　) de ces trois nombres.　　　　　　　_____

(2)　**A**　*Appuyées* par des témoignages, l'avocat demande que son client soit acquitté.

　　　B　L'avocat demande que son client soit acquitté, témoignages à l'(　　　　).　　　　　　　_____

(3)　**A**　Après l'accident, on m'a demandé de *témoigner*.

　　　B　Après l'accident, on a recueilli mon (　　　　).　　　　　　　_____

(4)　**A**　Ce garçon *apprend* le métier par la pratique chez un mécanicien.

　　　B　Ce garçon est en (　　　　) chez un mécanicien.　　　　　　　_____

(5)　**A**　Cet étudiant *a progressé* en japonais.

　　　B　Cet étudiant a fait des (　　　　) en japonais.　　　　　　　_____

(6)　**A**　Cette question m'*a embarrassé*.

　　　B　Cette question m'a mis dans l'(　　　　).　　　　　　　_____

(7)　**A**　Comment votre mère *se nomme*-t-elle ?

　　　B　Quel est le (　　　　) de votre mère ?　　　　　　　_____

(8)　**A**　Elle a toujours du mal à *démarrer* dans une côte.

　　　B　Elle a toujours du mal à faire un (　　　　) en côte.　　　　　　　_____

(9)　**A**　Il *regrette* de ne pas y être allé.

　　　B　Il a du (　　　　) de ne pas y être allé.　　　　　　　_____

(10)　**A**　Jean nous a fait un récit *détaillé* de ses vacances.

　　　B　Jean nous a raconté ses vacances en (　　　　).　　　　　　　_____

(11)　**A**　Je vais *essayer* ce nouveau produit.

　　　B　Je vais faire l'(　　　　) de ce nouveau produit.　　　　　　　_____

(12)　**A**　Le gouvernement a renoncé à *envoyer* des armes à ce pays.

　　　B　Le gouvernement a renoncé à l'(　　　　) d'armes à ce pays.　　　　　　　_____

5．動詞の名詞化（5）

① □er → □ée　*ex.* arriv*er* → arriv*ée*　（過去分詞形＋e）

arriver	到着する	→ arrivée	到着	penser	考える	→ pensée	思考
durer	持続する	→ durée	持続（期間）	porter	（ある距離まで）到達する		
entrer	入る	→ entrée	入ること			→ portée	射程距離
fumer	煙を出す	→ fumée	煙	rentrer	帰る	→ rentrée	帰ること
lever	解除する	→ levée	解除	*exposer	報告する	→ exposé	報告
monter	登る	→ montée	登ること	*résumer	要約する	→ résumé	要約

② 過去分詞形からつくるもの　*ex.* découvrir → découverte （過去分詞形＋e）

conduire	運転する	→ conduite	運転，行動	sortir	外出する	→ sortie	外出
découvrir	発見する	→ découverte	発見	surprendre	驚かす	→ surprise	驚き
étendre	広げる	→ étendue	広がり	venir	来る	→ venue	到着
garantir	保証する	→ garantie	保証	voir	見る	→ vue	視覚，眺め
mettre	置く	→ mise	置くこと	*mourir	死ぬ	→ mort	死
prendre	取る	→ prise	取ること				

③ □er → □aison　*ex.* compar*er* → compar*aison*

combiner	組み合わせる	→ combinaison	組み合わせ
comparer	比較する	→ comparaison	比較
lier	結びつける	→ liaison	連絡

④ □er → □ure　*ex.* brûl*er* → brûl*ure*

brûler	燃やす	→ brûlure	やけど
déchirer	破る	→ déchirure	かぎ裂き
user	すり減らす	→ usure	摩耗

EXERCICE 5

次の（1）〜（12）について，**A** のイタリック体の部分を変化させて **B** の（　）内に入れると，2つの文 **A**，**B** がほぼ同じ意味になります。（　）内に入れるのにもっとも適切なフランス語（各1語）を，解答欄に書いてください。

(1) **A** Attention à tes pneus qui sont *usés*.
　　B Attention à l'(　　　) de tes pneus. ＿＿＿＿

(2) **A** Cette cheminée tire mal, elle *fume*.
　　B De la (　　　) s'échappe de cette cheminée. ＿＿＿＿

(3) **A** Christophe Colomb *a découvert* l'Amérique en 1492.
　　B La (　　　) de l'Amérique par Christophe Colomb date de 1492.

＿＿＿＿

(4) **A** *Comparez* nos prix avec ceux des concurrents.
　　B Faites la (　　　) entre nos prix et ceux des concurrents. ＿＿＿＿

(5) **A** Elle *a déchiré* sa jupe.
　　B Elle a fait une (　　　) à sa jupe. ＿＿＿＿

(6) **A** Elle *voit* de moins en moins bien.
　　B Elle a la (　　　) qui baisse. ＿＿＿＿

(7) **A** En *combinant* trois chiffres différents, on obtient six nombres.
　　B En mettant trois chiffres différents côte à côte, on peut faire six (　　　). ＿＿＿＿

(8) **A** La réunion *dure* deux heures et demie.
　　B La (　　　) de la réunion est de deux heures et demie. ＿＿＿＿

(9) **A** *Lever* le siège de la ville serait une grave erreur.
　　B La (　　　) du siège de la ville serait une grave erreur. ＿＿＿＿

(10) **A** Ne touche pas cette casserole, tu vas *te brûler*.
　　B Ne touche pas cette casserole, tu vas te faire une (　　　). ＿＿＿＿

(11) **A** On attend qu'il *sorte* son prochain roman.
　　B On attend la (　　　) de son prochain roman. ＿＿＿＿

(12) **A** On ne peut pas *lier* ces deux paragraphes.
　　B Il y a un manque de (　　　) entre ces deux paragraphes. ＿＿＿＿

6．動詞の名詞化（6）

① □er → □ement *ex.* chang*er* → chang*ement*

amuser	楽しませる	→ amusement	楽しみ
changer	変える	→ changement	変化
classer	分類する	→ classement	分類
commencer	始める	→ commencement	始まり
embarquer	乗りこむ	→ embarquement	搭乗
engager	雇う	→ engagement	契約，約束
enseigner	教える	→ enseignement	教育
étonner	驚かす	→ étonnement	驚き
financer	出資する	→ financement	融資
fonctionner	機能する	→ fonctionnement	作用
glisser	滑る	→ glissement	滑ること
hausser	上げる	→ haussement	肩をすくめること
juger	裁く	→ jugement	裁判，判決
lancer	投げる，売りだす	→ lancement	投げること，売り出し
licencier	解雇する	→ licenciement	解雇
loger	住まわせる	→ logement	住居
raisonner	推論する	→ raisonnement	推論
remercier	礼を言う	→ remerciement	感謝
renseigner	情報を与える	→ renseignement	情報
retourner	裏返す	→ retournement	急変
rouler	転がる，とどろく	→ roulement	転がること，轟音
se développer	発展する	→ développement	発達
traiter	待遇する，扱う	→ traitement	待遇
*achever	完成する	→ achèvement	完成
*compléter	補う	→ complément	補足
*mouvoir	動く	→ mouvement	動き
*payer	支払う	→ payement / paiement	支払い

② □ir → □issement *ex.* accompl*ir* → accompl*issement*

accomplir	実現する	→ accomplissement	実現
établir	設置する，立証する	→ établissement	設置，立証

EXERCICE 6

次の（1）～（12）について，**A** のイタリック体の部分を変化させて **B** の（　）内に入れると，2 つの文 **A**，**B** がほぼ同じ意味になります。（　）内に入れるのにもっとも適切なフランス語（各 1 語）を，解答欄に書いてください。

(1)　**A**　C'est un plaisir de le voir *s'étonner* de tout.

　　B　C'est un plaisir de voir son (　　　　) devant tout.　　_____

(2)　**A**　Il est difficile d'*établir* l'innocence d'un accusé.

　　B　L'(　　　　) de l'innocence d'un accusé est difficile.　　_____

(3)　**A**　Il est difficile et laborieux d'*accomplir* son projet.

　　B　L'(　　　　) de son projet est difficile et laborieux.　　_____

(4)　**A**　Je n'ai pas tout l'argent nécessaire, mais je *compléterai* la somme dans un mois.

　　B　Je paie une partie du prix maintenant, et le (　　　　) dans un mois.

　　　_____

(5)　**A**　La somme à *payer* est de soixante euros par mois.

　　B　Le (　　　　) est de soixante euros par mois.　　_____

(6)　**A**　Le patron a annoncé que plusieurs employés *seraient licenciés*.

　　B　Le patron a annoncé le (　　　　) de plusieurs employés.　　_____

(7)　**A**　Le traîneau *glisse* silencieusement sur la neige.

　　B　Le (　　　　) du traîneau sur la neige est silencieux.　　_____

(8)　**A**　L'industrie électronique *se développe* rapidement.

　　B　Le (　　　　) de l'industrie électronique est rapide.　　_____

(9)　**A**　On *achèvera* les travaux dans un mois.

　　B　L'(　　　　) des travaux aura lieu dans un mois.　　_____

(10)　**A**　On entend le tonnerre *rouler* au loin.

　　B　On entend le (　　　　) du tonnerre au loin.　　_____

(11)　**A**　On *jugera* cette affaire le 15 mai.

　　B　Cette affaire passera en (　　　　) le 15 mai.　　_____

(12)　**A**　Pouvez-vous me *renseigner* précisément sur ce problème ?

　　B　Pouvez-vous me donner des (　　　　) précis sur ce problème ?　_____

15

1 動詞・形容詞・副詞の名詞化

7．動詞の名詞化（7）

① □er → □ance *ex.* espérer → espér*ance*

espérer	希望する	→ espérance	希望	s'allier	同盟を結ぶ	→ alliance	同盟
ignorer	知らない	→ ignorance	無知	s'assurer	保険に入る, 確かめる		
importer	重要である	→ importance	重要性			→ assurance	保険, 確信
insister	懇願する	→ insistance	しつこさ	se méfier	警戒する	→ méfiance	警戒
ordonner	処方する	→ ordonnance	処方箋	tolérer	大目に見る	→ tolérance	寛容
résister	抵抗する	→ résistance	抵抗	*venger	復讐する	→ vengeance	復讐
ressembler	似ている	→ ressemblance	類似				

② □ir → □ance *ex.* appartenir → apparten*ance*

appartenir	所属する	→ appartenance	所属
souffrir	苦しむ	→ souffrance	苦しみ
*obéir	従う	→ obéissance	服従
*correspondre	一致する	→ correspondance	一致

③ □aître → □aissance *ex.* connaître → conn*aissanc*e

connaître	知っている	→ connaissance	知識
naître	生まれる	→ naissance	誕生

④ □er → □ence *ex.* différer → différ*ence*

différer	異なる	→ différence	違い
exiger	要求する	→ exigences（複数形）	要求
exister	存在する	→ existence	存在
négliger	おろそかにする	→ négligence	怠慢
préférer	より好む	→ préférence	好み
*s'absenter	欠席する	→ absence	欠席, 不在

EXERCICE 7

次の（1）～（12）について，**A** のイタリック体の部分を変化させて **B** の（　）内に入れると，2つの文 **A**，**B** がほぼ同じ意味になります。（　）内に入れるのにもっとも適切なフランス語（各1語）を，解答欄に書いてください。

(1)　**A**　Elle *connaît* bien l'italien.

　　B　Elle a une bonne (　　　　) de l'italien.　　　　　　_____

(2)　**A**　Il a fait ça pour *se venger* de ce que je lui ai dit hier.

　　B　Il a fait ça pour tirer (　　　　) de ce que je lui ai dit hier.　_____

(3)　**A**　Il est toujours nécessaire d'*obéir* à la loi.

　　B　L'(　　　　) à la loi est toujours nécessaire.　　　　_____

(4)　**A**　Il *néglige* souvent son travail.

　　B　Il montre souvent de la (　　　　) dans son travail.　　_____

(5)　**A**　Je ne paie pas l'entrée parce que j'*appartiens* au club.

　　B　En raison de mon (　　　　) au club, je ne paie pas l'entrée.　_____

(6)　**A**　Je *préfère* travailler le matin.

　　B　Je travaille de (　　　　) le matin.　　　　　　_____

(7)　**A**　Je vous conseille de *vous assurer* contre l'incendie.

　　B　Je vous conseille de prendre une (　　　　) contre l'incendie.　_____

(8)　**A**　J'*ignorais* tout de ce projet.

　　B　J'étais dans l'(　　　　) totale de ce projet.　　　_____

(9)　**A**　On *tolère* le stationnement dans cette rue.

　　B　Le stationnement dans cette rue est une simple (　　　　).　_____

(10)　**A**　Quand je *m'absenterai*, je veux que tout se passe comme d'habitude.

　　B　En mon (　　　　), je veux que tout se passe comme d'habitude.

　　　　　　　　　　　　　　　　　　　　　　　　　　_____

(11)　**A**　Son bébé *naîtra* en mars.

　　B　La (　　　　) de son bébé est prévue en mars.　　_____

(12)　**A**　Tu verras, tu ne *souffriras* pas.

　　B　Tu verras, cela se passera sans (　　　　).　　_____

8．動詞の名詞化（8）

□er → □ation (1)	*ex.* augmenter → augment*ation*

admirer	感嘆する	→ admiration	感嘆	
augmenter	増やす	→ augmentation	増加	
déclarer	宣言する	→ déclaration	宣言	
élever	持ち上げる	→ élevation	上昇	
fonder	創設する	→ fondation	創設	
former	形成する	→ formation	形成	
habiter	住む	→ habitation	住居	
hésiter	ためらう	→ hésitation	躊躇	
imaginer	想像する	→ imagination	想像	
imiter	まねる	→ imitation	模倣	
informer	知らせる	→ information	情報	
installer	設置する	→ installation	設置	
inviter	招待する	→ invitation	招待	
manifester	表明する	→ manifestation	表明	
obliger	義務づける	→ obligation	義務	
observer	観察する	→ observation	観察	

occuper	占める	→ occupation	用事, 占領	
opérer	手術する	→ opération	手術	
organiser	組織[企画]する			
		→ organisation	組織化, 企画	
participer	参加する	→ participation	参加	
préparer	準備する	→ préparation	準備	
proclamer	宣言[公表]する			
		→ proclamation	宣言, 公表	
réaliser	実現する	→ réalisation	実現	
rénover	改修する	→ rénovation	改修	
réparer	修理する	→ réparation	修理	
représenter	表現する	→ représentation	表現	
réserver	予約する	→ réservation	予約	
séparer	分ける	→ séparation	分けること	
utiliser	利用する	→ utilisation	利用	
varier	変わる	→ variation	変化	

EXERCICE 8

次の（1）～（12）について，**A** のイタリック体の部分を変化させて **B** の（　）内に入れると，2 つの文 **A**，**B** がほぼ同じ意味になります。（　）内に入れるのにもっとも適切なフランス語（各 1 語）を，解答欄に書いてください。

(1) **A** Ce n'est pas ma signature, on l'*a imitée*.
    B Ce n'est pas ma signature, c'est une (　　　).
    　　　　　　　　　　　　　　　　　　　　　　＿＿＿＿＿＿

(2) **A** Il est écologique d'*utiliser* l'énergie solaire.
    B L'(　　　) de l'énergie solaire est écologique.
    　　　　　　　　　　　　　　　　　　　　　　＿＿＿＿＿＿

(3) **A** Il faudra huit jours pour *réparer* votre voiture.
    B La (　　　) de votre voiture demandera huit jours.
    　　　　　　　　　　　　　　　　　　　　　　＿＿＿＿＿＿

(4) **A** Jean a toute liberté pour *organiser* cette fête.
    B C'est Jean qui se charge de l'(　　　) de cette fête.
    　　　　　　　　　　　　　　　　　　　　　　＿＿＿＿＿＿

(5) **A** Je me charge de *réserver* une chambre d'hôtel.
    B Je me charge de la (　　　) d'une chambre d'hôtel.
    　　　　　　　　　　　　　　　　　　　　　　＿＿＿＿＿＿

(6) **A** Je n'aime plus ce restaurant depuis qu'il *a été rénové*.
    B Je n'aime plus ce restaurant depuis sa (　　　).
    　　　　　　　　　　　　　　　　　　　　　　＿＿＿＿＿＿

(7) **A** Le peintre *a représenté* un paysage marin.
    B Le peintre a donné une (　　　) d'un paysage marin.
    　　　　　　　　　　　　　　　　　　　　　　＿＿＿＿＿＿

(8) **A** Le prix de l'essence *a augmenté*.
    B Il y a eu une (　　　) du prix de l'essence.
    　　　　　　　　　　　　　　　　　　　　　　＿＿＿＿＿＿

(9) **A** Les ouvriers *ont installé* le chauffage central.
    B L'(　　　) du chauffage central a été faite par les ouvriers.
    　　　　　　　　　　　　　　　　　　　　　　＿＿＿＿＿＿

(10) **A** Les résultats de cet examen *ont été proclamés* hier.
    B La (　　　) des résultats de cet examen a eu lieu hier.
    　　　　　　　　　　　　　　　　　　　　　　＿＿＿＿＿＿

(11) **A** N'*hésitez* pas à me téléphoner, si vous avez besoin de moi.
    B Téléphonez-moi sans (　　　), si vous avez besoin de moi.
    　　　　　　　　　　　　　　　　　　　　　　＿＿＿＿＿＿

(12) **A** Tous les élèves de la classe *ont participé* bénévolement à ce travail.
    B La (　　　) de tous les élèves de la classe à ce travail était bénévole.
    　　　　　　　　　　　　　　　　　　　　　　＿＿＿＿＿＿

9．動詞の名詞化（9）

① ☐er → ☐ation (2)　*ex.* augment*er* → augment*ation*

affirmer 断言する	→ affirmation	断言	présenter 紹介する	→ présentation 紹介
alimenter 食事を与える			prolonger 延長する	→ prolongation 延長
	→ alimentation 食物をとること		réclamer 要求する	→ réclamation 要求
améliorer 改良する	→ amélioration	改良	s'agiter 揺れる	→ agitation 揺れ
consommer 消費する			s'initier 初歩を学ぶ	→ initiation 入門指導
	→ consommation 消費		situer 位置づける	→ situation 状況
créer 創造する	→ création	創造	tenter 気をそそる	→ tentation 誘惑
destiner (用途に)あてる	→ destination 用途		*approuver 賛同する	→ approbation 賛同
exploiter 開発[搾取]する			*désapprouver 賛成しない	
	→ exploitation 開発，搾取			→ désapprobation 不賛成
formuler 表明する	→ formulation	表明	*arrêter 逮捕する	→ arrestation 逮捕
indigner 憤慨させる	→ indignation	憤慨	*relier 関係づける	→ relation 関係
noter 採点する	→ notation	採点，表記	*sentir 感じる	→ sensation 感じ

② ☐quer → ☐cation　*ex.* appli*quer* → appli*cation*

appliquer	適用[実施]する	→ application	適用，実施
communiquer	連絡をとる	→ communication	伝達
expliquer	説明する	→ explication	説明
indiquer	指示する	→ indication	指示
revendiquer	要求する	→ revendication	要求

③ ☐fier → ☐fication　*ex.* identi*fier* → identi*fication*

identifier	特定する	→ identification	識別
justifier	正当化する	→ justification	正当化
vérifier	確かめる	→ vérification	確認，点検
*publier	出版する	→ publication	出版

EXERCICE 9

次の（1）～（12）について，**A** のイタリック体の部分を変化させて **B** の（　）内に入れると，２つの文 **A**，**B** がほぼ同じ意味になります。（　）内に入れるのにもっとも適切なフランス語（各１語）を，解答欄に書いてください。

(1)　**A**　À quoi cette somme *est*-elle *destinée* ?

　　B　Quelle est la (　　　) de cette somme ?　　　　_____

(2)　**A**　C'est difficile de *noter* justement ces devoirs.

　　B　La juste (　　　) de ces devoirs est difficile.　　_____

(3)　**A**　Il faut que je fasse *vérifier* les freins de ma voiture.

　　B　La (　　　) des freins de ma voiture est indispensable.　_____

(4)　**A**　Je ne peux pas *communiquer* avec lui par téléphone.

　　B　Je n'arrive pas à obtenir ma (　　　) avec lui.　_____

(5)　**A**　La police *a arrêté* le cambrioleur.

　　B　La police a procédé à l'(　　　) du cambrioleur.　_____

(6)　**A**　Les conseillers municipaux *ont approuvé* le projet du maire.

　　B　Les conseillers municipaux ont donné leur (　　　) au projet du maire.

　　　　　　　　　　　　　　　　　　　　　　　　　　_____

(7)　**A**　Le Sénat demande que les mesures pour faire diminuer le chômage *soient* immédiatement *appliquées*.

　　B　Le Sénat demande l'(　　　) immédiate des mesures pour faire diminuer le chômage.

　　　　　　　　　　　　　　　　　　　　　　　　　　_____

(8)　**A**　Les ouvriers *revendiquent* une augmentation de salaire.

　　B　La (　　　) des ouvriers porte sur une augmentation de salaire.

　　　　　　　　　　　　　　　　　　　　　　　　　　_____

(9)　**A**　On constate que la situaion *s'est améliorée*.

　　B　On constate une (　　　) de la situation.　_____

(10)　**A**　On est obligé d'arrêter de *publier* cette série d'articles.

　　B　On est obligé d'arrêter la (　　　) de cette série d'articles.　_____

(11)　**A**　On ne peut pas *justifier* un tel crime.

　　B　Il n'y a pas de (　　　) possible à un tel crime.　_____

(12)　**A**　Nous lutterons contre le fait qu'on *exploite* les ouvriers.

　　B　Nous lutterons contre l'(　　　) des ouvriers.　_____

10. 動詞の名詞化（10）－ -tion 型の名詞－

① □**ser** → □**sition**　*ex.* oppo*ser* → oppo*sition*

disposer	配置する	→ disposition 配置	opposer	対立させる	→ opposition 対立
exposer	展示する	→ exposition 展覧会	proposer	提案する	→ proposition 提案

② □**ter** → □**tion**　*ex.* excep*ter* → excep*tion*

excepter	除く	→ exception 例外	*définir	定義する	→ définition 定義
exécuter	実行する	→ exécution 実行	*émouvoir	感動させる	→ émotion 感動
inventer	発明する	→ invention 発明	*punir	罰する	→ punition 処罰
objecter	反対する	→ objection 反論	*répéter	繰り返す	→ répétition 反復
*apparaître	現われる	→ apparition 出現			

③ □**uer** → □**ution**　*ex.* constit*uer* → constit*ution*

constituer	構成する	→ constitution 構成	instituer	制定する	→ institution 制度
diminuer	減らす	→ diminution 減少	*résoudre	解決[決心]する	
distribuer	分配する	→ distribution 分配			→ résolution 解決．決心
évoluer	進展する	→ évolution 進展			

④ □**uire** → □**uction**　*ex.* constr*uire* → constr*uction*

construire	建築する	→ construction 建築	*détruire	破壊する	→ destruction 破壊
instruire	教育する	→ instruction 教育	*interdire	禁止する	→ interdiction 禁止
introduire	導く	→ introduction 導入	*protéger	守る	→ protection 保護
produire	産出する	→ production 産出	*satisfaire	満足させる	→ satisfaction 満足
réduire	減らす	→ réduction 削減	*se convaincre	確信する	→ conviction 確信
traduire	翻訳する	→ traduction 翻訳			

⑤ □**cevoir** → □**ception**　*ex.* dé*cevoir* → dé*ception*

concevoir	考える	→ conception 考え方	*recevoir	受けとる	→ réception 受けとること
décevoir	失望させる	→ déception 失望	*inscrire	記入[登録]する	
percevoir	知覚する	→ perception 知覚			→ inscription 記入．登録

EXERCICE 10

次の（1）〜（12）について，**A** のイタリック体の部分を変化させて **B** の（　）内に入れると，2 つの文 **A**，**B** がほぼ同じ意味になります。（　）内に入れるのにもっとも適切なフランス語（各 1 語）を，解答欄に書いてください。

(1) **A**　Comment *concevez*-vous la vie ?
　　B　Quelle (　　　) de la vie avez-vous ?　　　────────

(2) **A**　Elle s'est mariée malgré que ses parents *s'opposent* à son mariage.
　　B　Elle s'est mariée malgré l'(　　　) de ses parents.　　　────────

(3) **A**　Il *est* un moment *apparu* à sa fenêtre.
　　B　Il a fait une brève (　　　) à sa fenêtre.　　　────────

(4) **A**　Il *perçoit* mal les couleurs.
　　B　Il a un trouble de la (　　　) des couleurs.　　　────────

(5) **A**　Ils demandent qu'on *protège* les animaux sauvages.
　　B　Ils demandent la (　　　) des animaux sauvages.　　　────────

(6) **A**　J'ai mis très longtemps à *constituer* cette collection.
　　B　La (　　　) de cette collection m'a pris très longtemps.　　　────────

(7) **A**　Je vais lui *proposer* quelque chose.
　　B　Je vais lui faire une (　　　).　　　────────

(8) **A**　L'avocat *se convainc* de l'innocence de son client.
　　B　L'avocat a la (　　　) que son client est innocent.　　　────────

(9) **A**　Le budget de l'éducation nationale prévoit de *réduire* les dépenses.
　　B　Le budget de l'éducation nationale prévoit la (　　　) des dépenses.

　　　────────

(10) **A**　On mettra combien de temps pour *construire* cet immeuble ?
　　B　Combien de temps durera la (　　　) de cet immeuble ?　　　────────

(11) **A**　Tu peux *résoudre* de ne plus fumer ?
　　B　Est-ce que tu es capable de prendre la (　　　) de ne plus fumer ?

　　　────────

(12) **A**　Vous me *définirez* exactement ce mot.
　　B　Donnez-moi une (　　　) exacte de ce mot.　　　────────

11. 動詞の名詞化（11） − その他の型の名詞（1） −

① | □ser → □sion | *ex.* divi*ser* → divi*sion*

diviser	分ける	→ division	分割	*confondre 混同する	→ confusion	混同
exploser	爆発する	→ explosion	爆発	*décider 決める	→ décision	決定
expulser	退去させる	→ expulsion	強制退去	*prévoir 予想する	→ prévision	予想
préciser	明確にする	→ précision	正確さ	*voir 見える	→ vision	視力，光景
*conclure 結論する，締結する						
		→ conclusion 結論				

② | □dre → □se | *ex.* défen*dre* → défen*se*

défendre	防御する，禁じる	→ défense	防御，禁止
répondre	答える	→ réponse	答え

③ | □dre → □te | *ex.* atten*dre* → atten*te*

attendre	待つ	→ attente	待つこと	perdre	失う	→ perte	喪失
craindre	恐れる	→ crainte	恐れ	plaindre	不満を言う，訴える	→ plainte	不平，訴え
descendre	降りる	→ descente	降下	vendre	売る	→ vente	販売

④ | □ir → □ite | fu*ir* → fu*ite*

fuir	逃げる	→ fuite	逃亡
réussir	成功する	→ réussite	成功

⑤ | □ivre → □ite | su*ivre* → su*ite*

poursuivre	追跡する，継続する	→ poursuite	追跡，続行
suivre	ついていく	→ suite	続き

⑥ | □tenir → □tien | *ex.* main*tenir* → main*tien*

entretenir	維持する，手入れする	→ entretien	維持，手入れ
maintenir	維持する	→ maintien	維持
soutenir	支える	→ soutien	支え

EXERCICE 11

次の（1）〜（12）について，**A**のイタリック体の部分を変化させて**B**の（　）内に入れると，2つの文**A**，**B**がほぼ同じ意味になります。（　）内に入れるのにもっとも適切なフランス語（各1語）を，解答欄に書いてください。

(1) **A** Elle *a confondu* le sucre avec le sel.
    B Elle a fait une (　　　) entre le sucre et le sel.　　————

(2) **A** Guy n'a pas hésité à me *soutenir* dans cette affaire.
    B Guy n'a pas hésité à m'apporter son (　　　) dans cette affaire.

————

(3) **A** Il *a répondu* négativement à ma proposition.
    B Sa (　　　) à ma proposition a été négative.　　————

(4) **A** Il faut *attendre* dix minutes avant que l'autobus arrive.
    B Il y a dix ninutes d'(　　　) entre chaque autobus.　　————

(5) **A** Il ne sera pas facile de *descendre* l'armoire à la cave.
    B La (　　　) de l'armoire à la cave ne sera pas facile.　　————

(6) **A** Il *suivait* sa mère.
    B Il marchait à la (　　　) de sa mère.　　————

(7) **A** Il va *conclure* son discours.
    B Son discours approche de sa (　　　).　　————

(8) **A** J'espère qu'il *réussira* à son examen.
    B Je souhaite sa (　　　) à l'examen.　　————

(9) **A** L'eau *fuit* de ce vase.
    B Il y a une (　　　) d'eau dans ce vase.　　————

(10) **A** Mon grand-père *voit* trouble.
    B La (　　　) de mon grand-père n'est pas nette.　　————

(11) **A** Ne *craignez* rien, ce chien n'est pas méchant.
    B N'ayez aucune (　　　), ce chien n'est pas méchant.　　————

(12) **A** On a empêché la police d'*expulser* les locataires.
    B On a empêché l'(　　　) des locataires par la police.　　————

12. 動詞の名詞化（12）－ その他の型の名詞（2）－

① ─ → **-ssion**   *ex.* exprimer → expre*ssion*

discuter	討議する	→ discussion	討議	posséder	所有する	→ possession	所有
émettre	放送する	→ émission	放送	succéder	後を継ぐ	→ succession	継承
exprimer	表現する	→ expression	表現	supprimer	とり除く	→ suppression	除去
permettre	許す	→ permission	許可				

② ─ → **-ture**   *ex.* couvrir → couver*ture*

couvrir	覆う	→ couverture	毛布	ouvrir	開く	→ ouverture	開くこと
cultiver	耕す	→ culture	耕作, 文化	peindre	ペンキを塗る	→ peinture	絵画, ペンキ
écrire	書く	→ écriture	書く行為, 文字	signer	署名する	→ signature	署名
fermer	閉める	→ fermeture	閉めること	*lire	読む	→ lecture	読書
nourrir	栄養をあたえる	→ nourriture	食べもの	*rompre	断ち切る	→ rupture	断絶

③ ─ → **-tude**   *ex.* étudier → *étude*

étudier	研究する	→ étude	研究	inquiéter	不安にする	→ inquiétude	不安
habituer	慣らす	→ habitude	習慣				

④ ─ → **-ice**   *ex.* exercer → exerc*ice*

exercer	鍛える	→ exercice	運動, 練習	servir	奉仕する	→ service	手助け
sacrifier	犠牲にする	→ sacrifice	犠牲				

EXERCICE 12

次の（1）〜（12）について，**A** のイタリック体の部分を変化させて **B** の（　）内に入れると，2 つの文 **A**，**B** がほぼ同じ意味になります。（　）内に入れるのにもっとも適切なフランス語（各 1 語）を，解答欄に書いてください。

(1)　**A**　Ce bureau de poste *sera fermé* au mois d'août.
　　　B　La (　　　) de ce bureau de poste se fera au mois d'août.　＿＿＿＿

(2)　**A**　Diane *s'est exercée* tous les jours à jouer du piano.
　　　B　Diane a appris à jouer du piano en faisant tous les jours des (　　　).
　　　　　　　　　　　　　　　　　　　　　　　　　　　　　　　　　　＿＿＿＿

(3)　**A**　Elle ne *s'habitue* pas à parler en public.
　　　B　Elle n'a pas pris l'(　　　) de parler en public.　＿＿＿＿

(4)　**A**　Il *a étudié* la médecine aux États-Unis.
　　　B　Il a fait ses (　　　) de médecine aux États-Unis.　＿＿＿＿

(5)　**A**　Je crois qu'il faut *supprimer* cette clause.
　　　B　La (　　　) de cette clause me semble nécessaire.　＿＿＿＿

(6)　**A**　Je ne comprends pas pourquoi il *a rompu* avec sa femme.
　　　B　J'ignore la raison de sa (　　　) avec sa femme.　＿＿＿＿

(7)　**A**　La terre est si pauvre par ici qu'on ne peut rien *cultiver*.
　　　B　La terre est si pauvre par ici qu'aucune (　　　) n'est possible.　＿＿＿＿

(8)　**A**　Mon enfant apprend à *lire* et à écrire.
　　　B　Mon enfant apprend la (　　　) et l'écriture.　＿＿＿＿

(9)　**A**　On *discute* ce projet de loi à l'Assemblée nationale.
　　　B　Ce projet de loi est en (　　　) à l'Assemblée nationale.　＿＿＿＿

(10)　**A**　Pourquoi ton visage *exprime* une grande surprise ?
　　　B　Pourquoi as-tu cette (　　　) de surprise ?　＿＿＿＿

(11)　**A**　Puisque tu as fini tes devoirs, je te *permets* de partir.
　　　B　Puisque tu as fini tes devoirs, je te donne la (　　　) de partir.　＿＿＿＿

(12)　**A**　Ta voiture m'*a* bien *servi* pendant que la mienne était en panne.
　　　B　Ta voiture m'a bien rendu (　　　) pendant que la mienne était en panne.

　　　　　　　　　　　　　　　　　　　　　　　　　　　　　　　　　　＿＿＿＿

13. 動詞の名詞化（13）－ その他の名詞形（1）－

accéder	到達する	→ accès	到達	harmoniser	調和させる	→ harmonie	調和	
acheter	買う	→ achat	購入	identifier	身元を確認する	→ identité	身元	
aimer	愛する	→ amour	愛	intéresser	興味がある	→ intérêt	興味	
avouer	告白する	→ aveu	告白	jouer	遊ぶ	→ jeu	遊び, 競技	
blesser	傷つける	→ blessure	傷	mentir	嘘をつく	→ mensonge	嘘	
choisir	選ぶ	→ choix	選択	ordonner	命令する	→ ordre	命令	
courir	走る	→ course	走ること	parler	話す	→ parole	ことば, 発言	
cuire	火を通す	→ cuisson	焼く[煮る]こと	partir	出発する	→ départ	出発	
décéder	死亡する	→ décès	死亡	plaire	気に入る	→ plaisir	喜び	
déposer	置く, 預ける	→ dépôt	置場, 委託	pleuvoir	雨が降る	→ pluie	雨	
échouer	失敗する	→ échec	失敗	prier	祈る	→ prière	祈り	
économiser	節約する	→ économie	節約, 経済	promener	散歩させる	→ promenade	散歩	
espérer	望みをもつ	→ espoir	希望	promettre	約束する	→ promesse	約束	
examiner	検査する	→ examen	試験, 調査					

1 動詞・形容詞・副詞の名詞化

EXERCICE 13

次の（1）～（12）について，**A** のイタリック体の部分を変化させて **B** の（　）内に入れると，2つの文 **A**，**B** がほぼ同じ意味になります。（　）内に入れるのにもっとも適切なフランス語（各1語）を，解答欄に書いてください。

(1)　**A**　En passant par ici, tu *économiseras* du temps.

　　B　En passant par ici, tu feras une (　　　) de temps.　　　_____

(2)　**A**　Il *a déposé* cinq mille euros à la banque.

　　B　Il a fait un (　　　) de cinq mille euros à la banque.　　_____

(3)　**A**　Il *a été* grièvement *blessé* dans cet accident.

　　B　Il a eu une (　　　) grave dans cet accident.　　　_____

(4)　**A**　Il *aime* sa femme.

　　B　Il a de l'(　　　) pour sa femme.　　　_____

(5)　**A**　Je ne *m'intéresse* pas du tout à ce film.

　　B　Ce film ne me présente aucun (　　　).　　　_____

(6)　**A**　Je voudrais bien te revoir avant que tu *partes* en voyage.

　　B　Je voudrais bien te revoir avant ton (　　　) en voyage.　　_____

(7)　**A**　Le juge a entendu ce que l'accusé *a avoué*.

　　B　Le juge a entendu les (　　　) de l'accusé.　　　_____

(8)　**A**　Les hommes politiques ne se gênent pas pour *mentir*.

　　B　Les hommes politiques ne se gênent pas pour dire des (　　　).

_____

(9)　**A**　Même quand il pleut, j'aime *me promener* dans la forêt.

　　B　Même quand il pleut, j'aime faire une (　　　) dans la forêt.

_____

(10)　**A**　On fait *cuire* le ragoût longtemps.

　　B　Le ragoût demande une (　　　) prolongée.　　　_____

(11)　**A**　*Priez* pour les sinistrés.

　　B　Faites une (　　　) pour les sinistrés.　　　_____

(12)　**A**　Thomas *a échoué* à l'examen.

　　B　Thomas a subi un (　　　) à l'examen.　　　_____

14. 動詞の名詞化 (14) ― その他の名詞形 (2) ―

favoriser	優遇する	→ faveur	優遇	se guérir	健康を回復する	→ guérison	回復	
haïr	憎む	→ haine	憎悪	se lier	親交を結ぶ	→ lien	つながり	
honorer	敬意を表する	→ honneur	名誉	s'unir	結合[団結]する	→ union	結合, 団結	
plaisanter	冗談を言う	→ plaisanterie	冗談	tenter	試みる	→ tentative	試み	
pouvoir	…できる	→ pouvoir	能力	tonner	雷が鳴る	→ tonnerre	雷鳴	
retirer	とりあげる	→ retrait	取消し	tourner	回転する	→ tour	1周, 回転	
retourner	戻る	→ retour	帰還	tousser	咳をする	→ toux	咳	
réunir	集める	→ réunion	集めること, 会議	trouver	発見する	→ trouvaille	掘り出しもの	
rire	笑う	→ rire	笑い	trahir	裏切る	→ trahison	裏切り	
saluer	挨拶する	→ salut	挨拶	valoir	価値がある	→ valeur	価値, 値段	
se désespérer	絶望する	→ désespoir	絶望	vieillir	年をとる	→ vieillesse	老い	
s'efforcer	努める	→ effort	努力	vivre	生きる	→ vie	命, 人生	

EXERCICE 14

　次の（1）〜（12）について，**A** のイタリック体の部分を変化させて **B** の（　）内に入れると，2 つの文 **A**，**B** がほぼ同じ意味になります。（　）内に入れるのにもっとも適切なフランス語（各 1 語）を，解答欄に書いてください。

(1)　**A**　Ce professeur *a favorisé* un débutant.
　　　B　Ce professeur a fait une (　　　　) à un débutant.　　　＿＿＿＿＿

(2)　**A**　Combien *vaut* cette robe dans la vitrine ?
　　　B　Quelle est la (　　　　) de cette robe dans la vitrine ?　　＿＿＿＿＿

(3)　**A**　Enzo m'*a salué* quand je l'ai rencontré.
　　　B　Enzo m'a fait un (　　　　) quand je l'ai rencontré.　　　＿＿＿＿＿

(4)　**A**　Il a été condamné pour *avoir trahi*.
　　　B　Il a été condamné pour (　　　　).　　　　　　　　　　　＿＿＿＿＿

(5)　**A**　Il a fait cela pour *plaisanter*.
　　　B　Il a fait cela par (　　　　).　　　　　　　　　　　　　＿＿＿＿＿

(6)　**A**　Il *a vieilli* heureux dans son pays natal.
　　　B　Il a eu une (　　　　) heureuse dans son pays natal.　　　＿＿＿＿＿

(7)　**A**　Il *s'est efforcé* de résoudre un problème.
　　　B　Il a fait des (　　　　) pour résoudre un problème.　　　＿＿＿＿＿

(8)　**A**　Je n'y *peux* rien.
　　　B　Cela n'est pas en mon (　　　　).　　　　　　　　　　　＿＿＿＿＿

(9)　**A**　Les opprimés doivent *s'unir* contre leurs maîtres.
　　　B　Les opprimés doivent resserrer l'(　　　　) conre leurs maîtres.　＿＿＿＿＿

(10)　**A**　Mon père a mis longtemps à *se guérir*.
　　　B　La (　　　　) de mon père a été lente.　　　　　　　　　＿＿＿＿＿

(11)　**A**　Monsieur, cette conduite vous *honorera* beaucoup.
　　　B　Monsieur, cette conduite vous fera beaucoup d'(　　　　).　＿＿＿＿＿

(12)　**A**　On entend *tonner* au loin.
　　　B　On entend le (　　　　) au loin.　　　　　　　　　　　＿＿＿＿＿

15. 形容詞の名詞化

① 形容詞女性形 → □ité　　*ex.* assidu*e* → assidu*ité*（形容詞語末の e は脱落します）

assidu, *e*	熱心な	→ assiduité	熱心
efficace	有効な	→ efficacité	効力
objectif, *ve*	客観的な	→ objectivité	客観性
obscur, *e*	暗い，不明瞭な	→ obscurité	暗さ，不明瞭さ
spontané, *e*	自発的な	→ spontanéité	自発性
*sincère	誠実な	→ sincérité	誠実さ
*coupable	有罪の	→ culpabilité	有罪
*généreu*x, se*	気前のよい	→ générosité	気前のよさ

② 形容詞女性形 → □té　　*ex.* net*te* → nette*té*

net, *tte*	明瞭な	→ netteté	明瞭さ		ferme	かたくなな	→ fermeté	かたくなさ
propre	清潔な	→ propreté	清潔さ		*clair, *e*	明瞭な	→ clarté	明瞭さ

③ 形容詞女性形 → □sse　　*ex.* fine → fine*sse*

fin, *e*	細い，上質の	→ finesse	細かさ，精巧さ	tendre	やさしい	→ tendresse	やさしいさ
rude	粗野な	→ rudesse	粗野なこと	*sec, *sèche*	乾燥した	→ sécheresse	乾燥
souple	しなやかな	→ souplesse	しなやかさ	*adroit, *e*	器用な	→ adresse	器用さ

④ 形容詞女性形 → □eur　　*ex.* froide → froid*eur*（形容詞語末の e は脱落します）

dou*x, ce*	甘い，優しい	→ douceur	甘さ，優しさ
froid, *e*	冷淡な	→ froideur	冷淡さ
large	寛大な	→ largeur	寛大さ
mince	ほっそりした	→ minceur	ほっそりしていること
*favorable	好意的な	→ faveur	優遇
*rigoureux	厳格な	→ rigueur	厳格さ

EXERCICE 15

次の（1）～（12）について，**A** のイタリック体の部分を変化させて **B** の（　）内に入れると，2つの文 **A**，**B** がほぼ同じ意味になります。（　）内に入れるのにもっとも適切なフランス語（各1語）を，解答欄に書いてください。

(1) **A** Ce remède est *efficace* contre les rhumatismes, j'en suis sûr.
　　B Je suis sûr de l'(　　　　) de ce remède contre les rhumatismes. ＿＿＿＿

(2) **A** Elle a dit son opinion d'une manière *nette*.
　　B Elle s'est exprimé avec (　　　　). ＿＿＿＿

(3) **A** Il faut être *rigoureux* avec les enfants.
　　B Il faut traiter les enfants avec (　　　　). ＿＿＿＿

(4) **A** J'ai rarement bu du vin aussi *fin*.
　　B J'ai rarement bu du vin d'une telle (　　　　). ＿＿＿＿

(5) **A** Je doute que vous portiez un jugement *objectif*.
　　B Je doute de l'(　　　　) de votre jugement. ＿＿＿＿

(6) **A** Je me félicite que mes étudiants soient *assidus* en classe.
　　B Je me félicite de l'(　　　　) de mes étudiants en classe. ＿＿＿＿

(7) **A** Je ne crois pas que sa réponse soit *sincère*.
　　B Je ne crois pas à la (　　　　) de sa réponse. ＿＿＿＿

(8) **A** Le beau temps était *favorable* pour aller faire une promenade.
　　B On est allés se promener à la (　　　　) du beau temps. ＿＿＿＿

(9) **A** Les chats sont très *souples*.
　　B Les chats sont des animaux d'une grande (　　　　). ＿＿＿＿

(10) **A** Les fleurs se sont flétries à cause du temps *sec*.
　　B Les fleurs se sont flétries à cause de la (　　　　). ＿＿＿＿

(11) **A** Ses parents sont *généreux*, ça m'étonne : ils lui ont acheté une voiture.
　　B La (　　　　) de ses parents m'étonne : ils lui ont acheté une voiture.

＿＿＿＿

(12) **A** Son accueil a été très *froid*, cela m'a surpris.
　　B La grande (　　　　) de son accueil m'a surpris. ＿＿＿＿

1
動詞・形容詞・副詞の名詞化

33

16. 形容詞・副詞の名詞化

① その他の形容詞の名詞形

audacieux, se	大胆な	→ audace	大胆さ
discret, ète	控えめな	→ discrétion	控えめ
distrait, e	ぼんやりした	→ distraction	気晴らし，放心
ennuyeux, se	困った，退屈な	→ ennui	悩み，退屈
extravagant, e	常軌を逸した	→ extravagance	突飛さ
impertinent, e	無礼な	→ impertinence	無礼
intéressant, e	興味深い	→ intérêt	興味
modeste	謙虚な	→ modestie	謙虚さ
orgueilleux, se	高慢な	→ orgueil	高慢
proche	近い	→ proximité	近いこと
soucieux, se	気がかりな	→ souci	心配

② 副詞の名詞化

audacieusement (audacieux, se)	大胆に	→ audace	大胆さ
équitablement (équitable)	公平に	→ équité	公平
excessivement (excessif, ve)	過度の	→ excès	過度
fréquemment (fréquent, e)	頻繁に	→ fréquence	頻繁さ
froidement (froid, e)	冷ややかに	→ froideur	冷淡
furieusement (furieux, se)	怒り狂って	→ fureur	激怒
méchamment (méchant, e)	意地悪く	→ méchanceté	悪意
précipitamment (précipité, e)	大急ぎで	→ précipitation	大急ぎ
précisément (précis, e)	正確な	→ précision	正確さ，詳細
prudemment (prudent, e)	慎重に	→ prudence	慎重さ
rudement (rude)	手荒に	→ rudesse	粗野なこと
soigneusement (soigneux, se)	念入りに	→ soin	気配り

* （　　）内は形容詞形。

EXERCICE 16

次の（1）〜（12）について，**A** のイタリック体の部分を変化させて **B** の（　）内に入れると，2 つの文 **A**，**B** がほぼ同じ意味になります。（　）内に入れるのにもっとも適切なフランス語（各 1 語）を，解答欄に書いてください。

(1) **A** Ce qu'il fait est *extravagant*, c'est scandaleux.
    B On est choqué par l'(　　　) de sa conduite.   _____

(2) **A** Elle a répondu à sa mère sur un ton *impertinent*.
    B Elle a répondu à sa mère avec (　　　).   _____

(3) **A** Elle conduit très *prudemment* sa voiture.
    B Elle conduit sa voiture avec une grande (　　　).   _____

(4) **A** Elle est trop *discrète* pour entrer dans la vie privée des gens.
    B Sa (　　　) ne lui permet pas d'entrer dans la vie privée des gens.

    _____

(5) **A** Excusez-moi, je suis si *distraite* que j'ai versé trop de sel.
    B Excusez-moi, c'est par (　　　) que j'ai versé trop de sel.   _____

(6) **A** Parlez-moi plus *précisément* de votre projet.
    B Je vous demande un peu plus de (　　　) sur votre projet.   _____

(7) **A** Il a parlé d'une façon *modeste* de lui-même.
    B Il a parlé avec (　　　) de lui-même.   _____

(8) **A** Il est *orgueilleux* comme un paon.
    B Il est d'un (　　　) demesuré.   _____

(9) **A** Il m'a reproché *rudement* mon échec.
    B Il m'a reproché mon échec avec (　　　).   _____

(10) **A** Il s'est aventuré *audacieusement* sur la glace encore mince du lac.
    B Il s'est aventuré avec (　　　) sur la glace encore mince du lac.   _____

(11) **A** Je ne sais pas pourquoi il m'a traité *froidement*.
    B Je ne sais pas ce que veut dire la (　　　) de son attitude.   _____

(12) **A** Mathis range *soigneusement* ses chemises.
    B Mathis range ses chemises avec (　　　).   _____

まとめの問題

次の（1）～（5）について，**A** のイタリック体の部分を変化させて **B** の（　）内に入れると，2つの文 **A**，**B** がほぼ同じ意味になります。（　）内に入れるのにもっとも適切なフランス語（各1語）を，解答欄に書いてください。（配点 10）

1 (1) **A** Ce livre *a été tradui*t en japonais pour la première fois.

        B La (　　　) japonaise de ce livre a été faite pour la première fois.

  (2) **A** Ces deux pays *se sont alliés* pour se défendre en commun.

        B L'(　　　) a été conclue entre ces deux pays pour se défendre en commun.

  (3) **A** Je *possède* un livre du siècle dernier qui vous intéressera.

        B J'ai en ma (　　　) un livre du siècle dernier qui vous intéressera.

  (4) **A** L'arrivée du train *a été retardée* d'une heure à cause du mauvais temps.

        B Le train est arrivé avec une heure de (　　　) à cause du mauvais temps.

  (5) **A** On a prouvé que l'accusé était *coupable*.

        B On a prouvé la (　　　) de l'accusé.

(1)	(2)	(3)
(4)	(5)	

2 (1) **A** *Craignant* de faire erreur, il serait prudent de refaire le calcul.

        B De (　　　) d'une erreur, il serait prudent de refaire le calcul.

  (2) **A** Il a l'air *soucieux* en ce moment.

        B Il a l'air d'avoir des (　　　) en ce moment.

  (3) **A** Il envisage d'*acheter* une maison.

        B Il envisage l'(　　　) d'une maison.

  (4) **A** Je *m'inquiète* beaucoup de la santé de mon père.

        B L'état de santé de mon père me remplit d'(　　　).

  (5) **A** Ses connaissances sont *minces*, ça ne m'étonne pas.

        B La (　　　) de ses connaissances ne m'étonne pas.

(1)	(2)	(3)
(4)	(5)	

3 (1) A Dès que j'*ai reçu* ta lettre, j'ai envoyé l'argent.

      B Dès la ( ) de ta lettre, j'ai envoyé l'argent.

(2) A Il faut *marcher* trente minutes pour aller à la gare.

      B Il faut trente minutes de ( ) pour aller à la gare.

(3) A La chemise est *propre* au sortir de la machine à laver, vous le constatez.

      B Vous constatez la ( ) de la chemise au sortir de la machine à laver.

(4) A La qualité de ces deux savons *diffère* beaucoup.

      B Il y a une grande ( ) de qualité entre ces deux savons.

(5) A On lui *a retiré* justement son permis de conduire.

      B Le ( ) de son permis de conduire était juste.

(1)	(2)	(3)
(4)	(5)	

4 (1) A J'*admire* beaucoup votre père.

      B J'ai beaucoup d'( ) pour votre père.

(2) A Je ne supporte plus de travailler dans ces conditions, je *démissionne*.

      B Je ne supporte plus de travailler dans ces conditions, je vais donner ma ( ).

(3) A Je suis touchée par la parole *tendre* qu'il m'a adressée.

      B La ( ) de sa parole m'a touchée.

(4) A Le docteur m'a ordonné un remède pour ne plus *tousser*.

      B Le docteur m'a ordonné un remède contre la ( ).

(5) A *Précisez*-moi l'heure d'arrivée de votre train.

      B Indiquez-moi avec ( ) l'heure d'arrivée de votre train.

(1)	(2)	(3)
(4)	(5)	

37

5 (1) **A** Ce missile *porte* à 300 km.
      B Ce missile a une (   ) de 300 km.

(2) **A** Il me *plaît* de voyager seul.
      B Ça me fait (   ) de voyager seul.

(3) **A** Les vacances sont *proches*, nous nous en réjouissons.
      B Nous nous réjouissons de la (   ) des vacances.

(4) **A** Nous sommes réellement *indignés*.
      B Notre (   ) est réelle.

(5) **A** Tout ce travail ne sert à rien, on *a perdu* beaucoup de temps !
      B Tout ce travail ne sert à rien, quelle (   ) de temps !

(1)	(2)	(3)
(4)	(5)	

6 (1) **A** Ce ne sera pas facile d'*identifier* les voleurs.
      B L'(   ) des voleurs ne sera pas facile.

(2) **A** Cette forêt *s'étend* très loin.
      B Cette forêt a une grande (   ).

(3) **A** Il faudra beaucoup d'efforts pour *maintenir* les prix à leur niveau actuel.
      B Le (   ) des prix à leur niveau actuel demandera beaucoup d'efforts.

(4) **A** Le médecin m'*a ordonné* des médicaments.
      B Le médecin m'a fait une (   ).

(5) **A** Tu as quitté ta femme. Tu es très *audacieux*.
      B Tu as quitté ta femme. Tu as bien de l'(   ).

(1)	(2)	(3)
(4)	(5)	

2

多義語に関する問題

単語がもっているさまざまな意味に関する知識を問う問題です。選択問題で配点は5点です。名詞のほか，動詞や形容詞なども出題されますから，解答するときは選択肢を品詞ごとに分類して考えるのも方法です。

ふだんから辞書を調べるときに，探している単語の意味を見つけるだけですますのではなく，項目全体に目を通す習慣をつけるようにしましょう。急がば回れです。

出題例（2018年 ② ）

2 次の (1) ～ (5) について，**A**、**B** の（   ）内には同じつづりの語が入ります。（   ）内に入れるのにもっとも適切な語を，下の ① ～ ⓪ のなかから1つずつ選び，解答欄のその番号にマークしてください。ただし，同じものを複数回用いることはできません。(配点 5)

(1)　**A**　Cela ne semble pas (   ) dans ses compétences.
　　B　Il a l'habitude de (   ) déjeuner.

(2)　**A**　Cette danseuse se sent (   ) parce qu'elle a des rhumatismes.
　　B　L'allée du jardin monte en pente (   ).

(3)　**A**　Cette robe est trop (   ), je ne peux pas la mettre.
　　B　Notre maîtresse n'est pas (   ) envers les filles, qui sont pourtant les meilleures élèves.

(4)　**A**　Il a noté le mot de passe sur un (   ) de papier.
　　B　J'étais à (   ) après ce long travail intense.

(5)　**A**　Il doit (   ) une forte pension à son ancienne épouse.
　　B　Pourriez-vous me (   ) du café dans un verre rempli de glaçons ?

　　① bout　　② côté　　③ juste　　④ morceau　　⑤ passer

　　⑥ raide　　⑦ rentrer　　⑧ serrée　　⑨ servir　　⓪ verser

1. 時（1）

saison	囡 ①季節 ②(農作物などの)時期 // *Les huîtres sont de saison.* カキは今が旬だ ③(行事・活動などの)シーズン // *Elle attend la saison des soldes.* 彼女はバーゲンシーズンを待っている / *Votre critique est hors de saison.* あなたの批評は見当違いだ
semaine	囡 週 // en *semaine* ウィークデイに / à la *semaine* 週単位で
hebdomadaire	囮 週1回の // une revue *hebdomadaire* 週刊誌　囲 週刊誌
jour	囲 ①日 // ces *jours*-ci = ces *jours* derniers 最近 / de nos *jours* 今日では / un de ces *jours* 近日中に ②日の光 // en plein *jour* 真昼に　*cf.* Il fait encore clair. まだ明るい
journée	囡 ①1日 // toute la *journée* = à longueur de *journée* 1日中 ②1日の仕事 // faire des *journées* de huit heures 1日8時間労働をする / gagner bien sa *journée* たっぷり働く
matinée	囡 ①午前中 // faire la grasse *matinée* 朝寝坊をする ②(芝居・コンサートなどの)昼の公演
midi	囲 ①正午 ②南 // *Cette maison est exposée au midi.* この家は南向きだ
nuit	囡 ①夜 // La *nuit* tombe. = Il fait *nuit.* 日が暮れる / J'ai voyagé de *nuit.* 私は夜間に移動した / travailler jour et *nuit* 昼も夜も働く ②(ホテルの)宿泊 // C'est combien pour une *nuit* ? 1泊いくらですか
veille	囡 ①前日 ②(複) 徹夜 ③…の直前に (= être sur le point de+不定詞) // Il est à la *veille* de partir en Afrique. 彼はまさにアフリカへ出発しようとしている
veiller	圁 ①徹夜する ②警戒にあたる 間・他 (à *qc* …に)気を配る // *Veillez* à fermer la porte à clé. ドアに鍵をかけるのを忘れないでください
date	囡 ①日付 // une lettre qui porte la *date* du 9 février [datée du 9 février] 2月9日付けの手紙 ②日取り ③年代. 画期的な事件 // C'est une *date* historique. それは歴史的な事件だ
■dater	他 日付を記入する 圁 ①(de *qc* …に)さかのぼる // à *dater* de+日付 …から ②時代を画する. 歴史に残る ③時代遅れになる
anniversaire	囲 ①誕生日. 記念日 // fêter l'*anniversaire* de sa mère 母親の誕生日を祝う ②記念祭
pointe	囡 ①針先 ②先端 // marcher sur la *pointe* des pieds つま先立って歩く / L'électronique est une technique de *pointe.* 電子工学は最先端技術だ ③ピーク les heures de *pointe* ラッシュアワー (↔ les heures creuses 暇な時間) ④とげのある言葉 ⑤(刺激物の)少量 // une *pointe* d'ail 少量のニンニク
moment	囲 ①瞬間 // Attends un *moment*, j'ai à te parler. ちょっと待って. 君に話さなければならないことがある ②時間 // Il m'a fait attendre un bon *moment.* 彼はかなりの時間私を待たせた / d'un *moment* à l'autre ほどなく / en ce *moment* 今 / par *moment(s)* ときどき / à ce *moment* その時 / pour le *moment* 今のところ ③機会 // Ce n'est pas le *moment.* タイミングが悪い
seconde	囡 ①ごく短い間. 秒 (= instant, minute, moment) // à la *seconde* 即刻 / d'une *seconde* à l'autre すぐに ②(列車など)2等 ③(リセの)第2学年 ④(自動車ギアの)セカンド
prochain(*e*)	囮 次の // la semaine *prochaine* 来週 / la *prochaine* station 次の駅 囡 ①次の駅 ②次回

dernier, ère	形 ①最後の // en *dernier* 最後に ②最新の // Elle est toujours habillée à la *dernière* mode. 彼女はいつも最新流行の服を着ている / ces *derniers* temps [jours] 最近 ③最低の // la *dernière* qualité 最低の品質
	名 ①最後の人（もの）②最低の人（もの）③末っ子 ④後者 // ce *dernier*, cette *dernière*

EXERCICE 1

次の（1）～（12）について，**A**，**B** の（ ）内には同じつづりの語が入ります。（ ）内に入れるのにもっとも適切な語を，下の ① ～ ⑫ のなかから 1 つずつ選び，解答欄にその番号を記入しなさい。ただし，同じものを複数回用いることはできません。

(1) **A** À (   ) du 1er octobre, les taxes sur l'alcool seront augmentés de 2 %.

    B Elle ne sait pas que cette robe commence à (   ).

(2) **A** C'est demain le vingtième (   ) de mariage de mes parents.

    B Les commémorations de l'(   ) de la fin de la guerre du Pacifique auront lieu le 15 août comme chaque année.

(3) **A** C'est la (   ) des fraises, elles ne sont pas chères.

    B Vos conseils ne sont vraiment pas de (   ).

(4) **A** C'était un samedi d'été, je me souviens que la (   ) la tempête avait fait rage.

    B On était à la (   ) de la Première Guerre mondiale.

(5) **A** Elle est partie à la campagne au début de la (   ) dernière.

    B Ils dînent en ville le samedi ou le dimanche, jamais en (   ).

(6) **A** J'ai bien gagné ma (   ) hier.

    B Je suis occupé à ce moment de la (   ).

(7) **A** Je ne veux pas prendre le métro aux heures de (   ).

    B Marche sur la (   ) des pieds pour ne pas faire de bruit.

(8) **A** Le dimanche, j'ai l'habitude de faire la grasse (   ).

    B Venez me voir à la fin de la (   ), vers onze heures et demie par exemple.

(9) **A** Le lundi est le jour de fermeture (   ) de la bibliothèque.

    B Il est abonné à un (   ) illustré pour les jeunes.

(10) **A** Les rideaux fermés ne laissent entrer qu'un faible (   ) dans la pièce.

    B On doit fixer le (   ) et le lieu de la réunion prochaine.

(11) **A** Mon appartement est exposé au (   ).

    B Notre travail commence à l'aube et s'achève aux alentours de (   ).

(12) **A** On a inscrit votre nom en (   ) sur la liste.

    B Tout le monde parle du (   ) roman de cet auteur, tu l'as lu ?

① **anniversaire**   ② **dater**   ③ **dernier**   ④ **hebdomadaire**   ⑤ **jour**   ⑥ **journée**
⑦ **matinée**   ⑧ **midi**   ⑨ **pointe**   ⑩ **saison**   ⑪ **semaine**   ⑫ **veille**

(1)	(2)	(3)	(4)	(5)	(6)	(7)	(8)	(9)	(10)	(11)	(12)

2．時（2）

temps	男 ①時，時間 // à plein *temps* = à *temps* complet フルタイムで（← à *temps* partiel パートタイムで）/ à *temps*（= à l'heure）時間どおりに / *avoir le temps de*+不定詞 …する時間がある：Je n'*ai* pas *eu le temps de* t'écrire. ぼくは君に手紙を書く時間がなかった / prendre (tout) son *temps* たっぷり時間をかける / perdre [tuer] son *temps* 時間をむだにする / de *temps* à autre = de *temps* en *temps* 時々 / *en même temps*（*que*…）（…と）同時に：Elle est arrivée *en même temps que* Louis. 彼女はルイと同時に到着した / dans un premier *temps* はじめのうちは / la plupart du *temps*（= le plus souvent）たいてい / tout le *temps* しょっちゅう / dans le *temps* かつては ②時代，時期 // de mon [ton, son…] *temps* 私[君，彼(女)…]の若いころは / en temps de+無冠詞名詞 …の時期に：*en temps de* guerre 戦争の時に / *Il est (grand) temps de*+不定詞 [que+接続法] …すべき時だ：*Il est temps de* te marier. 君は結婚すべき時だ / Il est encore *temps*. まだ間に合う / Il n'est que *temps*. 急がないと遅れるよ ③天気 // Le *temps* est couvert. 天気は曇りだ
horaire	男 ①時刻表 ②時間割 ③労働時間 形 1時間あたりの // la vitesse *horaire* 時速
terme	男 ①期限 // Au *terme* d'une longue discussion, on est parvenus à un accord. 私たちは長い話し合いのすえに合意に達した / à court [long] *terme* 短[長]期の：une prévision à court [long] *terme* 短[長]期予測 / mettre un *terme* à qc（= finir）…を終わらせる ②間柄 // être en bons [mauvais] *termes* avec qn（人）と仲がよい[悪い] ③家賃 // payer son *terme* 家賃を支払う ④用語 // *terme* technique [judiciaire] 専門[裁判]用語 ⑤(複) 言いまわし // en d'autres *termes* 言いかえれば
occasion	女 ①機会 // à l'*occasion* 機会があれば：Je vais lui parler de cette affaire à l'*occasion*. 機会があったら，この問題を彼(女)に話します / à l'*occasion* de qc …のときに：à l'*occasion* de mon anniversaire 私の誕生日に / *avoir l'occasion de*+不定詞 …する機会をもつ：Je n'*ai* jamais l'*occasion de* la rencontrer. 彼女に会う機会が1度もない ②中古 // d'*occasion* 中古の（← à neuf 新品の）：une voiture d'*occasion* 中古車 ③買い得品 // Cet appareil est une *occasion*. このカメラはお買い得だ
rare	形 ①まれな，めったにない // Il a trouvé un timbre *rare*. 彼は珍しい切手を見つけた / Il est *rare* de+不定詞 [que+接続法] …するのはまれである ②傑出した ③(草・髪などが)まばらに生えた
nouveau	男 新しいこと，新事実 // à *nouveau* 新たに，あらためて / de *nouveau*（= encore）ふたたび 名 新人
ancien, *ne*	形 ①古い（← récent）// un livre *ancien* 古書 ②元の // un *ancien* ministre 元大臣 名 先輩，年長者
mûr, *e*	形 ①熟した ②成熟した ③機が熟した // Il est *mûr* pour le mariage. 彼は結婚適齢期だ
vert, *e*	形 ①緑の // le feu *vert* 青信号 ②熟れていない // les légumes *verts* 生野菜 / Ne mange pas ces tomates *vertes*. この青いトマトは食べるな ③壮健な // les *vertes* années 青春時代 ④自然のなかの // classe *verte* 野外教室
prévu, *e*	形 予定された // comme *prévu* 予定通り / plus tôt que *prévu* 予定より早く
prévoir	他 ①予想する ②予定する ③用意する
priorité	女 優先(権) // en [par] *priorité* 優先的に

EXERCICE 2

次の（1）〜（12）について，**A**，**B**の（　）内には同じつづりの語が入ります。（　）内に入れるのにもっとも適切な語を，下の①〜⑫のなかから１つずつ選び，解答欄にその番号を記入しなさい。ただし，同じものを複数回用いることはできません。

(1)　**A**　C'est bien (　　　) qu'il vienne nous voir en semaine.

　　B　Ce poète est d'un talent (　　　).

(2)　**A**　Cet ordinateur est une (　　　) avantageuse.

　　B　Puisque tu vas à la poste, tu ne pourrais pas, par la même (　　　), envoyer ce colis ?

(3)　**A**　Cette tomate est encore (　　　), elle n'est pas mûre.

　　B　Les élèves partent en classe (　　　) demain.

(4)　**A**　Elle a acheté un collier (　　　) chez un antiquaire.

　　B　Quand j'ai rencontré mon (　　　) professeur, il m'a demandé comment allait mon frère.

(5)　**A**　Est-il vraiment possible de (　　　) un tremblement de terre ?

　　B　Le gouvernement va (　　　) la construction d'un nouvel aéroport.

(6)　**A**　Il a fini son travail une heure plus tôt que (　　　).

　　B　On a (　　　) un dîner pour dix personnes.

(7)　**A**　Il n'est pas assez (　　　) pour se marier.

　　B　Le raisin n'est pas assez (　　　) pour être cueilli.

(8)　**A**　Il faut laisser la (　　　) aux voitures qui arrivent de la droite à un carrefour.

　　B　Nous devrions nous focaliser en (　　　) sur le problème de l'environnement.

(9)　**A**　Il ne peut pas encore tout savoir, il est (　　　) dans le métier.

　　B　Tu as commis de (　　　) la même erreur.

(10)　**A**　Il ne pourra pas aller en soirée, son (　　　) ne lui laisse pas un moment de libre.

　　B　Consulte l'(　　　) des trains pour Lyon.

(11)　**A**　Le (　　　) « libéralisme » recouvre des conceptions très diverses.

　　B　Passé ce (　　　), cette carte de séjour ne sera plus valable.

(12)　**A**　Le (　　　) se met au beau.

　　B　Prenons le (　　　) d'en discuter, ne nous décidons pas tout de suite.

① ancien　② horaire　③ mûr　④ nouveau　⑤ occasion　⑥ prévoir
⑦ prévu　⑧ priorité　⑨ rare　⑩ temps　⑪ terme　⑫ verte

(1)	(2)	(3)	(4)	(5)	(6)	(7)	(8)	(9)	(10)	(11)	(12)

3．時（3）

commencement	男 始まり (= début) // Il a dormi du *commencement* à la fin de la conférence. 彼は会議の最初から最後まで寝ていた / au *commencement* 初めに
■ **commencer**	他・自 始める，始まる
rentrée	女 ①戻ること ②新学年 ③返り咲き ④入金 ⑤(収穫物などの)取り入れ
réveil	男 ①目覚め ②(活動の)再開 ③覚醒 ④目覚まし時計
fin	女 ①終わり (↔ début) // *prendre fin* 終わる：La réunion *a pris fin* à dix-neuf heures. 会議は19時に終わった / à la *fin* 最後に / en *fin* de+無冠詞名詞 …の終わりに ②目的 (= but) // Il est parvenu à ses *fins*. 彼は目的をとげた ③理由 // *fin* de non-recevoir 不受理の理由，拒否
■ **finir**	他・自 終える，終わる (= terminer) // un film qui *finit* bien ハッピーエンドの映画 / *finir* par+不定詞 最後には…する
final, e	形 最後の // *mettre un point final à qc* …に終止符を打つ：Cette révélation *a mis un point final à* la discussion. この新事実が論争に終止符を打った 女 ①(スポーツ)決勝戦 ②(言語)語末
bout	男 ①端 // *bout à bout* 両端をつなげて：Mettez les tables *bout à bout*. テーブルをくっつけて置いてください / de *bout* en *bout*, d'un *bout* à l'autre すみずみまで，始めから終わりまで ②終わり // *au bout de qc* …の端に，末に：*au bout de* la semaine 週末に / *au bout d*'une semaine 1週間後に / jusqu'au *bout* (de qc) (…の)最後まで，徹底的に / à *bout* (de qc) (…の)限界に ③…の断片 // *un bout de*+無冠詞名詞：*un bout de* pain [papier] 一切れのパン[紙切れ] / au *bout* du compte (= après tout) 結局，要するに
tarder	自 …するのが遅れる // Il ne va pas *tarder* à arriver. 彼はまもなく到着する / Il *tarde* à qn de+不定詞 (人)にとって…が待ちきれない / Ça ne va pas *tarder* ! もうすぐだ，じきにそうなるよ
retard	男 遅れ // en *retard* (予定より)遅れて / avoir un *retard* de+時間 [時間+de *retard*] …時間遅れている / prendre du *retard* 遅れをとる
■ **retarder**	他・自 遅らせる，遅れる
long, ue	形 (空間的・時間的に)長い // *longs* cheveux 長い髪 / *être long à*+不定詞 (= lent) なかなか…しない：Elle *est longue à* s'habiller. 彼女は服を着るのにてまどる
long	男 長さ，縦 // au [(tout) le] *long* de …に沿って，…の間中
allonger	他 ①(空間的・時間的に)長くする // *allonger* une robe de cinq centimètres ワンピースの丈を5センチ長くする / *allonger* les vacances 休暇を延長する ②(手足を)伸ばす ③横たえる ④(話)(金を)与える
prolongement	男 ①(空間的)延長 ②(時間的)継続 ③(複)(事件の)反響，余波
lent, e	形 ①遅い (↔ rapide) // *être lent à*+不定詞 …するのが遅い：Elle *est lente à* se décider. 彼女は優柔不断だ ②効果の遅い // médicament à effet *lent* 遅効性の薬
urgence	女 緊急 // *d'urgence* 緊急の：mesure(s) *d'urgence* 緊急措置 / en cas *d'urgence* 緊急の場合は
urgent, e	形 緊急の // J'ai un besoin *urgent* d'argent. 私は緊急に金がいる
immédiat, e	形 ①即時の // réponse *immédiate* 即答 ②間近の // Je n'ai pas de voisins *immédiats*. 私には近くに住む隣人がいない

EXERCICE 3

次の（1）～（12）について，**A**，**B** の（ ）内には同じつづりの語が入ります。（ ）内に入れるのにもっとも適切な語を，下の ① ～ ⑫ のなかから 1 つずつ選び，解答欄にその番号を記入しなさい。ただし，同じものを複数回用いることはできません。

(1) **A** Alicia est restée à l'hôpital pendant huit jours et elle a du travail en (　　　).

    B Le train avait une heure de (　　　) à cause des importantes chutes de neige.

(2) **A** À ma lettre d'invitation, elle a répondu par une (　　　) de non-recevoir.

    B Le bavardage ne prendra (　　　) que lorsque sonnera l'heure du repas.

(3) **A** Certaines baleines mesurent plus de vingt mètres de (　　　).

    B C'est une belle promenade le (　　　) de la rivière.

(4) **A** Dans le (　　　) de ce scandale politique, de nouveaux documents ont été révélés.

    B Il a décidé le (　　　) du mur jusqu'au fond du jardin.

(5) **A** D'un (　　　) à l'autre de la conférence, ils n'ont pas cessé de bavarder.

    B Même si personne n'est d'accord, elle ira jusqu'au (　　　).

(6) **A** Elle a fait une (　　　) brillante dans le rôle de Salomé.

    B Il faut acheter les fournitures scolaires pour la (　　　) des classes.

(7) **A** Elle parle d'une voix (　　　).

    B Tu es (　　　) à fixer le programme d'un voyage.

(8) **A** Il ne faut pas (　　　) à donner votre réponse.

    B Le temps va se mettre au beau. Ça ne va pas (　　　) !

(9) **A** Il ne faut pas (　　　) votre discours.

    B Vous pouvez (　　　) vos jambes sur le canapé, cela vous reposera.

(10) **A** Il saute du lit dès son (　　　).

    B J'ai mis le (　　　) à six heures.

(11) **A** Le metteur en scène a apparu dans la scène (　　　) du film.

    B L'équipe de Marseille est allée en (　　　).

(12) **A** Tout ce qui a un (　　　) a également une fin.

    B Vous n'écoutez pas, il faut reprendre au (　　　).

① **allonger**　② **bout**　③ **commencement**　④ **fin**　⑤ **finale**　⑥ **lente**
⑦ **long**　⑧ **prolongement**　⑨ **rentrée**　⑩ **retard**　⑪ **réveil**　⑫ **tarder**

(1)	(2)	(3)	(4)	(5)	(6)	(7)	(8)	(9)	(10)	(11)	(12)

4．場所

endroit	男 ①場所 ②表（↔ envers 裏）// *à l'endroit* 表にして，正しい向きに：Remets tes chaussettes *à l'endroit*. 靴下をちゃんと表にしてはきなさい ③うわべ // Il ne voit que l'*endroit* d'un événement. 彼は出来事のうわべしか見ていない
envers	男 ①裏 // *à l'envers* さかさまに：Tu as mis tes chaussettes *à l'envers*. ソックスを裏返しにはいてるよ ②(事柄の)裏側 // l'*envers* du décor 内幕
terre	女 ①地球 ②陸 ③地面 // *à terre* 地面に：Mettez pied *à terre*. (乗りものから)降りてください / *par terre* 地面に：Je suis tombé *par terre*. 私は地面に倒れた
terrain	男 ①土地 ③地所 // *terrain* à bâtir 宅地 ④…場 // *terrain* de golf ゴルフ場 ⑤(活動・議論などの)分野 ⑥戦場
espace	男 ①空間，スペース ②宇宙空間 ③(2つの物の間の)間隔 // Il y a un *espace* de 8 mètres entre chaque arbre. 木の間に8メートルの間隔がある / *en l'espace de*+時間 …の間に：En l'*espace d'*une heure, il avait fini son travail. 1時間のあいだに彼は仕事を終えていた
lieu	男 ①場所 // *au lieu de qn/qc* 不定詞 (= à la place de) …の代わりに：Vous feriez mieux de travailler *au lieu de* jouer. 遊んでいないで勉強するほうがいいですよ / *avoir lieu* (= se passer) 行なわれる，起こる：L'examen *aura lieu* le 1er octobre. 試験は10月1日に行なわれる / *en haut lieu* 上層部で
milieu(x)	男 ①(時間的・空間的)真ん中 // *au milieu des* années 70 70年代なかばに ②(社会的)環境，階層 // Il vit dans un *milieu* bourgeois. 彼はブルジョワ階級で暮らしている
marge	女 ①(本・原稿の)余白 // vivre en *marge* de la société 社会から離れて暮らす ②(時間・空間の)余裕 // Il est huit heures, cela me laisse une *marge* de 5 minutes. 8時だ，まだ5分の余裕がある
angle	男 ①角(かど) ②角度 ③視点 // sous différents *angles* さまざまな観点から ④(性格・表現の)とげとげしさ
quartier	男 ①地区 ②4分の1 // avoir *quartier* libre 自由行動ができる
ailleurs	男 ①ほかの場所に ②異国 // d'*ailleurs* そのうえ，そもそも，もっとも / par *ailleurs* その一方で，それに
intérieur	男 ①内部 // à l'*intérieur* de …の中に ②室内 ③国内
dehors	男 外部（↔ dedans）
sous-sol	男 地下 // Dans ce grand magasin, le bricolage est au deuxième *sous-sol*. このデパートでは，日曜大工用品は地下2階にある
surface	女 ①表面 ②面積 // une grande *surface* 大型ショッピングセンター ③うわべ // en *surface* 水面を，うわべだけで
bord	男 ①へり ②(海・川・道路などの)周辺 ③船，飛行機，自動車 // *à bord de qc* …に乗って：monter *à bord d'*un avion [une voiture] 搭乗[乗車]する
■**aborder**	他 ①近づいて話しかける ②(仕事・活動などに)取り組む 自 (船などが)接岸する
campagne	女 ①田舎 ②キャンペーン // *campagne* électorale 選挙戦
plage	女 ①浜辺 ②空いている時間
paysage	男 ①風景 ②情勢
champ	男 ①畑，野原 ②領域 ③ *champ de*+無冠詞名詞 …場：*champ de* bataille 戦場

EXERCICE 4

次の（1）～（12）について，**A**，**B** の（　）内には同じつづりの語が入ります。（　）内に入れるのにもっとも適切な語を，下の ① ～ ⑫ のなかから１つずつ選び，解答欄にその番号を記入しなさい。ただし，同じものを複数回用いることはできません。

(1)　**A**　Au (　　　) du repas, il y a eu une panne d'électricité.

　　B　Un grand pin se dresse au (　　　) du champ.

(2)　**A**　Au (　　　) qu'il reconnaisse ses erreurs, il persiste à nier sa responsabilité.

　　B　On a discuté de la réduction des heures de travail en haut (　　　).

(3)　**A**　Ce jardin n'offre pas assez d'(　　　) pour la plantation d'arbres.

　　B　En l'(　　　) de dix minutes, il a donné trois coups de téléphone.

(4)　**A**　Considérée sous cet (　　　), la question paraît plus simple.

　　B　Mon appartement se trouve à l'(　　　) de la rue du Montparnasse et du boulevard.

(5)　**A**　Ces faïences ne sont pas fabriquées en France ; elles viennent d'(　　　).

　　B　Tu as assez joué aux jeux vidéo, d'(　　　) il est l'heure de te coucher.

(6)　**A**　Cet écrivain vit en (　　　) de la société.

　　B　Laissez-nous un peu de (　　　) dans l'exécution d'un travail.

(7)　**A**　Dans une glace, on se voit à l'(　　　) : la gauche devient la droite.

　　B　Tout le monde ne se rend pas compte de l'(　　　) du décor.

(8)　**A**　De l'(　　　) où j'étais, j'apercevais la montagne.

　　B　Tu peux reconnaître l'(　　　) et l'envers de ce tissu ?

(9)　**A**　Elle a arrangé son (　　　) pour que tout soit confortable.

　　B　Le ministre de l'(　　　) joue un rôle central dans l'administration et la police.

(10)　**A**　Il a pris un (　　　) de fromage.

　　B　Je ne suis pas du (　　　), pouvez-vous me dire où est la poste ?

(11)　**A**　Les feuilles tombent par (　　　) en automne.

　　B　Le bateau gagnait le large, et bientôt on a cessé de voir la (　　　).

(12)　**A**　Nous avons acheté un bout de (　　　) au bord du lac et nous allons faire du camping.

　　B　Vous ne le battrez pas sur le (　　　) économique, il est très fort.

① **ailleurs**　　② **angle**　　③ **endroit**　　④ **envers**　　⑤ **espace**　　⑥ **intéreur**
⑦ **lieu**　　⑧ **marge**　　⑨ **milieu**　　⑩ **quartier**　　⑪ **terrain**　　⑫ **terre**

(1)	(2)	(3)	(4)	(5)	(6)	(7)	(8)	(9)	(10)	(11)	(12)

5．位置

centre	男 ①中心，中央 ②中心地，施設 ③(話題などの)主要点，中心人物
central, *e*	形 ①中心の，中央の ②主要な
centrale	女 ①発電所 ②センター
fond	男 ①底 ②(場所の)奥 ③水深 ④背景 ⑤基本 ⑥(心の)奥底 // au *fond* 実は / à *fond* 徹底的に / au [dans le] *fond* 結局
étage	男 ①(建物の)階 // un immeuble de [à] cinq *étages* 6階建てのビル / habiter au premier *étage* 2階に住む / de bas *étage* 低級な，下層階級の / par *étages* 階段状に
siège	男 ①腰掛け，(自動車などの)シート ②議席 // obtenir cent *sièges* de députés 100議席を獲得する ③本拠地 // *siège* social 本社
situation	女 ①位置 ②立場 ③(政治・経済などの)情勢 // *situation* politique 政治情勢 ④ポスト // Il a une belle *situation*. 彼は結構なポストに就いている ⑤être en *situation* de … することができる立場にある
place	女 ①場所，居場所，席 // changer *qc* de *place* …の場所を変える / sur *place* その場で，現地で：La police est arrivée très vite *sur place*. 警察はすぐに現場に到着した / à la *place* (de *qn*/*qc*) (= au lieu de) (…)の代わりに / à ma [ta, sa…] *place* もし私[君，彼(女)…]の立場にたてば
déplacement	男 ①移動 // *déplacement* de meubles 家具の移動 ②転任 ③出張
côté	男 ①側 ②脇腹 ③側面 ④陣営 ⑤関係，血筋 ⑥(数学)辺 // à *côté* de …の近くに (= près de) / aux *côtés* de *qn* (人)のそばに，味方して / de *côté* わきに，横に：mettre de l'argent *de côté* 貯金する / de l'autre *côté* (*de*…) (…)の向こう側に：Je vois un parc *de l'autre côté de* la rue. 通りの向こうに公園が見える
ordonnance	女 ①配置 // *ordonnance* d'un appartement アパルトマンの間取り ②処方箋 ③行政命令
disposition	女 ①配置 // La *disposition* des pièces de cet appartement est pratique. このアパルトマンの部屋の配置は実用的だ ②(人・物を)自由に使えること // *à la disposition de qn* …の自由に使えるように：J'ai peu de temps *à ma disposition*. 私は自由に使える時間がほとんどない ③(à …への[する])傾向 ④(複) 素質 ⑤気持ち ⑥(複) 準備
droit, *e*	形 ①右の ②まっすぐな
	男 ①権利 // avoir le *droit* de + 不定詞 …する権利がある ②法律(学) ③(複) 税，料金
gauche	形 ①左の ②不器用な 女 ①左，左側 // à *gauche* [de] […の]左に ②左翼
élevé, *e*	形 ①(位置が)高い ②(値段などが)高い ③育てられた
environs	男・複 付近 // Paris et ses *environs* パリとその近郊 / aux *environs de* …の近くに，の頃に，およそ：Ils habitent *aux environs de* Paris. 彼らはパリ近郊に住んでいる / La dépense s'élève *aux environs de* mille euros. 支出は約1000ユーロに達する
proche	形 ①(時間的・空間的に)近い // Ma maison est *proche* de la plage. 私の家は海岸に近い ②(関係などが)類似した，親しい // un ami très *proche* 親友
parallèle	形 ①(à …に)平行な ②非合法な // marché *parallèle* 闇市場 ③類似した
cadre	男 ①額縁 ②環境 // *cadre* de vie 生活環境 ③範囲 // entrer dans le *cadre* de son travail 仕事の範囲に入る ④管理職(の人)
classement	男 ①分類 ②順位，格付け // *classement* de l'affaire 一件落着とみなすこと
classe	女 ①クラス ②授業 ③ランク ④気品
répartir	他 ①分配する ②配分する ③(〜A en B) A を B に分類する

EXERCICE 5

次の（1）〜（12）について，**A**，**B** の（　）内には同じつづりの語が入ります。（　）内に入れるのにもっとも適切な語を，下の ① 〜 ⑫ のなかから1つずつ選び，解答欄にその番号を記入しなさい。ただし，同じものを複数回用いることはできません。

(1)　**A**　Ce fonctionnaire a demandé son (　　　　) dans le gouvernement local.

　　　B　Les frais de (　　　) de ces personnes sont à leur charge.

(2)　**A**　C'est un homme du (　　　) qui a été chargé de former le projet de nous associer.

　　　B　La question du chômage a été au (　　　) du débat.

(3)　**A**　Elle avait mal au (　　　) droit.

　　　B　Il laisse souvent son portefeuille à la maison : c'est son (　　　) bohème.

(4)　**A**　Elle n'est pas en (　　　) de persister dans son opinion.

　　　B　Pierre a une belle (　　　), il est directeur commercial.

(5)　**A**　Il cède toujours sa (　　　) dans le métro à une personne âgée.

　　　B　La police était sur (　　　) moins de cinq minutes après avoir reçu l'appel.

(6)　**A**　Il connaît à (　　　) la vie de Napoléon, il peut répondre à n'importe quelle question.

　　　B　Il reste un peu de confiture dans le (　　　) du pot.

(7)　**A**　Il est (　　　) dans ce qu'il fait. Il a encore cassé un verre.

　　　B　On roule à (　　　) au Japon.

(8)　**A**　Ils habitent dans une maison à un (　　　).

　　　B　Ses plaisanteries de bas (　　　) nous ennuyaient.

(9)　**A**　J'ai changé la (　　　) des livres de ma bibliothèque.

　　　B　Tu as une (　　　) à douter de tout.

(10)　**A**　Le médecin a rédigé une (　　　).

　　　B　Une (　　　) ministérielle contient des mesures qui doivent être appliquées.

(11)　**A**　Le (　　　) social de ce fabricant d'automobiles se trouve à Paris.

　　　B　Monsieur Gerbaut a son (　　　) à l'Assemblée nationale.

(12)　**A**　Pour devenir avocat, il faut faire des études de (　　　).

　　　B　Tu n'as pas le (　　　) de faire intrusion dans ma vie privée.

① centre　　② côté　　③ déplacement　　④ disposition　　⑤ droit　　⑥ étage
⑦ fond　　⑧ gauche　　⑨ ordonnance　　⑩ place　　⑪ siège　　⑫ situation

(1)	(2)	(3)	(4)	(5)	(6)	(7)	(8)	(9)	(10)	(11)	(12)

6. 方向，形

① 方向

direction	囡 ①方向 // en *direction* de+場所 …の方向に ②管理 // sous la *direction* de qn (人)の指導のもとで ③経営陣
exposition	囡 ①展覧，展示会 ②(建物の)向き // avoir une bonne *exposition* 日当たりのよい ③論述
sens	男 ①方向，向き ②進路 // une rue à *sens* unique 一方通行の通り / un *sens* interdit 車両進入禁止 / *sens dessus dessous* 上下さかさまに，混乱した：Il a mis son pull *sens dessus dessous*. 彼はセーターをうしろまえに着た
sensible	形 ①感知[感取]できる ②過敏な ③感受性の強い ④感度のいい ⑤とりあつかいに注意が必要な
branche	囡 ①(木の)枝，枝状のもの // *branches* de lunettes めがねのつる ②支線，支流 ③家系図の枝 ④部門
contraire	男 反対 // au *contraire* 反対に
opposé	男 反対 // à l'*opposé* (de...) (…の)反対側に，(…と)反対に：Nous avons pris la route à l'*opposé*. 私たちは道を逆方向に曲がってしまった
■ **opposé, *e***	形 ①反対側の ②(à …に)反対する ③対立する

② 形

forme	囡 ①形 // en *forme* de qc …の形をした / *prendre forme* 形をなす，具体化する：Notre projet va *prendre forme*. われわれの計画はまもなく具体化する / *sous* (la) *forme de qc* …の形をとった，…の姿で：médicament *sous forme de* comprimés 錠剤にした薬 ②人影，物影 ③(人の)体つき ④形式 ⑤(複) 礼儀 ⑥体調 // être en *forme* 快調である
ligne	囡 ①線 ②体の線 ③方針 ④(交通機関の)路線 ⑤電話線 // Vous êtes en *ligne*, parlez maintenant. つながりました，お話しください / entrer en *ligne* de compte 考慮の対象になる / sur toute la *ligne* (= complètement) 全線にわたって，完全に / les grandes *lignes* 概要
hauteur	囡 ①高さ // Ce bâtiment a 20 mètres de *hauteur* [haut]. = Ce bâtiment est haut de 20 mètres. この建物は高さ20メートルある ②高台 ③卓抜さ // *hauteur* de vues 見識の高さ ④傲慢 // parler avec *hauteur* 尊大な口調で話す / à la *hauteur* de qn/qc …の高さに，…に比肩できる，(事態・任務に)対処する能力がある
bas, *se*	形 ①低い ②(身分が)低い ③(声・音が)小さい // à voix *basse* 小さい声で
bas	男 ①低い所，下の部分 // *bas* d'un pantalon ズボンの裾 / en *bas* 下に ②ストッキング
large	形 ①幅の広い // Cette avenue est *large* de cent mètres. = Cette avenue a [fait] cent mètres de *large*. この大通りは幅100メートルある ②(衣服・靴などが)ゆったりした ③気前のよい ④寛大な
	男 ①幅 ②沖合 // être *au large* ゆったりしている：Elle est *au large* dans cette robe. このドレスなら彼女はゆったり着れる
largeur	囡 ①幅 // La table fait deux mètres de longueur sur quatre-vingt centimètres de *largeur*. テーブルは縦2メートル，横80センチある ②(心・視野の)広さ
grandeur	囡 ①大きさ ②重大さ ③威光 ④(精神・芸術作品などの)偉大さ
long	男 長さ // *au long* [le long, tout le long] de qc …に沿って：Il aime marcher *le long des* quais de la Seine. 彼はセーヌ河岸に沿って歩くのが好きだ / *de long en large* 行ったり来たりして：Il m'a raconté son voyage *de long en large*. 彼は旅行のことを詳しく話してくれた ■ **longueur** 囡 ①長さ ②(時間的に)長いこと

profond, *e*	形 ①深い ②とらえがたい
plat, *e*	形 ①平らな // mer *plate* 穏やかな海 ②単調な // style *plat* 単調な文体 ③(飲みものが)炭酸ガスを含まない
plat	男 ①平らな部分，平地 ②(製本)表紙 ③皿 ④(皿に盛った)料理

EXERCICE 6

次の（1）〜（12）について，**A**，**B**の（　）内には同じつづりの語が入ります。（　）内に入れるのにもっとも適切な語を，下の ① 〜 ⑫ のなかから１つずつ選び，解答欄にその番号を記入しなさい。ただし，同じものを複数回用いることはできません。

(1)　**A**　Après avoir quitté l'hôpital, il sera en (　　　) pour se remettre au travail.

　　　B　L'actrice a paru cette fois sous la (　　　) d'une vieille femme.

(2)　**A**　Cette maison a une bonne (　　　).

　　　B　Frédéric fera une (　　　) de ses tableaux en octobre à Paris.

(3)　**A**　Cette rivière indique la (　　　) de démarcation entre les deux régions.

　　　B　Si tu veux garder la (　　　), supprime les frites.

(4)　**A**　Elle a réparé une (　　　) cassée de ses lunettes avec de la colle.

　　　B　Une (　　　) de la famille a émigré en France à la fin du XIXᵉ siècle.

(5)　**A**　Elle boit toujours de l'eau (　　　) à table.

　　　B　Mes enfants aiment se baigner dans la mer (　　　).

(6)　**A**　Elle est (　　　) au projet de son collègue.

　　　B　Par erreur je suis monté dans le train qui allait dans la direction (　　　).

(7)　**A**　Il a traité les problèmes difficiles avec une grande (　　　) de vues.

　　　B　Mon bureau a un mètre de longueur sur soixante-dix centimètres de (　　　).

(8)　**A**　Il s'est montré à la (　　　) de cette situation difficile.

　　　B　La tour Eiffel a 300 mètres de (　　　).

(9)　**A**　Je ne comprends pas la pensée (　　　) de cet auteur.

　　　B　On doit creuser une fosse assez (　　　) pour planter cet arbre.

(10)　**A**　Je ne sais pas pourquoi tu lui offres ce recueil poétique : il n'est pas du tout (　　　) à ce genre de littérature.

　　　B　Son lycée se trouve dans un quartier (　　　) de mauvaise réputation.

(11)　**A**　Les étudiants ont étudié sous la (　　　) de leur professeur.

　　　B　On les a chargés de négocier avec la (　　　).

(12)　**A**　Sa moto a dévié de la route et a percuté un minivan en (　　　) inverse.

　　　B　Tu n'as pas le droit d'aller par là, c'est un (　　　) interdit.

① branche　② direction　③ exposition　④ forme　⑤ hauteur　⑥ largeur
⑦ ligne　⑧ opposée　⑨ plate　⑩ profonde　⑪ sens　⑫ sensible

(1)	(2)	(3)	(4)	(5)	(6)	(7)	(8)	(9)	(10)	(11)	(12)

7．数量・有無

nombre	男 数 // un certain *nombre* de+無冠詞名詞 (= plusieurs) かなりの数の… / un grand *nombre* de+無冠詞名詞 (= beaucoup de) 多数の… / un petit *nombre* de+無冠詞名詞 (= quelques) 少数の… / sans *nombre* 無数の / au [du] *nombre* de *qn/qc* …の数のうちに
nombreux, se	形 多くの // J'ai fait de *nombreuses* fautes dans ma dictée. 私はディクテでたくさんのまちがいをした
fertile	形 ①肥沃な ② *fertile en*+無冠詞名詞 …の多い：Ce voyage a été *fertile en* événements. 今回の旅行は事故が多かった
plein	男 ①いっぱいの状態 ②満タン // faire le *plein* ガソリンを満タンにする / *en plein dans* [*sur*] *qc* …の真ん中に：La bombe est tombée *en plein sur* la maison. 爆弾が家に命中した / à *plein* 完全に，最大限の；満員で
plein, e	形 ①いっぱいの // *plein de qn/qc* …でいっぱいの：une bouteille *pleine de* vin ワインでいっぱいの瓶 ②満員の // Le théâtre est *plein*. (= complet) 劇場は満席だ ③完全な // *en plein qc* …の真ん中に[で]：*en pleine* nuit 真夜中に，en *plein* air 屋外で
saturé, e	形 ①(de …で)いっぱいの ②(de …に)うんざりした
bourré, e	形 ①(de …が)いっぱいに詰まった ②酔っ払った
masse	女 ①大きな塊 ②(人の)群，大衆 // une *masse* de+無冠詞名詞 たくさんの… ③全体 // *masse* du château 城の全容
foule	女 ①群衆，雑踏 // une *foule* de+無冠詞複数名詞 たくさんの… ②大衆
groupe	男 ①集まり ②グループ，団体 // un voyage en *groupe* 団体旅行
pile	女 ①堆積 // mettre *qc* en *pile* …を山と積み上げる ②電池
complet, ète	形 ①完全な，(期間が)まるまるの // une journée *complète* まる1日 ②完璧な ③満員の
volume	男 ①体積 ②音量 ③巻 // encyclopédie en douze *volumes* 12巻の百科事典 ④規模
manque ■ **manquer**	男 ①不足，欠如 // *manque* à gagner もうけそこない(の額) ②(複) 欠落，欠点
	自 ①欠けている，足りない ②失敗する ③欠席する
	間・他 ①(de …が)欠けている，足りない // Cette sauce *manque* de sel. このソースは塩が足りない ②(à *qn* 人に)さびしい思いをさせる ③(à *qc* …に) (義務・規則などに)背く
	他 ①(列車などに)乗り遅れる ②(人に)会いそこなう ③(機会を)逃す ④失敗する ⑤欠席する // Je n'y *manquerai* pas. 必ずそうします
seul, e	形 ①唯一の ②ひとりきりの ③…だけ // tout(*e*) seul(*e*) (= sans aide) 独力で / Ça va [ira] tout *seul*. 簡単にかたづく / être (le) *seul* à+不定詞 …するのは〜だけだ
vide	形 ①空の // Il est parti les mains *vides*. (↔ plein) 彼は手ぶらで出かけた ②空いている ③空虚な // Il dit des mots *vides* de sens. (= sans) 彼は意味のないことを言う ④人気のない
	男 ①空白 ②(時間の)隙間 ③真空 ④むなしさ，空疎，虚無(感)
présence	女 ①存在，出席 // en *présence* de *qn/qc* (= devant) …の面前で ②(国などの)影響力 ③存在感
■ **présent, e**	形 ①存在する ②出席している ③現在の
existence	女 ①存在 ②生活 ③寿命
absence	女 ①不在 // en l'*absence* de *qn/qc* …がいないときに，…がない[いない]ので ②欠如 ③放心(状態)
■ **absent, e**	形 ①留守の，欠席の ②欠けている ③放心した

nul, *le*	形 ①無の ②無価値の // Il est *nul* en français. 彼はフランス語がまったくできない ③ひきわけの // Les deux équipes ont fait match *nul*. 両チームは試合をひきわけた ④(法律) 無効の ⑤(話) 最低の

EXERCICE 7

次の（1）〜（12）について，**A**，**B**の（　）内には同じつづりの語が入ります。（　）内に入れるのにもっとも適切な語を，下の① 〜⑫ のなかから1つずつ選び，解答欄にその番号を記入しなさい。ただし，同じものを複数回用いることはできません。

(1)　**A**　Cet élève est (　　　) en mathématiques.

　　　B　Ils ont fait un match (　　　).

(2)　**A**　Cette année était (　　　) en événements.

　　　B　Un sol (　　　) est indispensable pour une bonne récolte.

(3)　**A**　Faites le (　　　), s'il vous plaît.

　　　B　L'hélicoptère est tombé en (　　　) sur l'usine.

(4)　**A**　Il a toujours une serviette (　　　) de documents.

　　　B　Jeanne, complètement (　　　), ne peut plus marcher.

(5)　**A**　Il préfère voyager seul plutôt qu'en (　　　).

　　　B　Il n'appartient à aucun (　　　) politique.

(6)　**A**　Je suis fier de vous compter au (　　　) de mes amis.

　　　B　Le plus grand (　　　) de suffrages s'est porté sur le nom de ce candidat.

(7)　**A**　Le dictionnaire électrique ne fonctionne pas, il n'y a plus de (　　　).

　　　B　Si tu mettais tes livres en (　　　), ça prendrait moins de place.

(8)　**A**　La mort de ma grand-mère a fait un grand (　　　) dans la maison.

　　　B　Sa plainte continuelle est tombée dans le (　　　).

(9)　**A**　Le (　　　) de temps l'a empêché d'achever son travail.

　　　B　Les entreprises subiront le (　　　) à gagner si elles manquent de travailleurs.

(10)　**A**　On a rassemblé en un (　　　) les lettres de cet écrivain.

　　　B　Réglez le (　　　) sonore de la radio.

(11)　**A**　On voyait dans la brume la (　　　) du château.

　　　B　Une (　　　) de baigneurs envahit la station balnéaire.

(12)　**A**　(　　　) pour la nuit, l'hôtel a refusé des arrivées tartives.

　　　B　Sa tentative d'évasion s'est soldée par un échec (　　　).

① **bourrée**　② **complet**　③ **fertile**　④ **groupe**　⑤ **manque**　⑥ **masse**
⑦ **nombre**　⑧ **nul**　⑨ **pile**　⑩ **plein**　⑪ **vide**　⑫ **volume**

(1)	(2)	(3)	(4)	(5)	(6)	(7)	(8)	(9)	(10)	(11)	(12)

8．部分

quart	男 ①4分の1 // deux heures et *quart* 2時15分 / *les trois quarts* 4分の3，大部分：La salle est *aux trois quarts* pleine. 会場は満席に近い ②(スポーツ) 準々決勝
moitié	女 ①半分 // à *moitié* 半分 / (à) *moitié* prix 半額で / de *moitié* 半分だけ：Son salaire a diminué *de moitié* en cinq ans. 彼の給料は5年で半減した / *moitié-moitié*：On paye *moitié-moitié*. 割り勘にしよう ②ほとんど // La bouteille est à *moitié* vide. 瓶はほとんど空だ
plupart	女 大部分 // la *plupart* des+複数名詞 [d'entre+人称代名詞強勢形] 大部分の… / la *plupart* du temps (= le plus souvent) ほとんどいつも / pour la *plupart* 大部分は：Ce sont, *pour la plupart*, des étudiants. 大多数は学生だ
enti*er*, *ère*	形 ①全部の // un mois *entier* まる1ヶ月 / en *entier* 全部を：Elle a mangé le gâteau *en entier*. 彼女はケーキを全部食べてしまった ②損なわれていない ③完全な ④妥協しない
partie	女 ①部分 // en *partie* 部分的に / faire *partie* de qc …に属する：Il *fait partie* d'une équipe de football. 彼はサッカーチームの一員だ ②勝負，試合 ③パーティー ④専門分野
part	女 ①部分 ②分けまえ ③分担(金) ④持ち株 // à *part* 個別に，切り離して / à *part* qn/qc …を除いて / de la *part* de qn (人)からの / faire *part* de qc à qn …を(人に)知らせる / nulle *part* どこにも(…ない) / quelque *part* どこかに / prendre *part* à qc (= participer à) …に参加する / pour ma *part* 私としては
pièce	女 ①部品 ②(単位としての)1個 // (la) *pièce* 1個あたり ③部屋 ④硬貨 ⑤戯曲 ⑥書類
reste	男 ①残り：残金 // *reste* de sa vie 余生 / un *reste* de pain 少しだけ残ったパン / du [au] *reste* そのうえ，もっとも ②(複) 食事の残り
détail	男 ①細部 ②些細なこと ③小売り (↔ gros 卸) // en *détail* 詳細に / entrer dans le *détail* 細部に立ち入る
morceau (~x)	男 ①1切れ // un *morceau* de pain 1切れのパン ②断片 // du sucre en *morceaux* 角砂糖 ③(音楽) 曲
paire	女 ①1対 // une *paire* de chaussures 1足の靴 ②カップル ③(トランプ) ペア
pair	男 ①偶数 // côté *pair* de la rue 通りの偶数番地側
pincée	女 1つまみ // une *pincée* de sel 1つまみの塩
tranche　■ **trancher**	女 1切れ // trois *tranches* de jambon [pain] 3枚のハム[パン]
	他 ①切る ②(問題・紛争などに)決着をつける
	自 *trancher sur* …と対照をなす // Le fauteuil noir *tranche sur* la moquette blanche. 黒い肘掛け椅子が白いカーペットと対照をなしている
membre	男 ①メンバー ②(人間の)手足
élément	男 ①要素 // *éléments* d'un médicament 薬の成分 ②部品 ③構成員 ④(複) 初歩 // être dans son *élément* 自分の得意とする領分にいる
ensemble	男 ①全体 *ensemble* de ses élèves 生徒全員 ②集団 ③まとまり // manquer d'*ensemble* まとまりを欠く ④ 建物の一群 // un grand *ensemble* 団地 ⑤合唱団
unité	女 ①単位 // *unité* de longueur 長さの単位 ②統一(性) // manquer d'*unité* まとまりを欠く ③(商品の)1個 ④(軍の)部隊
troupe	女 ①部隊 ②グループ ③劇団 ④(複) 軍隊

2 多義語に関する問題

EXERCICE 8

次の（1）〜（12）について，**A**，**B**の（　）内には同じつづりの語が入ります。（　）内
に入れるのにもっとも適切な語を，下の①〜⑫のなかから１つずつ選び，解答欄にその番号
を記入しなさい。ただし，同じものを複数回用いることはできません。

(1) **A** Ce livre fait (　　　) de la littérature pour enfants.

    B La dernière (　　　) du match de baseball a été interrompue à cause de
la pluie.

(2) **A** Cet employé est un excellent (　　　) dans le service commercial.

    B Quand on discute musique, il est dans son (　　　).

(3) **A** Chaque mois, il consacre une (　　　) importante de son salaire en
frais de nourriture.

    B Je dois lui faire (　　　) de mon départ pour Paris.

(4) **A** Dans cette zone, les habitants du grand (　　　) peuvent être desservis
par les équipements généraux.

    B L'(　　　) des employés de cette compagnie est d'accord pour se
mettre en grève.

(5) **A** Dans la (　　　) des cas, son discours est trop long.

    B Les sinistrés étaient pour la (　　　) des vieillards et des enfants.

(6) **A** Dans la seconde (　　　) du XIXe siècle, la papeterie a connu son âge
d'or au Japon.

    B Il a payé ce manteau (　　　) prix parce qu'il avait un défaut.

(7) **A** Elle a écouté un (　　　) improvisé par des musiciens chevronnés.

    B Pouvez-vous couper un (　　　) de jambon en deux parts ?

(8) **A** Elle a mis de côté un (　　　) de son salaire ces deux dernières années.

    B Ils ont battu le Brésil 2 à 1 en (　　　) de finale.

(9) **A** Elle est restée absente de Paris un mois (　　　).

    B Je suis arrivé en retard au stade, je n'ai donc pas vu le match en
(　　　).

(10) **A** Elles sont chères, ces tasses, vingt euros (　　　).

    B La plupart des étudiants vivaient dans une seule (　　　).

(11) **A** Il ne vient ici que le soir, le (　　　) du temps étant dédié à son travail.

    B Versez-moi des arrhes, je vous donnerai un délai pour le (　　　).

(12) **A** Je ne vais pas vous le dire dans le (　　　), parce que je n'aurai pas le
temps de le faire.

    B Vous vendez des assiettes au (　　　) ?

① détail　　② élément　　③ ensemble　　④ entier　　⑤ moitié　　⑥ morceau
⑦ part　　⑧ partie　　⑨ pièce　　⑩ plupart　　⑪ quart　　⑫ reste

(1)	(2)	(3)	(4)	(5)	(6)	(7)	(8)	(9)	(10)	(11)	(12)

9．状態（1）

cas	男 ①場合，ケース // *en cas de*+無冠詞名詞 …の場合は：*en cas de* besoin 必要ならば / en tout *cas*, dans [en] tous les *cas* (= de toute façon) いずれにせよ / faire *cas* de *qn*/*qc* …を重視する ②立場 ③(訴訟) 事件 ④(医学) 症例
circonstance	女 ①(複) 状況，場合 // en raison des *circonstances* 現状を考慮して / en toutes *circonstances* (= toujours) どのような場合にも / Ça dépend des *circonstances*. それは状況次第だ ②機会 // de *circonstance* 時宜にかなった，一時的な / pour la *circonstance* この(特別な)機会に
condition	女 ①条件 // à *condition* de+不定詞 [que+接続法] …という条件で ②(複) 状況 // dans ces *conditions* こうした状況では
dépendre	間・他 ①(de *qc*) …次第である ②…に依存する ③…に所属する (= appartenir)
état	男 ①状態，健康状態 // en bon [mavais] *état* 状態のいい[悪い] / en *état* de *qc*/不定詞 …の[できる]状態で / faire *état* de …を考慮する ②身分 // *état* civil 戸籍
empêchement	男 ①不都合 // en cas d'*empêchement* 都合が悪い場合は ②(大統領の)弾劾
empêcher	他 妨げる // Tu nous *empêches* de travailler. 君は私たちの勉強の邪魔になっている / (Il) n'*empêche* que+直説法 = Cela [Ça] n'*empêche* que+直説法 / 接続法 それでもやはり…である
panne	女 故障，(事故による)停止 // une *panne* d'essence ガソリン切れ / tomber en *panne* 故障する / être en *panne* 故障している
possible	男 ①可能なこと // faire son *possible* pour+不定詞 [pour que+接続法] …するために全力をつくす ②(複) 起こりうること
	形 ①可能な // Il est *possible* de+不定詞 …することができる / si (c'est) *possible* 可能ならば ②ありうる // Il est *possible* que+接続法 …かもしれない ③できるだけの // aussi+形容詞 [副詞] que *possible* できるだけ… / autant que *possible* できるだけ
impossible	男 不可能なこと // faire l'*impossible* (= faire tout son possible) できる限りのことをする 形 ①不可能な ②非常に困難な ③途方もない ④手に負えない
loisir	男 ①暇，気晴らし ②(複) 余暇 // à *loisir* 時間をかけて
libre	形 ①自由な // être *libre* de *qc* 不定詞 自由に…できる：Vous *êtes libre* de prendre la parole. あなたは自由に発言できる ②暇がある ③空いている // une place *libre* 空席 / un taxi *libre* 空車 ④無料の // «Entrée *libre*» 「入場無料」 ⑤遠慮のない
occupé, *e* ■ **occuper**	形 ①忙しい ②ふさがった (↔ libre) ③占領された 他 ①占める // La ligne est toujours *occupée*. 電話はいつも話し中だ ②(時間を)費やす ③(人を)仕事に従事させる
surchargé, *e*	形 ①積みすぎた ②あまりにも忙しい ③装飾の多すぎる
luxe	男 ①贅沢 // Ce n'est pas du *luxe*. それは必要なものだ ②豪華 // de *luxe* 豪華な：J'ai passé la nuit dans un hôtel de *luxe*. 私は豪華ホテルでその夜を過ごした ③豊穣 // se payer le *luxe* de+不定詞 思い切って…する
étroit, *e*	形 ①狭い ②窮屈な // à l'*étroit* 狭いところで，困窮して ③偏屈な ④親密な
serré, *e*	形 ①しめつけられた ②密な，窮屈な ③(服が)体にフィットした ④(コーヒーが)濃い ⑤身をすりよせた ⑥接戦の ⑦(経済状態が)困窮した
lé*g*er, *ère*	形 ①軽い (↔ lourd 重い) // à la *légère* 軽々しく ②薄い ③軽快な ④(飲食物が)あっさりした ⑤軽薄な ⑥不謹慎な
clair, *e*	形 ①明るい ②(水・声などが)澄んだ ③はっきりした，明白な ④(ソースなどが)薄い

56

réel, *le*	形	①実在の，現実の ②ほんとうの，明らかな ③実際上の
formel, *le*	形	①明白な ②形式的な
obscur, *e*	形	①暗い ②不明瞭な，難解な // un passage *obscur* 難解な一節 ③無名の
abstrait, *e*	形	①抽象的な ②理論的な ③難解な

EXERCICE 9

次の（1）〜（12）について，**A**，**B** の（　）内には同じつづりの語が入ります。（　）内に入れるのにもっとも適切な語を，下の①〜⑫のなかから1つずつ選び，解答欄にその番号を記入しなさい。ただし，同じものを複数回用いることはできません。

(1)　**A**　À cinq, ils vivent à l'(　　　) dans un petit appartement.

　　　B　Mon pantalon est trop (　　　), il est serré à la taille.

(2)　**A**　C'est (　　　) d'identifier avec certitude le rédacteur de ce récit.

　　　B　Cette fille est vraiment (　　　).

(3)　**A**　Cet ordinateur n'est plus en (　　　) de marche.

　　　B　Les parents sont tenus de faire inscrire leurs enfants au registre de l'(　　　) civil.

(4)　**A**　Collectionner les cartes postales est un (　　　) comme un autre.

　　　B　Ses occupations ne lui laissent pas le (　　　) d'aller vous voir.

(5)　**A**　Elle a l'esprit (　　　) par le projet de voyage.

　　　B　Rappelez-moi plus tard, pour l'instant je suis (　　　).

(6)　**A**　En vacances, ils sont descendus dans des hôtels de (　　　).

　　　B　Je me suis payé le (　　　) d'acheter une voiture neuve.

(7)　**A**　Il s'est établi à son compte pour ne plus (　　　) de ses parents.

　　　B　Le succès de cette affaire doit (　　　) de vos efforts.

(8)　**A**　Je n'ai pas pu regarder la télé la nuit dernière, à cause d'une (　　　) d'électricité.

　　　B　Ma voiture est tombée en (　　　) en plein milieu de la rue.

(9)　**A**　Je tâcherai de me rendre (　　　) mercredi.

　　　B　La ligne téléphonique n'est pas (　　　).

(10)　**A**　Le courage est une (　　　) de la réussite.

　　　B　On arrivera dans une heure, à (　　　) de n'avoir aucun incident de route.

(11)　**A**　Le discours du minister a été annulé : c'est un (　　　) très rare.

　　　B　Les adolescents font grand (　　　) des conseils et de la participation de leurs parents.

(12)　**A**　La préfecture a déployé 2 000 policiers sur la capitale pour la (　　　).

　　　B　Les droits de l'homme sont une valeur universelle et non une valeur de (　　　).

① cas　　② circonstance　　③ condition　　④ dépendre　　⑤ état　　⑥ étroit

⑦ impossible　　⑧ libre　　⑨ loisir　　⑩ luxe　　⑪ occupé　　⑫ panne

(1)	(2)	(3)	(4)	(5)	(6)	(7)	(8)	(9)	(10)	(11)	(12)

10. 状態（2）

fixe	形 ①一定の // beau *fixe* 安定した晴天 / sans domicile *fixe* 住所不定の ②固定した
variable	形 ①変わりやすい (= changeant, ↔ constant) // La météo annonce un temps *variable* pour demain. 天気予報によるとあすの天気は変わりやすい ②さまざまな
hasard	男 ①偶然（偶然の出来事）// jeu de *hasard* 賭け事 / au *hasard* 行きあたりばったりに / par *hasard* 偶然に
précision	女 ①正確さ // avec *précision* (= précisément) 正確に，はっきりと ②(複) 詳細 // demander [donner] des *précisions* sur qc …について詳しい説明を求める[する]
■ **préciser**	他 正確に言う
précis, e	形 ①正確な // des renseignements *précis* (= exact) 正確な情報 ②ちょうど // Venez ici à 3 heures *précises*. きっかり3時にここへ来てください ③几帳面な
net, te	形 ①鮮明な // une photo *nette* 鮮明な写真 ②清潔な ③正味の // un salaire *net* 手どりの給料 ④(de …を)免れた ■ **nettoyer** 他 ①きれいにする ②空にする ③ぐったりさせる
juste	形 ①公正な，正当な ②正確な ③(多く un peu, trop などとともに) ぎりぎりの // robe trop *juste* きつすぎるワンピース
ordinaire	男 ①ふつうの水準 ②通常 // d'*ordinaire*, à l'*ordinaire* 通常 (= d'habitude, en général) ③レギュラーガソリン ④通常の献立 形 ①通常の ②(品質が)並みの // de l'(essence) *ordinaire* レギュラーガソリン ③平凡な
normal, e	形 ①正常な // un prix *normal* 妥当な値段 ②当然の // Il est *normal* de+不定詞 [que+接続法] (= c'est naturel) …は当然のことだ *cf.* Cela va de soi. それは当然のことである
particulier, ère	形 ①特別の ②固有の // C'est un plat *particulier* à cette région. これはこの地方独特の料理です ③個人の ④個別の ⑤風変わりな // en *particulier* (= surtout) とりわけ
propre	形 ①固有の // L'impolitesse est un défaut *propre* à la jeunesse. 不作法は若者に特有の欠点です ②自分自身の ③(à …に)適した ④(ことばが)適切な ⑤ていねいな
pur, e	形 ①純粋な ②純然たる，単なる // *pur* et simple 無条件の；純然たる，まったくの ③澄んだ ④清純な // *pur* et dur 厳格な
mixte	形 ①混成の ②男女混合の // une école *mixte* 男女共学の学校
climat	男 ①気候 ②雰囲気
chaleur	女 ①暑さ // un été d'une *chaleur* accablante 耐えがたく暑い夏 ②熱 ③熱烈さ
chaud, e	形 ①暑い，熱い，暖かい ②熱気のある // ne pas être *chaud* pour qc/不定詞 …するのは気がすすまない ③(時代などが)激動の 男 暑さ，熱さ // à *chaud* 温めて，暖かくして 副 熱くして // manger [boire, servir] *chaud* 熱いうちに食べる[飲む，供する]
chauffer	他 ①暖める ②奮い立たせる // *chauffer* un public 観客をわかせる
froid, e	形 ①寒い，冷たい ②冷ややかな ③冷静な ④冷酷な 男 ①寒さ，冷たさ // prendre [attraper] *froid* 風邪をひく ②冷凍 ③(関係の)冷たさ // en *froid* (avec qn) (人と)仲たがいして
frais, fraîche	形 ①ひんやりした ②冷たい ③新鮮な ④新しい ④さわやかな
doux, ce	形 ①穏やかな // à feu *doux* とろ火で ②柔らかい ③甘い ④優しい ⑤温暖な
mou, molle	形 ①柔らかい ②軟弱な，優柔不断な ③(天気が)蒸し暑い
raide	形 ①硬い ②(坂などが)急な ③酔った ④一文なしの ⑤容認しがたい
solide	形 ①丈夫な ②確固とした ③(話) すごい ④固体の
sec, sèche	形 ①乾いた，乾燥した ②なにも加えていない ③やせこけた ④そっけない，冷淡な

■ **sécher**	他 ①乾かす ②飲み干す ③さぼる
humide	形 ①湿った ②(気候などが)じめじめした
stérile	形 ①不妊の ②不毛の ③殺菌された ④実りのない
grain	男 ①粒 // *grain* de poussière ほこり ②(穀物の)粒, 種子 ③(穀物の)実 // *grain* de raisin ブドウの粒 ④(表面の)きめ ⑤にわか雨

EXERCICE 10

次の（1）～（12）について，**A**，**B** の（　）内には同じつづりの語が入ります。（　）内に入れるのにもっとも適切な語を，下の ① ～ ⑫ のなかから1つずつ選び，解答欄にその番号を記入しなさい。ただし，同じものを複数回用いることはできません。

(1) **A** Ce bateau n'est pas (　　　) à la navigation lointaine.

    B Il n'est pas disposé à investir son (　　　) argent pour acheter une voiture.

(2) **A** C'est (　　　) que les enfants soient inattentifs de temps en temps.

    B Tu as payé cette voiture d'occasion 3 000 euros ? C'est le prix (　　　).

(3) **A** C'est tout à fait par (　　　) que j'ai trouvé la solution au problème.

    B Il interdit à ses enfants de visiter les sites de jeu de (　　　).

(4) **A** Elle est arrivée à midi (　　　).

    B Sois un peu plus (　　　), explique-moi en détail ce que tu veux faire.

(5) **A** Il s'est rendu à l'école à vélo, comme à l'(　　　).

    B Je ne prendrai pas d'extra, je me contenterai de l'(　　　).

(6) **A** Il faisait (　　　) pour la saison, et j'ai eu envie d'aller faire une promenade seul.

    B Il faut faire cuire la sauce pendant 20 minutes à feu (　　　).

(7) **A** J'ai un avis très (　　　) sur cette question.

    B Pour le beurre, le prix soumissionné s'applique au poids (　　　).

(8) **A** Je l'ai écouté avec une attention (　　　).

    B J'utilise tantôt une voiture du magasin, tantôt ma voiture (　　　).

(9) **A** Je ne sais pas où habite ce pauvre homme, il est sans domicile (　　　).

    B Le temps est au beau (　　　), et ça durera tout le mois.

(10) **A** Je ne suis pas (　　　) pour sortir de nuit.

    B Si tu as des frissons de fièvre, il vaut mieux boire (　　　).

(11) **A** L'air n'est pas (　　　) du tout à Pékin.

    B Sa réaction est un refus (　　　) et simple.

(12) **A** La météo annonce un temps (　　　) sur toute la France.

    B La récolte est très (　　　) selon les années.

① chaud　　② doux　　③ fixe　　④ hasard　　⑤ net　　⑥ normal
⑦ ordinaire　　⑧ particulière　　⑨ précis　　⑩ propre　　⑪ pur　　⑫ variable

(1)	(2)	(3)	(4)	(5)	(6)	(7)	(8)	(9)	(10)	(11)	(12)

11. 価値

valeur	囡 ①価値, 価格, (法的な)効力 // C'est un acteur de grande *valeur*. 彼は優れた俳優だ / mettre *qn/qc* en *valeur* …を活用する, 立派に見せる / prendre de la *valeur* 値があがる ②重要性 ③有価証券 ④数値
valable	圏 ①有効な // Ce billet est *valable* quatre jours. この切符は4日間有効です ②根拠のある ③価値のある
valoir	圁 ①…の値段である ②…の価値がある // *valoir* la peine de+ 不定詞 [que+ 接続法] …に値する, 価値がある ③匹敵する ④…の収入がある ④(pour …に) 当てはまる
vrai, e	圏 ①ほんとうの ②本物の ③真実みのある ④有効な
	圐 真実 // à *vrai* dire じつを言うと / être dans le *vrai* (= avoir raison) 正しい
authentique	圏 ①本物の ②心底からの
prix	圐 ①値段 // hors de *prix* (= très cher) とても高い / (à) moitié *prix* 半額の ②(複) 物価 // le mouvement des *prix* 物価の変動 ③料金 ④価値 ⑤代償 // à aucun *prix* どうしても…ない：Ne me dérange à aucun *prix*. どんなことがあっても邪魔をしないでね / à tout *prix* なんとしても ⑥賞
payant, e	圏 ①有料の (↔ gratuit 無料の) // les places gratuites et les places *payantes* 無料席と有料席 ②(努力などが) 報われる
raisonnable	圏 ①良識的な ②(値段などが) 手ごろな // Il a acheté un appartement à un prix *raisonnable*. 彼は手ごろな値段でアパルトマンを買った
qualité	囡 ①質 // de (bonne) *qualité* 良質の / de mauvaise *qualité* 質の悪い ②長所 // mes *qualités* et mes défauts (= mérite, ↔ défaut) 私の長所と短所 ③身分, 資格 // en *qualité* de *qc* (= en tant que) …として：en sa *qualité* de directeur de l'école 校長として ④特質
efficace	圏 ①有効な // être *efficace* contre [pour] …に効果のある ②有能な
besoin	圐 ①欲求, 必要 // au *besoin* 必要な場合には / si *besoin* est [s'il en est *besoin*] もしその必要があれば ②(複) 需要 ③(複) 生活必需品 ④貧困
réclamer	圌 ①要求する ②要請する ③(物・事柄が) 必要とする ④苦情を訴える
nécessaire	圏 ①必要な ②必然的な
	圐 ①必要なもの // faire le *nécessaire* 必要なことをする ②道具箱
vain, e	圏 ①むだな (= inutile, ↔ efficace) // en *vain* むだに：Je t'ai téléphoné plusieurs fois, mais en *vain*. 君に何度も電話したがつながらなかった ②空疎な // *vain* espoir はかない希望 ③虚栄心の強い (= vaniteux)
bon, ne	圏 ①良い ②善良な ③親切な ④優れた ⑤おいしい ⑥正しい // une *bonne* clé 鍵穴に合う鍵 / une *bonne* adresse 正確な住所 / *bon* [meilleur] marché 安い[より安い]
mauvais, e	圏 ①悪い ②劣った // être *mauvais* en+学科名 (= faible, ↔ fort) …が劣っている ③意地の悪い ④誤った // J'ai pris la *mauvaise* route. 私は道をまちがった ⑤有害な ⑥まずい
pire	圏 より悪い // de *pire* en *pire* ますます悪く
	圐 最悪の事態 // au *pire* 最悪の場合は
éclat	圐 ①輝き // *éclat* d'un diamant ダイヤモンドの輝き ②鮮やかさ ③飛び散った破片 ④大きな音

EXERCICE 11

次の（1）～（12）について，**A**，**B** の（　）内には同じつづりの語が入ります。（　）内に入れるのにもっとも適切な語を，下の ① ～ ⑫ のなかから１つずつ選び，解答欄にその番号を記入しなさい。ただし，同じものを複数回用いることはできません。

(1) **A** Ce passeport est encore (　　　) six mois.

  B Vous n'avez pas le droit de refuser sans motif (　　　) leur demande.

(2) **A** Ce travail doit (　　　) une grande patience.

  B Il va (　　　) une augmentation de salaire à son directeur.

(3) **A** Cet examen complémentaire est (　　　) pour préciser davantage le résultat.

  B Le désordre est le résultat (　　　) de la négligence.

(4) **A** Il a une grande (　　　), c'est de ne jamais mentir.

  B Il faut toujours essayer d'améliorer la (　　　) des produits.

(5) **A** Il m'a dit qu'il ne pourrait pas venir à la fête : à (　　　) dire, je m'y attendais.

  B Il y a beaucoup de (　　　) dans ce qu'il a dit.

(6) **A** Il s'est résolu à ce que la vérité ne soit que de (　　　) mot, sans nul soutien.

  B J'ai attendu Aurélie en (　　　) : elle n'est pas venue.

(7) **A** J'ai payé cette table un bon (　　　).

  B Le (　　　) Goncourt a récompensé cette année une romancière belge.

(8) **A** Jean est très (　　　) en mathématiques.

  B Vous avez fait un (　　　) numéro de téléphone.

(9) **A** Je connais un moyen (　　　) pour exterminer les cafards.

  B Mon patron cherche quelqu'un d'(　　　) et de sympathique.

(10) **A** Je n'aime pas beaucoup ce tableau, mais je reconnais sa (　　　).

  B Pouvez-vous me donner la (　　　) de la surface constructible ?

(11) **A** Le tableau (　　　) est au musée d'Orsay ; celui-ci n'est qu'une copie.

  B On sent dans ce poème une émotion (　　　) devant la désolation de l'homme.

(12) **A** N'importe quel appartement ira tant que le loyer est (　　　).

  B Vous avez pris une décision tout à fait (　　　) et bien fondée.

① **authentique**　② **efficace**　③ **mauvais**　④ **nécessaire**　⑤ **prix**　⑥ **qualité**
⑦ **réclamer**　⑧ **raisonnable**　⑨ **valable**　⑩ **valeur**　⑪ **vain**　⑫ **vrai**

(1)	(2)	(3)	(4)	(5)	(6)	(7)	(8)	(9)	(10)	(11)	(12)

12. 類型

modèle	男 ①タイプ ②手本，典型 ③モデル，題材 ④模型 // prendre *modèle* sur *qn* ; prendre *qn* pour [comme] *modèle* (人)を手本にする
genre	男 ①種類 // Cet individu n'est pas mon *genre*. あいつは私の好みではない ②流儀 // avoir bon *genre* 上品である，育ちがよい / avoir un mauvais [un drôle de] *genre* 品が悪い / Il a le *genre* artiste. 彼は芸術家然としている ③ジャンル ④(文法) 性
sorte	女 ①種類 // une *sorte* de+無冠詞名詞 一種の…，…のようなもの / de (telle) *sorte* que+ 接続法 (= pour que+ 接続法) …するように / de (telle) *sorte* que+ 直説法 (その結果)…である / faire en *sorte* de+ 不定詞 [que+ 接続法] …となるようにする：*Fais en sorte d*'être à l'heure. 時間にまにあうようにしなさい ②仕方，方法
identique	形 (à …と)同じ，同一の // Sa robe est *identique* à la mienne. (= pareil) 彼女のドレスは私のと同じだ
égal, e	形 ①(à …と)等しい ②平等の ③一様な ④どちらでもいい // Ça m'est *égal*. それは私にはどうでもよい *cf*. N'importe. そんなことはどうでもいい *cf*. Ça ne me regarde [concerne] pas. それは私とは関係ない
inégal, e	形 ①等しくない，不均衡な // Le partage a été *inégal*. その分配は不平等だった ②平坦ではない ③不規則な // Jean travaille de manière *inégale*. ジャンは不規則な働き方をしている
inégalité	女 ①不平等 ②不規則 ③(数学) 不等式
secondaire	形 ①副次的な ②重要ではない ③第2期の // enseignement *secondaire* 中等教育
commun, e	形 ①共通の // *commun* à *qn*/*qc* …に共通する：Le mur est *commun aux* deux maisons. 塀は2軒の家が共有している ②一般の ③ありふれた 男 ①一般 ②(複) (屋敷や城の)付属の建物 ◆ en *commun* 共同で
mode	女 ①流行，ファッション // *à la mode* 流行している：Ces couleurs de pantalon ne sont plus *à la mode*. ズボンのこれらの色はもう流行遅れだ ②ファッション業界 男 方法，方式 // *mode* de vie 生活様式
exception	女 ①例外 // à quelques *exceptions* près いくつかの例外は別にして / à l'*exception* de *qn*/*qc* …をのぞいて / faire *exception* 例外をなす / faire une *exception* pour *qn*/*qc* …を例外とする ②異例なこと
■ excepter	他 除く
intervenir	自 ①介入する ②出動する ③仲裁する ④発言する ⑤(新たな事態などが)起こる ⑥影響する
nature	女 ①自然 // se promener dans la *nature* 自然のなかを散歩する ②性質 // *nature* humaine 人間性 / de [par] *nature* 生まれつき / de *nature* à+ 不定詞 …する性質の，…できるような ③人 ④種類 ⑤実物 // grandeur *nature* 実物大 / en *nature* 現物で
substance	女 ①物質 // *substance* solide 固体 ②要点 // *substance* de son discours スピーチの要点
matière	女 ①物質 ②素材 ③(著作の)主題 ④(学校の)教科 // donner *matière* à *qc* …の原因になる
tissu	男 ①生地 // *tissu* uni 無地の生地 ②(不愉快・遺憾なことの)連続 // un *tissu* de+無冠詞複数名詞 …の連続[塊] ②(生物の)組織
toile	女 ①布 // *toile* à draps シーツ地 ②画布 ③ // la *toile* de fond 背景

EXERCICE 12

次の（1）〜（12）について，**A**，**B** の（　）内には同じつづりの語が入ります。（　）内に入れるのにもっとも適切な語を，下の①〜⑫のなかから1つずつ選び，解答欄にその番号を記入しなさい。ただし，同じものを複数回用いることはできません。

(1) **A** Avant de te servir de cette imprimante, lis le (　　　) d'emploi.

    B Cette forme de pantalon est à la (　　　) cette saison.

(2) **A** Ce canapé est d'un (　　　) courant, mais nous avons plus grand si vous voulez.

    B Clara, prends (　　　) sur ta sœur, regarde comme elle est sage.

(3) **A** Ce qu'il t'a dit n'est pas très important, c'est même tout à fait (　　　).

    B En France, l'enseignement (　　　) comprend les classes de la sixième à la terminale.

(4) **A** Ce roman n'est pas intéressant ; je ne ferai une (　　　) que pour le dernier chapitre.

    B Toute la famille était là, à l'(　　　) de Jean, qui était en voyage à l'étranger.

(5) **A** Ce sac est en quelle (　　　) ?

    B Quelle (　　　) préfères-tu ? L'anglais ou l'histoire ?

(6) **A** La piscine est utilisée en (　　　) par tous les voisins.

    B Nous sommes jumeaux, mais je n'ai rien de (　　　) avec mon frère.

(7) **A** Elle portait sur l'épaule une (　　　) de châle.

    B Mon père m'a dit de faire en (　　　) de ne pas gaspiller mon argent.

(8) **A** Il reste (　　　) à lui-même.

    B Mon opinion est (　　　) à la tienne.

(9) **A** J'ai un modèle réduit ici mais on a une maquette grandeur (　　　) au centre de recherches.

    B J'ai une objection de (　　　) à ruiner tout son raisonnement.

(10) **A** Le double de six est (　　　) au triple de quatre.

    B Tout m'est (　　　), maintenant que la grosse pluie a commencé à tomber.

(11) **A** Les films qu'il préfère sont tous du même (　　　).

    B Ne mets pas ce chapeau, il te donne un drôle de (　　　).

(12) **A** Les pompiers sont toujours prêts à (　　　) pour éteindre l'incendie.

    B Une solution imprévue vient d'(　　　) dans le conflit entre la direction et les employés.

① commun ② égal ③ exception ④ genre ⑤ identique ⑥ intervenir
⑦ matière ⑧ mode ⑨ modèle ⑩ nature ⑪ secondaire ⑫ sorte

(1)	(2)	(3)	(4)	(5)	(6)	(7)	(8)	(9)	(10)	(11)	(12)

13. 程度

point	男 ①点 ②点数 ③問題点 ④段階，程度 // *à point* ちょうどよい状態[とき]に / *à quel point* どれほど / *être sur le point de*+[不定詞] 今にも…するところである ⑤ピリオド ⑥観点 // faire le *point* (= mettre les choses au *point*) 現状を明らかにする / mettre au *point* 開発する，(機械を)調整する
niveau (~x)	男 ①高さ // au *niveau* de …の高さ[水準]で ②水準 // Mettez-vous au *niveau* des élèves. 生徒たちのレベルに合わせてください ③(社会・組織の)階層 ④(建物の)階
limite ■**limiter**	女 ①境界 ②限界 // à la *limite* 極端な場合には / sans *limite*(s) 限りない ③期限 他 ①制限する ②(…の)境界をなす
degré	男 ①程度 ②(気温，角などの)度 ③等級 // par *degré*(s) (= peu à peu) 徐々に
fort, *e*	形 ①強い // lunettes *fortes* 度の強いめがね ②よくできる ③(程度が)激しい ④多量の ⑤(作品の)すぐれた 副 ①強く，激しく // parler *fort* 大声で話す ②大いに，たいそう
excès	男 ①過度 // à l'*excès* (= trop) 過度に / un *excès* de vitesse スピードオーバー / sans *excès* ほどほどに ②(複) 不節制
moindre	形 ①より小さい // à *moindre* prix もっと安い価格で ②最も小さい 名 ①より小さいもの ②最も小さいもの // *la moindre des choses* 最低限のこと：C'est *la moindre des choses*. (= Ce n'est rien.) (礼に対して)何でもありません
maximum	男 ①最大限 // le *maximum* de la vitesse autorisée 法定最高速度 / au *maximum* 最大限，せいぜい / faire le *maximum* ベストを尽くす
minimum	男 ①最小限 // au *minimum* 最小限，少なくとも / *minimum* vital 最低賃金
moins	男 ①より少ないこと ②最小限のこと ③マイナス記号 // (tout) *au moins* (= au minimum) 少なくとも，せめて：Il pèse *au moins* 80 kilos. 彼は少なくとも80キロはある / *du moins* 少なくとも，いずれにしても：Il arrive vers midi, *du moins*, c'est ce qu'il m'a dit. 彼は正午ごろに着く，少なくとも彼は私にそう言った
moyen, *ne*	形 ①中間の // Il est de taille *moyenne*. 彼は中背だ ②平均の // la température *moyenne* 平均気温 ③並みの
moyenne	女 ①平均 ②平均時速 ③及第点 ④平均的レベル // faire la *moyenne* 平均する / en *moyenne* 平均して
inférieur, *e*	形 ①下の // étage *inférieur* 下階 ②少ない // avoir une note *inférieure* à la moyenne 平均以下の点をとる ③劣った 名 部下
majorité	女 ①大多数，多数派 ②成年
majeur, *e*	形 ①より大きい // en *majeure* partie (= pour la plupart, en majorité) 大部分は，大多数は ②主要な (↔ mineur) ③成年に達した
minorité	女 ①少数，少数派 // dans la *minorité* des cas ごくまれに ②未成年
mineur, *e*	形 ①より小さい ②あまり重要ではない ②未成年の (↔ majeur)
suffire	自 …でじゅうぶんである // Il ne *suffit* pas de bien parler, il faut donner confiance. うまく話せるだけではだめだ，信頼感をあたえなければならない / Ça *suffit* ! もうたくさんだ！

2 多義語に関する問題

EXERCICE 13

次の（1）〜（12）について，**A**，**B** の（　）内には同じつづりの語が入ります。（　）内に入れるのにもっとも適切な語を，下の ① 〜 ⑫ のなかから1つずつ選び，解答欄にその番号を記入しなさい。ただし，同じものを複数回用いることはできません。

(1)　**A**　Bien qu'il soit (　　　), il ne va jamais voter.

　　B　Dans certains pays, la sécurité alimentaire devient un souci (　　　).

(2)　**A**　Cette région se trouve à 120 mètres au-dessus du (　　　) de la mer.

　　B　L'élévation du (　　　) de vie n'est pas toujours réductrice de stress.

(3)　**A**　Cette somme (　　　) pour voyager en Europe.

　　B　J'en ai marre. Maintenant, ça (　　　) !

(4)　**A**　Dans le magasin à grande surface, vous pourrez acheter cet article à (　　　) prix.

　　B　La (　　　) des choses est de lui téléphoner pour le remercier de vous avoir bien aidé.

(5)　**A**　Dans une perspective historique, les personnes mangeant avec des baguettes ont été une (　　　).

　　B　Pendant la (　　　) ou l'absence d'un souverain, c'est un régent qui a gouverné un pays.

(6)　**A**　Il a eu dix sur vingt à cet examen, c'est la (　　　).

　　B　Il y a en (　　　) trente accidents de la route chaque fin de semaine.

(7)　**A**　Il est irrésolu, mais à un (　　　) que tu n'imagines pas.

　　B　Qu'est-ce qu'il fait froid, il ne fait qu'un (　　　) dehors.

(8)　**A**　Il n'est pas (　　　) aux échecs, je le bats tout le temps.

　　B　Je parle (　　　), de manière à ce que chacun puisse m'entendre.

(9)　**A**　Ils ont entendu du bruit à l'étage (　　　) ainsi que les échos de coups de feu.

　　B　Le poids d'un enfant prématuré est (　　　) à celui d'un enfant né à terme.

(10)　**A**　Ils ont fourni tous le (　　　) d'efforts pour remédier à cette situation.

　　B　Je vais voir mes parents au (　　　) une fois par an.

(11)　**A**　J'ai le cœur malade, le médecin m'a dit de réduire mon (　　　) de poids.

　　B　Le journaliste a attaqué un ministre sur un scandale politique, mais sans (　　　).

(12)　**A**　Mon ordinateur a 8 ans, il a dépassé ou est sur le (　　　) de dépasser sa durée de vie utile.

　　B　Vous voulez votre bifteck bleu, saignant, à (　　　) ou bien cuit ?

① degré　　② excès　　③ fort　　④ inférieur　　⑤ majeur　　⑥ maximum
⑦ minorité　　⑧ moindre　　⑨ moyenne　　⑩ niveau　　⑪ point　　⑫ suffit

(1)	(2)	(3)	(4)	(5)	(6)	(7)	(8)	(9)	(10)	(11)	(12)

14. 運動

mouvement	男 ①動作，運動 ②(集団での)移動 ③(官庁の)人事異動 ④反応 ⑤変動 ⑥(政治・社会・芸術上の)運動 ⑦(音楽の)楽章
avance	女 ①前進 ②先行 // à l'*avance* 早めに / en *avance* (予定より)早く / prendre [avoir] de l'*avance* sur *qn* (人)に先行する[先行している] ③前払い // payer d'*avance* 前払いする ④(複) 交際の申し出
■ **avancer**	他 ①前に出す ②早める ③はかどらせる ④(意見などを)述べる ⑤(金を)用立てる 自 ①前進する ②はかどる ③(時計が)進む ④突き出る
passage	男 ①通行 // au *passage* 通りすがりに ②立ち寄ること // prendre *qn* au *passage* (人)を迎えに立ち寄る / de *passage* à [dans] …に立ち寄る ③(劇場・テレビなどへの)出演 ④通路 ⑤(文学・音楽作品の)1 節 ⑥移行
■ **passer**	他 ①越える ②受験する ③(時を)過ごす ④移動させる ⑤手渡す ⑥上映[上演]する ⑦(文章・順番などを)とばす　自 ①通る ②立ち寄る ③移る ④出演する ⑤合格する ⑥(時が)過ぎる // *passer* sur *qc* …を大目に見る，省略する (↔ insister sur …を強調する)
repasser	他 ①アイロンをかける ②復習する ③再受験する　自 ①ふたたび通る ②ふたたび立ち寄る
travers	男 ①欠点 ②[前置詞句] à *travers* *qc* …を横切って / au *travers* (…を)通して，通り抜けて / passer au *travers* (危険や罰を)すり抜ける / de *travers* 曲がって / en *travers* de *qc* (…に対して)横向きに，邪魔して
tour	男 ①一周 // faire le *tour* de *qc* …を一周する ②回転 // donner un *tour* de clé 鍵を回す ③順番 // à son *tour* 今度は…の番で // c'est le *tour* de *qn* de+不定詞 (人)が…する番だ / à *tour* de rôle 順番に ④芸当 ⑤成り行き ⑥言いまわし 女 ①塔 ②タワービル
■ **tourner**	他 ①回す ②(ページを)めくる ③(ある方向に)向ける ④撮影する ⑤(A en [à] B) AをBに変える ⑥あれこれ検討する　自 ①回る ②曲がる ③(en [à] …)に変わる // *tourner* bien [mal] うまくいく[まずいことになる] ④(映画に)出演する ⑤すっぱくなる
arrêt	男 ①停止 // sans *arrêt* (= sans cesse) たえまなく ②停車 ③停留所 ④逮捕 ⑤判決 // rendre un *arrêt* 判決を下す
■ **arrêter**	他 ①止める ②やめる ③逮捕する　自 ①止まる ②やめる
bloquer	他 ①動かないようにする ②遮断する ③停止[停滞]させる ④(物価・給与などを)凍結する
flotter	自 ①(水などの液体に)浮かぶ ②(空中に)漂う ③(風に)たなびく ④(思考などが)不安定である
ouverture	女 ①開くこと，開始，開店 // les jours d'*ouverture* 営業日，開館日 ②(建物などの)入り口 ③率直さ，理解力
ouvert, *e*	形 ①開いた ②公開された ③明朗な ④公然の ⑤偏見のない
fermeture	女 ①閉めること，閉店 // les heures de *fermeture* 閉店時間 ②閉める装置
fermé, *e*	形 ①閉まった ②閉ざされた ③閉鎖的な
pousser	他 ①押す ②(人を)駆り立てる ③(声などを)発する ④推進する 自 ①(植物が)生える ②(子どもが)成長する ③行程を伸ばす
percer	他 ①(穴などを)開ける ②(秘密などを)見破る 自 ①(突き破って)現われる ②(歯などが)生える ③頭角を現わす ④(感情・秘密などが)表に現われる
application	女 ①貼り付け ②適用 ③実施 ④専念
■ **appliquer**	他 ①押し当てる，塗る ②(A à B) AをBに適用する
étaler	他 ①広げる，陳列する ②(A sur B) AをBに薄く延ばして塗る ③(一定期間に)ふりわける ④見せびらかす
remuer	他 ①動かす，移動させる ②かき混ぜる ③感動させる

66

2 多義語に関する問題

répandre	他 ①こぼす，まき散らす ②発散する ③(噂・思想・勘定などを)広める
décoller	自 ①離陸する (←→ atterrir 着陸する) ②発展する ③飛び立つ ④離れる
	他 (貼ってあるものを)はがす

EXERCICE 14

　次の（1）〜（12）について，**A**，**B** の（　）内には同じつづりの語が入ります。（　）内に入れるのにもっとも適切な語を，下の ① 〜 ⑫ のなかから 1 つずつ選び，解答欄にその番号を記入しなさい。ただし，同じものを複数回用いることはできません。

(1)　**A**　Ce sont les formalités nécessaires à l'(　　　) d'un compte en banque.

　　　B　Les esprits de grande (　　　) connaissent des évolutions progressives.

(2)　**A**　En ne leur concédant pas ce point, vous risquez de (　　　) les négociations.

　　　B　Vous restez au milieu du couloir. Il ne vous faut pas (　　　) le passage.

(3)　**A**　Il avait l'impression de (　　　) entre le monde matériel et le monde spirituel.

　　　B　Les enfants faisaient (　　　) des bateaux en papier sur la rivière.

(4)　**A**　Il est arrivé au travail en (　　　) pour préparer un dossier pour la réunion.

　　　B　Ils effectuent ce type de recherche en vue de prendre de l'(　　　) sur les technologies de la prochaine génération.

(5)　**A**　Il est porté au gaspillage, mais sa femme lui pardonne ce (　　　).

　　　B　Le rire et l'humour vous aideront à passer au (　　　) des moments pénibles.

(6)　**A**　J'ai besoin de (　　　), je reste assis à mon bureau toute la journée.

　　　B　Vous connaissez le (　　　) humaniste en France au XVIᵉ siècle ?

(7)　**A**　J'ai fait la vaisselle hier, donc c'est ton (　　　) aujourd'hui.

　　　B　Les Blanc habitent au 25ᵉ étage d'une (　　　).

(8)　**A**　J'aime beaucoup faire (　　　) les légumes et travailler physiquement.

　　　B　On est obligés de (　　　) cette voiture en panne jusqu'au garage.

(9)　**A**　Je n'arrive pas à (　　　) une vignette.

　　　B　Notre avion va (　　　) à quelle heure ?

(10)　**A**　Je viens de lire un (　　　) des « À la recherche du temps perdu ».

　　　B　On prend le (　　　) souterrain ?

(11)　**A**　La télé va (　　　) quelques films japonais la semaine prochaine.

　　　B　Voudriez-vous (　　　) sur les détails et me raconter l'essentiel ?

(12)　**A**　Le tribunal a rendu son (　　　) définitif sur l'infraction à la discipline.

　　　B　Pour se soigner, le médecin lui a prescrit un (　　　) de travail.

① **arrêt**　② **avance**　③ **bloquer**　④ **décoller**　⑤ **flotter**　⑥ **mouvement**
⑦ **ouverture**　⑧ **passage**　⑨ **passer**　⑩ **pousser**　⑪ **tour**　⑫ **travers**

(1)	(2)	(3)	(4)	(5)	(6)	(7)	(8)	(9)	(10)	(11)	(12)

15. 増減

augmentation	囡	①増加 (↔ diminution 減少) ②値上がり ③昇給
■ **augmenter**	他	①増やす ②給料を上げる
	自	①増える ②値上がりする
réduction	囡	①減少 // une *réduction* du personnel 人員削減 ②値引き
■ **réduire**	他	①減らす ②割引する ③縮小する
production	囡	①生産 ②生産物，製品 ③発生 ④作品
produit	男	①製品 ②(比喩的に)産物 ③収益
double	男	①2倍 // en *double* 2重に ②コピー ③(テニスの)ダブルス
■ **doubler**	他	①2倍にする ②(車を)追い越す ③(映画を)吹き替えする ④裏切る
redoubler	他	①繰り返す ②募らせる
	間・他	(de …を)2倍にする
	自	①いっそう強まる ②落第する
naissance	囡	①誕生 // donner *naissance* à qn/qc …を生む，生みだす ②始まり，起源 // la *naissance* du jour 夜明け
mortel, le	形	①死すべき ②致命的な，命にかかわる ③死ぬほどつらい ④ひどく退屈な
recul	男	①後退 ②低下 ③(判断するために必要な)距離，時の経過
■ **reculer**	他	延期する
	自	①後退する ②低下する ③しりごみする
ralentir	他・自	速度を落とす (↔ accélérer 速める) // « *Ralentir*, travaux！» 「工事中，徐行せよ」
supplément	男	①追加 ②追加料金 ③付録
supplémentaire	形	追加の // un train *supplémentaire* 臨時増発列車 / des heures *supplémentaires* 残業
joint, e	形	①結びついた ②そえられた // ci-*joint* [名詞のまえでは不変] 同封の
défaut	男	①欠陥 ②欠点 ③不足 // à *défaut* それがなければ / à *défaut* de …がなければ，の代わりに / faire *défaut* (= manquer) 足りない
compris, e	形	①含まれた // y *compris* …を含めて ②理解された
enlever	他	①取り除く，消し去る // *enlever* quelques mots inutiles 無駄な単語をいくつか削除する ②脱ぐ // *enlever* son manteau [son chapeau] コートを脱ぐ[帽子をとる] ③運び出す ④(A à B) BからAを取りあげる[切除する] ⑤誘拐する
enlèvement	男	①取り除くこと ②誘拐
recueillir	他	①集める ②(容器に)蓄える ③獲得する，受けとる // *recueillir* un bon nombre de voix 多くの票を獲得する ④(孤児などを)ひきとる
rejoindre	他	①合流する ②戻る // *rejoindre* sa place 自分の場所に戻る ③つながる ④似通う // Ta pensée *rejoint* la mienne. 君の考えは私の考えとよく似ている ⑤追いつく

EXERCICE 15

次の（1）〜（12）について，**A**，**B** の（　）内には同じつづりの語が入ります。（　）内に入れるのにもっとも適切な語を，下の ①〜⑫ のなかから1つずつ選び，解答欄にその番号を記入しなさい。ただし，同じものを複数回用いることはできません。

(1) **A** Ça fait 700 euros, y (　　　) les taxes.

    B On a du mal à réviser un exercice mal (　　　).

(2) **A** Ce que vous comptez lui dire peut (　　　) sa colère.

    B Il a échoué à cet examen, il va donc (　　　).

(3) **A** Cette fausse nouvelle a donné (　　　) à des conjectures absurdes.

    B Ils sont partis à la (　　　) du jour.

(4) **A** Cette histoire n'est qu'un pur (　　　) de l'imagination du célèbre écrivain argentin.

    B Les détaillants ont collaboré pour lancer un nouveau (　　　) sur le marché.

(5) **A** Il a eu un mouvement de (　　　) en voyant un grand chien.

    B Il faut un certain (　　　) pour apprécier l'importance d'un événement historique.

(6) **A** Il a payé un (　　　) pour couchettes dans le train.

    B Le Conseil de surveillance du Monde a fait de sévères critiques contre le (　　　) littéraire du quotidien.

(7) **A** Il fait un froid (　　　) ce matin.

    B Je veux savoir qui a attiré la victime dans ce piège (　　　).

(8) **A** Ils ont obtenu une (　　　) des heures de travail.

    B Le magasin fait une (　　　) de 5 % aux habitués.

(9) **A** Je cherche un deux-pièces cuisine ou, à (　　　), un studio.

    B Le (　　　) d'organisation a entraîné de graves conséquences.

(10) **A** La (　　　) de charbon est peu élevée dans ce pays.

    B On attend la sortie d'une nouvelle (　　　).

(11) **A** Le syndicat a gagné une (　　　) de salaire de 5 %.

    B Le gouvernement craint une (　　　) du nombre des familles monoparentales.

(12) **A** Plus de deux cents personnes ont assisté à cette conférence, le (　　　) de l'audience attendue.

    B Vous me remettez le (　　　) de cette facture et vous gardez l'original.

① **augmentation**　② **compris**　③ **défaut**　④ **double**　⑤ **mortel**　⑥ **naissance**
⑦ **production**　⑧ **produit**　⑨ **recul**　⑩ **redoubler**　⑪ **réduction**　⑫ **supplément**

(1)	(2)	(3)	(4)	(5)	(6)	(7)	(8)	(9)	(10)	(11)	(12)

16. 関係

affaire	囡 ①関わりのあること // avoir *affaire* à *qn*/*qc* (= être en relation avec *qn*) …と関わりをもつ ②用事 // faire l'*affaire* (de *qn*) (人の)気に入る，目的にかなう ③事件 ④取引 // faire une bonne *affaire* 得な買いものをする ⑤商売 ⑥(複)所持品
indépendant, e	圏 ①独立した ②(de …と)無関係な
rapport	團 ①報告 ②関係 // en *rapport* avec *qn*/*qc* …にみあった / se mettre en *rapport* avec *qc*/*qn* …と連絡をとる / par *rapport* à *qn*/*qc* …と比べて ③類似点 ④収益 ⑤比率
remporter	他 ①(持ってきたものを)持ち帰る ②勝ち取る
relatif, ve	圏 ①相対的な ②不十分な // résultat *relatif* まあまあの成績 ③(à …に)関する // livre *relatif* à la vie des poissons 魚の生態に関する本
liaison	囡 ①関係 // *liaison* entre la cause et la conséquence 原因と結果の関連 ②リエゾン ③連絡 // Ce bateau assure la *liaison* entre la France et l'Angleterre. この船はフランス-イギリス間を運行している / en *liaison* avec *qn*/*qc*…と連絡をとって，連携して
relier	他 ①結びつける ②連絡する ③関係づける ④製本する
amener	他 ①連れてくる ②持ってくる ③引き起こす ④誘導する
entraîner	他 ①運び去る ②引きずり込む ③引き起こす ④訓練する，トレーニングする
importer	他 輸入する 自 重要である
conflit	團 ①対立，衝突 // être en *conflit* avec *qn* (人)と対立している ②(心理) 葛藤
opposition	囡 ①対立 // être en *opposition* avec *qn*/*qc* …と対立している ②反対 ③対照 // par opposition (à …) …と対照的に，対比して
■ **opposer**	他 ①対立させる ②(異議を)申し立てる ③対抗する ④対比させる
opposé, e	圏 ①反対側の，正反対の ②反対する ③対立する
opposé	團 ①反対のもの ②反対側 // à l'*opposé* de …の反対側に，…と反対に
front	團 ①額 ②顔 ③正面 // faire *front* à *qn*/*qc* …と向かい合う，に立ち向かう
origine	囡 ①出身 ②起源 à l'*origine* (= au début) 初めは ③原産地 ④原因 // être à l'*origine* de *qc* …の原因である ⑤情報源
■ **original, e**	圏 ①初めの ②本来の
fin	囡 ①終わり ②死 ③(複) 目的
conséquence	囡 結果，影響 // sans *conséquence* とるに足りない / en *conséquence* したがって
■ **conséquent, e**	圏 ①首尾一貫した ②合致した ③重大な
cause	囡 ①原因 ②訴訟 // *cause* civile 民事訴訟 ③立場 // défendre la *cause* de *qn* (人)の立場を守る
résultat	團 ①結果 ②(複) 成果，成績 // avoir pour *résultat* *qc* [de+不定詞] 結果として…をもつ
effet	團 ①効果 // sous l'*effet* de *qc* …のせいで ②結果 ③印象 // faire (de l') *effet* (à [sur] *qn*) (人に)効果を発揮する ④(複) わざとらしいしぐさ
influence	囡 ①影響 ②影響力 // sous l'*influence* de *qn*/*qc* …の影響をうけて
■ **influencer**	他 影響を及ぼす，作用する
équilibre	團 ①バランス // en *équilibre* 釣り合いのとれた ②精神の安定
ordre	團 ①順序 // par [dans l'] *ordre* alphabétique アルファベット順に ②整頓 // mettre *qc* en *ordre* [de l'*ordre* dans *qc*] …を整理する ③(社会や組織における)秩序 ④種類 ⑤勲章 ⑥命令
rang	團 ①列 ②順位，順番 // se mettre en *rang* 整列する / par *rang* de *qc* …の順に ②階級，地位

EXERCISE 16

次の（1）〜（12）について，**A**，**B**の（　）内には同じつづりの語が入ります。（　）内に入れるのにもっとも適切な語を，下の①〜⑫のなかから1つずつ選び，解答欄にその番号を記入しなさい。ただし，同じものを複数回用いることはできません。

(1)　**A**　Au Japon, on n'a pas de pétrole, on est obligés de l'(　　　).

　　　B　Votre conseil est loin de m'(　　　).

(2)　**A**　À votre accent, je suppose que vous êtes d'(　　　) anglaise.

　　　B　L'(　　　) du conflit était contenue dans le traité conclu deux ans auparavant.

(3)　**A**　Bien que le Vatican se trouve au milieu de Rome, il est un pays (　　　) depuis 1929.

　　　B　Les jeunes doivent se former un jugement (　　　) et cultiver un esprit critique.

(4)　**A**　Ce qu'elle a l'air méchante ! Je n'aimerais pas avoir (　　　) à elle.

　　　B　Il est un jeune avocat et ce cambriolage est sa première (　　　).

(5)　**A**　Cela n'a aucun (　　　) avec ce que je voulais dire.

　　　B　J'ai chargé un expert de faire un (　　　) au sujet de mon accident.

(6)　**A**　En discours, une pause est souvent utilisée pour créer un (　　　) dramatique.

　　　B　Ma nouvelle robe a fait de l'(　　　) pour son prix.

(7)　**A**　Il aborde le problème essentiel de la (　　　) entre croissance économique et dégradation de l'environnement.

　　　B　Nous travaillons en (　　　) étroite avec le gouvernement.

(8)　**A**　J'ai un conseil (　　　) à la réception. N'oubliez pas de sourire.

　　　B　Certains jouissent d'un confort (　　　), mais d'autres vivent dans des masures.

(9)　**A**　J'étais d'accord avec la position du candidat et j'ai voté pour lui en (　　　).

　　　B　La réforme de la politique économique a eu une (　　　) positive.

(10)　**A**　L'alpiniste a failli (　　　) dans sa chute ses compagnons de cordée.

　　　B　On met trois ans pour nourrir et (　　　) leur esprit.

(11)　**A**　Le projet a été annulé par le gouvernement après la vigoureuse (　　　) des habitants.

　　　B　On parle de la négociation reposant sur les teneurs de marché par (　　　) à la négociation régie par les cours.

(12)　**A**　Malgré son inexpérience, il a fait (　　　) aux risques.

　　　B　Tu as le (　　　) brûlant de fièvre, tu as peut-être attrapé une grippe.

① **affaire**　② **conséquence**　③ **effet**　④ **entraîner**　⑤ **front**　⑥ **importer**
⑦ **indépendant**　⑧ **liaison**　⑨ **opposition**　⑩ **origine**　⑪ **rapport**　⑫ **relatif**

(1)	(2)	(3)	(4)	(5)	(6)	(7)	(8)	(9)	(10)	(11)	(12)

17. 行動

fait	男 ①事柄 // le *fait* de+ 不定詞 [que+ 直説法 ／ 接続法] …ということ ②事実 ③行為 // les *faits* et gestes de *qn* (人)の全行動 / prendre *qn* sur le *fait* (人)の現場をおさえる
■**faire**	他 ①作る ②…する ③*faire*+ 不定詞 [使役]…させる ④(数量・金額)になる ⑤(A de B) B をAにする ⑥…に見える ⑦(距離を)進む 自 …する，作用する
se faire	代動 ①作られる，行なわれる ②自分のために…させる，…される // Il *s'est fait* renverser par une voiture. 彼は車にはねられた ③礼儀にかなう // Ça ne *se fait* pas. 行儀が悪い
exécuter	他 ①(計画・命令などを)実行する ②(作業を)する ③演奏する ④(判決を)執行する
exercer	他 ①訓練する ②行使する ③(職業を)営む
acte	男 ①行為 ②証書 // *acte* de naissance 出生証明書 ③(複) 記録 ④(演劇の)幕
activité	女 ①活力 ②活動
pas	男 ①歩 // revenir [retourner] sur ses *pas* 引き返す，意見を撤回する ②歩幅 // à deux *pas* すぐ近くに / *pas* à *pas* 少しずつ ③足音 ④歩調 ⑤戸口
marche	女 ①歩くこと ②進行 ③(機械などの)作動 // mettre en *marche* *qc* …を始動させる ④(階段の)段 // « Attention à la *marche* ! » 「段差に注意」
■**marcher**	自 ①歩く ②(機械などが)動く ③(物事が)うまく運ぶ
allure	女 ①歩調 ②速さ ③態度 ④外観 // une drôle d'*allure* 変な格好
conduite	女 ①運転 ②行動 ③案内 // sous la *conduite* de *qn* (人)に引率[案内]されて ④導管
procédé	男 ①(人に対する)態度 ②方法，製造法
manœuvre	女 ①(運転・操縦するための)操作 ②軍事演習 ③(複) 策略
fuite	女 ①逃走 ②(液体・気体などの)漏れ ③(責任・義務の)回避 ④過ぎ去ること
chute	女 ①落下，低下 ②崩壊 ③滝
descente	女 ①降りること ②下り坂 ③(警察の)手入れ，侵入，襲撃
mener	他 ①運ぶ ②導く，連れて行く ③(生活を)送る ④動かす
haleine	女 ①呼気 ②息 // de longue *haleine* 長期間にわたる
tomber	自 ①転ぶ ②落ちる // laisser *tomber* *qn*/*qc* …を見捨てる，放り出す ③…に当たる // Noël *tombe* un jeudi cette année. 今年のクリスマスは木曜日に当たる / *tomber* bien [mal] タイミングがよい[悪い] / *tomber* sur *qn*/*qc* …に偶然出会う
venue	女 ①到着 ②到来，誕生 // lors de ma *venue* au monde 私が生まれたとき
retour	男 ①帰ること // un (billet d') aller (et) *retour* 往復乗車券 / à son *retour* 帰ったとき：Je t'appellerai à mon *retour*. 帰ったら電話するよ / être de *retour* 帰っている / en *retour* (de) (…の)代わりに，お返しに ②帰路 ③返品，返送 ④復帰
vol	男 ①飛行 ②(飛行機の)便 ③窃盗
vue	女 ①視覚 ②見ること // à première *vue* 一見して / à perte de *vue* 見渡す限り / connaître *qn* de *vue* (人)の顔だけは知っている ③視線，視野 // perdre *qn* de *vue* (人)を見失う / en *vue* 見えるところに / avoir *vue* sur *qc* (= donner sur) …を見晴らす // en *vue* de *qc*/ 不定詞] (= pour) …をめざして ④眺め ⑤写真，絵 ⑥見方
vision	女 ①視力，視覚 // avoir des troubles de la *vision* 視力に障害がある ②見ること，見えるもの，光景 ③見方，ビジョン // *vision* juste de la situation 状況の正しい見方 ④幻覚
entendre	他 ①聞こえる ②理解する // *entendre* A par B BでAを言おうとする：J'*entends par* là que+ 直説法 私が言いたいのは…ということです / *entendre* dire que+ 直説法 …という噂を聞く / *entendre* parler de *qn*/*qc* …の噂を耳にする / s'*entendre* bien [mal] avec *qn* (人)と仲がいい[悪い]

dégager	他 ①(人を)解放する ②(場所をふさいでいたものを)とり除く ③(約束を)とり消す ④(資金などを)ひきだす ⑤(においなどを)発散する ⑥(考えなどを)ひきだす
rejeter	他 ①投げ返す ②拒絶する // *rejeter* sa demande 要求を却下する ③(他の場所へ)移す
coup	男 ①打つこと，打撃 ②発砲 ③打つ音 ④災難 ⑤行為 // d'un (seul) *coup* 一挙に / donner un *coup* de fil 電話をかける / un *coup* de main 手助け ⑥(人の)動き ⑦度，回 // un autre *coup* 次回は ⑧(酒の)一杯 // à *coup* sûr 確かに / tout à *coup* 突然

EXERCICE 17

次の（1）〜（12）について，**A**，**B** の（　）内には同じつづりの語が入ります。（　）内に入れるのにもっとも適切な語を，下の ① 〜 ⑫ のなかから１つずつ選び，解答欄にその番号を記入しなさい。ただし，同じものを複数回用いることはできません。

(1)　**A**　À cette (　　　　), tu n'auras pas fini avant midi de ranger ta chambre.

　　　B　La maison a de l'(　　　　) avec ses plafonds hauts.

(2)　**A**　Ce dispositif sert à chercher l'emplacement d'une (　　　　) d'eau sur un tuyau enfoui.

　　　B　Les comportements de (　　　　) devant l'impôt ont souvent une dimension internationale.

(3)　**A**　Ce pianiste va nous (　　　　) une œuvre de Schubert.

　　　B　Le condamné devait (　　　　) une peine d'emprisonnement dans d'autres pays.

(4)　**A**　C'est un (　　　　) de cruauté que d'enfermer un enfant dans sa chambre.

　　　B　L'(　　　　) de vente immobilière a été signé devant le notaire.

(5)　**A**　Des pillards ont fait une (　　　　) dans la bijouterie du centre-ville.

　　　B　Le design du cadre facilite la montée et la (　　　　) du vélo.

(6)　**A**　Il a laissé (　　　　) le jogging, il n'avait plus le temps.

　　　B　J'ai fini par (　　　　) sur le livre que je cherchais depuis longtemps.

(7)　**A**　Ils continueront un combat de longue (　　　　) pour la liberté.

　　　B　On voyait l'(　　　　) sortir de sa bouche comme une légère buée.

(8)　**A**　J'ai manqué ma (　　　　) et percuté un mur.

　　　B　Les soldats font la (　　　　) dans la cour de la caserne.

(9)　**A**　Je n'arrive pas à mettre en (　　　　) l'aspirateur, il doit être en panne.

　　　B　La mer est située à une demi-heure de (　　　　).

(10)　**A**　Le (　　　　) d'être absent vous exposerait à un blâme.

　　　B　Pour coincer ce pickpocket, il faut le prendre sur le (　　　　).

(11)　**A**　Le directeur de l'usine a présenté un nouveau (　　　　) de fabrication.

　　　B　Tu as volontairement passé mon tour, c'est un (　　　　) inqualifiable.

(12)　**A**　Les touristes ont visité les châteaux sous la (　　　　) d'un guide.

　　　B　Une nouvelle (　　　　) d'eau potable sera installée dans la région.

① **acte**　② **allure**　③ **conduite**　④ **descente**　⑤ **exécuter**　⑥ **fait**
⑦ **fuite**　⑧ **haleine**　⑨ **manœuvre**　⑩ **marche**　⑪ **procédé**　⑫ **tomber**

(1)	(2)	(3)	(4)	(5)	(6)	(7)	(8)	(9)	(10)	(11)	(12)

18. 話題，話しあい

① 話題

sujet	男 ①主題，テーマ // au *sujet* de *qn/qc* …について ②原因 ③(文法) 主語 ④臣下
question	女 ①質問 ②問題 // en *question* 問題の / Il est *question* de *qn/qc*/不定詞 [que+接続法] …が問題[話題]になっている / Il est hors de *question* de+不定詞 [que+接続法] …は論外である / Pas *question* de+不定詞 [que+接続法] …するなんてとんでもない
propos	男 ①発言，話，話題 ②意図 // à ce *propos* その点については / à *propos* ところで / à *propos* de *qn/qc* (= au sujet de) …について / à tout *propos* なにかにつけて / avoir le ferme *propos* de+不定詞 …しようと固く決心する
plan	男 ①平面，面 // *sur le plan*+形容詞[de *qc*]：*sur le plan* économique 経済面で ②(映画・舞台などの)景 // au premier *plan* [de *qc*] …の前面に ③地図 ④図面 ⑤計画 ⑥(作品の)構想

② 話しあい

entretien	男 ①手入れ // *entretien* des routes 道路改修 ②会見，面接 ③生計の維持
réunion	女 ①会合，会議 // être en *réunion* 会議中である ②集めること ③(領土の)併合
■ **réunir**	他 ①集める ②結びつける
assemblée	女 ①集会 ②会合 ③議会 // l'*Assemblée* nationale 国民議会(下院)
■ **assembler**	他 ①組み立てる，集める
dispute	女 口論
disputer	他 ①争う // *disputer qn/qc* à *qn* …を得るために(人)と争う：Il *a disputé* la première place à ses rivaux. 彼は1位をライバルと争った ②叱る 間・他 (de/sur …について) 議論を戦わせる
avis	男 ①意見，見解 ②通知 // *avis* de décès 死亡通知 ③忠告 // à mon [ton, son] *avis* 私[君，彼(女)]の考えでは / être d'*avis* de+不定詞 [que+接続法] …すべきだと考える
opinion	女 ①意見 ②世論 // l'*opinion* publique 世論 / un sondage d'*opinion* 世論調査 ③評価
parole	女 ①言葉 ②発言 // prendre la *parole* 発言する / couper la *parole* à *qn* (人)の発言をさえぎる ③約束 // donner sa *parole* à *qn* (人)に約束する / tenir (sa) *parole* 約束を守る
ton	男 ①声の調子 ②口調 ③態度 // de bon *ton* 上品な ④色調
accent	男 ①なまり ②アクセント，強勢 // mettre l'*accent* sur *qc* …を強調する ③語調 // *accent* triste 悲しげな口調 ④(表現の)力強さ // discours sans *accent* 精彩に欠ける演説
silence	男 ①沈黙 // en *silence* 静かに，黙々と / passer *qc* sous *silence* …に触れない，…を黙殺する ②口外しないこと // garder [rompre] le *silence* 沈黙を守る[破る] ③音沙汰のないこと ④静寂
reproche	男 非難，批判 // faire des *reproches* à *qn* (= blâmer) (人)を非難する
accusation	女 ①非難 ②告発，告訴 ③検察庁
conseil	男 ①忠告，アドバイス // demander [donner] *conseil* à *qn* (人)に相談[助言]する ②教訓 ③コンサルタント ④会議 ■ **conseiller** 他 ①勧める，忠告する ②助言する
remarque	女 ①指摘，批判 ②注記 ■ **remarquer** 他 ①気づく ②注目する ③指摘する
relever	他 ①起こす ②(企業・経済などを)立て直す ③(水準・価格などを)ひき上げる ④指摘する ⑤味をひきたてる // épices qui *relèvent* la sauce ソースのうまみを増す香料 ⑤書き留める

remonter	他 ①ふたたび上がる ②さかのぼる ③元気づける ④組み立てる ⑤補充する
note	囡 ①注 ②通達 // *note* officielle 公式文書 ③メモ ④勘定書 ⑤(学科などの)点数
s'étendre	代動 ①横になる ②(à/jusqu'à/sur …に)広がる ③(sur …について)長々と話す
maltraiter	他 ①虐待する ②酷評する
éclairer	他 ①照らす ②説明する

EXERCICE 18

次の（1）～（12）について，**A**，**B** の（　）内には同じつづりの語が入ります。（　）内に入れるのにもっとも適切な語を，下の ① ～ ⑫ のなかから1つずつ選び，解答欄にその番号を記入しなさい。ただし，同じものを複数回用いることはできません。

(1) **A** À ce (　　　), je ne peux rien vous dire.

    B Elle a le ferme (　　　) d'achever sa mission.

(2) **A** Ça fait un an que je n'ai pas reçu de tes nouvelles ; que signifie ce (　　　) ?

    B Les journaux ont gardé le (　　　) sur ce scandale financier.

(3) **A** Camille a eu son (　　　) avec le service de l'immigration hier.

    B Les régies de l'eau sont chargées du bon (　　　) des digues.

(4) **A** Ce qui est en (　　　) aujourd'hui, ce sont nos droits de l'homme.

    B Il est absolument hors de (　　　) que l'on voyage en Italie cet été.

(5) **A** Cet homme politique ne cesse de flatter l'(　　　) publique.

    B Pouvez-vous me donner votre (　　　) sur le racisme ?

(6) **A** Dans la phrase « il travaille », « il » est le (　　　) du verbe «travailler».

    B Dites-moi en bref quel est le (　　　) de mécontentement.

(7) **A** Il a dû (　　　) ce poste à des rivaux.

    B Si tu fais du bruit, tu vas te faire (　　　) par ta mère.

(8) **A** Il est allé (　　　) sur son lit pour se reposer.

    B On ne va pas (　　　) sur les dangers possibles pendant des heures.

(9) **A** Il faut consulter le (　　　) de Paris pour vous repérer dans cette ville.

    B Sur le (　　　) économique, le marché doit s'affranchir de l'intervention extrême de l'État.

(10) **A** J'étais sensible à l'(　　　) de tristesse que l'on sentait dans ses paroles.

    B On voit bien qu'il n'est pas de Paris ; il a l'(　　　) du Midi.

(11) **A** Je vais devoir vous couper la (　　　), car nous avons largement dépassé le temps prévu.

    B Tu passes chez moi demain ? Tu m'en donnes ta (　　　) ?

(12) **A** Le procureur n'a pas pu ne pas renoncer à l'(　　　).

    B Votre parole est l'objet d'une (　　　) infamante.

① accent   ② accusation   ③ disputer   ④ entretien   ⑤ opinion   ⑥ parole

⑦ plan   ⑧ propos   ⑨ question   ⑩ s'étendre   ⑪ silence   ⑫ sujet

(1)	(2)	(3)	(4)	(5)	(6)	(7)	(8)	(9)	(10)	(11)	(12)

19. 仕事

emploi	男 ①職 // être sans *emploi* 失業している ②使用 // un *emploi* du temps スケジュール / le mode d'*emploi* 使用説明書 ③(劇の)役柄 ■**employer** 他 ①使用する ②雇う
poste	男 ①地位, ポスト ②*poste* de télévision テレビ ③警察分署 ④(電話の)内線 // *Poste* 30, s'il vous plaît. 内線30番をお願いします 女 郵便(局)
promotion	女 ①昇進 ②販売促進
carrière	女 ①職業 ②キャリア, 経歴 // faire *carrière* dans *qc* …の職業で成功する ③採石場
œuvre	女 ①作品 ②成果 ③仕事 // mettre en *œuvre* *qc* …を実行に移す
ménag*er, ère*	形 家事の // des appareils *ménagers* 家庭用品 / les travaux *ménagers* 家事
ménage	男 ①家事, 掃除 // femme de *ménage* 家政婦 ②夫婦 // jeune *ménage* 若夫婦
opération	女 ①作業 ②手術 ③演算 ④軍事行動 ⑤キャンペーン ⑥取引 // faire une bonne *opération* 有利な取引をする
charge	女 ①荷 ②負担 // être à la *charge* de *qn* (人)に扶養されている / prendre *qn/qc* en *charge* …をひき受ける, 面倒をみる ③責任, 任務 // à *charge* pour *qn* de+<u>不定詞</u> …するという条件で ④攻撃 ■**charger** 他 ①積む ②充電する ③担当させる ④攻撃する
engagement	男 ①約束 ②雇用契約 ③(交渉などの)開始 ④(知識人や芸術家の)政治参加
engager	他 ①雇う ②拘束する // Ce contrat vous *engage*. この契約によってあなたは拘束されます ③(狭い場所に)入り込ませる // *engager* sa voiture dans une impasse 車を袋小路に入り込ませる ④開始する ⑤巻き込む
s'engager	代動 ①約束する ②志願する ③(狭い場所に)入り込む
métier	男 ①職業 ②職務 ③熟練 // avoir du *métier* 熟練している
fonction	女 ①機能 ②職務 ③(数学) 関数 // en *fonction* de *qn/qc* …に応じて / être fonction de *qn/qc* …次第である
rôle	男 ①(演劇・映画などの)役 // jouer [interpréter] un *rôle* ある役を演じる ②役割 // avoir le beau *rôle* わりのいい役回りを演じる ③名簿, 目録
gagner	他 ①稼ぐ // *gagner* de l'argent [du temps] 金銭を稼ぐ[時間を節約する] / *gagner* sa vie [son pain] 生計を立てる ②(試合などに)勝つ ③(賞・名声などを)得る ④到達する // *gagner* le port (船が)入港する
service	男 ①手助け // rendre *service* à *qn* (人)に役だつ ②サービス // *service* [non] compris サービス料込み[別]で ③勤務 // les heures de *service* 勤務時間 / être de [en] *service* 勤務中である, 営業中である ④(役所・企業などの)部局 ⑤(乗りものの)運行 // un *service* (aérien) 飛行機の便 ⑥(食器などの)セット // un service à thé ティーセット
servir	他 ①食事をだす ②(客に)応対する ③仕える, 役にたつ
congé	男 ①休み, 休暇 // les *congés* payés 有給休暇 ②解雇 // donner son *congé* à *qn* (人)を解雇する
relâche	女 ①中断, 休息 ②(演劇) 休演 // le jour de *relâche* du cinéma 映画館の休館日
grève	女 ①ストライキ ②砂浜
manifestation	女 ①(感情・意志などの)表明 ②デモ ③(政治的・商業的)イベント, 公演
chômage	男 ①失業 // être au [en] *chômage* 失業中である ②操業停止 ③失業手当
occupation	女 ①従事すること, 仕事 ②占領
culture	女 ①耕作 ②栽培 ③(複) 耕地 ④教養 ⑤文化
repos	男 ①休息 ②活動停止 ③平穏

reposer	他 ①休める ②(頭・足などを)もたせかける 自 休む，横たわる
	間・他 (sur …に)基づく，建っている

EXERCICE 19

次の（1）〜（12）について，**A**，**B** の（　）内には同じつづりの語が入ります。（　）内に入れるのにもっとも適切な語を，下の ① 〜 ⑫ のなかから１つずつ選び，解答欄にその番号を記入しなさい。ただし，同じものを複数回用いることはできません。

(1) **A** Ce château détruit pendant les guerres a été utilisé comme (　　　) de pierres.

　　B Il a fait une (　　　) longue et remarquable, en tant que député.

(2) **A** Certains jeunes sont peut-être sans (　　　) et vivent dans l'oisiveté.

　　B Mon (　　　) du temps surchagé ne me laisse guère de loisir.

(3) **A** Cette actrice interprète un (　　　) très important dans la pièce.

　　B Il ne faut pas déprécier le (　　　) de la presse dans la formation de l'opinion publique.

(4) **A** Denis subira une (　　　) de transplantation cardiaque dans un mois.

　　B Il a fait une bonne (　　　) en Bourse.

(5) **A** En parlant de Stendhal, as-tu déjà lu son (　　　) ?

　　B Ils ont tout mis en (　　　) pour sauver un enfant qui se noyait.

(6) **A** Établissez une liste des compétences nécessaires pour occuper le (　　　).

　　B Vous pouvez remplir le formulaire et l'envoyer par la (　　　) ?

(7) **A** Il a donné une conférence sur les problèmes de la (　　　) enseignante.

　　B La (　　　) du foie est d'éliminer les substances toxiques du corps.

(8) **A** Il m'a proposé de travailler comme femme de (　　　) dans la maison où il résidait.

　　B Je n'ai pas envie de passer tout mon temps libre à faire le (　　　) dans la maison.

(9) **A** Je suis sûr de (　　　) le premier prix au concours.

　　B Le déplacement à Nice par avion nous permet de (　　　) du temps.

(10) **A** L'(　　　) de cet écrivain dans le mouvement de grève est très courageux.

　　B L'entretien préliminaire a permis l'(　　　) des négociations.

(11) **A** Nous avons offert un (　　　) à café à notre fille pour sa noce.

　　B On a pris un repas à prix fixe, (　　　) de 15 % compris.

(12) **A** On lui a confié la (　　　) de diriger cette équipe de football.

　　B Tu peux utiliser mon vélo, à (　　　) pour toi de le maintenir en bon état.

① **carrière**　② **charge**　③ **engagement**　④ **emploi**　⑤ **fonction**　⑥ **gagner**
⑦ **ménage**　⑧ **œuvre**　⑨ **opération**　⑩ **poste**　⑪ **rôle**　⑫ **service**

(1)	(2)	(3)	(4)	(5)	(6)	(7)	(8)	(9)	(10)	(11)	(12)

20. 選択・所有，過失

① 選択・所有

prise	囡 ①取ること，奪取 ②取っ手 ③(電気の)コンセント ④取り入れ口 // *prise* d'air 換気口 ⑤(薬などの)1回の服用量 / en *prise* directe avec [sur] *qc* …と密接にかかわった
reprendre	他 ①ふたたび取る ②お代わりをする ③ふたたび襲う ④ふたたび始める ⑤手直しする ⑥繰り返す
reprise	囡 ①再開 ②再演 ③繰り返し ④(衣服の)繕い ⑤(商品の)返品，下取り ⑥(ボクシングの)ラウンド
choix	男 ①選択 // au *choix* 好みで / arrêter son *choix* sur *qc* …を選ぶことにする ②品数 ③精選品 // de *choix* えりぬきの：Cette viande est de premier *choix*. この肉は特選品です ④(商品などの)品質
préférence	囡 好み，選択 // de *préférence* 好んで，なるべく ②(複) えこひいき
gré	男 好み，意向 // à mon [ton, son…] *gré* 私[君，彼(女)…]の好み[意見]で / au *gré* de *qc* …のままに
possession	囡 ①所有 ②把握 // avoir *qc* en sa *possession* (= être en *possession* de *qc*) …を所有している / prendre *possession* de *qc* …を手に入れる，占領する
■ posséder	他 ①所有している ②精通している // *posséder* l'anglais 英語が堪能である
réserve	囡 ①貯え，買い置き // avoir [garder] *qc* en *réserve* …を予備にとってある[とっておく] ②(複) (天然資源の)埋蔵量 ③留保，条件 // avec *réserve* 条件つきで / sans *réserve* 無条件で ④慎み
rechange	男 ①予備 ②着替え // de *rechange* 予備の：une roue de *rechange* スペアタイヤ
abandon	男 ①放棄，断念 // à l'*abandon* 放置された状態に ②くつろぎ，屈託のなさ
■ abandonner	他 ①捨てる ②放棄する ③(A à B) AをBに譲る
décrocher	他 ①(掛けてあるものを)はずす ②(受話器を)とる ③獲得する 自 ①興味を失う ②(仕事などを)やめる ③(de …から)離脱する
quitte	形 ①借りを返した，(義務などから)解放された ②(de …を)免れた // en être *quitte* pour …だけで済む / *quitte* à+不定詞 …することになるかもしれないが
quitter	他 ①離れる，去る ②(考えなどが)人の頭から離れる ③(活動・生活様式などを)やめる
change	男 両替，両替所
échange	男 ①交換 // en *échange* ひき換えに / faire un *échange* de+無冠詞名詞 …を交換する ②(複) 貿易

② 過 失

faute	囡 ①まちがい，過失 // sans *faute* まちがいなく，かならず ②不手際 // *faute* de *qc* / 不定詞 …がないので，しなければ：*Faute* de voiture, je prendrai le métro. 車がないので地下鉄に乗ります / *faute* de mieux 仕方がないので
tort	男 ①まちがい // à *tort* まちがって / avoir *tort* (de+不定詞) (↔ avoir raison) (…するのは)まちがっている / donner *tort* à *qn* (人)を非難する / être en *tort* [dans son *tort*] まちがっている ②損害，迷惑 // faire du *tort* à *qn* (= faire du mal à) (人)に迷惑をかける
tromper	他 ①だます，裏切る ②判断を誤らせる ③(退屈・悲しみなどを)まぎらわす
infaillible	形 ①必ず効く ②誤りを犯さない
innocent, e	形 ①無実の // être *innocent* de *qc* …を犯していない ②無邪気な ③単純な ④罪のない
justifier	他 ①無罪を証明する ②正当化する ③(de …を)立証する

2 多義語に関する問題

EXERCICE 20

次の（1）～（12）について，**A**，**B**の（　　）内には同じつづりの語が入ります。（　　）内に入れるのにもっとも適切な語を，下の ①～⑫ のなかから1つずつ選び，解答欄にその番号を記入しなさい。ただし，同じものを複数回用いることはできません。

(1)　**A**　Ces journalistes sont en (　　) directe avec cette affaire scandaleuse.

　　　B　Pour brancher la lampe, la télévision et l'ordinateur, il faut une (　　) multiple.

(2)　**A**　C'est à ce dernier que je donne la (　　), sur tous ses romans.

　　　B　De (　　), descendez à l'hôtel France Louvre.

(3)　**A**　C'est le chauffeur du camion qui est en (　　), puisqu'il a brûlé un feu rouge.

　　　B　Tu as grand (　　) de t'opposer à tes parents.

(4)　**A**　(　　) de temps, j'ai renoncé à ce voyage.

　　　B　Pour un chauffeur de taxi, conduire en état d'ébriété est une grave (　　) professionnelle.

(5)　**A**　Des bulles de savon flottent un peu partout au (　　) de la brise.

　　　B　Elle s'est mariée contre son (　　) à l'âge de 20 ans.

(6)　**A**　En (　　) d'une partie de leur nourriture, les détenus recevaient en cachette des livres.

　　　B　Le conseil municipal procédera à un (　　) de vues sur la question.

(7)　**A**　Il a laissé sa maison à l'(　　) après la mort de ses parents.

　　　B　L'(　　) du village par ses habitants a eu lieu après la guerre.

(8)　**A**　Il vaut mieux vérifier la pression des pneus, (　　) à perdre du temps.

　　　B　La voiture s'est retournée dans le virage : il en a été (　　) pour la peur.

(9)　**A**　La banque doit garder en (　　) une partie de ses propres fonds pour couvrir les pertes.

　　　B　Le directeur a apporté son soutien sans (　　) à notre projet.

(10)　**A**　La (　　) de drogue peut vous envoyer en prison.

　　　B　La terreur a pris (　　) de cette ville.

(11)　**A**　Le client a fini par arrêter son (　　) sur une cravate en soie.

　　　B　Vous pouvez prendre congé à la Toussaint ou à Noël, au (　　).

(12)　**A**　On ne peut pas faire une (　　) une semaine après l'achat d'un vêtement.

　　　B　Puisque le conflit entre le patronat et le syndicat a été réglé, la (　　) du travail devrait se faire dès demain.

① abandon　　② choix　　③ échange　　④ faute　　⑤ gré　　⑥ possession
⑦ préférence　　⑧ prise　　⑨ quitte　　⑩ reprise　　⑪ réserve　　⑫ tort

(1)	(2)	(3)	(4)	(5)	(6)	(7)	(8)	(9)	(10)	(11)	(12)

21. 建設・設置, 使用・修復

① 建設・設置

construction	囡 ①建設(物) // un immeuble en *construction* 建設中のビル ②建設業 ③(作品などの)構成 ■**construire** 他 ①建てる ②(文章・作品などを)組み立てる
dresser	他 ①(まっすぐに)立てる ②組み立てる ③(文書・書類などを)作成する // *dresser* un plan 図面を引く;計画を立てる ④(動物を)調教する
invention	囡 ①発明 ②発明品 ③でっちあげ
imiter	他 ①模倣する ②手本とする ③偽造する
établissement	男 ①設置, 設立, (キャンプの)設営 ②施設, 事業所 // *établissement* (scolaire) 教育機関, 学校 ③立証
■établir	他 ①設置する ②立証する ③打ち立てる ④(リストなどを)作成する
installation	囡 ①取り付け // l'*installation* du chauffage central セントラルヒーティングの設置 ②設備 ③入居 ■**installer** 他 ①設置する ②住まわせる
mise	囡 置くこと, (状態に設定すること) // *mise* au point 調整, 開発 / *mise* en marche 始動 / *mise* en scène 演出 / *mise* en vente 発売 ②身なり // soigner sa *mise* 身なりに気をつかう ③賭け金
remise	囡 ①元の状態に戻すこと // *remise* en marche 再稼働, 再開 ②手渡すこと ③割引 // *remise* de 10% 10パーセントの割り引き ④物置 ⑤延期
■remettre	他 ①元の状態に戻す ②ふたたび身につける ③手渡す ④延期する
avancer	他 ①前に出す ②(時期を)繰り上げる, 早める ③(仕事などを)はかどらせる ④(意見などを)述べる, 主張する
suspendre	他 ①吊す ②中断する ③延期する
accrocher	他 ①(物を)掛ける ②ひっかけて破る ③引きつける // *accrocher* les spectateurs 観客を引きつける ④(車などに)接触する ⑤(働き口・商談などを)手に入れる
étaler	他 ①広げる, 陳列する ②のばして塗る ③見せびらかす // *étaler* ses connaissances 知識を誇示する ④長期に分散させる // *étaler* le paiement sur un an 支払いを1年の分割にする ⑤打ち倒す

② 使用・修復

usage	男 ①使用, 用途 // à l'*usage* de qn (人)向けの / hors d'*usage* 使われなくなった ②飲用, 服用 ③慣習 ④(ことばの)用法 ⑤礼儀作法
■user	他 ①使い古す ②消費する ③消耗させる
réparation	囡 ①修理 // Ma voiture est en *réparation*. 私の車は修理にでている ②損害賠償 ③償い
■réparer	他 ①修理する ②(体力・健康などを)回復する ③償う
arranger	他 ①整える ②修理する ③改作する ④手はずを整える ⑤調停する ⑥(状況・予定などが)都合がいい
restauration	囡 ①修復 ②復活 ③レストラン業
refaire	他 ①繰り返す ②やり直す ③修理する ④(体力・健康などを)回復する ⑤だます // *refaire* un client 客をだます
bricolage	男 ①日曜大工, 修理 ②やっつけ仕事

EXERCICE 21

次の（1）～（12）について，**A**，**B** の（　）内には同じつづりの語が入ります。（　）内に入れるのにもっとも適切な語を，下の ① ～ ⑫ のなかから１つずつ選び，解答欄にその番号を記入しなさい。ただし，同じものを複数回用いることはできません。

(1)　**A**　Au carrefour, elle vient d'(　　　) un camion avec sa voiture.

　　　B　Un clou dépasse du mur ; on risque d'(　　　) ses vêtements.

(2)　**A**　C'est un (　　　), dans ce lycée, de fêter le dernier jour avant les vacances.

　　　B　L'(　　　) du café remonte au IXᵉ siècle.

(3)　**A**　Cette histoire est de son (　　　).

　　　B　Les grands fabricants d'automobiles mettent au point l'(　　　) d'un nouveau moteur électrique.

(4)　**A**　Fais (　　　) ta voiture, le moteur ne marche pas bien.

　　　B　Il est dans une situation délicate, mais il ne fait rien pour (　　　) les choses.

(5)　**A**　Il avait l'habitude de (　　　) sa veste au portemanteau tous les soirs.

　　　B　Si le calme ne revient pas dans la salle, on va (　　　) la conférence.

(6)　**A**　Il ne faut pas oublier la pollution des mers venant de la (　　　) en marche du réacteur.

　　　B　Le magasin a fait une (　　　) de 5 % à ses meilleurs clients.

(7)　**A**　Ils ont mis trois heures dans l'(　　　) du camp.

　　　B　Le chef d'(　　　) remet un diplôme de fin d'études à chacun des élèves.

(8)　**A**　Je suis obligé d'(　　　) la date de notre entretien ; au lieu de vendredi, nous nous verrons jeudi.

　　　B　Pouvez-vous prouver l'hypothèse que vous comptez (　　　) ?

(9)　**A**　La (　　　) de ce roman est très complexe.

　　　B　La (　　　) de cette cathédrale a duré plus de 90 ans.

(10)　**A**　La (　　　) en vente du nouveau produit aura lieu dans un mois.

　　　B　Tu juges quelquefois les gens à leur (　　　).

(11)　**A**　Mon mari est habile à (　　　) des plans pour les vacances.

　　　B　Voulez-vous (　　　) cette échelle contre le mur ?

(12)　**A**　Tu peux (　　　) un grand drap sur l'herbe pour déjeuner ?

　　　B　Vous pourrez (　　　) vos paiements sur six mois.

① accrocher　② arranger　　　　③ avancer　　④ construction
⑤ dresser　　⑥ établissement　　⑦ étaler　　　⑧ invention
⑨ mise　　　 ⑩ remise　　　　　 ⑪ suspendre　⑫ usage

(1)	(2)	(3)	(4)	(5)	(6)	(7)	(8)	(9)	(10)	(11)	(12)

22. 思考

idée	囡 ①思いつき // avoir dans l'*idée* de+不定詞 [que+直説法] …だと考える ②意見 ③およその知識 ④思考 // venir à l'*idée* 頭に浮かぶ ⑤観念
esprit	男 ①精神 // Elle a l'*esprit* ailleurs. 彼女はうわのそらだ ②知性 ③機知 ④霊
pensée	囡 ①考え // à la *pensée* de+不定詞 [que+直説法] …と考えると ②思考 ③思想
considération	囡 ①考慮 // prendre *qn/qc* en *considération* …を考慮に入れる ②(複) (動機となる) 考え ③(複) 考察 ④敬意
réflexion	囡 ①熟考 ②小言 ③(複) (熟考のすえの)意見 ④(複) 省察録 ⑤反射
interprétation	囡 ①解釈 ②通訳 ③演技, 演奏
sens	男 ①感覚 ②意見 // à mon (ton, son…) *sens* (= à son avis, de mon point de vue) 私[君, 彼(女)…]の考えでは / bon sens 分別, 良識 ③意味
sensible	形 ①敏感な, 傷つきやすい ②顕著な
conscience	囡 ①意識 ②良心 ③(仕事に対する)責任感 // avec *conscience* 良心的に, 丹念に ④信条
inconscient, _e_	形 ①意識を失った ②無自覚の ③無意識の
confusion	囡 ①混乱 ②不明瞭 ③困惑 ④混同
connaissance	囡 ①(複) 知識 ②知ること, 認識 ③知り合いになること // faire *connaissance* avec [faire la *connaissance* de] *qn* (人)と知り合いになる ④知人 ⑤意識
courant	男 ①流れ // *courant* d'air すきま風 / être au *courant* de *qc* …を知っている / mettre [tenir] *qn* au *courant* de *qc* …を(人)に知らせる ②電流 ③(思想・世論などの)傾向, 潮流
recherche	囡 ①探索 // à la *recherche* de *qn/qc* …を探して ②研究 ③洗練
mémoire	囡 ①記憶(力), 思い出 // à la *mémoire* de …の記念に / de *mémoire* (= de tête, par cœur) そらで / si j'ai bonne *mémoire* 私の記憶にまちがいがなければ ②(死後の)名声 男 ①研究論文 ②(公共機関あての)報告書 ③見積書
cœur	男 ①心臓 // avoir mal au *cœur* 胸がむかつく, 吐き気がする ②心 // de bon *cœur* (= avec plaisir) 喜んで, 心から / par *cœur* そらで, 暗記して ③優しさ ④意欲 ⑤(野菜・果物などの)芯 ⑥(地域・組織などの)中心
souvenir	男 ①記憶 ②思い出 ③みやげ ④(複) 回想録
rappeler	他 ①呼び戻す ②ふたたび電話する ③思い出させる
impression	囡 ①印象 // avoir l'*impression* de *qc*/不定詞 …のような気がする ②気持ち ③印刷
sûr, _e_	形 ①(de …に)確信[自信]がある // être *sûr* de+不定詞 [que+直説法・接続法] …を確信している ②確かな ③安全な
sûreté	囡 ①確実さ ②安全装置 ③無事
certain, _e_	形 ①確かな ②(de …を)確信した ③ある… // une *certaine* Martin マルタンとかいう人
doute	男 疑い, 疑念, 迷い // sans *doute* (= peut-être) おそらく / sans aucun *doute* 確かに / hors de *doute* 確実な
résolution ■ **résoudre**	囡 ①決意, 決定 ②断固とした態度 ③決議 ④(問題・困難などの)解決 他 ①解決する ②決心する ③決定する
hésitation ■ **hésiter**	囡 ためらい // avec [sans] *hésitation* ためらいがちに[ためらうことなく] 自 ①ためらう // N'*hésitez* pas à+不定詞 遠慮せずに…してください ②口ごもる
prévention	囡 ①予防策 ②偏見

EXERCICE 22

次の（1）〜（12）について，**A**，**B**の（　）内には同じつづりの語が入ります。（　）内に入れるのにもっとも適切な語を，下の①〜⑫のなかから１つずつ選び，解答欄にその番号を記入しなさい。ただし，同じものを複数回用いることはできません。

(1) **A** Ça ne m'est même pas venu à l'(　　　) que tu tombes amoureux d'elle ?

    B Ces photographies vous donneront une (　　　) de la situation actuelle.

(2) **A** Ce paysage nordique doit lui (　　　) son pays natal.

    B Monsieur Blier est sorti, veuillez le (　　　) plus tard.

(3) **A** C'est une phrase à double (　　　).

    B L'(　　　) d'une sonate de Beethoven était excellente.

(4) **A** Cherchez le (　　　) de ce mot dans un dictionnaire.

    B Les chiens ont un (　　　) de l'ouïe très différent du nôtre.

(5) **A** Elle a achevé de rédiger son (　　　) de maîtrise.

    B Ma grand-mère garde encore dans sa (　　　) le souvenir d'années heureuses.

(6) **A** Il était couvert de (　　　) à la pensée de ce rendez-vous oublié.

    B Je fais souvent une (　　　) entre Emma et Manon.

(7) **A** Il fait son travail avec (　　　), mais il répète la même erreur quand même.

    B Ma fille de trois ans a eu un accident qui lui a fait perdre (　　　).

(8) **A** Il ne prend toujours sa décision qu'après une longue (　　　).

    B La (　　　) du soleil sur le sable blanc fait mal aux yeux.

(9) **A** J'ai mal au (　　　) en bateau.

    B J'ai marché trop vite, mon (　　　) bat à toute vitesse.

(10) **A** La hausse des salaires n'est pas très (　　　) depuis quelques années.

    B Ne lui fais pas trop de reproches : c'est une fille très (　　　).

(11) **A** Mon père jouit de la (　　　) de tous ses collègues.

    B On le respectait en (　　　) de son grand âge.

(12) **A** On a besoin de faire partie d'un comité pour être au (　　　) de certains problèmes.

    B Un (　　　) de tolérance s'est manifesté en France à diverses époques.

① cœur ② confusion ③ conscience ④ considération ⑤ courant ⑥ idée
⑦ interprétation ⑧ mémoire ⑨ rappeler ⑩ réflexion ⑪ sens ⑫ sensible

(1)	(2)	(3)	(4)	(5)	(6)	(7)	(8)	(9)	(10)	(11)	(12)

23. 測定，意向

① 測定

mesure	囡 ①測定 ②サイズ // *sur mesure* 寸法に合わせた：une chemise *sur mesure* オーダーメイドのワイシャツ / dans la *mesure* du possible (= autant que possible) できる限り / dans une certaine *mesure* ある程度は / être en *mesure* de+ 不定詞 …できる ③(面積，長さなどの)単位 ④措置，手段 ⑤節度 ⑥(音楽) 拍子
net, *te*	形 ①清潔な ②明確な // poids *net* 正味の目方 ③鮮明な
échelle	囡 ①はしご ②階層 // s'élever dans l'*échelle* sociale 社会的地位が上昇する ③規模 ④縮尺 ⑤目盛り
comparaison	囡 比較 // faire la *comparaison* entre A et B AとBを比較する / en *comparaison* (de [avec] *qn/qc*) (…と)比較して / sans *comparaison* (avec *qn/qc*) (…とは)比べものにならないほど
■ **comparer**	他 ①比較する ②たとえる // *comparer* la vie à un voyage 人生を旅にたとえる
différence	囡 ①違い // une *différence* avec …との違い / une *différence* entre A et B AとBの違い / à la *différence* de *qn/qc* …とは違って ②(数・量の)差
■ **différent, *e***	形 ①違った ②さまざまな ③独特な
écart	男 ①差，隔たり // de grands *écarts* de prix 料金の大きな開き / à l'*écart* de *qc* …から離れて ②(礼儀作法などからの)逸脱
■ **écarter**	他 ①広げる，遠ざける ②ひき離す ③排除する ④そらせる
poids	男 ①重さ，体重 ②重要性 ③おもり ④重荷
distinction	囡 ①区別 ②洗練 ③栄誉
divers, *e*	形 ①変化に富んだ ②さまざまな // faits *divers* 三面記事
distance	囡 ①距離 // la *distance* entre A et B A-B間の距離 / à *distance* 時間をおいて，距離をおいて：commande à *distance* リモートコントロール ②差異
portée	囡 ①到達範囲 // à la *portée* de *qn* (人)の手の届くところに，理解できる範囲に ②影響力
taille	囡 ①身長 ②体の大きさ，(洋服の)サイズ // de *taille* 重大な：erreur de *taille* 重大な誤り / être de *taille* à + 不定詞 …する力がある ③ウエスト
dimension	囡 ①(複) 大きさ，寸法 ②規模 ③重大さ
vitesse	囡 ①速度 // à toute *vitesse* 全速力で　*cf.* à toutes jambes 全速力で ②(車などの)変則ギア

② 意向

volonté	囡 ①意志，意向 ③(複) わがまま // bonne *volonté* 善意，熱意 / à *volonté* 好きなだけ / faire *qc* avec mauvaise *volonté* いやいや…をする / mettre de la mauvaise *volonté* à+ 不定詞 …する気がない
vouloir	他 ①望む // en *vouloir* à *qn* (人)に恨みをいだく ②…したい ③…してくれますか ④同意する
volontaire	形 ①自発的な // être *volontaire* pour *qc*/ 不定詞 すすんで…する ②故意の ③意志の強い 名 ボランティア，志願者
intention	囡 意図 // à l'*intention* de *qn* (= pour) (人)のために / avoir l'*intention* de+ 不定詞 …するつもりである
prêt, *e*	形 支度ができた // être *prêt* à *qc*/ 不定詞 …する準備ができている
disposition	囡 ①配置 ②自由に使えること ③傾向 ④素質 ⑤気持ち // à la *disposition* de *qn* (人)が

	自由に使えるように：Je suis *à votre disposition.* 何なりといたします
■ **disposer**	他 配置する
	間・他 (de …を)自由に使える，意のままにする
disposé, e	形 配置された，整えられた // être bien [mal] *disposé* 機嫌がいい[悪い] / être *disposé* à+不定詞 …する気でいる

EXERCICE 23

次の（1）～（12）について，**A**，**B**の（　）内には同じつづりの語が入ります。（　）内に入れるのにもっとも適切な語を，下の①～⑫のなかから1つずつ選び，解答欄にその番号を記入しなさい。ただし，同じものを複数回用いることはできません。

(1) **A** Au point de vue touristique, cette région marine est sans (　　　) avec la mer du Nord.

　　 B Les légumes sont bon marché, en (　　　) du mois dernier.

(2) **A** Ça fait longtemps qu'il s'est tenu à l'(　　　) de la vie politique.

　　 B Il y a trois jours d'(　　　) entre l'écrit et l'oral.

(3) **A** C'est une dame (　　　) : elle finit toujours par obtenir ce qu'elle veut.

　　 B Qui est (　　　) pour participer à cette entreprise risquée ?

(4) **A** Je suis en (　　　) de me contrôler et de prendre mes responsabilités.

　　 B Tu n'as pas le sens de la (　　　).

(5) **A** Il fait tout son possible pour s'élever dans l'(　　　) sociale.

　　 B Tu peux aller chercher une (　　　) pour monter dans l'arbre ?

(6) **A** Ils sont accablés sous le (　　　) des impôts.

　　 B Tu ne trouves pas que Sarah a perdu du (　　　) pendant ces vacances ?

(7) **A** Il y a une grande (　　　) de prix entre ces deux shampoings.

　　 B C'est une fille aimable, à la (　　　) de son frère.

(8) **A** J'ai lu cette affaire de meurtre dans les faits (　　　).

　　 B On signale des orages en (　　　) endroits.

(9) **A** J'ai un avis très (　　　) sur cette affaire.

　　 B Le poids (　　　) de ce paquet de bonbons est de cent grammes.

(10) **A** L'(　　　) de cet écrivain m'échappe.

　　 B Nous avons l'(　　　) de passer nos vacances à Nice.

(11) **A** Mettez-vous à la (　　　) de votre auditoire, employez un vocabulaire facile.

　　 B Ne laisse pas tes cigarettes à la (　　　) des enfants.

(12) **A** Ne lui confiez pas la gestion du magasin, il n'est pas de (　　　).

　　 B Quelle (　　　) faites-vous pour vos jupes ?

① **comparaison**　② **différence**　③ **divers**　④ **écart**　⑤ **échelle**　⑥ **intention**
⑦ **mesure**　⑧ **net**　⑨ **poids**　⑩ **portée**　⑪ **taille**　⑫ **volontaire**

(1)	(2)	(3)	(4)	(5)	(6)	(7)	(8)	(9)	(10)	(11)	(12)

24. 関心・期待，計画，労苦

① 関心・期待

intérêt	男 ①興味，関心 // avec *intérêt* 興味深く ②利益，得 // avoir *intérêt* à+ 不定詞 …するのが得だ / dans [contre] l'*intérêt* de qn (人)の利益のために[利益に反して] ③利子
intéressant, *e*	形 ①興味深い ②有利な // prix *intéressant* 買い得の値段
■ **intéresser**	他 ①(人の)関心をひく ②(事柄が)関係する
tenter	他 ①試みる ②気をそそる
indifférent, *e*	形 ①(à…に)無関心な ②(à…にとって)重要ではない // Ça m'est *indifférent*. (= Ça m'est égal.) それはどうでもよい ③冷淡な
âpre	形 ①激烈な ②えぐい，渋い，不快な ③貪欲な
aigu, *ë*	形 ①鋭い ②強烈な // douleur *aiguë* 激痛 ③深刻な
attention	女 ①注意 ②(複) 気遣い // faire *attention* à [de]+ 不定詞 [à ce que+ 接続法] …するように気をつける
attente	女 ①待つこと // une salle d'*attente* 待合室 / dans l'*attente* de qc [不定詞] …を待ちつつ ②期待 // contre toute *attente* 期待に反して，意外にも
■ **attendre**	他 ①待つ // se faire *attendre* (人が)待たせる，(物事が)時間がかかる ②期待する
surprise	女 ①不意打ち // par *surprise* 不意をついて ②驚き ③予期せぬこと ④思いがけないプレゼント
envie	女 ①欲求 // donner *envie* (à qn) de qc / 不定詞 (人)を…する気にさせる ②羨望
seulement	Si seulement + 直説法半過去形[大過去形] せめて…であったら

② 計画

projet	男 ①計画 // modifier ses *projets* 計画を変更する ②草案 ②企画書，設計図
■ **projeter**	他 ①計画する ②投げ出す ③映写する
projection	女 ①投げること ②映写
reflet	男 ①(映った)姿 ②光沢 ③反映
organisation	女 ①準備，組織化，企画 ②組織 ③団体，機関 ■ **organiser** 他 ①組織する ②企画する

③ 労苦

peine	女 ①労苦 ②苦労 // à *peine* (= presque pas) ほとんど…ない / à *peine*…, (que)+ 直説法 …するとすぐに / ce n'est pas la *peine* de+ 不定詞 [que+ 接続法] …するには及ばない / valoir la *peine* de+ 不定詞 [que+ 接続法] (= mériter de) …する価値がある ③刑罰 ④困難
soin	男 ①気配り，入念さ ②(複) 世話 ③(複) 治療 ④任務
■ **soigner**	他 ①世話する ②治療する ③気を配る
souci	男 ①心配 ②心配事 ③配慮 // se faire du *souci* pour qn/qc …のことで気をもむ / dans le *souci* (de qc/ 不定詞 [que+ 接続法]) …への配慮から
appréhender	自 ①心配する ②逮捕する ③(概念・現象などを)把握する
traitement	男 ①扱い ②治療 ③(公務員の)俸給 ④処理
épuisé, *e*	形 ①疲れ切った ②売り切れの
patience	女 忍耐 // avec *patience* 忍耐強く
régime	男 ①(国家の)政体 ②制度 ③ダイエット
veiller	自 ①夜更かしする ②寝ずの番をする
	間他 ①(à …に)気を配る，注意する ②(sur …を)注視する
respecter	他 ①尊敬する ②重んじる ③遵守する
observation	女 ①観察 ②所見 ③批判 ④監視

EXERCICE 24

　次の（1）～（12）について，**A**，**B** の（　　）内には同じつづりの語が入ります。（　　）内に入れるのにもっとも適切な語を，下の ① ～ ⑫ のなかから1つずつ選び，解答欄にその番号を記入しなさい。ただし，同じものを複数回用いることはできません。

(1) **A** Ce n'est pas la (　　　　) de me répéter cette explication, j'ai bien compris.

　　B Plus des deux tiers des pays ont aboli la (　　　　) de mort.

(2) **A** Ce n'est pas dans ton (　　　　) de ne pas suivre notre conseil.

　　B Le nouvel emprunt d'État sera à 2 % d'(　　　　) par an.

(3) **A** Ces événements sont le (　　　　) d'une société.

　　B Il voit le (　　　　) des arbres dans l'eau de l'étang.

(4) **A** Ces poires sont encore vertes. Je n'aime pas leur goût (　　　　).

　　B Une (　　　　) discussion s'est élevée entre les deux partis.

(5) **A** Il m'est (　　　　) d'aller à la mer ou à la montagne.

　　B Il paraît qu'il est (　　　　) à la misère humaine.

(6) **A** Il n'a pas répondu à l'(　　　　) de ses parents.

　　B La séance a été suspendue pendant quelques minutes dans l'(　　　　) de l'heure du vote.

(7) **A** Il paraît qu'elle s'est laissé (　　　　) par cette robe chère.

　　B Je ne suis pas sûr que ça réussisse, mais je vais (　　　　) une petite expérience.

(8) **A** Ils ont formé le (　　　　) de voyager en Afrique pour l'an prochain.

　　B Notre objectif est d'achever le (　　　　) vers l'automne.

(9) **A** Je préfère de loin une (　　　　) à un cadeau par contrainte.

　　B Leur divorce a causé une grande (　　　　).

(10) **A** La lame de ce couteau n'est pas (　　　　), il ne coupe plus.

　　B L'hostilité (　　　　) entre les blancs et les noirs dans la ville s'est apaisée récemment.

(11) **A** Les inspecteurs sont arrivés à (　　　　) ce suspect au moment où il s'enfuyait.

　　B Normalement tout se passera bien, mais je ne peux pas ne pas (　　　　) l'opération.

(12) **A** On a recours aux ordinateurs dans le (　　　　) de faire améliorer l'éducation de base.

　　B Mon fils est au chômage depuis un an, voilà mon plus gros (　　　　).

① **aiguë**　　② **appréhender**　　③ **âpre**　　④ **attente**　　⑤ **indifférent**　　⑥ **intérêt**
⑦ **peine**　　⑧ **projet**　　⑨ **reflet**　　⑩ **souci**　　⑪ **surprise**　　⑫ **tenter**

(1)	(2)	(3)	(4)	(5)	(6)	(7)	(8)	(9)	(10)	(11)	(12)

25. 賛否，平和・戦い

① 賛否・許否

accord	男 ①賛同，合意 // être d'*accord* sur *qc* [pour+不定詞] …について賛成である ②協定 // *accord* de prix 価格協定 ③調和 // en *accord* avec *qc* …と調和して ④仲のよさ
acceptation	女 ①受諾，承認 // donner son *acceptation* à *qc* …を受け入れる
■ **accepter**	他 ①受け入れる ②(正当なものとして)認める ③(試練などを)受容する
permission	女 ①許可 // donner la *permission* à *qn* de+不定詞 (人)に…する許可をあたえる ②(軍隊)短期休暇
■ **permettre**	他 ①許可する ②(物事が人に…を)可能にする // Mon travail ne me *permet* pas de sortir. 私は仕事があるので外出できない
appui	男 ①支え ②支持，支援
voix	女 ①声 // à haute *voix* 大声で ②(選挙の)票 ③発言権
suffrage	男 ①選挙 // *suffrage* universel 普通選挙 ②(選挙の)票 ③賛同
refus	男 拒否，辞退 // Ce n'est pas de *refus*. (= volontiers) 喜んでお受けします
■ **refuser**	他 ①拒否する ②不合格にする ③(客などの)入店を断る
décliner	他 ①辞退する ②(氏名，肩書きなどを)述べる ③(製品を)シリーズ化する
interdiction	女 ①禁止 // « *Interdiction* de stationner » 「駐車禁止」②職権停止
■ **interdire**	他 ①禁止する // Il est *interdit* [défendu] de+不定詞 …することは禁じられている ②(公務員などを)停職処分にする
défense	女 ①防衛 ②弁護(側) ③擁護 // *défense* des droits de l'homme 人権の擁護 ④禁止 // « Danger, *défense* d'entrer » 「危険につき立ち入り禁止」
■ **défendre**	他 ①守る // *défendre* A contre [de] AをBから守る ②弁護する ③禁じる // *défendre* *qc* à *qn* [à *qn* de+不定詞] (人)に…を禁じる
laisser	他 ①残す ②置いておく (= déposer) ③置き忘れる ④別れる ⑤放っておく // *laisser* *qn*/*qc*+形容詞 …を〜のままにしておく ⑥預ける // *laisser* tomber *qn*/*qc* …を見捨てる，への関心を失う
contrôle	男 ①検査，点検 ②制御 ③(身分証・入場券などの)窓口 ④小テスト ⑤官吏 ⑤支配

② 平和・戦い

paix	女 ①平和 ②講和 ③平穏 // en *paix* 平穏に ④治安 ⑤和解
sécurité	女 ①安全，安心 // de *sécurité* 安全のための：une ceinture de *sécurité* シートベルト ②安全保障
danger	男 危険，おそれ // courir un *danger* [risque, péril] 危険をおかす
risque	男 危険 (= danger)，おそれ // à ses *risques* et périls 全責任において / au *risque* de *qc*/不定詞] …の危険をおかして
■ **risquer**	他 ①危険にさらす，危険をおかす ②…かもしれない // Tu *risques* de tomber et de te faire mal. 君は転んでけがをするかもしれない ③思いきって…する // *risquer* une remarque あえて意見を述べる / *risquer* le coup [la partie, le paquet] のるかそるかやってみる
lutte	女 ①闘争 // la *lutte* pour le pouvoir 権力闘争 ②戦い，運動 // la *lutte* contre la pollution 公害対策 ③レスリング ■ **lutter** 自 ①戦う ②競う ③格闘する
abattre	他 ①倒す ②打ち負かす ③(風や暑さなどを)抑える ④(仕事を)手早く片づける
bousculer	他 ①つき飛ばす ②せきたてる ③ひっくり返す，覆す
résistance	女 ①抵抗 ②耐久力 ■ **résister** 間他 (à …に)①抵抗する ②もちこたえる

EXERCICE 25

次の（1）〜（12）について，**A**，**B**の（　）内には同じつづりの語が入ります。（　）内に入れるのにもっとも適切な語を，下の①〜⑫のなかから1つずつ選び，解答欄にその番号を記入しなさい。ただし，同じものを複数回用いることはできません。

(1) **A** Arrêtez de me (　　　) pour passer devant moi !

　　 B Mon grand-père n'aime pas (　　　) les traditions familiales.

(2) **A** Beaucoup de pays conclurent un (　　　) sur le traité de non-prolifération des armes nucléaires.

　　 B La couleur des rideaux est en (　　　) avec celle des murs.

(3) **A** Ce budget de l'État est destiné à la (　　　) aérienne du territoire.

　　 B Il a passé outre la (　　　) qui avait été faite d'aller à l'université en voiture.

(4) **A** Ce soldat s'est trouvé en (　　　) jusqu'à nouvel ordre.

　　 B On m'a donné la (　　　) d'obtenir un congé de trois jours.

(5) **A** Cet agent de police m'a demandé de (　　　) mes nom, prénoms, date et lieu de naissance.

　　 B Dans l'état actuel des choses, nous sommes obligés de (　　　) votre offre.

(6) **A** J'ai dû (　　　) mon chapeau dans le restaurant.

　　 B Voulez-vous (　　　) la porte ouverte en partant ?

(7) **A** Je me suis fait arrêter par des policiers pour un (　　　) de cartes d'identité.

　　 B Mardi, il y aura un (　　　) d'anglais.

(8) **A** Je ne crois pas que nous soyons en (　　　) dans cet abri.

　　 B Ne manquez pas de boucler votre ceinture de (　　　).

(9) **A** Le parti socialiste a obtenu 8 % des (　　　) aux élections légisratives.

　　 B Ses romans recueillent depuis longtemps les (　　　) du public de culture latine.

(10) **A** Le pont doit être assez solide pour (　　　) au poids du trafic prévu.

　　 B Nos soldats ont continué à (　　　) aux attaques.

(11) **A** Les pompiers osent (　　　) leur vie pour sauver les accidentés.

　　 B On peut (　　　) le coup, on verra bien si les affaires marchent bien.

(12) **A** Ne parle pas à haute (　　　), tu déranges ceux qui travaillent.

　　 B Vous donnez votre (　　　) à quel candidat ?

① accord　② bousculer　③ contrôle　④ décliner　⑤ défense　⑥ laisser
⑦ permission　⑧ résister　⑨ risquer　⑩ sécurité　⑪ suffrages　⑫ voix

(1)	(2)	(3)	(4)	(5)	(6)	(7)	(8)	(9)	(10)	(11)	(12)

26. 対人関係

égard	男 ①(複) 敬意 ②考慮 // par *égard* pour *qn/qc* …を考慮して / à l'*égard* de *qn/qc* …に対して
hommage	男 ①敬意 // rendre *hommage* à *qn/qc* …に敬意を表する ②(複) 讃辞 ③(尊敬・感謝のしるしの)献呈 // en *hommage* de *qc* …のしるしとして
confiance	女 ①信頼 ②自信(= confiance en soi) ③(政府への)信任 // avoir *confiance* en [dans] *qn/qc* …を信頼している / faire *confiance* à *qn/qc* …を信用する / donner [inspirer] *confiance* à *qn* 信頼感を抱かせる / de *confiance* 信用できる, 信用して：quelqu'un de *confiance* 信頼できる人
mépris	男 ①軽蔑 // avoir [éprouver] du *mépris* pour *qn* (人)に軽蔑の念を抱く ②軽視 // au *mépris* de *qc* …を無視して ■**mépriser** 他 軽蔑する, 軽視する
grâce	女 ①優雅 ②恩恵 // *grâce* à *qn/qc* …のおかげで ③恩赦 ④(神の)恩寵 ⑤感謝
faveur	女 ①特別のはからい, 優遇 // de *faveur* 優待の / en *faveur* de *qn/qc* …のために ②人気 ③好意 // à la *faveur* de *qc* …を利用して ■**favoriser** 他 優遇する
digne	形 ①…に値する // *digne* de *qn/qc*/不定詞 …に値する ②…にふさわしい ③威厳のある
fidèle	形 ①(à …に)忠実な, 行きつけの // client *fidèle* 常連客 ②事実を曲げない // historien *fidèle* 史実を重んじる歴史家
remercier	他 ①礼を言う, 感謝する // *remercier* *qn* de [pour] *qc* [de+不定詞] …について(人に)礼を言う ②解雇する
renvoyer	他 ①送り返す, 返送する ②解雇する ③延期する ④参照させる
honneur	男 ①名誉 // d'*honneur* 名誉ある：un membre d'*honneur* 名誉会員 ②光栄 // avoir l'*honneur* de+不定詞 光栄にも…する ③(複) 儀礼 ④(複) 栄達
honte	女 恥 // avoir *honte* de *qn/qc*/不定詞 …が恥ずかしい
discret, ète	形 ①控えめな ②秘密を守る // Sois *discret* ! 口外するな！ ③(場所が)人目につかない
secret	男 ①秘密 // confier un *secret* à *qn* (人)に秘密をうち明ける / en *secret* [dans le *secret*] こっそりと / garder [trahir] un *secret* 秘密を守る[もらす] ②秘密を守ること ③秘訣 ④(事件などの)真相
précaution	女 用心, 慎重 // prendre des [ses] *précautions* 用心のために手をうつ / avec *précaution* 慎重に
correct, e	形 ①正確な, 規則にかなった ②(服装・態度などが)きちんとした ③礼儀正しい, 公正な // être *correct* avec *qn* (人)に対して礼儀正しい
correction	女 ①修正, 校正 ②正しさ, 礼儀正しさ ③お仕置き
fâché, e	形 ①残念に思っている ②怒った // Il est *fâché* contre toi. 彼は君に腹をたてている ③仲たがいしている // Il est *fâché* avec son frère. 彼は兄[弟]と仲たがいしている
naturel, le	形 ①自然の ②天然の ③生まれつきの ④当然の
naturel	男 ①気質 ②気どりのなさ // Il sourit avec *naturel* sur la photo. 写真の彼は自然な笑みをうかべている
accueil	男 ①迎えること, (作品・提案などの)受け入れ方 // *accueil* chaleureux 熱烈な歓迎 ②(官庁・企業などの)受付
déranger	他 ①じゃまをする // Excusez-moi de vous *déranger*. おじゃまして申しわけありません ②(計画・体調などを)狂わせる ③(場所を)散らかす
se déranger	代動 ①席を立つ, 仕事を中断する ②調子が狂う

EXERCICE 26

次の（1）～（12）について，**A**，**B** の（　）内には同じつづりの語が入ります。（　）内に入れるのにもっとも適切な語を，下の ① ～ ⑫ のなかから１つずつ選び，解答欄にその番号を記入しなさい。ただし，同じものを複数回用いることはできません。

(1)　**A**　Ce n'est pas (　　　　) d'entrer sans frapper.

　　　B　L'affichage des prix sur l'écran n'est pas (　　　　).

(2)　**A**　Ce serait une bonne (　　　　) de prendre un parapluie.

　　　B　Elle a décroché le tableau du mur avec (　　　　) et elle l'y a raccroché.

(3)　**A**　C'est (　　　　) à ce témoignage que l'innocence de l'inculpé a été prouvée.

　　　B　Le condamné a bénéficié de la (　　　　) présidentielle.

(4)　**A**　Ce participant (　　　　) à un débat n'accapare pas la conversation.

　　　B　Je n'ai confié mon secret qu'à un ami (　　　　).

(5)　**A**　Elle est (　　　　) à cette boulangerie.

　　　B　On dit que sa traduction de Camus est (　　　　) à l'originale.

(6)　**A**　Elle est restée très (　　　　) dans l'adversité.

　　　B　Je trouve que sa conduite est (　　　　) d'éloges.

(7)　**A**　Elle a décidé de lui (　　　　) sa bague de fiançailles.

　　　B　Le patron va (　　　　) un emloyé qui s'absente souvent sans notification.

(8)　**A**　Il a eu deux billets de (　　　　) pour aller au concert.

　　　B　Les réfugiés ont franchi la frontière à la (　　　　) de la nuit.

(9)　**A**　Il est (　　　　) que les négociations se rompent dans ce conflit d'intérêts.

　　　B　Le lac du Bourget est considéré comme le plus grand lac (　　　　) de France.

(10)　**A**　Le plan d'opération conjointe a été élaboré dans le plus grand (　　　　).

　　　B　Ne raconte pas ça à Henri, il risque de trahir le (　　　　).

(11)　**A**　Le doute a remplacé la (　　　　) totale que j'avais dans le syndicat.

　　　B　Les enfants acquièrent de la (　　　　) en soi en cultivant l'intelligence.

(12)　**A**　Par (　　　　) pour les conséquences de ses actes, il a arrêté ce qu'il avait commencé.

　　　B　Tu devrais modifier ta manière de te conduire à l'(　　　　) de tes parents.

① confiance　　② correct　　③ digne　　④ discret　　⑤ égard　　⑥ faveur
⑦ fidèle　　　⑧ grâce　　　⑨ naturel　　⑩ précaution　⑪ renvoyer　⑫ secret

(1)	(2)	(3)	(4)	(5)	(6)	(7)	(8)	(9)	(10)	(11)	(12)

27. 感情

sentiment	男 ①感情, 気持ち ②好意 ③意識, 印象 // avoir le *sentiment* de qc/不定詞 [que+直説法] …であると思う ④感覚, センス ⑤感傷 ⑥見解, 判断
plaisir	男 ①喜び, 楽しみ // avoir le *plaisir* de+不定詞 …してうれしい / faire *plaisir* à qn (人)を喜ばせる ②気晴らし, 娯楽
mal	男 ①悪 ②災い ③苦労, 困難 // avoir du *mal* à+不定詞 …するのに苦労する / se donner du *mal* pour+不定詞 …しようとがんばる ④不都合 // Il n'y a pas de *mal*. (= De rien) 何でもありません ⑤痛み // avoir *mal* à+体の一部 …が痛む / faire du *mal* à qn (人)に苦痛をあたえる / se faire (du) *mal* à+体の一部 …を痛くする, けがをする ⑥病気 // le *mal* de mer 船酔い
tranquille	形 ①静かな // Laisse-moi *tranquille*. 私をそっとしておいて[ほっといてよ] ②おとなしい ③安心した
calme	男 ①静けさ ②落ち着き // Du *calme*！落ちつきなさい！[静かにしなさい！] ③(社会情勢・病気などの)安定状態 ④(商取引などの)活気のなさ
■ **calme**	形 ①静かな ②物静かな ③(商取引などが)活気のない
aise	女 ①くつろぎ // être à l'*aise* [à son *aise*] くつろいで ②(複)(生活の)快適さ ③喜び
embarrassé, e	形 ①ふさがれている, 動きのとれない // chambre *embarrassée* de meubles 家具でふさがれている部屋 ②当惑した ③混乱した // prononciation *embarrassée* 不明瞭な発音
gêner	他 ①邪魔する ②不快にする ③困らせる, 気詰まりにする ③(衣服が)(人を)窮屈にする
toucher	他 ①触れる ②(弾丸などが)…に当たる ③(人と)連絡をとる ④(目的地・宛先へ)達する ⑤(給料などを)受けとる ⑥(人を)感動させる, 心を打つ, 衝撃を与える
content, e	形 (de …で)うれしい, 満足した // être *content* de soi うぬぼれている
impatient, e	形 ①待ちきれない, いらだった // être *impatient* de+不定詞 早く…したくてたまらない ②忍耐力のない
dommage	男 ①残念なこと // C'est [Quel] *dommage* que+接続法 …なのは残念です ②損害
regret	男 ①後悔 ②残念さ // avoir le *regret* de+不定詞 残念ながら… / à mon[notre] (grand) *regret* 残念なことに / à *regret* (= malgré soi) 心ならずも ③名残惜しさ
■ **regretter**	他 ①後悔する ②残念に思う ③(失ったものや人を)惜しむ
dur, e	形 ①固い ②むずかしい ③つらい // *dur* à+不定詞 …するのがつらい[むずかしい] ④(人・規律などが)厳しい, 無情な ⑤不快感をあたえる ⑥(à…に)よく耐える ⑦(政治的に)強硬派の
dépit	男 悔しさ, 恨み // en *dépit* de qc (= malgré) …にもかかわらず / en *dépit* du bon sens 良識に反して, でたらめに
peur	女 ①恐怖 // faire *peur* (à qn) (人を)怖がらせる ②心配
horreur	女 ①恐怖 ②憎悪 ③残酷さ ④(複)侮辱的なことば
délicat, e	形 ①繊細な ②思いやりのある ③虚弱な ④(状況が)微妙な, むずかしい ⑤気むずかしい
terrible	形 ①恐ろしい ②ものすごい ③(人・性格などが)手に負えない ④すばらしい
horrible	形 ①恐ろしい ②醜い ③極端な
catastrophique	形 ①壊滅的な ②(話)まったくひどい
crise	女 ①(病気の)発作 ②(発作的)興奮 ③危機 ④深刻な欠乏 // *crise* de l'emploi 就職難
critique	女 ①批評 ②批判 形 ①批評の ②批判的な ③危機的な
dépression	女 ①意気消沈 ②(土地の)窪み ③低気圧 ④不景気
élan	男 ①はずみ, 勢い, 跳躍 ③(感情の)急な高ぶり
épanoui, e	形 ①咲いた ②喜びに輝いた ③成熟した ④立派に育った

EXERCICE 27

次の（1）～（12）について，**A**，**B**の（　）内には同じつづりの語が入ります。（　）内に入れるのにもっとも適切な語を，下の①～⑫のなかから1つずつ選び，解答欄にその番号を記入しなさい。ただし，同じものを複数回用いることはできません。

(1) **A** Ce fromage est si (　　　) qu'on ne peut même pas le grignoter.

    B Je me suis chargé du travail le plus (　　　).

(2) **A** Ce pantalon est étroit, il me (　　　) un peu au ventre.

    B C'est le manque de fonds qui me (　　　) le plus.

(3) **A** Certains jeunes grandissent sans avoir un (　　　) véritable des valeurs.

    B Nous voudrions que vous exprimiez votre (　　　) au sujet de cette affaire.

(4) **A** C'était un enfant timide et (　　　).

    B Ils ont hésité à aborder un problème (　　　).

(5) **A** Cette mort me (　　　), il s'agit de quelqu'un avec qui je m'entendais très bien.

    B En général, quand on reçoit un prix, on (　　　) de l'argent.

(6) **A** En (　　　) de l'opposition de ses parents, il est descendu dans la rue.

    B Il a éprouvé un certain (　　　) de voir qu'on lui préférait un candidat moins exercé.

(7) **A** Elle avait un air (　　　) par ma question brutale.

    B Il était (　　　), avec ces gros paquets.

(8) **A** J'ai le (　　　) de vous dire que je n'accepte pas votre projet.

    B La mort de sa grand-mère lui a laissé un grand (　　　).

(9) **A** Je me trouve à mon (　　　) dans ce grand canapé.

    B La dispute me mettait mal à l'(　　　), j'avais envie de partir.

(10) **A** Je voudrais m'installer dans une ville (　　　) où l'air est sain.

    B Jusqu'à maintenant, ce chien était (　　　), mais il devient méchant.

(11) **A** Je vous en prie, il n'y a pas de (　　　).

    B Ne bois pas trop de vin, ça va te faire du (　　　).

(12) **A** La tempête a occasionné beaucoup de (　　　) sur les produits agricoles.

    B Quel (　　　) qu'elle ne puisse pas venir ce soir !

① aise　② délicat　③ dépit　④ dommage　⑤ dur　⑥ embarrassé
⑦ gêne　⑧ mal　⑨ regret　⑩ sentiment　⑪ touche　⑫ tranquille

(1)	(2)	(3)	(4)	(5)	(6)	(7)	(8)	(9)	(10)	(11)	(12)

28. 身体，外観

① 身 体

bras	男 ①腕 ②人手 ③(河川の)支流
main	女 ①手 // sous la *main* 手元に / en *main*(s) propre(s) 直接本人に / mettre la *main* sur qn/qc (= trouver) …を見つける / prendre qc en *main*(s) …をひき受ける / serrer la *main* [donner une poignée de *main*] à qn (人と)握手する ②(援助の)手 // donner un coup de *main* à qn (= aider) (人に)手を貸す / tendre la *main* à qn (人に)手をさしのべる ③(女性からの)結婚の承諾 ④腕前
œil (複 **yeux**)	男 ①目 // sauter aux *yeux* 目に飛び込んでくる[明白である] / jeter un coup d'*œil* sur qn/qc …をちらりと見る，ざっと目を通す / ne pas fermer l'*œil* 眠らない ②視線 // sous les *yeux* de qn (人の)目のまえで ③見方 ④観察眼
pied	男 ①足 // à *pied* 歩いて / avoir [perdre] *pied* (水中で)背が立つ[立たない] ②足取り ③(家具・グラスなどの)脚，下部 ④(山などの)ふもと ⑤(植物の)根元
tête	女 ①頭，顔 ②顔つき ③頭脳 // en *tête* 頭のなかに / de *tête* (= de mémoire, par cœur) そらで / perdre la *tête* 逆上する ④性格 ⑤命 // risquer sa *tête* 命を賭ける ⑥先頭 // être à la *tête* de qc …の先頭にいる，…を率いる地位にいる / prendre la *tête* 首位にたつ，主導権を握る ⑦指導者 ⑧(物の)頭部，上部
sommet	男 ①頂 ②サミット ③最高位
ventre	男 ①腹 // à plat *ventre* 腹ばいに / s'allonger [se coucher] sur le *ventre* うつぶせに寝る / avoir [prendre] du *ventre* 腹が出ている[出てくる] ②胎内
dos	男 ①背なか // s'allonger [se coucher] sur le *dos* あおむけに寝る / tourner le *dos* à qn/qc …に背を向ける，そっぽを向く / sur le *dos* à qn …の背中に / mettre A sur le *dos* de B BにAの責任を負わせる ②(衣服・椅子・本などの)背 ③(紙の)裏
langue	女 ①舌 ②言語
figure	女 ①顔，顔つき ②図形 ③重要人物 ④(絵画・彫刻などの)像
face	女 ①顔面 // faire *face* à qn/qc …と向かい合う ②面 // de *face* 正面の[から] / *face* nord de la montagne 山の北壁 ③(事柄の)局面 ④面目
front	男 ①額 ②(建物の)正面 ③(戦争の)前線
bouche	女 ①口 ②人 ③出入り口 // *bouche* de métro 地下鉄の入り口
corps	男 ①身体 ②遺体 ③胴体 ④主要部分 ⑤団体 ⑥物体 ⑦部隊
tronc	女 ①(木の)幹 ②(人・動物の)胴 ③(教会の)献金箱，募金箱
cerveau	男 ①脳 ②頭脳の持ち主 ③指導部

② 外 観

gros, *se*	形 ①太った ②(数量・程度などが)大きい ③勢力のある ④粗い，粗野な
gros	男 ①…の主要部分 // en *gros* 大体，ざっと ②卸 (↔ détail 小売り)
épais, *se*	形 ①厚い ②粗野な ③(液体・気体などが)濃い ④ずんぐりした
épaisseur	女 ①厚み ②奥行き ③密生 ④濃厚さ ⑤(精神や作品の)深さ
aspect	男 ①様子，外観 // au premier *aspect* 一目見て ②(物事の)局面 // sous tous ses *aspects* あらゆる角度から
air	男 ①空気 ②風 ③航空 ④空 ⑤雰囲気 ⑥様子
mine	女 ①顔色，顔つき // avoir bonne [mauvaise] *mine* 顔色がいい[悪い] ②外観 // faire *mine* de+ 不定詞 (= faire semblant de) …するふりをする ③宝庫 ④鉱山
trait	男 ①線 // d'un *trait* 一気に ②(複) 顔立ち ③特徴 ④毒舌 ⑤表現法

coiffer	他 ①髪を整える ②(帽子などを)かぶる ③(組織・団体を)統括する
décor	男 ①室内装飾 ②生活環境 ③舞台装置 ④外見
instable	形 ①不安定な ②長続きしない ③気が変わりやすい
physique	女 物理学　男 ①容姿 ②肉体
tenue	女 ①(商店などの)管理 ②行儀 ③服装，制服 ④(作家・新聞などの)格調 ⑤(会議などの)開催

EXERCICE 28

次の（1）～（12）について，**A，B** の（　）内には同じつづりの語が入ります。（　）内に入れるのにもっとも適切な語を，下の ① ～ ⑫ のなかから1つずつ選び，解答欄にその番号を記入しなさい。ただし，同じものを複数回用いることはできません。

(1) **A** À force de boire trop de bière, tu vas prendre du (　　　) !

    B Manon lit à plat (　　　) sur son lit.

(2) **A** Ce cheval vient, je ne sais pas comment, de prendre la (　　　).

    B Le soleil chauffe, mais tu n'as rien à te mettre sur ta (　　　).

(3) **A** Ce n'est pas à toi, le chapeau qui est resté au (　　　) de l'arbre ?

    B L'enfant a perdu (　　　) en se baignant dans la mer.

(4) **A** Cette île est enserrée entre les deux (　　　) du fleuve.

    B Il m'a retenue par le (　　　) pour m'empêcher de tomber en glissant.

(5) **A** Dans les pays pauvres, le mariage d'une jeune fille soulage une famille du coût d'une (　　　) à nourrir.

    B Nous nous sommes donné rendez-vous devant la (　　　) de métro.

(6) **A** Il est nécessaire de se préparer à faire (　　　) aux difficultés qui résulteront du vieillissement de la population.

    B La présence d'un vent de (　　　) aurait augmenté les performances de l'avion au décollage.

(7) **A** Il parle couramment allemand parce que c'est sa (　　　) maternelle.

    B Je me suis brûlé la (　　　) en mangeant de la soupe trop chaude.

(8) **A** J'ai fait (　　　) de m'intéresser à son raisonnement absurde.

    B Le musée national est une (　　　) inépuisable de renseignements.

(9) **A** N'entre pas dans les détails, dis-moi en (　　　) ce qui s'est passé !

    B Son père est un (　　　) industriel du Nord.

(10) **A** Nous sommes prêts à prendre en (　　　) l'éducation de notre enfant.

    B Si vous êtes libre, donnez-moi un coup de (　　　).

(11) **A** On lui a mis sur le (　　　) une gestion déficitaire.

    B Sur le (　　　) du livre, on trouve le titre et le nom de l'auteur.

(12) **A** Tes lunettes ? Elles sont là sous tes (　　　) !

    B Tu ne t'es pas encore aperçu qu'elle t'aime. Ça saute aux (　　　).

① **bouche**　② **bras**　③ **dos**　④ **face**　⑤ **gros**　⑥ **langue**
⑦ **main**　⑧ **mine**　⑨ **pied**　⑩ **tête**　⑪ **ventre**　⑫ **yeux**

(1)	(2)	(3)	(4)	(5)	(6)	(7)	(8)	(9)	(10)	(11)	(12)

29. 能力

pouvoir	男 ①能力 ②影響力 ③権力，政権 ④(複) 権限 ⑤当局
puissance	女 ①力，勢力 ②権力者 // *puissances* politiques 政治的権力者 ③仕事率，動力 // *puissance* nominale d'une machine 機械の公称出力 ④強国
intelligence	女 ①知能 ②理解力 // en bonne *intelligence* 仲よく ③(複) 共謀，内通
capacité	女 ①能力 ②容量
faculté	女 ①権利 ②能力 ③(大学の)学部
autorité	女 ①権限 ②当局 // *autorité* judiciaire 司法当局 ③権威 ④権威者
ressort	男 ①ばね ②気力，粘り ③権限 // être du *ressort* de …の管轄である
capable	形 ①…する能力[可能性]がある ②有能な
brillant, *e*	形 ①輝く ②優秀な // un élève *brillant* 優秀な生徒
attentif, *ve*	形 注意深い，熱心な (↔ distrait) // un élève *attentif* 熱心な生徒 / *attentif* à qc/不定詞 …に注意を払う
étoffe	女 ①布地 ②素質 // avoir l'*étoffe* de qn/qc …の素質[能力]がある ③(作品などの)素材
adresse	女 ①住所 ②器用さ，技巧 ③抜け目のなさ // avec *adresse* 器用に，巧妙に
distraction	女 ①不注意 ②気晴らし ③娯楽
force	女 ①(肉体的な)力 // à *force* (= à la fin) ついには / à *force* de qc/不定詞 大いに…したので / de *force* 力ずくで / être dans la *force* de l'âge 円熟期にある ②気力 ③影響力 ④軍隊 ⑤暴力 ⑥(物の形や動き，方向を変える)力
sel	男 ①塩 ②機知
courage	男 勇気，元気，熱意
audacieux, *euse*	形 ①大胆な ②斬新な
débrouiller	他 ①もつれを解く ②(紛糾した事態を)解決する ③(初心者に)手ほどきする
éviter	他 避ける // *éviter* à qn de+不定詞 …を免れさせる
talent	男 ①才能 ②才能のある人
compétence	女 ①能力，有能さ ②権限，管轄
compétent, *e*	形 有能な，専門的能力のある
habile	形 ①器用な ②巧みな (= adroit)，抜け目がない // être *habile* à qc/不定詞 …が上手である
subtil, *e*	形 ①鋭敏な ②巧みな ③微妙な ④繊細な
faible	形 ①弱い ②無力な ③(科目が)苦手な ④かすかな，わずかな
manche	女 ①(服の)袖 男 ①(道具の)柄 ②不器用な人
mal*in, *ligne	形 ①抜け目のない ②利口な ③邪悪な，意地悪な
herbe	女 ①草 // en *herbe* まだ青い，(人が)…の卵 ②草原
goût	男 ①味 ②味覚 ③食欲 ④美的感覚 // de bon [mauvais] *goût* 趣味のいい[悪い] ⑤好み // avoir le [du] *goût* de [pour] …が好きである (= aimer) / prendre *goût* à qc …が好きになる
■**goûter**	他 味わう 自 おやつを食べる
aigre	形 ①(味やにおいが)すっぱい ②とげとげしい ③かん高い，鋭い
aigu, *ë*	形 ①鋭い ②鋭敏な ③(苦痛や感情などが)強烈な ④(事態が)深刻な
inspiration	女 ①インスピレーション，思いつき ②示唆 ③息を吸うこと
ignorer	他 ①知らない ②無視する

EXERCICE 29

次の（1）～（12）について，**A**，**B** の（　）内には同じつづりの語が入ります。（　）内に入れるのにもっとも適切な語を，下の ① ～ ⑫ のなかから1つずつ選び，解答欄にその番号を記入しなさい。ただし，同じものを複数回用いることはできません。

(1) **A** Au bout de trois mois des soins dentaires, j'ai commencé à douter de la
　　　（　　　）du dentiste.

　　B La（　　　）de cette bouteille est d'un litre.

(2) **A** C'est un avocat en（　　　）.

　　B Les chèvres broutent l'（　　　）du pré toute la journée.

(3) **A** C'est un garçon sur lequel on peut compter : il a l'（　　　）d'un chef.

　　B Elle s'est fait faire une robe d'été dans une（　　　）légère.

(4) **A** Ce travail la met à plat, mais elle ne manque pas de（　　　）.

　　B Cette affaire est du（　　　）du ministère de l'Éducation nationale.

(5) **A** Cette escroc était d'une（　　　）remarquable à berner tous ceux qui
　　　l'approchaient.

　　B Pourriez-vous me donner votre（　　　）actuelle ?

(6) **A** Il a assez de（　　　）pour pousser le bureau contre le mur.

　　B Mon père est malade du foie à（　　　）de boire.

(7) **A** Ils accordent de l'importance au（　　　）des médias sur l'opinion.

　　B Ils ont essayé de parvenir au（　　　）par de longues intrigues.

(8) **A** Il est（　　　）à détourner la conversation des sujets auxquels il ne
　　　s'intéresse pas.

　　B La séance a été facilitée par la présidence（　　　）de monsieur Martin.

(9) **A** La（　　　）d'apprécier une mélodie harmonieuse est inscrite en
　　　chacun de nous.

　　B La（　　　）de droit accueille plus de 10 000 étudiants.

(10) **A** Laurent était un élève（　　　）au lycée.

　　B Nous avons vu quelque chose de très（　　　）voler dans le ciel
　　　nocturne.

(11) **A** Le（　　　）de mon mari pour s'habiller est différent du mien.

　　B La viande est bonne, mais la sauce n'a aucun（　　　）.

(12) **A** Sois（　　　）à ne pas heurter les convenances.

　　B Un lecteur（　　　）aurait noté des fautes d'impression.

① **adresse**　② **attentif**　③ **brillant**　④ **capacité**　⑤ **étoffe**　⑥ **faculté**
⑦ **force**　⑧ **goût**　⑨ **habile**　⑩ **herbe**　⑪ **pouvoir**　⑫ **ressort**

(1)	(2)	(3)	(4)	(5)	(6)	(7)	(8)	(9)	(10)	(11)	(12)

30. 性格，境遇

① 性 格

caractère	男 ①性格 ②気骨 ③特徴 ④文字 // *caractères* chinois 漢字
naturel, *le*	形 ①自然な ②生まれつきの ③当然の ④(態度などが)自然な
négligent, *e*	形 ①怠惰な (= paresseux) // enfant *négligent* だらしない子ども ②投げやりな
drôle	形 滑稽な // un [une] *drôle* de+無冠詞名詞 (冠詞は名詞の性・数に一致する)奇妙な，(話)ものすごい…
difficile	形 ①むずかしい ②厳しい ③苦しい ④気むずかしい
difficulté	女 ①むずかしさ ②苦労 ③困ったこと ④異議
nerv*eux, euse*	形 ①神経の ②神経質な ③筋肉質の ④頑健な
réservé, *e*	形 ①慎重な，控えめな ②(à [pour])…専用の ③予約済みの
rude	形 ①粗野な ②骨の折れる，耐えがたい ③粗い
sage	形 ①賢明な ②おとなしい ③控えめな
sérieux, *euse*	形 ①深刻な ②相当な // subir de *sérieux* dégâts 甚大な被害を被る ③まじめな ④確かな
simple	形 ①単純な // travail *simple* 簡単な仕事 ②単なる // *simple* hasard 単なる偶然 ③気取らない ④簡素な // robe *simple* 質素なドレス ⑤純朴な ②単一の，一重の // aller *simple* 片道切符
sévère	形 ①厳しい ②容赦のない ③飾り気のない ④深刻な
strict, *e*	形 ①厳密な ②最低限の ③簡素な
susceptible	形 ①すぐ気を悪くする ②(de …の)余地がある，可能である
vicieux, *euse*	形 ①放埒な ②風変わりな ③欠陥のある
vivant, *e*	形 ①生きている ②はつらつとした ③生き写しの ④現用の
sauvage	形 ①野生の ②人里離れた ③非社交的な ④野蛮な
vif, *ve*	形 ①活発な ②鋭敏な ③(気性が)激しい ④(色，光などが)鮮やかな
élevé, *e*	形 ①高い ②気高い // bien [mal] *élevé* 育ちのよい[悪い]，行儀のよい[悪い]
carré, *e*	形 ①正方形の ②角張った ③きっぱりした

② 境 遇

succès	男 成功，合格 // avec *succès* 首尾よく / sans *succès* (= en vain) むなしく
candidat, *e*	名 ①候補者，受験者 ②(治験中の)新薬
bonheur	男 ①幸福 // par *bonheur* (= heureusement, par chance) 幸いにも ②喜ばしい出来事 ③幸運
malheur	男 ①不幸 // par *malheur* (= malheureusement) 不幸にも ②不都合なこと ③逆境
accident	男 ①事故 ②偶発的な出来事，ハプニング
promesse	女 ①約束 ②前兆，将来の見込み // tenir [manquer à] sa *promesse* 約束を守る[破る]
connu, *e*	形 ①有名な ②だれもがわきまえた
épreuve	女 ①試練 ②試験 ③(スポーツの)試合 ④(印刷) 校正刷り
pauvre	形 ①貧乏な ②不毛な ③哀れな ④みじめな
sort	男 ①身の上 ②運 ③呪い ④抽選
suspension	女 ①宙づり ②中断 ③停職処分
inscription	女 ①記入 ②登録，申し込み // faire son *inscription* en faculté 学部に登録する
■ inscrire	他 ①(固い物に)刻み込む ②記入する ③(名簿などに)名前を登録する
inscrit, *e*	形 ①登録された ②刻み込まれた

2 多義語に関する問題

EXERCICE 30

次の（1）～（12）について，**A**，**B**の（　）内には同じつづりの語が入ります。（　）内に入れるのにもっとも適切な語を，下の①～⑫のなかから1つずつ選び，解答欄にその番号を記入しなさい。ただし，同じものを複数回用いることはできません。

(1)　**A**　Ce manuscrit présente des (　　　) indiscutables d'authenticité.

　　B　Ces livres sont écrits en gros (　　　) pour une lecture agréable.

(2)　**A**　C'est un brillant (　　　) qui a été reçu à son concours dans les premiers.

　　B　Sa grande compétence a fait de lui le (　　　) idéal pour la fonction administrative.

(3)　**A**　C'est un homme (　　　), qui ne manque jamais à sa parole.

　　B　De violentes rafales ont causé de (　　　) dégâts aux jeunes arbres.

(4)　**A**　Le sentier situé le long de la rivière est (　　　) aux piétons.

　　B　Il est très (　　　) dans ses jugements.

(5)　**A**　Croyez-vous que le service de ce restaurant soit (　　　) d'être amélioré ?

　　B　Lola est très (　　　), et ne supporte pas la moindre remarque.

(6)　**A**　Il a désigné cet endroit sur la carte d'un geste (　　　).

　　B　Il est trop (　　　) pour cette négociation délicate.

(7)　**A**　Il est mal (　　　) de parler sans regarder les gens dans les yeux.

　　B　Le prix des fraises est trop (　　　) en ce moment, attendons qu'il baisse.

(8)　**A**　J'étais (　　　) dans un club alpin à l'époque du collège et lycée.

　　B　Le nom des victimes de guerre est (　　　) sur le monument aux morts dans les communes.

(9)　**A**　L'accident est la conséquence d'une (　　　) faute d'inattention.

　　B　Sur un (　　　) coup de téléphone, ce commerçant livre les articles à domicile.

(10)　**A**　Le climat de cette région est trop (　　　) pour certaines cultures.

　　B　Sa conduite représente un homme (　　　) et entêté.

(11)　**A**　Mon grand-père est très (　　　) pour la nourriture.

　　B　Son commentaire est très (　　　), j'ai eu du mal à comprendre.

(12)　**A**　Son (　　　) est dû à ses efforts et à sa persévérance.

　　B　Une équipe d'alpinistes a escaladé le Kilimanjaro avec (　　　).

① **candidat**　② **caractères**　③ **difficile**　④ **élevé**　⑤ **inscrit**　⑥ **négligent**
⑦ **réservé**　⑧ **rude**　⑨ **sérieux**　⑩ **simple**　⑪ **succès**　⑫ **susceptible**

(1)	(2)	(3)	(4)	(5)	(6)	(7)	(8)	(9)	(10)	(11)	(12)

31. 立場，情勢，経過，破壊

① 立場

parti	男 ①党(派) ②解決策 // prendre le *parti* de *qc*/ 不定詞 …を決意する / prendre *parti* pour [contre] *qn*/*qc* …に味方[反対]する / un *parti* pris 偏見
position	女 ①位置 ②順位 ③姿勢 ④(社会的)地位，立場 // prendre *position* pour [contre] *qc* …に賛成[反対]の態度を表明する ⑤見解
anonyme	形 ①匿名の ②(人が)名前のわからない ③個性のない
titre	男 ①題名 ②肩書き，資格 // à *titre*+ 形容詞 [de *qc*] …として ③(スポーツの)タイトル ④証書，株券

② 情勢

tendance	女 ①(人の)性向 // avoir *tendance* à+ 不定詞 …する傾向がある ②傾向，風潮 ③流派，派閥
tendre	他 ①ぴんと張る ②(壁などに)壁紙をはる ③(体の部分を)伸ばす ④差し出す 間・他 ①(à …を)目指す ②…する傾向がある
vent	男 ①風 ②風潮 // dans le *vent* 流行にのった ③無価値
progrès	男 ①進歩，向上 ②(災害などの)拡大
mieux	男 ①よりよいもの，好転 ②もっともよいもの，最高 // faire au *mieux* [faire de son *mieux*, faire pour le *mieux*] 最善をつくす / pour le *mieux* 最高によく
transpercer	他 ①(銃弾などが)貫通する，突き刺す ②(雨や寒気が)しみ通る ③(苦しみなどが)さいなむ

③ 経過

suite	女 ①続き // à la *suite* de *qc*/*qn* (= après) …に続いて / de *suite* 続けて / tout de *suite* すぐに / par la *suite* [dans la *suite*] そのあとで / prendre la *suite* de *qn* (人)のあとを継ぐ ②結果 // les *suites* de *qc* …の結果 ③一貫性 ④連続 // une *suite* de+無冠詞名詞 (= une série) 一連の… ⑤経過 ⑥随行員 ⑦スイートルーム
poursuite	女 ①追跡 ②続行 ③(複) 告訴
cours	男 ①講義 ②流れ // au *cours* [dans le *cours*] de *qc* (= pendant) …のあいだに / en *cours* 進行中の ③相場 // avoir *cours* (貨幣，言葉などが)通用する
courant, e	形 ①ふつうの,日常の // prix *courant* 時価,表示価格 ②流れる // eau *courante* 水道 ③今の
série	女 ①ひと続き ②シリーズ ③大量生産 // en *série* 相次いで，大量に : une fabrication en *série* 大量生産 ④種類
queue	女 ①尾 ②行列 // faire la *queue* 列を作って並ぶ ③(順位の)下位 ④取っ手
développement	男 ①発育 ②発展 ③(複) 展開 ④現像
succession	女 ①連続 // une *succession* d'accidents 事故の連続 ②相続 ③後を継ぐこと
cascade	女 ①滝 ②連続して起こること // en *cascade* 相次いで ③(映画)スタント

④ 破壊

brûler	他 ①…を焼く ②消費する ③焼けるような痛みを与える ④(信号，規則などを)無視する 自 ①焼ける ②燃えるように熱い
rayer	他 ①線を引いて消す ②(de…から)抹消する ③擦り傷をつける
briser	他 ①(物を)砕く ②(比喩的に)打ち砕く ③精神的に打ちのめす
casser	他 ①壊す ②(契約などを)無効にする

étouffer	他	①窒息死させる ②呼吸をさまたげる ③（音を）響かないようにする ④もみ消す ⑤ひどく暑い
gâcher	他	①台なしにする ②損なう ③無駄にする
gâter	他	①（人を）甘やかす ②腐らせる ③損なう
gratter	他	①ひっかく ②削りおとす ③追い抜く ④ひっかく音をたてる ⑤働く

EXERCICE 31

次の（1）～（12）について，**A**，**B**の（　　）内には同じつづりの語が入ります。（　　）内に入れるのにもっとも適切な語を，下の①～⑫のなかから1つずつ選び，解答欄にその番号を記入しなさい。ただし，同じものを複数回用いることはできません。

(1) **A** « Bon » est un adjectif très (　　　　).

　　B Nous achetons des médicaments au prix (　　　　), sans aucune réduction.

(2) **A** C'était un chef cuisinier remarquable, la (　　　　) sera difficile.

　　B Une (　　　　) de réunions m'a empêché de m'absenter de mon bureau.

(3) **A** Depuis la mort de sa femme, il a connu des malheurs en (　　　　).

　　B L'eau tombe en (　　　　) dans un bassin au pied de la falaise d'une trentaine de mètres.

(4) **A** Des électeurs voulaient grossir le (　　　　) des mécontents pour rejeter le projet de loi.

　　B En voyant l'hésitation des autres, il a pris le (　　　　) d'agir seul.

(5) **A** Il aimait se balader sur les boulevards au milieu de la foule (　　　　).

　　B Malgré nos recherches, le coupable du délit de fuite est resté (　　　　).

(6) **A** Il a failli (　　　　) un feu rouge parce qu'il était distrait.

　　B Je vais aller à l'ombre, le soleil commence à me (　　　　) les yeux.

(7) **A** Il a bu trois verres de vin de (　　　　).

　　B Il a pris la (　　　　) de son père dans la boucherie.

(8) **A** Il dort dans une (　　　　) incommode sur un canapé.

　　B Le ministre a pris nettement (　　　　) contre la centrale nucléaire.

(9) **A** J'ai perçu dans cette conférence une fâcheuse (　　　　) politique.

　　B Le fils a (　　　　) à résister et à répliquer à son père.

(10) **A** Je ne crois pas que cette théorie n'ait plus (　　　　) aujourd'hui.

　　B Dans le (　　　　) de notre conversation, je lui ai demandé quel était son passe-temps favoli.

(11) **A** Je suis ici à (　　　　) personnel et non en tant que directeur de ma société.

　　B Le (　　　　) de ce livre doit attirer l'attention du lecteur.

(12) **A** La pluie a fini par (　　　　) mon vieil imperméable.

　　B Mon fils n'est pas arrivé à (　　　　) l'olive avec sa fourchette.

① anonyme　② brûler　③ cascade　④ courant　⑤ cours　⑥ parti
⑦ position　⑧ succession　⑨ suite　⑩ tendance　⑪ titre　⑫ transpercer

(1)	(2)	(3)	(4)	(5)	(6)	(7)	(8)	(9)	(10)	(11)	(12)

32. 買いもの，費用

① 買いもの

marché	男	①市場 ②取引 // (à) bon *marché* [不変化の形容詞句として] 安い (↔ cher 高い)
caisse	女	①箱 ②レジ // passer à la *caisse* レジへ支払いに行く ③金庫 ④金融機関
monnaie	女	①通貨 ②釣り銭 // Gardez la *monnaie*. お釣りはいりません ③小銭 ④硬貨
addition	女	①足し算 ②勘定(書)
rayon	男	①光線 ②(円の)半径 ③(ある中心点からの)距離 // dans un *rayon* de+距離 半径…の範囲内で ④売り場 // le *rayon* des bagages 鞄売り場
solde	男	①未払い額 ②バーゲン // en *solde* バーゲンで ③(複) 特売品 ④(口座の)賃貸差引，残高
■ **solder**	他	①安売りする ②(未払い金を)精算する
achat	男	①買うこと ②買った品物
vente	女	①販売 // en *vente* 発売中の ②売り上げ ③競売(会)
commission	女	①伝言 ②(複) 買いもの ③委員会 ④手数料
économie	女	①経済 ②節約 // par *économie* 節約のため / faire l'*économie* de qc …なしで済ます ③(複) 貯金 ④構成
trafic	男	①不正取引，密売 ②裏工作 ③交通(量)
calcul	男	①計算 ②算数 ③予測 ④打算
opération	女	①演算 ②作業 ③手術 ④作戦 ⑤取引 ⑥キャンペーン
précieux, euse	形	①高価な，貴重な ②大切な ③気取った *cf.* cher, ère 形 ①親しい ②大切な ③高価な
modeste	形	①謙虚な ②質素な ③(価格が)安い
gratuit, e	形	①無料の ②根拠のない ③動機のない
consommation	女	①使用，消費 ②飲食(物)

② 費用

espèce	女	①種類 ②(生物の)種 ③(複) 現金 // payer en espèces 現金で支払う
liquide	形	①液状の ②すぐ使える，現金の
	男	①液体 ②現金 // payer en *liquide* [par chèque] 現金で[小切手で]支払う ③流動食
contribution	女	①貢献 ②分担金 ③(複) 税金
mandat	男	①為替 // un *mandat* postal 郵便為替 ②委託 ③(委任された)任務 ④令状
dette	女	①借金 ②恩義
fortune	女	①財産 ②運 ③大金 *cf.* fonds 男 ①(複) 資産 ②資金 ③現金
frais	男	①冷気 ②費用
lot	男	①分け前 ②(商品の)一式 ③集団 ④賞金
mandat	男	①郵便為替 ②委任 ③(議員の)職務
provision	女	①備蓄 ②(複) 買いもの ③(銀行口座の)残高 // une *provision* de+無冠詞名詞 たくさんの…，十分な…
recette	女	①収入(金額)，売上高 ②(料理の)レシピ ③秘訣 ④(金銭の)受納 ⑤処方箋
budget	男	①予算 ②家計 // le *budget* de l'État 国家予算
dépense	女	①出費 (= frais) ②消費 (= consommation) // regarder à la *dépense* 節約する
■ **dépenser**	他	(お金を)使う，(電気やガソリンを)消費する
crédit	男	①融資 ②予算 ③金融機関 // à *crédit* 分割払いで (↔ au comptant 即金で) ④信用
récompense	女	ほうび，報酬
salaire	男	①給料 // un maigre *salaire* 薄給 ②報い

somme	囡 ①（数の）和 ②総計 ③金額 ④全書 // *somme* philosophique 哲学大全 / en *somme* 要するに，結局のところ

EXERCICE 32

次の（1）～（12）について，**A**，**B** の（　）内には同じつづりの語が入ります。（　）内に入れるのにもっとも適切な語を，下の ①～⑫ のなかから 1 つずつ選び，解答欄にその番号を記入しなさい。ただし，同じものを複数回用いることはできません。

(1) **A** À combien s'élève la (　　　) que touche l'agence immobilière ?

B Le gouvernement a désigné une (　　　) pour contrôler des publications destinées à l'enfance.

(2) **A** Apparemment, c'est un acte (　　　) qui n'a aucun motif.

B Le concert est (　　　), aucun paiement n'est requis.

(3) **A** Elle a une petite (　　　) d'aliments qui n'ont pas besoin d'être cuits.

B J'ai emporté une (　　　) de livres pour que je ne m'ennuie pas pendant les vacances.

(4) **A** En (　　　), nous poursuivons le même but.

B Le garagiste m'a demandé un (　　　) importante pour réparer la voiture.

(5) **A** Il avait compté sur le renoncement de son adversaire, mais c'était un mauvais (　　　).

B J'ai fait le (　　　) : ça me revient moins cher de prendre l'avion que de prendre le train.

(6) **A** Il est difficile de trouver une location dans un (　　　) de vingt kilomètres.

B Où se trouve le (　　　) d'alimentation ?

(7) **A** Il paraît qu'il participait au (　　　) d'armes.

B Le (　　　) sera plus important sur cette autoroute quelques années après.

(8) **A** Il y a diverses (　　　) de gâteaux dans cette pâtisserie.

B Vous payez avec une carte ou en (　　　) ?

(9) **A** J'ai mis trop de lait pour faire la crème. Sinon, elle ne serait pas si (　　　).

B Tu as un peu d'argent (　　　) pour régler de petits achats ?

(10) **A** Je connais dans le quartier un restaurant bon (　　　).

B Le (　　　) mondial de l'informatique va connaître une croissance de 5,3 % cette année.

(11) **A** Le gouvernement a fait l'(　　　) du remaniement ministériel.

B Par (　　　), j'ai choisi un restaurant moins cher.

(12) **A** Mon compte en banque n'a plus de (　　　) créditeur.

B Tu trouveras ce pull en (　　　) à moitié prix la semaine prochaine.

① calcul　② commission　③ économie　④ espèces　⑤ gratuit　⑥ liquide
⑦ marché　⑧ provision　⑨ rayon　⑩ solde　⑪ somme　⑫ trafic

(1)	(2)	(3)	(4)	(5)	(6)	(7)	(8)	(9)	(10)	(11)	(12)

33. 取引

commerce	男 ①商業, 商売 ②商店 // être dans le *commerce* (= en vente) 販売されている ③交際, 人間関係
compagnie	女 ①一緒にいること ②会社 ③(劇などの)一座
entreprise	女 ①企て, 計画 ②企業, 会社
compte	男 ①計算, 勘定 ②(銀行などの)口座 ③報告 // rendre *compte* de qc …の報告[説明]をする / se rendre *compte* de qc [que+ 直説法] …に気づく / tenir *compte* de qc …を考慮にいれる / en fin de *compte* 要するに
■ **compter**	他 ①数える ②(費用などを)見積もる ③支払う ④考慮に入れる ⑤…するつもりである // Je *compte* partir la semaine prochaine. 私は来週出発するつもりです
gérer	他 ①(他人の財産・事業などを)管理する ②対処する // *gérer* un problème 問題に立ちむかう
investir	他 ①投資する ②包囲する ③(職務などを)与える
règlement	男 ①規則 ②(紛争の)解決 ③支払い
régler	他 ①きちんと決める ②解決する ③(勘定を)支払う ④(装置・機器を)調整する
reprendre	他 ①ふたたび取る ②(品物を)引き取る, 下取りする // Les articles soldés ne *sont* pas *repris*. バーゲン品は返品できません ③回復する ④持ち帰る ⑤再開する ⑤繰り返す ⑥やり直す, 手直しする
récupérer	他 ①取り戻す ②(体力・健康などを)回復する ③回収する ④(欠勤, 早退を)埋め合わせる
profit	男 ①利益, 利点 // au *profit* de qn/qc …のために / mettre qc à *profit* …を利用する ②有益なこと
change	男 両替, 両替所 // un (bureau de) *change* 両替所
retenue	女 ①自制, 慎み ②天引き ③保留 ④(罰としての)居残り // être en *retenue* (教室に)残される
bénéfice	男 ①利益, 利点 ②得 ③特典 // au *bénéfice* de qn/qc …のために, の恩典によって
perte	女 ①失うこと, 紛失 // à *perte* de vue 見渡す限り ②(金銭上の)損失 // à *perte* 損をして ③無駄 ④敗北, 破滅 ⑤(複)(戦争における)損害, 死傷者
perdu, *e*	形 ①失われた ②迷った ③へんぴな ④無駄になった ⑤助からない
gagner	他 ①稼ぐ ②得する ③(試合などに)勝つ ④(ある場所に)到達する
revenir	自 ①戻って来る ②ふたたび現れる ③(費用が)…になる ④(人に)帰属する
réception	女 ①受領 ②(客を)迎えること ③レセプション ④(ホテルの)フロント
location	女 ①賃貸借 ②レンタル料金, 家賃 // une voiture de *location* レンタカー ③(席などの)予約
■ **locataire**	名 借家人
■ **louer**	他 ①賃貸しする, 賃借りする ②(席を)予約する ③称賛する
avance	女 ①前進 ②先行 ③前払い ④(複)交際[和解]の申し出
réserver	他 ①予約する ②(人の)専用とする ③(回答などを)保留する
retenir	他 ①差し引く ②予約する ③覚える ④考慮に入れる ⑤引きとめる ⑥関心をひく
abonnement	男 予約講読 // prendre un *abonnement* à un journal 新聞の購読を予約する
bilan	男 ①貸借対照表 ②総括 ③被害状況 // *bilan* de santé 健康診断
verser	他 ①注ぐ ②こぼす ③(金を)払い込む // *verser* une pension alimentaire 扶養手当を払い込む ④(資料を)添付する ⑤転覆する // *verser* les champs 畑(の穀物)をなぎ倒す
commande	女 ①注文 ②操縦
épargner	他 ①貯金する ②出し惜しむ ③(人に)手かげんする
dépôt	男 ①預金 ②保管所 ③留置所 ④沈殿物

2 多義語に関する問題

assurance	囡 ①確信 ②保証 ③保険 // une *assurance* contre l'incendie 火災保険
retrait	围 ①後退 ②取り消し ③(現金の)引き出し

EXERCICE 33

　次の（1）〜（12）について，**A**，**B** の（　）内には同じつづりの語が入ります。（　）内に入れるのにもっとも適切な語を，下の ① 〜 ⑫ のなかから1つずつ選び，解答欄にその番号を記入しなさい。ただし，同じものを複数回用いることはできません。

(1) **A** Cet investisseur a subi une (　　　) considérable avec cet effondrement des cours de la Bourse.

B Tout ce travail ne sert à rien, quelle (　　　) de temps !

(2) **A** Ce concert est donné au (　　　) des handicapés.

B Il a tiré un gros (　　　) d'une opération de bourse.

(3) **A** Ce travail m'a épuisé, je vais m'étendre sur le canapé pour (　　　).

B Je voudrais (　　　) les livres que j'ai prêtés à mon ami.

(4) **A** Comme sa mère est tombée dans un état critique, on l'a fait (　　　) de voyage.

B En comptant les réparations, cette vieille maison doit nous (　　　) très cher.

(5) **A** Essaie de mettre à (　　　) ce que je t'ai dit !

B Sa connaissance de l'allemand lui a été d'un grand (　　　).

(6) **A** Étienne est en tête, il a au moins cinq mètres d'(　　　) sur les autres !

B Je n'ai plus d'argent. Je vais demander une (　　　) à mon patron.

(7) **A** Il a été puni pour ne pas avoir observé le (　　　) du collège.

B Le (　　　) du conflit est urgent.

(8) **A** Il n'a aucune (　　　) dans sa conduite.

B Mon fils a été gardé en (　　　) hier.

(9) **A** J'ai longtemps entretenu un (　　　) d'amitié avec les Martin.

B Ce produit n'est pas encore dans le (　　　).

(10) **A** Je ne me suis pas rendu (　　　) de mon erreur.

B Les hôtes doivent faire le (　　　) des personnes à inviter.

(11) **A** Je m'occuperai de la (　　　) des places d'avion.

B La (　　　) de la villa pour les vacances est de combien ?

(12) **A** La couturière va (　　　) ma jupe car elle est trop étroite.

B Pouvez-vous me (　　　) ma voiture, à condition que j'en achète une neuve ?

① avance　② bénéfice　③ commerce　④ compte　⑤ location　⑥ perte
⑦ profit　⑧ récupérer　⑨ règlement　⑩ reprendre　⑪ retenue　⑫ revenir

(1)	(2)	(3)	(4)	(5)	(6)	(7)	(8)	(9)	(10)	(11)	(12)

34. 法律，情報，習慣

① 法 律

loi	囡 ①法律 // au nom de la *loi* 法の名において / tomber sous le coup de la *loi* 法に触れる ②法則，規範 // se faire une *loi* de+不定詞 …を信条としている ③定め
droit	男 ①権利 // avoir le *droit* de+不定詞 …する権利がある / avoir *droit* à *qc* …を受ける権利がある ②法律(学) ③(複) 税
règle	囡 ①定規 ②規則 // en *règle* 規則通りに / se mettre [être] en *règle* avec *qn*/*qc* …との関係をきちんとする ③規範，戒律
garde	囡 ①管理 ②世話 ③監視 // un chien de *garde* 番犬 / prendre *garde* à *qn*/*qc*…に気をつける
obligation	囡 ①義務 // être dans l'*obligation* de+不定詞 …する必要にせまられる / se faire une *obligation* de+不定詞 …することを自分の義務と考える ②(証券で)債権
obligatoire	形 ①義務的な // l'instruction *obligatoire* 義務教育 ②当然の
responsable	形 ①(de …の)責任がある ②(de …の)原因になる ③(de …を)担当する ④思慮深い 图 責任者
rigueur	囡 ①厳密さ ②厳格さ // à la *rigueur* やむをえなければ / de *rigueur* ぜひとも必要な

② 情 報

nouvelle	囡 ①知らせ ②(複) ニュース ③(複) 便り // avoir des *nouvelles* de *qn* (人)から便りがある / donner de ses *nouvelles* 消息を知らせる / être sans *nouvelles* de *qn* (人)から便りがない
actualité	囡 ①現代性 // être d'*actualité* 今日性がある ②現状 ③(複)ニュース (= informations, nouvelles)
météo	囡 ①天気予報 ②気象学
renseignement	男 ①情報 (= information) // donner des *renseignements* à *qn* sur *qc* (人)に…について教える / prendre des *renseignements* sur *qn*/*qc* …について調査する ②(複) 案内所 ③(複) (軍の)諜報活動
information	囡 ①情報 ②(複) ニュース(番組) // les *informations* télévisées (= un journal télévisé) テレビニュース
annonce	囡 ①知らせ ②広告 // les petites *annonces* 三行広告 ③きざし ④(ラジオ・テレビ番組の)予告
source	囡 ①源泉 ②源 // être à la *source* de *qc* …の源にある ③情報源 ④(複) 原典
affiche	囡 ①ポスター // une *affiche* publicitaire 宣伝広告 ②誇示
délivrer	他 ①解放する ②(証明書などを)交付する
relâcher	他 ①緩める ②釈放する 自 (船が)寄港する

③ 習 慣

habitude	囡 ①習慣 // d'*habitude* (= en général) いつもは：comme d'*habitude* いつものように / avoir [prendre] l'*habitude* de+不定詞 …する習慣がある[を身につける] ②慣れ ③(複) 慣習
coutume	囡 ①慣習 ②(個人の)習慣 // de *coutume* (おもに比較文で)ふだん
tradition	囡 ①伝統，慣習 // Ils sont très attachés aux *traditions* familiales. 彼らは家族の

	しきたりに縛られている ②伝承
usage	男 ①使用 ②用途 // à l'*usage* de *qn* (人)向けの / hors d'*usage* 使われなくなった ③慣習 // d'*usage* 慣例的な，よく用いられる ④礼儀作法
pratique	女 ①実践 ②仕事の経験 ③慣行

EXERCICE 34

次の（1）〜（12）について，A，B の（ ）内には同じつづりの語が入ります。（ ）内に入れるのにもっとも適切な語を，下の ① 〜 ⑫ のなかから１つずつ選び，解答欄にその番号を記入しなさい。ただし，同じものを複数回用いることはできません。

(1)　**A**　À la (　　　　), je pourrais aller le chercher à l'aéroport.

　　B　Elle n'a pu supporter la (　　　　) de la réglementation du travail.

(2)　**A**　Ce patron est (　　　　) de la mauvaise gestion de son entreprise.

　　B　Le tabac est (　　　　) du cancer du poumon.

(3)　**A**　C'est par la (　　　　) longue que l'on apprend la pédagogie.

　　B　Un énorme fossé semble exister entre la théorie et la (　　　　).

(4)　**A**　Cet incident est peut-être l'(　　　　) d'événements graves.

　　B　Il a fait insérer une (　　　　) dans un journal du soir.

(5)　**A**　Cette réunion est très importante, faites-vous une (　　　　) d'y assister.

　　B　J'étais dans l'(　　　　) de déménager pour habiter à Paris.

(6)　**A**　D'(　　　　), il sort plus tard de chez lui.

　　B　Il a l'(　　　　) de promener son chien avant le petit déjeuner.

(7)　**A**　Faute de preuves de sa culpabilité, la police est obligée de le (　　　　).

　　B　Il ne faut pas (　　　　) votre attention.

(8)　**A**　Il a bu plus que de (　　　　).

　　B　Selon la (　　　　), le jeune marié doit porter sa femme dans ses bras pour entrer dans sa maison.

(9)　**A**　Il s'intéresse à l'(　　　　) des problèmes agricoles.

　　B　Les relations économiques avec la Chine sont d'(　　　　).

(10)　**A**　Mon état de santé est à la (　　　　) de tous mes ennuis.

　　B　Tu sais dans quelle région la Loire prend sa (　　　　) ?

(11)　**A**　Nous avons le (　　　　) de défendre la liberté d'expression.

　　B　Pour devenir avocat, il faut faire du (　　　　).

(12)　**A**　Votre acte tombe sous le coup de la (　　　　).

　　B　Je me suis fait une (　　　　) de ne jamais jouer du piano en sa présence.

① **actualité**　② **annonce**　③ **coutume**　④ **droit**　⑤ **habitude**　⑥ **loi**
⑦ **obligation**　⑧ **pratique**　⑨ **relâcher**　⑩ **responsable**　⑪ **rigueur**　⑫ **source**

(1)	(2)	(3)	(4)	(5)	(6)	(7)	(8)	(9)	(10)	(11)	(12)

35. 交際，人

① 交 際

société	囡 ①社会生活 // vivre en *société* 社会生活を営む ②社会 ③社交界 ④交際 ⑤会社 ⑥団体
rendez-vous	團 会う約束(の場所) // sur *rendez-vous* 予約で / avoir *rendez-vous* avec *qn* (人)と会う約束がある / fixer[donner] *rendez-vous* à *qn* (人)と会う約束をする / prendre (un) *rendez-vous* avec *qn* (人)と会う約束をとりつける
rencontre	囡 ①出会い // aller [venir] à la *rencontre* de *qn* (人)を迎えに行く[来る] ②会見 ③(スポーツの)試合 ④決闘 ⑤(車などの)衝突
trahir	他 ①密告する，暴露する ②裏切る ③(意味などを)曲げて伝える ④(能力などが)働かなくなる
reconnaissance	囡 ①承認 ②識別 // signe de *reconnaissance* 目印 ③(場所の)調査，偵察 ④感謝の念
contact	團 ①接触 ②(人との)接触，連絡 // rester en *contact* avec *qn* (人)と連絡をとり続ける ③知人 ④点火スイッチ
embrasser	他 ①キスをする ②見渡す ③(全体的に)把握する ④包含する ⑤(職業を)選ぶ
relation	囡 ①関係 ②(複) 交際 // être [rester] en *relation(s)* avec *qn* (人)とつきあっている / avoir de bonnes [mauvaises] *relations* avec *qn* (人)と仲がいい[悪い] / avoir des *relations* 有力者を知っている ③知人 ④(交通・通信上の)連絡 // les *relations* publiques 広報活動 ⑤詳細な報告，(旅行などの)見聞談
réseau	團 ①網 ②交通網，通信網，ネットワーク ③人脈
annuler	他 ①(約束などを)とり消す ②(法律) 破棄する
rayé, e	形 ①縞のある ②擦り傷のついた ③削除線で消された
visite	囡 ①訪問 ②見物 ③来客 ④(病院などでの)面会
complication	囡 ①複雑さ ②(複) もめごと
consulter	他 ①相談する ②(資料を)参照する ③(医師が)診察する
convenable	形 ①まずまずの ②礼儀にかなった ③(pour …に)ふさわしい，適当な
commode	形 ①便利な ②気安い
hostile	形 ①敵の ②冷淡な
indiscret, ète	形 ①無遠慮な ②秘密を守れない
ingrat, e	形 ①恩知らずな ②報いるところの少ない ③魅力のない
insolent, e	形 ①無礼な ②途方もない

② 人

monde	團 ①世界，世間 // mettre *qn/qc* au *monde* …を産む / venir au *monde* 生まれる / le *monde* entier 全世界 ②社交界 ③人々 // beaucoup de *monde* 大勢の人々 ④仲間，取り巻き
foyer	團 ①暖炉 ②家庭 // fonder un *foyer* 家庭をもつ，結婚する ③家族 ④会館 ⑤集会場 ⑥発生地 // *foyer* d'incendie 火事の火元
les siens	男・複 ①彼(女)のもの ②彼(女)の家族，身内 // Nous serons *des siens* demain. あす私たちは彼(女)のお宅に伺います
famille	囡 ①家族，家庭 // en *famille* 家族そろって ②親戚 ③家系 ④同族グループ
auditeur, trice	名 ①聴衆 ②聴講生 ③会計検査官
personnage	團 ①著名人 ②登場人物，(劇の)配役 ③(軽蔑的に)やつ
jumeau, jumelle	形 双生児の 名 双生児
jumelle	囡 (複) 双眼鏡

EXERCISE 35

次の（1）〜（12）について，**A**，**B**の（　　）内には同じつづりの語が入ります。（　　）内に入れるのにもっとも適切な語を，下の ① 〜 ⑫ のなかから１つずつ選び，解答欄にその番号を記入しなさい。ただし，同じものを複数回用いることはできません。

(1) **A** Ce sont deux sœurs (　　　　).

　　B Il observe la course hippique avec ses (　　　　).

(2) **A** Ces stylos sont à toi, ceux-là sont les (　　　　).

　　B Il n'a pas hésité à quitter les (　　　　) pour aller ailleurs vivre sa vie.

(3) **A** Cet outil est très (　　　　) pour faire du jardinage.

　　B J'ai toujours du mal à convaincre le directeur, car il n'est pas (　　　　).

(4) **A** Cette actrice joue le (　　　　) de Jeanne d'Arc.

　　B De Gaulle est un (　　　　) historique.

(5) **A** Cette opposition semble concerner d'une part la liberté individuelle et d'autre part la vie en (　　　　).

　　B Il a fondé une (　　　　) sportive il y a dix ans.

(6) **A** Il a fait une conférence sur la (　　　　) entre l'individu et le monde naturel.

　　B Je ne suis plus en (　　　　) avec Alain depuis deux ans.

(7) **A** Il est très facile de mettre au (　　　　) un bébé au centre d'accouchement.

　　B Il y avait beaucoup de (　　　　) dans la salle de conférence.

(8) **A** Ils éprouvent de la (　　　　) envers leurs parents qui les ont élevés.

　　B Retrouvons-nous au café, j'aurai un journal comme signe de (　　　　).

(9) **A** Il y a un coin de la rivière (　　　　) pour la pêche près d'ici ?

　　B Ne parlez pas fort dans l'hôpital, ce n'est pas (　　　　).

(10) **A** Je n'aurais jamais cru qu'il pourrait (　　　　) la confiance que j'avais en lui.

　　B Ne mentez pas, votre attitude finira par (　　　　) votre pensée réelle.

(11) **A** Je suis absent de Paris pour quelques jours, mais je resterai en (　　　　) avec vous par e-mail.

　　B La corbeille de bambou est patinée par le (　　　　) des mains.

(12) **A** La première tempête de neige a affecté le (　　　　) routier de la région.

　　B Le résultat du scrutin est diffusé sur l'ensemble du (　　　　) de télévision.

① **commode**　② **contact**　③ **convenable**　④ **jumelles**　⑤ **monde**　⑥ **personnage**
⑦ **reconnaissance**　⑧ **relation**　⑨ **réseau**　⑩ **siens**　⑪ **société**　⑫ **trahir**

(1)	(2)	(3)	(4)	(5)	(6)	(7)	(8)	(9)	(10)	(11)	(12)

36. 話，記号

① 話

histoire	囡 ①歴史 ②物語 ③作り話 ④出来事 ⑤(複) もめごと // avoir des *histoires* avec *qn* (人)ともめごとを起こす / *histoire* de+不定詞 (= afin de)…するために
bruit	囲 ①物音 ②騒音 ③うわさ // le *bruit* court [circule] que+直説法 …といううわさが流れている
friture	囡 ①揚げ物 ②(電話やラジオの)ざあざあという雑音
légende	囡 ①伝説 ②(メダル・貨幣などの)銘 ③(挿絵などの)説明文
communication	囡 ①情報伝達 ②連絡，交通 ③通話 ④メッセージ，声明 ⑤(学会などの)発表
détail	囲 ①(重要でない)細部 ②詳細 // en *détail* 詳細に ③小売 // vendre au *détail* 小売りする
hypothèse	囡 ①推測 ②仮説
mobile	囲 ①モビール ②携帯電話 ③(行動の)動機
motif	囲 ①動機，理由 ②模様
parenthèse	囡 ①丸括弧 ②余談
parole	囡 ①言語能力 ②発言(権) ③ことば ④約束 // Vous avez ma *parole*. お約束します ⑤(複) 歌詞
répéter	他 ①繰り返して言う ②口外する ③(行為を)反復する ④反復練習する
répétition	囡 ①反復 ②稽古
soutenir	他 ①支える ②応援する ③支持する ④主張する ⑤持続させる
dire	他 言う // *dire* à *qn*(+不定代名詞) (人)の心に…を訴える，思い出させる
enregistrer	他 ①録音する ②記録する ③記憶する ④登録する ⑤(データを)保存する
traduire	他 ①翻訳する ②表現する ③(物が)示す
réponse	囡 ①答え，返事 ②解答 ③反論 ④反応 // avoir *réponse* à tout 何にでも対応できる

② 記 号

signe	囲 ①兆候，きざし // donner des *signes* de+無冠詞名詞 …の兆候をしめす ②特徴 ③合図 // en *signe* de+無冠詞名詞 …のしるしに / faire un *signe* à *qn* (人)に合図する / faire *signe* à *qn* de+不定詞 (人)に…するように合図する / faire *signe* à *qn* (人)に連絡する ④記号
marque	囡 ①マーク ②証し ③ブランド // de *marque* 一流メーカーの
étiquette	囡 ①ラベル ②(政治的な)看板，レッテル ③礼儀作法
griffe	囡 ①(獣の)爪 ②署名 ③(洋服に縫い付けられたメーカーなどの)ネーム，マーク
lettre	囡 ①手紙 ②文字 // à la *lettre* 文字どおりに，そのとおりに ③(複) 文学 ④公式書状
timbre	囲 ①郵便切手 ②印紙 ③証印 ④音色 ⑤呼び鈴
pli	囲 ①折り目 ②起伏 ③(皮膚・衣服などの)しわ ④封筒，手紙
mot	囲 ①語 // *mot* à *mot* (= *mot* pour *mot*, exactement) 一語一語正確に ②言葉
page	囡 ①ページ // tourner la *page* ページをめくる，話題を変える，過去のことは忘れて先へ進む ②(芸術作品の)一節 ③(歴史上の)ひとこま // être à la *page* (= être à la mode) 時勢[流行]に通じている
matière	囡 ①物質 ②題材，素材 ③(学科の)科目
chapitre	囲 ①章 ②(人生などの)時期，場面 ③主題，問題
chiffre	囲 ①数字 ②総計 ③暗号

écriture	囡 ①文字 ②筆跡 ③書く行為 ④(法律) 文書 ⑤(複) 帳簿
numéro	围 ①番号 ②…番地 ③(新聞や雑誌の)号 ④出し物, 演目

EXERCICE 36

次の（1）〜（12）について，**A**，**B**の（　）内には同じつづりの語が入ります。（　）内に入れるのにもっとも適切な語を，下の ① 〜 ⑫ のなかから 1 つずつ選び，解答欄にその番号を記入しなさい。ただし，同じものを複数回用いることはできません。

(1) **A** Aide-moi à (　　　) ma grand-mère pour la faire marcher.

　　B J'ai décidé de (　　　) ce jeune candidat aux prochaines élections.

(2) **A** Apposez votre (　　) au bas de ce document.

　　B Cette veste porte la (　　　) d'un grand couturier.

(3) **A** C'est un produit de (　　), garanti !

　　B Faites une (　　) devant chaque mot à retenir.

(4) **A** Cet événement restera certainement dans l'(　　) de France.

　　B Tous les soirs il racontait une (　　) aux enfants.

(5) **A** Cet homme politique déteste qu'on lui donne une (　　　) déterminée.

　　B Le prix de ce manteau est sur l'(　　).

(6) **A** Expliquez-moi cet accident en (　　).

　　B Vous pouvez n'acheter qu'une assiette, nous les vendons au (　　　).

(7) **A** Il a mis deux lettres sous le même (　　).

　　B Tu ferais bien de repasser le (　　) de ta chemise.

(8) **A** Il m'est impossible de donner une (　　　) détaillée à vos questions précises.

　　B Je lui ai envoyé des e-mails, mais je n'ai pas encore reçu de (　　　).

(9) **A** Ils se sont serré la main en (　　) de réconciliation.

　　B Il y a de gros nuages noirs, c'est (　　) qu'il va faire de l'orage.

(10) **A** Je passerai chez vous demain, vous avez ma (　　　).

　　B Je peux prendre la (　　) ?

(11) **A** Le (　　) de votre divorce est arrivé jusqu'à moi.

　　B On entend au loin le (　　) du tonnerre.

(12) **A** Ne lui confiez pas de secret, il a tendance à (　　) tout.

　　B Vous pouvez (　　) votre explication ? J'ai mal compris.

① **bruit**　② **détail**　③ **étiquette**　④ **griffe**　⑤ **histoire**　⑥ **marque**
⑦ **parole**　⑧ **pli**　⑨ **répéter**　⑩ **réponse**　⑪ **signe**　⑫ **soutenir**

(1)	(2)	(3)	(4)	(5)	(6)	(7)	(8)	(9)	(10)	(11)	(12)

37. 方法，目的，理由

① 方法

formule	囡 ①定型表現 ②用紙，申込用紙 ③方式，方法 // une *formule* de paiement 支払い方法 ④(数学などの)公式 ⑤(文書の)書式 ⑥寸言，標語
formalité	囡 (法律などで定められた)手続き ②形式的行為 // accomplir [remplir] les *formalités* de douanes 税関手続きをする
■ **formaliser**	他 形式化する
démarche	囡 ①歩き方 ②手続き ③(思考などの)進め方
formel, le	形 ①明白な ②形式的な，形だけの
façon	囡 ①仕方 ②(複) 態度 ③(芸術家や職人の)仕事 // de cette *façon* (= ainsi) そのように / de toute *façon* いずれにせよ / de *façon* à+不定詞 [à ce que+接続法](= afin de) …するように / sans *façon(s)* 遠慮なく
manière	囡 ①やり方 ②(芸術の)手法 ③(複) 態度 ④(複) 気取り // de cette *manière* (= comme ça) こんな風に / de toute *manière* (= de toute façon, en tout cas) いずれにせよ / à la *manière*+形容詞 [de+名詞] (= comme) …風に / de *manière* à+不定詞 (= afin de) …するように
moyen	男 ①手段 ②(複) 才能 ③(複) 財力
méthode	囡 ①方法，方式 ②手段 ③手引き(書)
ressource	囡 ①手段 ②(複) 資産 ③(複) 資源 ④(複) 潜在的能力

② 目的

but	男 ①目的(地) ②標的 ③(スポーツ) ゴール // dans le *but* de+不定詞 (= pour, afin de) …する目的で / avoir pour *but* [objet] de+不定詞 …することを目的とする
objet	男 ①品物 ②目的 // sans *objet* 根拠のない ③対象 // faire [être] l'*objet* de qc …の対象になる
destination	囡 ①行き先 // à *destination* de+場所 …行きの ②用途
principe	男 ①原理 ②原則 // avoir pour *principe* de+不定詞 原則として…する / en *principe* 原則的には ③(複) 主義，方針 // par *principe* 方針[主義]として

③ 理由

prétexte	男 ①口実 // sous *prétexte* de qc/不定詞 [que+直説法] …を口実にして / sous aucun *prétexte* (= en aucun cas) どんなことがあっても ②きっかけ
donné, e	形 ①定められた // étant *donné* qc [que+直説法] …から考えて[…なので (=comme)] ②ある一定の // dans un lieu *donné* 所定[特定]の場所に ③非常に安い
raison	囡 ①理性 ②理由 ③比率 // en *raison* de qc (= à cause de) …の理由で
■ **raisonner**	自 ①推論する ②議論する，屁理屈を言う

EXERCICE 37

次の（1）～（12）について，**A**，**B**の（　）内には同じつづりの語が入ります。（　）内に入れるのにもっとも適切な語を，下の①～⑫のなかから1つずつ選び，解答欄にその番号を記入しなさい。ただし，同じものを複数回用いることはできません。

(1)　**A**　Cette porcelaine du Japon est un véritable (　　　) d'art.

　　B　Le problème du chômage a fait l'(　　　) de vives discussions.

(2)　**A**　Cette région n'a que de maigres (　　　).

　　B　Il a déployé toutes les (　　　) de son talent pour améliorer la situation.

(3)　**A**　En (　　　), il rentre de voyage d'affaires demain.

　　B　Est-ce que vous voulez m'expliquer le (　　　) de cette machine ?

(4)　**A**　Il a pris l'avion à (　　　) de Paris.

　　B　Nous lui avons demandé de mettre au clair la (　　　) de l'argent.

(5)　**A**　Il est parvenu à atteindre le (　　　) qu'il s'était fixé.

　　B　Notre équipe a gagné par un (　　　) à zéro.

(6)　**A**　Il faut établir la preuve (　　　) de la culpabilité de cet accusé.

　　B　Sa politesse est toute (　　　).

(7)　**A**　Ils ont lutté par tous les (　　　) pour empêcher l'extension du conflit.

　　B　Je n'ai pas les (　　　) de m'acheter un bateau de croisière.

(8)　**A**　Il termine toujours sa lettre par une banale (　　　) de politesse.

　　B　Le voyage par le train est la (　　　) la plus économique.

(9)　**A**　J'ai dû faire des (　　　) compliquées pour obtenir cette autorisation.

　　B　Malgré la différence des (　　　), ils sont arrivés à des conclusions analogues.

(10)　**A**　Pouvez-vous m'indiquer la (　　　) pour augmenter la productivité ?

　　B　Son professeur lui a conseillé d'acheter cette (　　　) de piano.

(11)　**A**　Prévenez monsieur et madame Calment à l'avance, de (　　　) à ce qu'ils viennent.

　　B　Ta (　　　) de t'habiller est bizarre.

(12)　**A**　Sa fatigue n'est qu'un (　　　) pour ne pas venir à la soirée.

　　B　Sous aucun (　　　), vous ne devez pas accepter de travailler dans ces conditions.

① but　　② démarches　　③ destination　　④ façon　　⑤ formelle　　⑥ formule
⑦ méthode　　⑧ moyens　　⑨ objet　　⑩ prétexte　　⑪ principe　　⑫ ressources

(1)	(2)	(3)	(4)	(5)	(6)	(7)	(8)	(9)	(10)	(11)	(12)

38. 文書

certificat	男 ①証明書 ②修了証書 // un *certificat* de scolarité 在学証明書
identité	女 ①同一性 ②身元，身分 // une carte [pièce] d'*identité* 身分証明書 ③独自性
■ **identique**	形 (à …と)同一の，同じ
preuve	女 ①証拠 ②証明 // faire *preuve* de qc (= montrer) …を示す，発揮する / faire ses *preuves* 実力を示す ③検算
■ **prouver**	他 ①証明する ②(感情などを)表わす
témoignage	男 ①証言 ②証拠 ③ドキュメント
trace	女 ①足跡 ②痕跡 ③名残 ④微量 // des *traces* de+無冠詞名詞 微量の…
enveloppe	女 ①封筒 // coller un timbre sur une *enveloppe* 封筒に切手を貼る ②包むもの ③(公共機関の)予算総額 ④リベート ⑤(文) うわべ
papier	男 ①紙 ②(複) 書類 ③(複) 身分証明書 ④(新聞などの)記事 ⑤(経済) 手形
bloc	男 ①(メモ用紙，便箋など)綴り ②塊 // à *bloc* 限度いっぱいまで / en *bloc* まとめて
exprès	男 ①速達 ②急行列車 ③エクスプレスコーヒー
afficher	他 ①掲示する ②誇示する
carte	女 ①証明書 ②(銀行などの)カード ③名刺 ④はがき ⑤メニュー // à la *carte* (料理の注文を)アラカルトで，自由選択による ⑥トランプ ⑦地図
commentaire	男 ①解説 ②批判 ③(テキストの)注釈
composition	女 ①構成 ②成分 ③創作 ④(小・中・高校の)試験
devise	女 ①標語 ②生活信条 ③外国為替
dossier	男 ①(椅子の)背もたれ ②関係書類
écrit	男 ①文書 ②筆記試験 (↔ oral 口述試験)
émission	女 ①放送，番組 ②排出 ③発行
expédition	女 ①発送 ②探検 ③(軍隊などの)派遣 ④(話) 大旅行
illustration	女 ①挿絵 ②説明
instruction	女 ①教育 ②教養 ③(複) 指示，指令 ④(複) 使用説明書 ⑤予審
jaquette	女 ①モーニングコート ②(本やCDなどの)ジャケット
journal	男 ①新聞 ②(ラジオ・テレビの)ニュース番組 ③日記
piste	女 ①(動物の)足跡 ②手がかり ③(サーカスの)円形舞台 ④トラック ⑤未舗装の道路
rapport	男 ①収益 ②関係 ③報告書
référence	女 ①出典指示 ②(複) 身元証明書 ③参照
remplir	他 ①満たす ②記入する ③(義務などを)果たす ④(時間を)使う
tableau	男 ①絵画 ②光景 ③描写 ④表示板 ⑤表
tirage	男 ①(暖炉・煙突などの)吸い込み ②(本・新聞などの)発行部数 // par *tirage* au sort 抽選で
version	女 ①翻訳練習 ②(事件などの)解釈，説明 ③(同じテキストの)版
bulletin	男 ①(公的な) 報告書 ②通信簿 ③預かり証 ④投票用紙 ⑤ニュースダイジェスト(欄)

EXERCICE 38

次の（1）～（12）について，**A**，**B** の（　）内には同じつづりの語が入ります。（　）内に入れるのにもっとも適切な語を，下の ① ～ ⑫ のなかから 1 つずつ選び，解答欄にその番号を記入しなさい。ただし，同じものを複数回用いることはできません。

(1)　**A**　Ces recherches nous ont permis de trouver des (　　　　) laissées par des loups.

　　　B　La médecin a décelé des (　　　　) de poison dans le sang de la victime.

(2)　**A**　C'est une édition de Descartes avec (　　　　).

　　　B　Le journaliste a fait immédiatement des (　　　　) sur des décisions gouvernementales.

(3)　**A**　Des scientifiques organisent une (　　　　) dans les cañons du Colorado.

　　　B　Je voudrais en savoir davantage sur les services d'(　　　　) de colis.

(4)　**A**　Il a brûlé des (　　　　) compromettants avant d'être arrêté.

　　　B　Pouvez-vous vous présenter au commissariat avec vos (　　　　) ?

(5)　**A**　Il a constitué un (　　　　) sur la protection de l'environnement.

　　　B　Il est possible de régler le (　　　　) de la chaise à 90°.

(6)　**A**　Il faut faire (　　　　) de souplesse pour concilier les nombreuses positions religieuses.

　　　B　Ils se sentent très souvent accusés jusqu'à (　　　　) de leur innocence.

(7)　**A**　J'ai peut-être mis l'ancienne adresse du destinataire sur l'(　　　　).

　　　B　Une (　　　　) d'un million d'euros a été consacrée à ce projet.

(8)　**A**　Je vais acheter en (　　　　) tout le stock de marchandises.

　　　B　La statue a été sculptée dans un seul (　　　　) de pierre de 30 tonnes.

(9)　**A**　Le but premier de la (　　　　) routière est de présenter le réseau routier détaillé d'une région.

　　　B　Nous avons décidé de manger à la (　　　　).

(10)　**A**　Le certificat numérique d'un site Internet est en quelque sorte sa carte d'(　　　　).

　　　B　Vous nouez des relations d'affaires sans vérifier l'(　　　　) de votre client au préalable ?

(11)　**A**　Le (　　　　) de cet hebdomadaire s'élève à plus de 12 mille d'exemplaires chaque semaine.

　　　B　L'ordre de départ des coureurs est déterminé par (　　　　) au sort.

(12)　**A**　Le suspect a été acquitté faute de (　　　　).

　　　B　Selon divers (　　　　), l'accident est vite arrivé.

① bloc　② carte　③ commentaires　④ dossier　⑤ enveloppe　⑥ expédition
⑦ identité　⑧ papiers　⑨ preuve　⑩ témoignages　⑪ tirage　⑫ traces

(1)	(2)	(3)	(4)	(5)	(6)	(7)	(8)	(9)	(10)	(11)	(12)

39. 娯楽，食事

① 娯 楽

jeu	男 ①遊び ②ゲーム ③賭け事 // être en *jeu* 賭けられている，問題になっている ④演奏，演技
jouer	間・他 ①(à …で)遊ぶ ②(à …に)賭ける ③(à …を)(スポーツ・ゲームなどを)する ④(de …を)演奏する
	他 ①(試合などを)する ②賭ける ③演奏する ④上映する，上演する
concert	男 ①コンサート ②(複) 合唱団 ③一斉に起こる声(音) // de *concert* 一致協力して
lecture	女 ①読書 ②読み方 ③読み物 ④朗読 ⑤解釈 // faire la *lecture* à qn (人)に本を読んで聞かせる ⑤(録音・録画の)再生
passer	自 ①通る ②立ち寄る ③(テレビなどに)出演する ④合格する
	他 ①越える ②(試験などを)受ける ③(時を)過ごす ④手渡す ⑤上演・上映する ⑥(文章・順番などを)抜かす ⑦(過ちなどを)許す ⑧(雑巾・アイロンなどを)かける
séance	女 ①会議 ②(ある活動のために定められた)時間，会期 ③(映画の)上映
billet	男 ①切符 ②紙幣 ③(略式の)短い手紙 ④手形 ⑤(新聞の)コラム
écran	男 ①遮蔽物 ②スクリーン // petit *écran* テレビ ③映画 // porter un roman à l'*écran* 小説を映画化する
pêche	女 ①桃 ②釣り
réalisation	女 ①実現 ②(映画の)監督，演出，制作 ③作品

② 食 事

menu	男 ①献立 ②定食 // un *menu* à quinze euros 15ユーロの定食 ③(コンピュータの)メニュー ④(話) 日程
boisson	女 ①飲みもの ②アルコール飲料
appétit	男 ①食欲 ②欲望
couvert	男 ①1人前の食器セット ②食卓用具 // mettre le *couvert* (= mettre la table) 食卓を用意する ③木陰 ④掩護物，庇護者 // sous le *couvert* de qn (人)の責任[保証]の下に / sous (le) *couvert* de qc / 不定詞 …と見せかけて，という口実の下に
assiette	女 ①皿 // une *assiette* à soupe スープ皿 ②1皿分の料理 ③(馬上の)姿勢
bouteille	女 ①瓶 ②瓶の中身，ワイン ③ボンベ
cuillère	女 スプーン，スプーン1杯分 // une *cuillère* [cuillerée] à soupe de farine 大さじ1杯の小麦粉
vaisselle	女 ①食器 ②(食後の)食器洗い
verre	男 ①ガラス ②グラス ③グラス1杯分 ④レンズ，(複) めがね ⑤ガラスケース
plat	男 ①大皿 ②(皿に盛られた)料理 ③平らな部分 // le *plat* de la main 手のひら / à *plat* 平らに，水平に，空気の抜けた，疲れ切った
potable	形 ①飲用に適している ②我慢できる程度の
spécialité	女 ①専門(分野) ②名物料理，得意料理
table	女 ①食卓 ②テーブル // une *table* d'écoute (電話の)盗聴器 / une *table* ronde 討論会 ③会食者一同 ④一覧表

EXERCICE 39

次の（1）〜（12）について，**A**，**B** の（　）内には同じつづりの語が入ります。（　）内に入れるのにもっとも適切な語を，下の ① 〜 ⑫ のなかから1つずつ選び，解答欄にその番号を記入しなさい。ただし，同じものを複数回用いることはできません。

(1) **A** À treize ans, il a programmé son premier (　　　) vidéo.

    B L'honneur d'un acteur décédé est en (　　　).

(2) **A** Avez-vous un (　　　) spécial pour les végétariens ?

    B La barre de (　　　) s'est affichée dans les nouvelles fenêtres.

(3) **A** Ce metteur en scène a consacré toute son énergie à la (　　　) de ce film.

    B La (　　　) de son projet demandera beaucoup de patience.

(4) **A** Ce projet de loi sera discuté à la pochaine (　　　) du Sénat.

    B Je suis allé au cinéma à la (　　　) de dix-neuf heures.

(5) **A** Elle m'a conseillé de porter des (　　　) de contact.

    B J'avais tellement soif que j'ai bu trois (　　　) d'eau de suite.

(6) **A** Il a agi de (　　　) avec ses amis.

    B L'accident de voiture a totalement paralysé la circulation et a déclenché un (　　　) de klaxons.

(7) **A** Il faudrait que tu enseignes la (　　　) à tes enfants.

    B La (　　　) de cette poésie enregistrée sur bande n'est pas très bonne.

(8) **A** Je n'aime pas beaucoup la peau duvetée de la (　　　).

    B Tous les week-ends, il va faire de la (　　　) à la mer.

(9) **A** La terrasse est cachée par un (　　　) de verdure.

    B Le dernier roman de cet auteur va être porté à l'(　　　).

(10) **A** Pose le vase en verre bien à (　　　), il risque de tomber.

    B Pouvez-vous me passer le (　　　) de viande ?

(11) **A** Si on veut aller au concert dimanche, il faudrait retenir des (　　　).

    B Vous me donnerez mes 50 euros en cinq (　　　) de dix euros.

(12) **A** Si tu m'aidais à mettre un (　　　) supplémentaire pour un nouvel arrivant ?

    B Sous le (　　　) de la plaisanterie, il vous a fait quelques critiques dures.

① billets   ② concert   ③ couvert   ④ écran   ⑤ jeu   ⑥ lecture
⑦ menu   ⑧ pêche   ⑨ plat   ⑩ réalisation   ⑪ séance   ⑫ verres

(1)	(2)	(3)	(4)	(5)	(6)	(7)	(8)	(9)	(10)	(11)	(12)

40. 交通，救助

① 交 通

train	男 ①列車 ②行列 ③ひと組 ④(人・車などが進む)速度，ペース ⑤(仕事などの)進み具合 // être en *train* de+不定詞 …している最中である
quai	男 ①(駅の)プラットホーム ②河岸(通り) ③波止場
accès	男 ①接近，到達 // donner *accès* à *qc* …に至る，に道を開く ②入口 // « *Accès* aux quais »「プラットホーム入口」 ③(人との)接触 ④(職業に)つくこと ⑤(病気の)発作
accessible	形 ①近づける ②(物が)手に入る，理解できる ③(人が)面会できる，とっつきやすい ④影響を受けやすい
trajet	男 ①(ある距離の)移動 // faire le *trajet* en voiture 車で行く ②道のり，行程 // une demi-heure de *trajet* à pied 徒歩で30分の道のり
arrivée	女 ①到着 ②到着場所
départ	男 ①出発 ②始まり ③辞職 ④区別 // faire le *départ* entre A et B AとBを識別する
rentrer	自 ①帰る ②帰宅する // *rentrer*+不定詞 …しに帰宅する ③活動を再開する ④入る ⑤ぶつかる // La voiture *est rentrée* dans un mur. 車は壁に突っ込んだ ⑥(dans, en …に)戻る
changement	男 ①変更 ②乗り換え
carnet	男 ①手帳 ②1綴り，1綴りの回数券 ③(新聞などの)告知欄
feu	男 ①火 // à *feu* vif [doux] 強火[とろ火]で ②火事 ③砲火 ④花火 ⑤情熱 ⑥照明 ⑦信号 // le *feu* vert [orange, rouge] 青[黄，赤]信号 / brûler [respecter] un *feu* rouge 赤信号を無視する[守る]
pavé	男 ①敷石 ②石畳，街路 ③敷石状のチョコレート ③分厚い本
pente	女 ①傾斜 // être sur une mauvaise *pente* 悪い方向に進んでいる ②斜面 ③性向，好み
pont	男 ①橋 ②橋渡し ③(船の)甲板 ④連休
chemin	男 ①道 ②道のり ③(目的を達成する)道，手段
circulation	女 ① 交通(量) ②(液体・気体の)循環 ③(商品などの)流通
essence	女 ①本質 // par *essence* 本質的に ②ガソリン ③(樹木の)種類 ④エッセンス
voie	女 ①道 // en *voie* de …の途中にある ②交通路 ③車線 ④(人生の)道 ⑤方法
correspondance	女 ①対応 ②一致 ③(交通機関の)連絡(便) ④文通，通信 // être en *correspondance* avec *qn* …と連絡をとり合っている ⑤郵便物
impasse	女 ①袋小路 ②行き詰まり，窮地 ③ある部分を勉強しないこと
parcours	男 ①道のり ②(バスなどの)コース ③人生行路 // accident [incident] de *parcours* (事態の進行を乱す)偶発事件，偶発的支障，ハプニング
souterrain	男 地下道

② 救 助

secours	男 ①救助 (= aide) // de *secours* 非常用の：une roue de *secours* スペアタイヤ / porter *secours* à *qn* (= aider) (人)を救助する ②(物質・金銭的)援助 ③応急手当 ④役立つこと
protection ■ **protéger**	女 ①保護 // *protection* de l'environnement 環境保護 ②防止策 ③後援者 他 (contre/de …から)保護する
appel	男 ①呼ぶこと // faire *appel* à *qn/qc* …に助けを求める ②(電話の)呼び出し ③点呼 ④訴え ⑤(法律) 控訴 ■ **appeler** 他 ①呼ぶ ②電話をかける ③(物事が)要求する
recours ■ **recourir**	男 ①頼ること // avoir *recours* à *qn/qc* …に頼る ②頼りにできるもの ③上訴 間他 (à …に)助けをもとめる，頼る

EXERCICE 40

次の（1）〜（12）について，**A**，**B** の（　）内には同じつづりの語が入ります。（　）内に入れるのにもっとも適切な語を，下の ①〜⑫ のなかから1つずつ選び，解答欄にその番号を記入しなさい。ただし，同じものを複数回用いることはできません。

(1) **A** À ce (　　　)-là, je ne pourrai pas finir mon article avant la date limite.

    B Ne fais pas de bruit, tu ne vois pas que je suis en (　　　) de travailler ?

(2) **A** C'est difficile de construire la maison sur le terrain en (　　　).

    B Tu fumes à table. Tu es sur une mauvaise (　　　).

(3) **A** Depuis mon (　　　) à la retraite, je me suis mis à faire de l'alpinisme.

    B Voilà un bon point de (　　　) pour engager des négociations.

(4) **A** Des ventilateurs créent une (　　　) d'air dans ce hall.

    B Les accidents de la (　　　) ont été très nombreux ce week-end.

(5) **A** D'ici à la gare de Lyon, en métro, il n'y a pas de (　　　).

    B En cas de (　　　) d'adresse, la poste réexpédie vos envois vers votre nouvelle adresse.

(6) **A** Il conduisait trop vite, il a failli (　　　) dans un mur.

    B Ils vont bientôt (　　　) en classe, les vacances sont finies.

(7) **A** Il espère bien éradiquer cette maladie dans les pays en (　　　) de développement.

    B Les lignes rouges sur la carte symbolisent une (　　　) ferrée.

(8) **A** Il est en (　　　) téléphonique avec une habituée.

    B La (　　　) aérienne entre ces deux villes est inexistante en raison de leur manque de rentabilité.

(9) **A** Il faut chauffer la margarine à (　　　) doux dans une grande casserole.

    B Un cycliste s'est fait renverser par la voiture qui avait brûlé le (　　　) rouge.

(10) **A** Il vaut mieux faire le (　　　) en voiture, c'est très loin.

    B Le (　　　) de Paris à Tours m'a semblé très long.

(11) **A** L'(　　　) des voitures dans cette rue est interdit pendant la durée des travaux.

    B Quelle meilleure façon d'investir dans les jeunes que de leur donner (　　　) à l'éducation ?

(12) **A** Le ministre est peu (　　　) ; il est très difficile de lui demander un rendez-vous.

    B Tu dois t'acheter ce manuel de français ; il te sera très (　　　).

① accès　② accessible　③ changement　④ circulation　⑤ correspondance
⑥ départ　⑦ feu　⑧ pente　⑨ rentrer　⑩ train　⑪ trajet　⑫ voie

(1)	(2)	(3)	(4)	(5)	(6)	(7)	(8)	(9)	(10)	(11)	(12)

41. 住まい，建物

① 住まい

domicile	男 住所，住居 (= maison) // à *domicile* 自宅で(に)
porte	女 ①ドア ②出入口 ③(都市などの)門 ④(空港の)ゲート // être à la *porte* 締めだされている / mettre *qn* à la *porte* (人)を追いだす
ascenseur	男 エレベーター
meublé, *e*	形 ①家具つき // un appartement *meublé* 家具つきのアパルトマン ②(必要なものが)備わった
armoire	女 ①洋服だんす ②収納棚 // une *armoire* à chaussures 靴箱
électricité	女 ①電気，電力 ②電気設備 // une panne d'*électricité* 停電 / allumer [éteindre] l'*électricité* 電気のスイッチを入れる[切る]
plateau	男 ①トレー ②(器具をのせる)皿 ③高原 ④(映画，テレビの)スタジオセット
grille	女 ①鉄柵，格子 ②(オーブンの中などの)網 ③一覧表 ④(クロスワードパズルの)升目
fil	男 ①糸 ②電線 ③(話)電話 ④(水・煙などの)流れ // au *fil* de *qc* …の流れに沿って，につれて ⑤(話・思考などの)脈絡 // avoir *qn* au bout du *fil* (人)と電話で話す / donner [passer] un coup de *fil* (= téléphoner) 電話をかける
aspirateur	男 ①電気掃除機 ②換気扇
nettoyage	男 ①掃除 ②クリーニング ③解雇
article	男 ①品物 // un *article* de voyage 旅行用品 ②記事 ③項目 ④事柄，問題
bagage	男 ①荷物 // un *bagage* à main 手荷物 / faire ses *bagages* 荷作りをする / plier *bagage(s)* 荷造りする，荷物をまとめる ②(知識などの)蓄積，(蓄積された)知識
chaîne	女 ①鎖 ②連鎖 ③(ラジオ・テレビの)チャンネル ④ステレオセット // *chaîne* compacte ミニコンポ ⑤山脈
pile	女 ①堆積 ②電池 ③(貨幣の)裏面
revue	女 ①雑誌 ②点検
poêle	女 フライパン 男 ストーブ

② 建物

bâtiment	男 ①建物 ②建設業 ③大型の船
agence	女 ①代理店 // une *agence* de voyages 旅行代理店 ②(公的)機関 ③通信社 ④(銀行の)支店
ambassade	女 ①大使館 ②大使の資格
bureau	男 ①デスク ②事務室 ③会社 ④(会社の)部署 ⑤(公共施設の)窓口 ⑥中枢機関
cabinet	男 ①小部屋 ②(複)トイレ ③(弁護士などの)事務所 ④内閣 ⑤(書斎などの)陳列品
colonne	女 ①円柱 ②(新聞などの)欄 ③(人・乗りもの・動物などの)列 ④円柱状のもの
complexe	男 ①(心理)コンプレックス ②(建物などの)複合体
construction	女 ①建設 ②建造物 ③建設業 ④構造 ⑤(作品などの)構成
sortie	女 ①退出 ②発売 ③外出 ④出口 // à la *sortie* de *qc* …の出口で，を出るときに
entrée	女 ①入ること ②入学 ③玄関 ④アントレ
issue	女 ①出口 // sans *issue* 出口のない ②解決策 ③結果 // à l'*issue* de *qc* …が終わってから
ruine	女 ①廃墟 ②落ちぶれた人 ③破滅

EXERCICE 41

次の（1）〜（12）について，**A**，**B** の（ ）内には同じつづりの語が入ります。（ ）内に入れるのにもっとも適切な語を，下の ① 〜 ⑫ のなかから1つずつ選び，解答欄にその番号を記入しなさい。ただし，同じものを複数回用いることはできません。

(1) **A** Au ( ) du temps, cet ordinateur est devenu plus facile à utiliser.
    B Je dois passer un coup de ( ) d'urgence.

(2) **A** Dans cette boutique, on ne vend que des ( ) de voyage.
    B Il a déjà écrit plusieurs ( ) dans de prestigieux journaux.

(3) **A** Elle porte toujours au poignet une fine ( ) en or.
    B Un film intéressant passe ce soir sur la troisième ( ).

(4) **A** Furieux, mon père me mettait à la ( ).
    B Le gardien a ouvert la ( ) et nous a laissés passer.

(5) **A** Il a acquis un important ( ) en droit en travaillant beaucoup.
    B Il va pleuvoir, il faut plier ( ).

(6) **A** Il faisait assez sombre lorsque j'ai atteint mon ( ).
    B Le magasin nous livre un nouveau canapé à ( ).

(7) **A** Il s'est installé devant son ( ) pour allumer son ordinateur.
    B Le ( ) du directeur est au fond du couloir.

(8) **A** Ils se sont fait apporter les boissons sur un ( ).
    B Le fleuve passe au milieu du ( ).

(9) **A** Il suffit de lever cette manette pour allumer l'( ).
    B La centrale électrique alimente un village éloigné en ( ).

(10) **A** Je vais donner mon pantalon au ( ).
    B Portez des gants et un tablier pendant le ( ).

(11) **A** La fontaine sur la place est entourée de ( ).
    B On peut atténuer certains effets d'Alzheimer en faisant des ( ) de mots croisés.

(12) **A** L'article sur le scandale financier occupe trois ( ) du journal.
    B Les Grecs ont élaboré de magnifiques ( ) qui soutiennent des temples.

① articles   ② bagage   ③ bureau   ④ chaîne   ⑤ colonnes   ⑥ domicile
⑦ électricité   ⑧ fil   ⑨ grilles   ⑩ nettoyage   ⑪ plateau   ⑫ porte

(1)	(2)	(3)	(4)	(5)	(6)	(7)	(8)	(9)	(10)	(11)	(12)

まとめの問題

　次の各設問の（1）〜（5）について，**A**, **B**の（　）内には同じつづりの語が入ります。（　）内に入れるのにもっとも適切な語を，下の①〜⓪のなかから１つずつ選び，その番号を解答欄に書いてください。ただし，同じものを複数回用いることはできません。（配点５）

1 (1)　**A**　Ce candidat est reçu au concours, mais je ne connais pas son （　　）.

　　　　B　Le (　　) de tous ces dossiers demandera plusieurs jours.

(2)　**A**　Ce médicament a un effet (　　) sur le mal de tête.

　　　B　Il habite dans le voisinage (　　) de son travail.

(3)　**A**　Ce tunnel est très (　　).

　　　B　Il parle toujours d'un air savant : mais ce qu'il dit est parfois très (　　).

(4)　**A**　Le concert en (　　) air a été annulé en raison de la tempête.

　　　B　Le grand magasin était (　　) de monde.

(5)　**A**　Viens m'aider à (　　) le nouveau tapis dans le salon.

　　　B　Vous devez (　　) les dates des rendez-vous.

① **abstrait**　② **appliquer**　③ **classement**　④ **étaler**　⑤ **immédiat**
⑥ **mûr**　⑦ **obscur**　⑧ **plein**　⑨ **saturé**　⓪ **siège**

(1)	(2)	(3)	(4)	(5)

2 (1)　**A**　Ces papiers me gènent, tu veux les (　　) de mon bureau ?

　　　　B　Tu peux (　　) ton manteau et le laisser au vestiaire.

(2)　**A**　Elle a acheté du (　　) pour faire des tabliers.

　　　B　Son récit est un (　　) de contradictions.

(3)　**A**　Il a obtenu une semaine de (　　) en mai pour visiter l'Espagne.

　　　B　Le patron a donné son (　　) à un de ses employés.

(4)　**A**　Il est (　　), il hésite longtemps avant de se décider.

　　　B　Mets le beurre dans le réfrigérateur, il est tout (　　).

(5)　**A**　Il t'a aidé dans ton travail. Que lui donneras-tu en (　　) ?

　　　B　Je vous appellerai à mon (　　) de voyage.

① **acte**　② **augmenter**　③ **chômage**　④ **congé**　⑤ **enlever**
⑥ **mou**　⑦ **raide**　⑧ **retour**　⑨ **tissu**　⓪ **toile**

(1)	(2)	(3)	(4)	(5)

3 (1) A Elle est toujours ( ) dans ses reproches.

B L'eau du robinet est souvent désinfectée par le chlore, qui donne une saveur ( ).

(2) A Il a mis à ma ( ) tous les documents dont j'avais besoin.

B Il suffit de revoir la ( ) des meubles pour créer un tout nouveau décor.

(3) A Il croyait me ( ) en me proposant son projet.

B J'avais envie de me ( ) une santé par un changement de climat.

(4) A Il faut mettre un ( ) à un vieil arbre pour empêcher le renversement.

B Un moyen d'aider les familles serait de leur fournir un ( ) financier pour couvrir les frais médicaux.

(5) A Les enfants des pays en voie de développement se trouvent dans une situation ( ).

B Un bon philosophe doit faire preuve d'esprit ( ).

① accord ② aigre ③ appui ④ calme ⑤ critique
⑥ disposition ⑦ dresser ⑧ habile ⑨ mesure ⓪ refaire

(1)	(2)	(3)	(4)	(5)

4 (1) A Ça ne donne rien de bon de tant ( ) un enfant.

B Ses lectures risquent de lui ( ) l'esprit.

(2) A Fais attention de ne pas ( ) le verre en le nettoyant.

B Il m'a donné instruction de ( ) du carnet d'adresss le nom de la personne décédée.

(3) A Je voudrais me marier avec Pierre et fonder un ( ) heureux.

B On n'a pas encore trouvé le ( ) d'incendie.

(4) A Le ( ) de l'accident nucléaire est très lourd, il y a des centaines de victimes.

B Le ( ) de santé est sûrement le meilleur moyen pour faire un point complet sur votre état de santé.

(5) A Nous devons finir ce travail en un temps ( ).

B Tu as pris une décision appropriée, étant ( ) l'état des choses.

① bilan ② briser ③ clair ④ commande ⑤ donné
⑥ foyer ⑦ gâter ⑧ monde ⑨ rayer ⓪ transpercer

(1)	(2)	(3)	(4)	(5)

5 (1) **A** Ce (　　　) se marie très bien avec du vin rouge.

      B Furieux, il a frappé le mur avec le (　　　) de la main.

(2) **A** Il a très bien mené sa (　　　) électorale, il sera peut-être élu.

      B Les vieilles coutumes se maintiennent longtemps à la (　　　).

(3) **A** Il est venu avec son frère et son cousin ; ce (　　　) paraissait discret.

      B Nous avons plein de choses à faire, il vaux mieux faire ce travail en (　　　).

(4) **A** L'eau de pluie peut être utilisée dans les usages où une eau non (　　　) est suffisante : pour les toilettes, pour le lavage.

      B Nous avons eu un temps (　　　), pendant le voyage.

(5) **A** On doit (　　　) ces bénéfices entre les associés.

      B On va (　　　) les élèves de la classe en trois groupes.

① bas　　　② campagne　　　③ classer　　　④ dernier　　　⑤ nouveau
⑥ plat　　　⑦ potable　　　⑧ répartir　　　⑨ supportable　　　⓪ terre

(1)	(2)	(3)	(4)	(5)

6 (1) **A** Ce peintre est en train de (　　　).

      B Nous sommes arrivés à (　　　) ses intentions.

(2) **A** C'est une (　　　) de théâtre en cinq actes.

      B Cette (　　　) de dix euros est mise en vente à 600 euros.

(3) **A** Chaque témoin nous a raconté sa (　　　) de l'accident.

      B J'ai vu un film français en (　　　) originale sous-titrée en japonais.

(4) **A** Elle a un bon (　　　) qui lui permet de supporter cette dure épreuve.

      B On a peine à garder son (　　　) en patinant sur la glace.

(5) **A** La météo annonce un temps (　　　) pour cette nuit, mais de la pluie pour demain.

      B Le juge lui a parlé d'un ton trop (　　　) et brusque.

① équilibre　　　② opposé　　　③ part　　　④ passer　　　⑤ percer
⑥ pièce　　　⑦ précis　　　⑧ référence　　　⑨ sec　　　⓪ version

(1)	(2)	(3)	(4)	(5)

3

前置詞に関する問題

　　前置詞に関する問題は，仏検がはじまって以来ずっと継続的に出題されてきました。また，この問題は級でいえば，4級から1級までかならず出題されます。前置詞の基本的な意味さえ覚えておけば解ける問題だったものが，しだいにそうした知識だけでは正解がえられない問題にかわっていきます。前置詞の意味というよりも，動詞や形容詞との結びつきから前置詞をきめたり，慣用的な用法を覚えておく必要がでてきたりするのです。つまり，読解というよりも前置詞の用法を個々に知識として蓄えているかどうかが問われることになります。本章では，準1級で過去に出題された前置詞を中心にして，その使いかたを練習します。仏検の問題は，短文の穴うめ形式で，配点は5点です。

◆━━ 出題例（2018年 ③）━━◆

3　　次の (1) ～ (5) の（　　）内に入れるのにもっとも適切なものを，下の ① ～ ⓪ のなかから1つずつ選び、解答欄のその番号にマークしてください。ただし、同じものを複数回用いることはできません。(配点　5)

(1)　Ce thé a un goût bien （　　） lui.

(2)　Il vaudrait mieux ne pas l'attaquer （　　） front.

(3)　Le directeur a contacté Julien pour entrer （　　） affaires avec lui.

(4)　Pourquoi jugez-vous les gens （　　） leur mine ?

(5)　Sarah s'est aperçue de cette erreur （　　） coup.

　　　① à　　　　② après　　　③ contre　　　④ de　　　⑤ depuis

　　　⑥ en　　　⑦ par　　　⑧ sous　　　⑨ sur　　　⓪ vers

1．場所・位置を表わす前置詞（1） – à, dans, hors, de, vers, par, contre, chez –

① à …に，で；…へ

Ces détersifs sont *à base de* soude.　　これらの洗剤は炭酸ナトリウムを主成分としている。

Ma fille a suivi un cours d'initiation *à* l'allemand.　私の娘はドイツ語入門講座を受講した。

À l'issue des négociations, les deux pays ont signé un accord.　交渉のすえ両国は協定に調印した。

Nous sommes montés *à bord du* bateau.　　私たちは乗船した。

Ma maison est *à l'écart du* village.　　私の家は村から離れたところにある。

La plaine s'étend *à perte de vue*.　　平野は限りなく広がっている。

Posez votre valise *à terre*.　　あなたのスーツケースを下に置いてください。

　　cf. Ramasse ces papiers qui traînent *par terre*.　床に散らかっている書類を集めなさい。

② dans …の中に

Elle est tombée *dans* l'erreur.　　彼女は誤りに陥った。

Il agit toujours *dans le dos des* autres.　　彼はいつも他人の目を盗んでこそこそやっている。

Ils ont marché la main *dans* la main.　　彼らは手をつないで歩いた。

Je n'avance pas *dans* ce travail.　　この仕事ははかどらない。

Il m'a raconté l'histoire *dans les grandes lignes*.　彼は私に話のアウトラインを語った。

③ hors …の外に

Le poisson faisait des bonds *hors* de l'eau.　　魚は水のそとで飛び跳ねていた。

④ de …から

J'ai mis trois heures pour rentrer *de* la campagne.　　私は田舎から帰ってくるのに3時間かかった。

Il a fermé la porte *de* dedans.　　彼は内側からドアを閉めた。

Les photos d'identité sont toujours prises *de* face.　　証明写真はいつも正面から撮られる。

Il croit pouvoir mener *de* front cette négociation.　彼はこの交渉を正面から進められると思っている。

Je vous apporte des fleurs *de la part de* votre cousin.　あなたの従兄弟からの花をお届けしました。

Il me dépasse *de loin* en intelligence.　　彼は私よりはるかに知性で勝っている。

Cette question mérite d'être étudiée *de près*.　　この問題は仔細に検討されるに値する。

On vous a cherché *de tous les côtés*.　　方々あなたを探しました。

⑤ vers …のあたりで；…の方へ

Je l'ai rencontré *vers* la sortie.　　私は出口のあたりで彼に出会った。

Il s'est tourné *vers* moi et m'a dit quelque chose à l'oreille.

　　　　　　　　　　　　　　　　彼は私のほうを向いて，耳元でなにか言った。

Elle s'est tournée *vers* l'enseignement.　　彼女は教職を目指すことにした。

⑥ par …から，を通って；…中を

Ils ont attaqué l'armée ennemie *par* derrière.　　彼らは敵軍を背後から襲った。

Il a raison, du moins *par certains côtés*.　　少なくともある面で，彼の言い分は正しい。

Que faut-il entendre *par là* ?　　そのこと（ことば，態度）をどうとるべきなのだろうか？

Il est grand *par* le talent et *par* l'intelligence.　　彼は才能と知性において偉大だ。

⑦ contre …にぴたりとつけて，のそばに

Sa maison est juste *contre* la mairie.　　　　彼(女)の家は市役所のすぐ横だ。

⑧ chez …の家に，の店で；…の集団において，の国では

Faites comme *chez* vous.　　　　　　　どうぞお楽に。
Chez nous, on rendait un culte au feu.　　われわれの国では，火を崇拝していた。
Ce parfum vient de *chez* Gabrielle Chanel.　この香水はガブリエル・シャネル社製です。

EXERCICE 1

次の各設問において，（1）～（5）の（　）内に入れるのにもっとも適切なものを，下欄から1つずつ選び，解答欄に記入してください。ただし，同じものを複数回用いることはできません。なお，下欄の語は文頭にくるものも小文字にしてあります。

1 (1)　À quelle heure arrive le train (　　　　) Paris ?　　　＿＿＿＿
　　 (2)　Ce dessert est fait (　　　) base de chocolat.　　　　＿＿＿＿
　　 (3)　(　　　) certains côtés, cette proposition est intéressante.　＿＿＿＿
　　 (4)　Elle s'est assise tout (　　　) moi.　　　　　　　　＿＿＿＿
　　 (5)　Il n'explique ce procès que (　　　) les grandes lignes.　＿＿＿＿

　　　　à　　chez　　contre　　dans　　de　　hors　　par　　vers

2 (1)　Ce serait une erreur d'orienter cet élève (　　　) des études littéraires.
　　　　　　　　　　　　　　　　　　　　　　　　　　　　　　＿＿＿＿

　　 (2)　Il mène une vie libre (　　　) le dos de ses parents.　＿＿＿＿
　　 (3)　Le choc l'a projeté (　　　) de sa voiture.　　　　＿＿＿＿
　　 (4)　Le mot « liberté » revient souvent (　　　) Sartre.　＿＿＿＿
　　 (5)　(　　　) l'issue du conseil des ministres, il y a eu une conférence de presse.　　　　　　　　　　　　　　　　　　　　　　　　＿＿＿＿

　　　　à　　chez　　contre　　dans　　de　　hors　　par　　vers

3 (1)　Cette université dépasse toutes les autres (　　　) son enseignement du japonais.　　　　　　　　　　　　　　　　　　　　　　　　＿＿＿＿
　　 (2)　Elle s'est trompée (　　　) ses calculs.　　　　　＿＿＿＿
　　 (3)　Il est (　　　) loin le plus sportif de la classe.　　＿＿＿＿
　　 (4)　(　　　) les abeilles, on distingue la reine, les faux bourdons et les ouvrières.　　　　　　　　　　　　　　　　　　　　　　　　＿＿＿＿
　　 (5)　Quand l'avion s'est écrasé, il y avait une centaine de passagers (　　　) bord.　　　　　　　　　　　　　　　　　　　　　　　　＿＿＿＿

　　　　à　　chez　　contre　　dans　　de　　hors　　par　　vers

2．場所・位置を表わす前置詞（2）－ en, sur, sous, devant, derrière, entre －

① en …で，に

Quand on a entendu le bruit de l'avion, on a regardé *en l'air*.

飛行機音が聞こえると，みんなは空を見た。

Le train venant de Lyon entre *en gare*.　リヨンからきた列車が入構する。

L'accident s'est produit *en ma présence*.　その事故は私の目のまえで起こった。

Elle ne le cède *en rien* à sa mère.　彼女はそのことで母親に一歩も譲らない。

On n'est pas *en mesure d*'aller te chercher à l'aéroport.

空港へ君を迎えに行ける状態ではない。

Je l'ai rencontré *en chemin*.　私は途中で彼に会った。

C'est une maison située *en bas de* la colline.　それは丘のすそにある家です。

Je me suis réveillé *en pleine* nuit.　私は真夜中に目がさめた。

Elle a peur de parler *en public*.　彼女は公衆の面前で話すことを恐がっている。

　　cf. Il a agi *en secret*, je n'ai rien su.　彼はひそかに行動したので，私はなにも知らなかった。

Si ce cheval arrivait *en tête*, je gagnerais.　あの馬が1番で来れば，私は儲かるのだが。

② sur …の上に；…の方に

La police est allée *sur* les lieux du crime.　警察は犯行現場へ行った。

Sur le plan de la conduite, on n'a rien à lui reprocher.

素行の面では彼（女）には非難すべきものはない。

Ces pizzas sont à consommer *sur place* ou à emporter.

これらのピザはその場で食べることも，持ち帰ることもできます。

Il *a rejeté* la faute *sur* son frère.　彼は失敗を兄[弟]のせいにした。

Je suis incapable de mettre les noms *sur* les visages.　私は顔と名前を一致させることができない。

J'ai regardé le tournoi de Roland-Garros hier soir *sur* Eurosport.

私は昨晩ロラン-ガロスのトーナメントをユーロスポーツで見た。

Le pré s'étale *sur* plus de 16 000 mètres carrés.　牧場は16000㎡以上広がっている。

Il y a une très belle vue *sur* la mer.　海を見晴らすとても美しい眺めがある。

C'est imprudent de *juger* les gens *sur* la mine.　外見で人を判断するのは軽率だ。（根拠）

Je *m'appuie sur* une documentation solide.　私は確実な資料を根拠にしている。（根拠）

On t'a cru *sur parole*.　みんなは君のことばを真に受けた。

Elle s'est fait faire une robe *sur mesure*.　彼女は注文服を作ってもらった。

③ sous …の下に

Il a oublié de mettre sa lettre *sous* enveloppe.　彼は封筒に便箋を入れるのを忘れた。

Il est entré en classe avec son livre *sous* le bras.　彼は本を小脇にかかえて教室に入ってきた。

Je n'ai pas le dossier *sous la main*.　その書類は手もとにありません。

Les journaux ont passé ce scandale *sous silence*.　新聞各紙はそのスキャンダルに言及しなかった。

Considéré *sous cet angle*, le problème paraît simple.　この見方をすれば，問題は単純に思える。

④ **devant** …の前に

Vous avez encore une semaine [un peu d'argent] *devant* vous.

あなたにはまだ1週間[多少のお金]の余裕がある。

⑤ **derrière** …のうしろに，裏に

Elle a un passé mouvementé *derrière* elle.　　彼女には波瀾に富んだ過去がある。

⑥ **entre** （2つのものをさす名詞）の間に；（3つ以上のものをさす名詞）の中で

C'est un secret *entre* amis.　　これは友だち同士の秘密だ。

Il a des documents importants *entre les mains*.　　彼は重要書類を手中にしている。

EXERCICE 2

次の各設問において，（1）～（5）の（　）内に入れるのにもっとも適切なものを，下欄から1つずつ選び，解答欄に記入してください。ただし，同じものを複数回用いることはできません。

1 (1) Ce secret doit rester (　　　) nous.　　_____

(2) Il est monté (　　　) haut de l'échelle.　　_____

(3) J'ai volontairement passé ce fait (　　　) silence.　　_____

(4) Je n'ai plus que vingt euros (　　　) moi.　　_____

(5) L'assassin est revenu (　　　) les lieux du meurtre.　　_____

en　　　entre　　　derrière　　　devant　　　sous　　　sur

2 (1) Il a un lourd passé (　　　) lui.　　_____

(2) Il cherchait à rejeter (　　　) son complice la responsabilité du crime.

_____

(3) Il faut examiner ce problème (　　　) différents angles.　　_____

(4) Le mariage a eu lieu (　　　) présence de deux témoins.　　_____

(5) Tomber (　　　) les mains de la police ou celles de l'armée, c'est la même chose.　　_____

en　　　entre　　　derrière　　　devant　　　sous　　　sur

3 (1) Je ne peux pas mettre un nom (　　　) elle.　　_____

(2) Mettez cette phrase (　　　) guillemets.　　_____

(3) Nous avons du temps (　　　) nous.　　_____

(4) Ton stylo ? Tu l'as (　　　) les yeux.　　_____

(5) Vos résultats ne sont (　　　) rien inférieurs à ceux de l'an dernier.

_____

en　　　entre　　　derrière　　　devant　　　sous　　　sur

3．時を表わす前置詞（1）– à, vers, de, depuis, dès –

① **à** …に；…のときに

*À mesure qu'*il avançait, la forêt devenait plus épaisse.

先へ進むにつれて，森は深くなっていった。

À l'occasion, venez me voir.　　　　　　　折をみて会いにきてください。

Il lui a offert ce bijou *à l'occasion de* leur anniversaire de mariage.

彼は結婚記念日の際にこの装身具を彼女にプレゼントした。

À partir de maintenant, on ne parle plus.　　もう話はやめましょう。

C'est *à tout jamais* fini entre eux.　　　　これで彼らの仲も永遠におしまいだ。

Dans ce restaurant on sert *à toute heure*.　このレストランでは 1 日中いつでも食事ができる。

Quand il demande quelque chose, il faut que ce soit fait *à la minute*.

彼からなにか頼まれたら，それをすぐにしなければならない。

　　cf. L'alpiniste est tombé et il est mort *sur le coup*.　　登山家は滑落して即死した。

Attendez un peu, j'arrive *à l'instant*.　　ちょっと待ってください，すぐ行きます。

Prenez ces poires, elles sont *à point*.　　これらの梨を買ってください，ちょうど旬だ。

Tu tombes fort mal *à propos*.　　　　　君はタイミング悪いときにきたね。

Les pompiers sont arrivés *à temps*.　　消防隊はちょうど間にあった。

Il s'est mis à pleuvoir *tout à coup*.　　突然雨が降りだした。

À l'origine, c'était Lucas qui devait s'occuper de l'affaire.

当初，その件を担当するのはリュカのはずだった。

À la fin, j'ai accepté son excuse.　　　最後には私も彼（女）の弁解を認めた。

Où habitez-vous *à présent* ?　　　　　今はどちらにお住まいですか？

② **vers** …頃に

Vers minuit, il a entendu du bruit à la porte du jardin.

深夜 0 時ごろ庭の出入り口から物音が聞こえた。

Il y a eu une crise économique *vers* les années 1930.　　1930年代に経済危機があった。

③ **de** …から；…に

Elle aime se lever *de* bonne heure.　　　彼女は早起きが好きだ。

C'est un ami *de* longue date.　　　　　彼は昔からの友人です。

De nos jours, il y a encore des gens qui meurent de faim.

今日でもまだ餓死する人たちがいる。

Je n'ai pas dormi *de* la nuit.　　　　　私はひと晩中眠れなかった。

À l'usine, il y a plusieurs équipes d'ouvriers, les uns travaillent *de* jour, les autres *de* nuit.　　　　工場にはいくつかの作業員チームがある。昼間働くチームもあれば夜勤チームもある。

De son vivant, il n'aimait pas l'automne.　存命中彼は秋が好きではなかった。

Il est venu me voir plusieurs fois *de suite*.　彼は続けて何回も私に会いにきた。

Ma fille est fragile *de naissance* [*par* [*de*] *nature*].　　私の娘は生まれつき体が弱い。

④ **depuis**　…以来；…前から

Depuis cet accident, il reste infirme.　　　　その事故以来彼は体に障害が残っている。

Il a été heureux *depuis* sa naissance jusqu'à sa mort.

彼は生まれてから死ぬまでずっと幸福だった。

J'habite ici *depuis* longtemps [peu].　　　私はずっと前から[少し前から]ここに住んでいる。

⑤ **dès**　…からすぐに

Dès son enfance, il manifestait une grande intelligence.

彼は幼少の頃からすでに深い知性を示していた。

Dès lors, elle n'est plus jamais la même.　　そのとき以来彼女はすっかり変わってしまった。

注　dès は動作が始まる時を強調する。動詞が状態・継続を表わす場合は，depuis を用いる。

Dès le début, il s'est montré hostile à nos projets. 最初から彼は私たちの計画に反対の態度をしめした。

Depuis le début, il est hostile à nos projets.　　最初からずっと彼は私たちの計画に反対している。

EXERCICE 3

　次の各設問において，（1）～（5）の（　）内に入れるのにもっとも適切なものを，下欄から1つずつ選び，解答欄に記入してください。ただし，同じものを複数回用いることはできません。なお，下欄の語は文頭にくるものも小文字にしてあります。

1 (1)　Ce mandat est arrivé (　　　) propos pour le tirer d'embarras. _____

　　(2)　Je vous rappellerai (　　　) les sept heures. _____

　　(3)　(　　　) nos jours, on ne dactylographie plus de lettres. _____

　　(4)　Nous avons fait connaissance (　　　) peu. _____

　　(5)　Prenez ces remèdes (　　　) aujourd'hui. _____

　　　　　　à　　　de　　　depuis　　　dès　　　vers

2 (1)　Ce mouvement artistique s'est ébauché (　　　) 1920. _____

　　(2)　Il est venu me voir (　　　) son retour. _____

　　(3)　J'arriverai à Paris (　　　) nuit. _____

　　(4)　Je commence mes devoirs (　　　) la minute. _____

　　(5)　(　　　) le début du mois jusqu'à maintenant, il a neigé. _____

　　　　　　à　　　de　　　depuis　　　dès　　　vers

3 (1)　Ce film m'a ennuyé (　　　) le début. _____

　　(2)　Je ne l'ai pas revu (　　　) mardi. _____

　　(3)　Je rentrerai en France à peu près (　　　) le 15 mai. _____

　　(4)　(　　　) mesure que l'orateur parlait, l'auditoire s'assoupissait. _____

　　(5)　(　　　) son vivant, mon père aimait beaucoup les chats. _____

　　　　　　à　　　de　　　depuis　　　dès　　　vers

4．時を表わす前置詞（2）– en, pour, dans, pendant, entre, avant, après –

① en …に；…かかって

En ce moment, les circonstances sont bien meilleures.　現在，状況ははるかによくなった。

Le magasin est ouvert *en semaine*.　その店は平日は開いている。

Il vaut mieux faire ce travail *en dernier*.　この仕事は最後にするほうがいい。

On m'a cambriolé *en plein jour*.　私は真っ昼間に空き巣に入られた。

En premier lieu, il faut qu'il précise ses intentions.　第一に，彼は意図を明確にしなければならない。

En fin de compte, il s'est décidé à aller à la montagne.　結局彼は山へ行くことにした。

Ne parlez pas tous *en même temps*, je ne comprends pas.

みんなで同時に話さないで，理解できない。

Il finira ce travail *en moins de* deux heures.　彼は2時間以内にこの仕事を終えるだろう。

② pour …の予定で；…の機会に

La fin de la dépression n'est pas *pour* demain.　不景気が終わるのはずっと先のことだよ。

Mon père est absent *pour l'instant* [*pour le moment*].　父は今のところ不在です。

Thomas est retourné en Italie il y a un an, *jour pour jour*.

トマは1年後の同じ日にイタリアへ帰った。

Il a renoncé à ce projet *pour toujours*.　彼はその計画を永久に放棄してしまった。

Je le dis *une fois pour toutes*.　私がこんなことを言うのもこれきりですよ。

③ dans …の間に，以内に（dans+定冠詞+時間表現）

Dans son enfance, il habitait à Dijon.　子どものころ，彼はディジョンに住んでいた。

Il me faut une réponse *dans* les huit jours.　私は1週間以内に返事が欲しい。

④ pendant …の間に

J'ai tout rangé *pendant* que tu dormais.　君が眠っているあいだに，全部片づけておいた。

⑤ entre （2つのものをさす名詞）の間に

Téléphonez-moi *entre* midi et deux heures.　正午から2時のあいだに電話してください。

⑥ avant …の前に，までに；…する前に

Mets ton manteau *avant* de sortir.　外出するまえにコートを着なさい。

Trois jours *avant* le départ, il est allé la voir.　出発の3日まえに彼は彼女に会いに行った。

Il faut *avant tout* éviter la panique.　なによりもまずパニックは避けなければならない。

⑦ après …の後に；…した後で

Je vous verrai *après* la classe.　放課後会いましょう。

Après avoir souri, elle lui a pardonné.　ほほえみかけたあと彼女は彼（女）を許した。

J'ai compris *après coup* pourquoi il m'avait dit ça.

なぜ彼があんなことを言ったのか後になってわかった。

Je suis allé chez toi, *après quoi* je suis passé chez Guy.

私は君の家へ行き，その後ギイの家に立ち寄った。

cf. Les romans qu'il a écrits *par la suite* sont très différents.

彼がその後書いた小説はずいぶん違ったものになっている。

Par suite de la grève des transports, les cours ont été suspendus.

交通ストのために授業が中止になった。

À la suite de la réunion, on a eu une grande discussion.

会議のあとたいへんな口論になった。

EXERCICE 4

次の各設問において，（1）〜（5）の（　）内に入れるのにもっとも適切なものを，下欄から1つずつ選び，解答欄に記入してください。ただし，同じものを複数回用いることはできません。なお，下欄の語は文頭にくるものも小文字にしてあります。

1 (1)　Deux jours (　　　) sa mort, il est allé se promener au bord de la mer.

(2)　J'ai plein de choses à faire, j'irai vous voir (　　　) dernier.　　＿＿＿＿

(3)　Je suis libre aujourd'hui (　　) 2 et 4 heures.　　＿＿＿＿

(4)　(　　　) que je regardais par la fenêtre, un accrochage s'est produit au carrefour.　　＿＿＿＿

(5)　Vous aurez votre chemise (　　　) mardi.　　＿＿＿＿

avant　dans　en　entre　par　pendant　pour

2 (1)　(　　　) être descendu du train, il m'a fait signe.　　＿＿＿＿

(2)　Il était encore très actif (　　　) sa vieillesse.　　＿＿＿＿

(3)　Je vais au cinéma le samedi ou le dimanche, jamais (　　　) semaine.　　＿＿＿＿

(4)　La séance est interrompue (　　　) suite d'une panne de courant.　　＿＿＿＿

(5)　(　　　) le moment, le malade est calme.　　＿＿＿＿

après　avant　dans　en　par　pendant　pour

3 (1)　Henri est retourné dans son pays jour (　　　) jour deux ans après.　　＿＿＿＿

(2)　La réunion a été remise (　　　) la mi-octobre.　　＿＿＿＿

(3)　Le magasin est fermé (　　　) la durée des travaux.　　＿＿＿＿

(4)　Tu dois finir ton repas (　　　) le quart d'heure.　　＿＿＿＿

(5)　Vous arriverez à Paris (　　　) moins de deux heures.　　＿＿＿＿

après　dans　en　entre　par　pendant　pour

5．対象を表わす前置詞 – à, sur, pour, auprès de, envers, avec, contre –

① **à** …に，から

Il a acheté un bouquet de roses *à* la fleuriste.　　彼は花売り娘からバラの花束を買った。

Cette boulangère est aimable *à l'égard de* ses clients.　　そのパン屋はお客さんに愛想がいい。

Qui sait quelque chose *à propos de* cette affaire ?　　その件についてだれかなにか知ってる？

② **sur** …に対して；について（話題）

Il y a une taxe *sur* l'alcool.　　アルコール類には課税されている。

Elle a beaucoup d'autorité *sur* ses élèves.　　彼女は生徒たちに対してとても威圧的です。

Son exposé *portait sur* le réchauffement climatique.

　　彼（女）の研究発表は地球温暖化を問題にしていた。

J'épargne *sur* mon salaire pour déménager.　　私は引っ越すために給料から貯金している。

Il m'a questionné *sur* la concordance des temps.　　彼は私に時制の一致について質問した。

　　cf. En matière sportive, il est très fort.　　スポーツに関しては彼はとても得意だ。

Nous allons revenir *sur ce sujet.*　　その話題にもどりましょう。

On dit beaucoup de choses *sur* son compte.　　彼（女）についてはいろいろなうわさがある。

Il s'est trompé *sur* les intentions de son père.　　彼は父親の真意について誤解した。

　　cf. Il s'est trompé *de* route.　　私は道を間違えた。

　　　　Il s'est trompé *dans* ses calculs.　　彼は計算を間違えた。

③ **pour** …へ，に対して，のために，にとって

Il s'est pris de passion *pour* cette femme.　　彼はその女性に恋心を抱いた。

Pour ma part, je n'ai pas à me plaindre.　　私としては不満はない。

Pour mon compte, pas d'objection.　　私としては，異議はありません。

Ce livre est pour ainsi dire une bible *pour* les communistes.

　　この本はいわば共産主義者にとってバイブルのようなものだ。

Il fait froid *pour* la saison.　　季節のわりには寒い。

④ **auprès de** …に対して

On a fait des démarches pressantes *auprès du* ministre.　　大臣に対して執拗な請願が行われた。

⑤ **envers** …に対して

Elle n'est pas toujours aimable *envers* son mari.　　彼女は夫に対していつも優しいわけではない。

⑥ **avec** …と

Je n'ai rien à voir *avec* cette affaire.　　私はその件とはなんの関係もありません。

Il est difficile de *comparer* un sportif *avec* un musicien.

　　運動家と音楽家を比較するのはむずかしい。

　　cf. Mon sac paraît lourd *par rapport au* tien.　　私のバッグは君のより重いようだ。（比較）

⑦ **contre** …に反して，に対して

Elle s'est mariée *contre* l'avis de ses parents.　　彼女は両親の意見に反して結婚した。

cf. On parle souvent du cinéma italien, *par opposition au* cinéma français.

人はよくイタリア映画をフランス映画と対比して話題にする。

Contre toute apparence, elle est innocente.　　　大方の見方に反して彼女は潔白です。

Tout le monde a voté *contre* le projet.　　　全員がその案に反対の票を投じた。

　　cf. J'ai voté *pour* le projet.　　　私はその案に賛成の票を投じた。

Cette loi a été votée à 29 voix *contre* 8.　　　その法案は賛成29票反対9票で可決された。

EXERCICE 5

　次の各設問において，（1）〜（5）の（　）内に入れるのにもっとも適切なものを，下欄から1つずつ選び，解答欄に記入してください。ただし，同じものを複数回用いることはできません。なお，下欄の語は文頭にくるものも小文字にしてあります。

1　(1)　Comment est calculé l'impôt (　　　) les revenus en France ?　_____

　　(2)　Elle est grande (　　　) son âge.　_____

　　(3)　Il est indifférent (　　　) matière de musique.　_____

　　(4)　On trouve vingt romans médiocres (　　　) un bon.　_____

　　(5)　Toutes mes démarches (　　　) des autorités ont été vaines.　_____

　　　　à　avec　auprès　contre　en　pour　sur

2　(1)　Elle aime bien se promener (　　　) opposition à son mari.　_____

　　(2)　J'ai emprunté cent euros (　　　) Jacques.　_____

　　(3)　(　　　) ma part, je n'ai aucune objection.　_____

　　(4)　Ne revenez pas sans cesse (　　　) le passé.　_____

　　(5)　Sa lettre était pleine de déférence (　　　) moi.　_____

　　　　à　avec　contre　envers　par　pour　sur

3　(1)　Il éprouve une haine implacable (　　　) son père.　_____

　　(2)　Il faut prendre des mesures efficaces (　　　) l'égard des coupables.

　　　　　　　　　　　　　　　　　　　　　　　　　_____

　　(3)　La discussion portait (　　　) la politique économique.　_____

　　(4)　Ta décision a quelque chose à voir (　　　) son refus ?　_____

　　(5)　(　　　) toute apparence, ses affaires marchent bien.　_____

　　　　à　avec　contre　en　par　pour　sur

6．様態を表わす前置詞（1）– à, en –

① <u>**à** …のついた，に属する，をもつ，の特徴をもつ，の状態に</u>

Elle a mis un pull *à* manches courtes.　　　　彼女は半袖のセーターを着た。(付属)

Ce whisky a un goût bien *à* lui.　　　　このウイスキーは独特の味がする。

Elle porte une robe *à* la chinoise.　　　　彼女はチャイナドレスを着ている。

J'aime beaucoup la soupe *à* l'oignon.　　　　私はオニオンスープが大好きだ。

Il s'est mis *à plat ventre* pour regarder sous la commode.

　　　　　　　　　　　　　　彼は整理だんすの下を見るために腹ばいになった。

Le livre est posé *à plat* sur l'étagère.　　　本は棚にきちんと水平に置かれている。

Elle parle japonais *à la perfection*.　　　　彼女は日本語を完璧に話す。

Mon père aime le sport, *à la différence de* ma mère.　　父は母とちがってスポーツ好きだ。

Je suis désolé, j'ai parlé *à la légère*.　　　すみません，私は軽率に話してしまいました。

Mets ton pull *à l'endroit*.　　　　セーターが裏返しだよ。

Elle est sortie *à l'insu de* ses parents.　　　彼女は両親の知らぬまに外出した。

Pendant le film, je me suis *à moitié* endormi.　映画の上映中，私はうつらうつらした。

Les travaux sont *à peu près* terminés.　　　その工事はほとんど終わっている。

Ne reste pas *à part*, viens avec nous.　　　　離れていないで，いっしょに来いよ。

Le jour se lève *à vue d'œil*.　　　　みるみる夜が明けていく。

J'ai acheté cinq assiettes *à raison de* dix euros l'assiette.　　私は1枚10ユーロの皿を5枚買った。

Je suis ici *à titre* personnel.　　　　私は個人の資格でここにきている。

② <u>**en** …の状態で，でできた</u>

Le diecteur est *en* conférence.　　　　社長は会議中です。

L'ascenseur est *en* réparation.　　　　エレベーターは修理中です。

J'ai un dictionnaire *en* deux volumes.　　　私は2巻から成る辞書をもっている。

Dites-moi *en gros* ce dont il s'agit.　　　　問題になっていることを大まかに言ってください。

Ils marchaient *en* silence.　　　　彼らは黙々と歩いていた。

Cette robe est *en* soie ?　　　　この服は絹製ですか？(材料)

Il a de bonnes bouteilles de vin *en* réserve dans sa cave.

　　　　　　　　　　　　　　彼はいいワインを地下倉庫に貯蔵している。

Ce projet sera réalisé *en* deux étapes.　　　その計画は2段階に分けて実現されるだろう。

Cette crème n'est *en* vente que dans les pharmacies.　　このクリームは薬局でしか売られていない。

Cette robe est bien *en* vue dans la vitrine.　　そのドレスはショーウインドーの目立つところにおいてある。

On a organisé une fête *en l'honneur du* champion.　　チャンピオンをたたえるパーティーが企画された。

Ils sont partis *en hâte* vers l'immeuble *en* feu.　彼らは急いで燃えている建物のほうへ向かった。

　　cf. Je finis la vaisselle *en vitesse* et j'arrive.　私は急いで後片付けをすませてすぐに行きます。

Écrivez votre nom et prénom *en toutes lettres*.　あなたの氏名を省略なしで書いてください。

Ce secteur de l'industrie est *en plein* développement.　　その産業部門は発展の真っ最中である。

Ce pays est *en voie de* développement.　　　この国は発展途上国だ。

L'arbre est tombé *en travers de* la route.　　木は道路をふさぐように倒れた。

Je dois m'absenter, mais je resterai *en contact avec* vous par téléphone.

私は不在にしなければなりませんが，あなたとは電話連絡を続けます。

Il a contacté ce commerçant pour entrer *en* affaires avec lui.

彼はその商人と仕事を始めるために連絡をとった。

Beaucoup de jeunes exposent leur vie *en ligne*.　多くの若者たちが生活をネット上で人目にさらしている。

Ce vin vient *en droite ligne du* producteur.　このワインは生産者から直接買ったものです。

Il vaut mieux s'asseoir *en rond*, comme ça.　こんな風に輪になって座るほうがいい。

Les assiettes sont mises *en pile* dans le buffet.　皿は食器棚に積み重ねてある。

On y vend des gâteaux *en forme de* poisson.　ここでは魚の形をしたお菓子を売っている。

　　cf. Ce médicament existe aussi *sous forme de* sirop.　この薬はシロップ状のもあります。

La vie *en commun* avec elle est impossible.　彼女との共同生活は耐えがたい。

EXERCICE 6

　次の各設問において，（1）～（5）の（　）内に入れるのにもっとも適切なものを，下欄から1つ選び，解答欄に記入してください。なお，［　］内の数字は使用回数を示します。

1 (1)　À force de se trouver (　　　) contact avec nous, ils ont fini par être de la famille.　_____

(2)　Ce glacier est connu pour ses glaces (　　　) la vanille.　_____

(3)　La réforme s'est faite (　　　) plusieurs étapes.　_____

(4)　La voiture est (　　　) réparation.　_____

(5)　Pose le paquet bien (　　　) plat, il est très fragile.　_____

　　　　à［2］　　**en**［3］

2 (1)　À mesure que notre avion descend, la maison grandit (　　　) vue d'œil.　_____

(2)　Ce problème est encore (　　　) discussion entre le patronat et les syndicats.　_____

(3)　Il a pris les choses (　　　) la légère.　_____

(4)　Ils viennent d'acheter une nouvelle maison (　　　) briques.　_____

(5)　La bouteille est (　　　) moitié vide.　_____

　　　　à［3］　　**en**［2］

3 (1)　Ce copieur photocopie (　　　) raison de 15 exemplaires à la minute.　_____

(2)　Cette encyclopédie sera publiée (　　　) six volumes.　_____

(3)　Il a accordé, (　　　) titre exceptionnel, une interview aux journalistes.　_____

(4)　Racontez-moi ça (　　　) gros, n'entrez pas dans les détails.　_____

(5)　Si tu mettais tes chemises (　　　) pile, ça prendrait moins de place.　_____

　　　　à［2］　　**en**［3］

7．様態を表わす前置詞（2）– à, en –

① **à** …の状態に，に属する

À *part* toi, personne n'est au courant.　　　　君をのぞいて，だれも事情を知っているものはいない。

À quelques petits détails *près*, j'ai fini ce travail.　　いくつかの細部を除くと，私はこの仕事を終えた。

Tu marches à trop *grands pas*, je suis obligée de courir.

　　　　　　　　　　　　　　　　　　　　　君は大股すぎる，私は走らなければならない。

Il a vendu sa voiture à *perte*.　　　　　　　彼は買ったときの値段より安く車を売った。

On entend à *peine* le bruit de la rue.　　　　通りの物音はほとんど聞こえてこない。

À *première vue*, je ne trouve pas Jean sympathique.

　　　　　　　　　　　　　　　　　　　　一見したところ，ジャンは感じがいいとは思えない。

J'ai aperçu le clocher à *travers* la brume.　　私には霧を通して鐘楼が見えた。

L'avion est passé à *ras du* sol.　　　　　　飛行機は地面すれすれに飛んでいった。

Parle à *voix basse*, tu déranges ceux qui travaillent.

　　　　　　　　　　　　　　　　　低い声で話しなさい，勉強中の人たちの邪魔になる。

C'est une maladie *propre à* l'enfance.　　　これは幼年期特有の病気だ。

À *vrai dire*, c'est moi qui l'ai prévenu.　　実をいうと，彼に知らせたのは私なのです。

Ils crient, à *plus forte raison* tu devrais te taire.　彼らは叫んでいる。だからこそ君はだまっているべきだ。

Je lui ai téléphoné à *plusieurs reprises*.　　私は何度もくりかえして彼(女)に電話した。

Répète-moi *mot à mot* ce qu'il a dit.　　　彼が何と言ったかそのまま繰り返しなさい。

Ils ont dîné en *tête à tête*.　　　　　　　彼らは差し向かいで夕食を食べた。

Tu marches à *un rythme* trop rapide.　　　君は歩くペースが速すぎる。

② **en** …の状態で，を着た，として

J'aimerais avoir une conversation *en privé* avec vous.　　あなたと2人だけで話したいのですが。

Elle a cherché *en vain* à te voir hier.　　　　彼女はきのう君に会おうとしたができなかった。

cf. On lui a donné tous les conseils possibles, mais *en pure perte*.

　　　　　　　　　　　　　彼(女)には考えられるかぎりのアドバイスをしたがむだだった。

Il a refusé ton offre *en dépit de* mes conseils.　　私のアドバイスにもかかわらず彼は君の申し出を断った。

Je ne peux pas accepter *en bloc* vos revendications.

　　　　　　　　　　　　　　　　あなたの要求をまとめて受けいれることはできない。

Je n'ai pas pu lire ce livre *en entier*.　　　　私はこの本を全部は読めなかった。

Ce médecin voit, *en moyenne*, quinze malades par jour.　その医者は1日平均15人の患者を診る。

La maison a été *en partie* détruite par l'incendie.　　家は一部火事で焼けた。

Ils sont arrivés *en force*.　　　　　　　　彼らは大挙してやって来た。

Dites-moi *en bref* ce qu'il s'est passé.　　なにが起こったのかを手短に話してください。

L'inspecteur de police a examiné les lieux *en détail*.　　刑事は現場を詳しく調べた。

Qu'est-ce que tu as fait *en définitive* ?　　　結局君はどうしたの？

　　cf. J'ai eu peur, mais, *en somme*, tout s'est bien passé.　　私は恐かった，だが結局すべてがうまくいった。

On pensait passer le week-end chez lui, *en fait*, on est restés cinq jours.

　　　　　　　　　週末を彼の家で過ごそうと思っていたのだが，実際には5日間滞在した。

　　cf. Il a l'air heureux, mais *en réalité*, il a des soucis.　　彼は幸せそうだが，実際には心配事もある。

En principe, une telle autorisation n'est pas accordée.　原則として，そのような許可はあたえられない。

En un sens, c'est peut-être elle qui a raison.　ある意味で正しいのはおそらく彼女だ。

En quelque sorte, vous vous reconnaissez coupable.

いわば，あなたは自分で罪を認めているようなものだ。

Il s'habille toujours *en* noir.　彼はいつも黒い服を着ている。(服装)

Le directeur a assisté à la cérémonie *en personne*.　社長がみずからセレモニーに出席した。

*En tant qu'*acteur, il est plutôt médiocre.　俳優としては，彼はどちらかといえば凡庸だ。

Il parle *en* connaisseur.　彼は鑑定家として話している。

Je déteste la violence *en tant que telle*.　私は暴力それ自体を憎む。

La qualité est *en fonction du* prix.　品質は値段と関連している。

Le travail est mal payé *en proportion des* risques.　この仕事は危険なわりには報酬が低い。

Leur âge doit entrer *en ligne de compte*.　彼らの年齢を考慮しなければならない。

EXERCICE 7

次の各設問において，（1）～（5）の（　）内に入れるのにもっとも適切なものを，下欄から1つ選び，解答欄に記入してください。なお，下欄の語は文頭にくるものも小文字にしてあります。[　]内の数字は使用回数を示します。

1 (1)　（　　　　） dépit de ces circonstances malheureuses, ils assisteront quand même à la fête.　＿＿＿＿

　(2)　Il s'est présenté à moi （　　　） tant que votre ami.　＿＿＿＿

　(3)　Nous devons prendre le temps d'avoir des conversations en tête （　　　） tête.　＿＿＿＿

　(4)　Tu travailles 12 heures par jour, （　　　） ce rythme-là, tu vas tomber malade.　＿＿＿＿

　(5)　（　　　） vrai dire, je pense à divorcer.　＿＿＿＿

　　　　à[3]　　**en**[2]

2 (1)　Elle est （　　　） uniforme.　＿＿＿＿

　(2)　Il a répété mot （　　　） mot toute notre conversation à sa mère.　＿＿＿

　(3)　Il nous a parlé （　　　） homme d'affaires.　＿＿＿＿

　(4)　J'ai （　　　） peine eu le temps de me promener dans la vieille ville.　＿＿＿

　(5)　Je vois le champ de fleurs （　　　） travers la vitre.　＿＿＿＿

　　　　à[3]　　**en**[2]

3 (1)　Il m'a expliqué l'affaire （　　　） détail.　＿＿＿＿

　(2)　Le directeur est venu （　　　） personne nous souhaiter de bonnes vacances.　＿＿＿＿

　(3)　Lis le passage du livre （　　　） voix haute.　＿＿＿＿

　(4)　Vos désirs n'entrent pas （　　　） ligne de compte dans cette affaire.　＿＿＿＿

　(5)　Si sa femme le lui demande et （　　　） plus forte raison sa fille, il acceptera sûrement.　＿＿＿＿

　　　　à[2]　　**en**[3]

8．様態を表わす前置詞（3） – avec, sans, hors, sauf, sur, sous –

① **avec** …のついた，をともなって，（無冠詞名詞をともなって）…をもって，の様子で

« Français » s'écrit *avec* une majuscule ?　　　　「フランス人」は大文字で書くのですか？

J'accepte *avec plaisir*.　　　　　　　　　　　私は喜んで承知します。［様態］

　　cf. Il a accepté *de bon cœur*.　　　　　　彼は快く引き受けた。

Je voudrais prendre une chambre *avec* douche.　シャワー付の部屋にしたいのですが。

L'avion arrivera *avec* une heure de retard.　　飛行機は１時間遅れで着くだろう。

Il a gagné les élections *avec* 60% de voix.　　彼は票の60％を獲得して選挙に勝った。

Le temps sera variable *avec* quelques averses.　天候はにわか雨をともなって変わりやすいでしょう。

Il a répondu *avec adresse* à ma question.　　彼は私の質問に抜け目のない返事をした。

J'attendais votre réponse *avec impatience*.　　私はじりじりしながらあなたの返事を待っていた。

Il faut travailler *avec ordre*.　　　　　　　手際よく仕事をする必要ある。

Elle se maquille toujours *avec soin*.　　　　彼女はいつも念入りに化粧する。

② **sans** …なしに，のない；…することなしに

Il pleut *sans arrêt* depuis hier soir.　　　　昨夜から雨が降り続いている。

Soyez là *sans faute* à sept heures !　　　　必ず７時に来てくださいね！

Nous avons trouvé sa maison non *sans mal*.　私たちは苦心のすえに彼（女）の家を見つけた。

Parlez *sans gêne*.　　　　　　　　　　　　忌憚なく話してください。

Le ministre nous a reçus *sans façon*.　　　　大臣は気さくに私たちと会ってくれた。

Il est *sans pareil* pour raconter des histoires.　話をして聞かせるのに彼の右にでるものはいない。

Cette musique est agréable, *sans plus*.　　　この音楽は耳に快いが，ただそれだけだ。

Vas-y tout de suite, *sans quoi* il va être en colère.　すぐに行きなさい，さもないと彼が怒ります。

Il a une admiration *sans réserve* pour son père.　彼は父親を全面的に尊敬している。

③ **hors (de)** …をはずれた，を脱した

Les appartements sont *hors de* prix à Paris.　パリはアパルトマンの家賃がひどく高い。

　　cf. Il a dépensé *outre mesure*.　　　　彼は法外なお金の使い方をした。

Le malade est maintenant *hors de* danger.　患者はもう危険を脱しました。

Cet ordinateur est complètement *hors d*'usage.　このパソコンは完全に使いものにならない。

Il est absolument *hors de* question que tu sortes ce soir.

　　　　　　　　　　　　　　　　　　　君が今晩外出するなんてまったく論外だよ。

Il a trouvé une femme *hors pair*.　　　　　彼はまたとない奥さんを見つけた。

④ **sauf** …をのぞいて

Le magasin est ouvert tous les jours, *sauf* le lundi.　その店は月曜日をのぞいて毎日開いている。

　　cf. Tous les jours me conviennent *à part* le vendredi.　金曜日以外どの日でも都合はいい。

⑤ sur ・・・の状態で

Il a dit bêtise *sur* bêtise.   彼は次々と馬鹿なことを言った。

Restez *sur* vos gardes, on ne sait jamais.   用心しておきなさい，なにが起こるかわからないから。

⑥ sous ・・・のもとで

Ce pays a longtemps vécu *sous la domination* étrangère.   この国は長らく外国の支配下にあった。

Ils travaillent *sous* la direction d'un homme compétent.   彼らは有能な人のもとで働いている。

Sous l'Empire, les femmes portaient des robes très longues.

第一帝政時代，女性はとても長いドレスを着ていた。

EXERCICE 8

次の各設問において，（1）～（5）の（　）内に入れるのにもっとも適切なものを，下欄から１つずつ選び，解答欄に記入してください。ただし，同じものを複数回用いることはできません。

1 (1)　À la maison, tout le monde, (　　　) mon père, sait jouer du piano.
　　　　　　　　　　　　　　　　　　　　　　　　　　　　　＿＿＿＿＿＿

(2)　Il étudie (　　　) la direction du professeur Pierron.   ＿＿＿＿＿＿

(3)　J'ai réussi à la convaincre, non (　　　) difficultés.   ＿＿＿＿＿＿

(4)　Les prix sont moins élevés (　　　) saison.   ＿＿＿＿＿＿

(5)　Vous voulez une serviette (　　　) poignée ou sans poignée ?   ＿＿＿＿＿＿

avec　　hors　　outre　　sans　　sauf　　sous　　sur

2 (1)　Autrefois, les esclaves vivaient (　　　) la domination de leurs maîtres.
　　　　　　　　　　　　　　　　　　　　　　　　　　　　　＿＿＿＿＿＿

(2)　Cette voiture est (　　　) de prix.   ＿＿＿＿＿＿

(3)　Il a pour habitude de mettre les livres l'un (　　　) l'autre.   ＿＿＿＿＿＿

(4)　Ils veulent acheter leur député (　　　) de l'argent.   ＿＿＿＿＿＿

(5)　Ne t'inquiète pas, je serai là (　　　) faute à 5 heures.   ＿＿＿＿＿＿

avec　　hors　　outre　　sans　　sauf　　sous　　sur

3 (1)　Cette imprimante n'a pas coûté (　　　) mesure.   ＿＿＿＿＿＿

(2)　Désormais, il a toujours été (　　　) ses gardes.   ＿＿＿＿＿＿

(3)　Il m'a aidée (　　　) gentillesse.   ＿＿＿＿＿＿

(4)　La conférence portait sur la vie des Français (　　　) Louis XIV.   ＿＿＿＿＿＿

(5)　La production s'accroît (　　　) cesse depuis plusieurs années.   ＿＿＿＿＿＿

avec　　hors　　outre　　sans　　sauf　　sous　　sur

9．様態を表わす前置詞（4）– de, dans, entre, pour, comme, malgré –

① **de** …の，で

Il m'a rendu service *de bon cœur*.　　　　　　　　彼は私にこころよく手を貸してくれた。

Laissez ça *de côté* pour l'instant.　　　　　　　　さしあたってそれはわきにのけといてください。

Ils ont échappé *de justesse* au raz de marée.　　　彼らはぎりぎりのところで津波から逃れた。

Jeanne a pleuré et Claire a fait *de même*.　　　　ジャンヌが泣き，クレールも泣いた。

Il travaille dans l'industrie *de pointe*.　　　　　彼は先端産業で働いている。

Il a commis *de nouveau* la même erreur.　　　　彼は同じまちがいをまたおかした。

Je ne suis pas venu tôt *de peur de* te déranger.　君に迷惑ではないかと思って早くは来なかった。

C'est un produit *de marque*.　　　　　　　　　　これはブランド品です。

Ils n'achètent que des produits *de bonne qualité*.　彼らは品質のいいものしか買わない。

Cette révélation est *de nature* à ruiner tout le projet.

　　　　　　　　　　　　　　　　　　　この暴露は計画全体を破壊するような性質のものだ。

Je suis fatigué, je continue *tout de même* le travail.　疲れているが，それでも仕事は続ける。

Je suis fatigué et *de plus* j'ai soif.　　　　　　　私は疲れていておまけに喉もかわいている。

La caissière m'a rendu un euro *de trop*.　　　　　レジ係は1ユーロ余分におつりをくれた。

Il comprend tout *de travers*.　　　　　　　　　彼はなにからなにまで誤解している。

② **dans** …の状況で，の状態で

Cela est difficile *dans* l'état actuel des choses.　それは現状ではむずかしい。

Dans la joie du succès, ils ont passé la nuit à boire du vin. 成功を喜んで，彼らは一晩中飲みあかした。

Dans l'ensemble, ce film est fidèle à la réalité.　全体的にこの映画は事実に忠実だ。

Il m'a raconté son voyage, mais seulement *dans les grandes lignes*.

　　　　　　　　　　　　　　　　　彼は私に旅行の話をしてくれたが，概略だけだった。

　　cf. Il m'a raconté son voyage *en gros*.　　　彼は私に旅行のことを大ざっぱに話してくれた。

Je serai là de bonne heure *dans la mesure où* j'en suis capable. 可能なかぎり早く着くようにします。

③ **entre** …の間で

Tu peux faire la distinction *entre* un loup et un renard ?　狼と狐の区別はできる？

Les journalistes ont fait le parallèle *entre* les deux corruptions électorales.

　　　　　　　　　　　　　　　　　記者たちは2つの選挙での買収行為を比較検討した。

④ **pour** …として（資格・特性）

Il a ri *pour la forme* : en réalité il était mécontent.　彼は儀礼的に笑ったが，実際は不服だった。

Il a *pour habitude* de se lever à 6 heures.　　　　彼は6時に起きるのが習慣だ。

Il *passe pour* un écrivain.　　　　　　　　　　　彼は作家と思われている。

Notre professeur *a pris pour* exemple un verset de la Bible. 先生は聖書の一節を例としてあげた。

⑤ **comme** （接続詞）…のように，と同じく；（無冠詞名詞をともなって）…として

Il pleut *comme* durant la saison des pluies.　　　梅雨時のように雨が降る。

Je te donne ce conseil *comme* ami.　　　　　　友人として君にこの忠告をする。（資格）

　　cf. Je viens te parler *en* ami.　　　　　　　　私は友人として君に話しにきた。

Jean est adroit *comme personne*.　　　　　　ジャンの抜け目のなさはだれもかなわない。

Il y a des bouchons partout, *comme quoi* il ne faut pas sortir en voiture le dimanche.

あちこちで渋滞している．だから日曜に車で出かけるべきではない。

C'est une fille jolie *comme tout* !　　　　　あの子はほんとうにきれいな娘だ！

Je n'ai pas tout à fait terminé, mais c'est *tout comme*.

私は完全には終わっていないが，終わったも同然だ。

⑥ | **malgré**　…にもかかわらず |

　　Il est sorti *malgré* mon interdiction.　　　私が禁じたにもかかわらず彼は外出した。

　　Malgré tout, dites-moi ce que vous en pensez. なにはともあれ，あなたがどう思うか言ってください。

EXERCICE 9

次の各設問において，（1）〜（5）の（　）内に入れるのにもっとも適切なものを，下欄から1つずつ選び，解答欄に記入してください。ただし，同じものを複数回用いることはできません。なお，下欄の語は文頭にくるものも小文字にしてあります。

1 (1)　Cette opération a pu réussir grâce à des techniques chirurgicales
　　　　（　　　） pointe.　　　　　　　　　　　　　　　＿＿＿＿

(2)　Il a pris （　　　） femme une jeune fille de Nice.　　＿＿＿＿

(3)　Il trouve toujours le moyen de ne pas faire （　　　） les autres.　＿＿＿＿

(4)　（　　　） l'ensemble, nous avons eu beau temps.　　＿＿＿＿

(5)　Les critiques ont fait le parallèle （　　　） les deux auteurs.　＿＿＿＿

　　　　comme　　　**dans**　　　**de**　　　**entre**　　　**malgré**　　　**pour**

2 (1)　Il a continué à parler （　　　） le bruit.　　　　　　＿＿＿＿

(2)　Il a répondu （　　　） travers.　　　　　　　　　　＿＿＿＿

(3)　Ils ne sont pas mariés, mais c'est tout （　　　）, ça fait dix ans qu'ils
　　　　vivent ensemble.　　　　　　　　　　　　　　　＿＿＿＿

(4)　Je viendrai （　　　） la mesure du possible.　　　　＿＿＿＿

(5)　Tout le monde l'a reconnu （　　　） chef.　　　　　＿＿＿＿

　　　　comme　　　**dans**　　　**de**　　　**entre**　　　**malgré**　　　**pour**

3 (1)　Je n'ai pas envie de le voir et, （　　　） plus, j'ai autre chose à faire.

＿＿＿＿

(2)　Laisse-le parler, il n'a peut-être pas tort, （　　　） tout.　＿＿＿＿

(3)　（　　　） son admiration pour Camus, il est allé acheter ses œuvres
　　　　complètes.　　　　　　　　　　　　　　　　　　＿＿＿＿

(4)　Tu es bien en avance, （　　　） quoi ce n'était pas la peine de tant te
　　　　presser.　　　　　　　　　　　　　　　　　　　＿＿＿＿

(5)　Vous devriez, （　　　） la forme, lui notifier par lettre votre acceptation.

＿＿＿＿

　　　　comme　　　**dans**　　　**de**　　　**entre**　　　**malgré**　　　**pour**

10. 原因・理由，手段・方法を表わす前置詞 – pour, avec, sous, par, à, de –

■原因・理由

① **pour** …のために，のせいで

André a toujours été grondé *pour* sa paresse.　　アンドレはいつも怠けていて叱られた。

　　cf. Est-ce que vous vous fâchez *à cause de* moi ?　　私のせいで怒っているのですか？

　　　　Le match a été remis *en raison de* la pluie.　　その試合は雨のために延期された。

C'est un parc fameux *pour* ses cerisiers.　　ここは桜の木で有名な公園です。

Le restaurant est fermé *pour* travaux.　　そのレストランは工事のために閉まっている。

Pour un peu, je tombais dans l'eau.　　もう少しで私は水に落ちるところだった。

② **avec** …のせいで

Il s'est ruiné *avec* ces folles dépenses.　　彼はこうした法外な出費で破産した。

Avec ce temps, il n'y aura pas beaucoup de monde.　　こんな天気なので，あまり人はいないだろう。

Avec sa crise de foie, il ne boit pas beaucoup.　　肝臓がとても悪いので，彼はあまり飲まない。

③ **sous** …によって，を受けて，のせいで

Sous le choc, le conducteur a eu les jambes cassées.　　衝撃で運転手は脚を折った。

Il est sorti *sous prétexte d'*un rendez-vous urgent.　　彼は急用を口実に外出した。

■手段・方法

① **par** …によって，がもとで；…を通して；[動作主] …によって

J'ai appris cette nouvelle *par* le journal.　　私はそのニュースを新聞で知った。

Tous sont en faveur du régime *par intérêt*.　　だれもが打算から体制に味方している。

Par chance, j'ai pu attraper le train de 11 heures.　　運よく，私は11時の列車をつかまえられた。

C'est *par hasard* que j'ai appris ton accident.　　私が君の事故を知ったのは偶然だ。

Par malheur, il a glissé et s'est fracturé le bras.　　運悪く，彼は足を滑らせて，腕の骨を折った。

Tu sais le numéro de téléphone de Jean *par cœur* ?　　君はジャンの電話番号を暗記している？

　　cf. Il m'a dessiné *de mémoire* ce qu'il a vu.　　彼は見たことを記憶をたよりに絵に描いてくれた。

Ces titres sont classés *par ordre alphabétique*.　　このタイトルはアルファベット順に分類されている。

À la première offre, il a répondu *par l'affirmative*.　　最初の提案を彼は承知した。

Je suis breton *par* mon père.　　私は父親からブルターニュの血をひいている。

Il est malade, *par conséquent* il n'ira pas en classe.　　彼は病気です，だから学校へは行かないだろう。

Nathan néglige souvent ses études, *par contre* sa sœur est très studieuse.

　　　　　　　　　　ナタンはしばしば勉強を怠けるが，反対に彼の妹[姉]はとても勤勉だ。

Par principe, il répond à toutes les lettres qu'il reçoit.

　　　　　　　　　　主義として，彼は受けとる手紙には全部返事を書く。

② **à** …で，によって，すれば

C'est *à bon droit* que vous protestez.　　あなたが抗議するのは当然です。

À ce compte-là, j'aurai absolument tort !　　その論法でいくと，私がまったくまちがっていたことになる。

C'est *à coup sûr* le meilleur joueur de l'équipe.　　彼はまちがいなくチームのベストプレイヤーだ。

À moi seul, j'ai fait plus de la moitié du tavail.　　私は1人で仕事の半分以上をやった。

Ce tapis est fait *à la main*. この絨毯は手作りです。

Il faut *à tout prix* que je sois demain à Lyon. どうしても私はあすリヨンに着いていなければならない。

Il a conduit *à pleine* vitesse pour arriver à l'heure. 彼は定刻に着くために車を全力で走らせた。

À force d'acharnement, il a réussi à son examen. 懸命にがんばったので, 彼は試験に合格した。

Vous ferez votre devoir *à l'aide d*'un dictionnaire. 辞書を使って宿題をしてください。

③ **de** …によって

La serrure est coincée, j'ai ouvert la porte *de force*. 錠が動かないので, 私は力ずくでドアを開けた。

Je ne la connais que *de nom*. 私は彼女の名前だけは知っています。

Je ne sais pas qui c'est, mais je le connais *de vue*. 彼がだれだかわからないが, 顔は知っている。

De toute façon, je n'ai rien à voir dans cette affaire. いずれにせよ, 私はその件と何の関係もない。

Il a crié *de toutes ses forces* qu'il ne voulait pas partir. 彼は行きたくないと力のかぎり叫んだ。

④ **avec** …を使って

On serre une vis *avec* un tournevis. ねじ釘はドライバーで締める。

EXERCICE 10

次の各設問において, (1) ～ (5) の ( ) 内に入れるのにもっとも適切なものを, 下欄から1つずつ選び, 解答欄に記入してください。ただし, 同じものを複数回用いることはできません。なお, 下欄の語は文頭にくるものも小文字にしてあります。

1 (1) Ce café est fermé ( ) réparations. _____
 (2) Elle est française ( ) sa mère. _____
 (3) Ils ont soulevé le piano ( ) plusieurs pour le déplacer. _____
 (4) Je connais cette fille ( ) vue. _____
 (5) ( ) tous ses changements, je ne reconnais plus mon pays natal. _____

à avec de par pour sous

2 (1) Dès que je lui ai proposé mon aide, il a répondu ( ) l'affirmative.

_____

 (2) Il faut empêcher l'extension du conflit ( ) tout prix. _____
 (3) Il n'est pas venu ( ) prétexte que sa mère était malade. _____
 (4) Je le connais ( ) nom, mais je ne lui ai jamais parlé. _____
 (5) ( ) une pluie semblable, on ne pourra pas aller faire une
 randonnée dans la campagne. _____

à avec de par pour sous

3 (1) Elle est entrée dans cette salle ( ) erreur. _____
 (2) Il a couru ( ) toute vitesse pour me rejoindre. _____
 (3) Le chauffeur est encore ( ) le choc de l'accident. _____
 (4) Ne te mets pas en colère ( ) une histoire pareille ! _____
 (5) On découpe du papier ( ) une paire de ciseaux. _____

à avec de par pour sous

11. 数量，選択を表わす前置詞 – par, sur, pour, de, dans les…, entre, parmi –

■数量

① **par** （無冠詞名詞をともなって）…につき，当たり

Le Français boit 116 litres de vin *par* personne et *par* an.

フランス人は 1 人につき 1 年に116リットルのワインを飲む。

Rangez-vous deux *par* deux.　　　　　　　2 人ずつ並んでください。

Cet article ne s'achète que *par* douzaine.　この製品はダースでしか売られていない。

Par milliers les gens sont atteints de la grippe.　とても多くの人がインフルエンザにかかっている。

Dans ce pays, le revenu *par* ménage augmente de plus en plus.

この国では世帯ごとの収入はどんどん増えている。

Je vais t'expliquer *par étapes*, sinon tu n'y compendras rien.

順序立てて説明します，さもないと君にはなにも理解できないだろう。

② **sur** …のうち，に対して

Il a économisé 150 euros *sur* son salaire.　彼は給料のなかから150ユーロを貯金した。[抽出]

Sur dix candidats, un seulement a été reçu.　10人の志願者のうち 1 人だけ合格した。

Ce lit fait 2 m de longueur *sur* 1 m de largeur.　このベッドは横 1 メートル，長さ 2 メートルある。

③ **pour** …につき，とひきかえに

Le prix a augmenté de 10 *pour cent* en deux mois.　物価は 2 ヶ月で10%あがった。[割合]

Qu'est-ce qu'on peut avoir *pour* un euro ?　1 ユーロでなにが手に入りますか？

Donnez-moi des fraises *pour* 2 euros.　イチゴを 2 ユーロ分ください。

Ces touristes, *pour la plupart* des Japonais, sont arrivés hier.

大半が日本人のこの観光客たちはきのう着いた。

J'ai eu ce livre *pour presque rien*.　私はこの本をただ同然の値段で入手した。

④ **de** …だけ

Le niveau de l'eau est monté *de* dix centimètres.　水位が10センチ上昇した。[程度]

La Tour Eiffel a 320 mètres *de* haut.　エッフェル塔は高さ320メートルです。

Théo est *de beaucoup* le plus jeune de nous deux.　私たち 2 人のうちテオのほうが断然若い。

Elle est mon aînée *de peu*.　彼女は私よりほんの少し年上だ。

Il y a dix euros *de moins* dans la caisse.　金庫の金が10ユーロ足りない。

Je n'ai pas pu terminer mon treavail, *faute de* temps.　私は時間不足で仕事を終えられなかった。

⑤ **dans les** +数詞+名詞　約…

Cette voiture doit bien faire *dans les* 30 000 euros.　この車は 3 万ユーロくらいはするにちがいない。

Il faut compter *dans les* trois jours pour recevoir une réponse.

返事をもらうまで 3 日くらいはみておくべきだ。

■選択

① **entre** （2 つのものをさす名詞）…の間に；（3 つ以上のものをさす名詞）…の中で

Entre plusieurs solutions, il a choisi la meilleure.　彼はいくつもの解決策のなかで最善策を選んだ。

J'hésite *entre* ces deux possibilités.　　　　　私はこれら2つの可能性のあいだで迷っている。

Il y avait là beaucoup de monde, *entre autres*, les Blier et les Lepêtre.

そこにはたくさんの人がいた，なかでもブリエ家とルペートル家の人たちがいた。

② **parmi** …の中で（3つ以上のものの間の場合に用いる）

Parmi toutes les solutions possibles, il a choisi la plus simple.

可能なすべての解決策から彼はもっとも単純なものを選んだ。

Je compte Louis *parmi* mes amis.　　　　　私はルイを友人の1人と思っている。

Parmi ses camarades de classe, il est le seul à avoir compris.

クラスメートのなかで理解したのは彼1人だった。

EXERCICE 11

次の各設問において，（1）〜（5）の（　）内に入れるのにもっとも適切なものを，下欄から1つずつ選び，解答欄に記入してください。ただし，同じものを複数回用いることはできません。

1 (1) Aujourd'hui, ce cinéma offre deux places (　　　　) le prix d'une.

　　　　　　　　　　　　　　　　　　　　　　　　　　　　_____

(2) Édith Piaf a chanté, (　　　　) autres chansons, « L'hymne à l'amour ».

　　　　　　　　　　　　　　　　　　　　　　　　　　　　_____

(3) Je donne à cette dame (　　　　) les 90 ans.　　　　_____

(4) Les prix ont augmenté (　　　　) 10 % en trois mois.　　_____

(5) Nous devons vérifier les hypothèses une (　　　　) une.　　_____

dans　　　de　　　entre　　　par　　　parmi　　　pour　　　sur

2 (1) Ce dictionnaire coûte (　　　　) les dix euros.　　　_____

(2) Elle a eu une douzaine d'oranges (　　　　) trois euros.　　_____

(3) Il n'a pas pu être accusé de corruption, faute (　　　　) preuves.　_____

(4) Je compte Camille (　　　　) mes amies.　　　　　_____

(5) Rangez-les (　　　　) paquets de dix.　　　　　　_____

dans　　　de　　　entre　　　par　　　parmi　　　pour　　　sur

3 (1) De ces deux garçons, Daniel est (　　　　) beaucoup le plus grand.

　　　　　　　　　　　　　　　　　　　　　　　　　　　　_____

(2) Il est (　　　　) ceux qui ont résolu le plus vite ce problème.　_____

(3) Il gagne 4 000 euros (　　　　) mois.　　　　　　_____

(4) J'ai eu cette voiture d'occasion (　　　　) rien.　　　_____

(5) J'ai obtenu 18 points (　　　　) 20.　　　　　　　_____

dans　　　de　　　entre　　　par　　　parmi　　　pour　　　sur

12. 条件，目的を表わす前置詞 – à, avec, sous, selon, dans le cas, pour –

■条件

① **à** …によれば

Nous irons au cinéma, mais *à condition que* tu sois sage !

君がおとなしくしているなら，私たちは映画を見にいくよ！

Tu n'arriveras pas à l'heure, *à moins de* partir tout de suite.

今すぐに出発しないかぎり，君は定刻には着かないだろう。

À mon avis, nous devrions partir si nous voulons arriver avant la nuit.

私の考えでは，夜になるまえに着きたいのなら，出発すべきでしょう。

② **avec** …があれば

Avec un peu de chance, tu aurais gagné le premier prix.

少しついていたら，君は1等賞を獲得したのだが。

Même *avec* un meilleur salaire, je ne changerais pas de travail.

たとえ給料がもっとよくても，私は転職しないだろう。

③ **sous** …のもとに

J'accepte *sous réserve que* vous m'aidiez. あなたが援助してくれるという条件で承諾します。

Le train part à 8 heures, mais *sous toutes réserves*.

列車は8時に出発する，ただ真偽のほどはわからない。

④ **selon** …によれば，に応じて

Il change facilement d'avis *selon* les circonstances. 彼は状況次第で簡単に意見を変える。

C'est différent *selon* les cas. それは場合によって異なる。

Selon moi, c'est l'autre qui est responsable. 私に言わせれば，責任は他の人にある。

⑤ **dans le cas [au cas] où**+条件法, **en cas de**+無冠詞名詞 もし…の場合には，**en aucun cas** いかなる場合も…ない，**en tout cas [dans tous les cas]** いずれにせよ

Dans le cas où tu arriverais en retard, téléphone-moi. 遅れそうなら電話して。

En cas de la tempête, le vol est annulé. 嵐の場合，フライトはキャンセルされる。

En aucun cas, je n'accepterai de signer. いかなる場合も私はサインすることを承知しないだろう。

En tout cas, je ne le vois plus. とにかく彼とはもう会わないわ。

■目的

① **à** …のための

Apporte-moi une tasse *à* thé. 私にティーカップをもってきて。

Je dois dormir : *à cet effet*, tu ne me parleras pas. 私は眠らなければならない，だから話しかけないで。

Ce film a été spécialement fait *à l'intention des* enfants.

この映画は特別に子どものために作成された。

À quoi bon ta protestation ? 君が抗議して何になる？

Il n'y a pas *de quoi* être surpris. 驚くにはあたらない。

② **pour** …のために

Cette équipe s'est qualifiée *pour* participer à la finale. このチームは決勝進出の資格を得た。

Je suis entré dans la salle *pour* n'y trouver personne. 私は会場に入ったが，だれもいなかった。

C'est *pour ton bien* que je te fais ces remarques. 私がこんな小言をいうのは君のためなんだ。

Il a acheté cet ordinateur *pour son compte*. 彼は自分用にこのパソコンを買った。

cf. Il est parti *dans le but de* vous rencontrer. 彼はあなたに会うために出かけました。

Étudie *de manière à* t'exprimer bien en français. フランス語でうまく自己表現できるように勉強しなさい。

Parle plus haut, *de sorte que* tout le monde puisse t'entendre.

みんなに声が聞こえるように，もっと大きい声で話しなさい。

Elle met de l'argent de côté *en vue de* dépenses inattendues.

彼女は不時の出費に備えて貯金している。

EXERCICE 12

次の各設問において，（1）～（5）の（ ）内に入れるのにもっとも適切なものを，下欄から1つずつ選び，解答欄に記入してください。ただし，同じものを複数回用いることはできません。なお，下欄の語は文頭にくるものも小文字にしてあります。

1 (1) ( ) aucun cas, vous ne devez vous dessaisir de cette pièce officielle. _____

(2) ( ) le compte de qui a-t-il fait une démarche auprès du ministre ? _____

(3) ( ) le journal de ce matin, il a été arrêté sous l'inculpation de meurtre. _____

(4) ( ) quoi bon la guerre, elle ne règle aucun problème ? _____

(5) ( ) un peu de patience, il aurait réussi à la convaincre. _____

à   avec   en   sous   selon   pour

2 (1) Cette victoire les a qualifiés ( ) la finale. _____

(2) Ils s'entraînent ( ) vue de remporter le match. _____

(3) La pêche sera bientôt mûre ( ) ce soleil. _____

(4) L'augmentation du prix de l'essence varie ( ) le cas. _____

(5) On peut citer ce paragraphe ( ) condition de mentionner la source. _____

à   avec   en   sous   selon   pour

3 (1) Je prends rarement un taxi, ( ) moins d'être en retard. _____

(2) ( ) le cas où quelqu'un se présenterait, téléphonez-moi. _____

(3) ( ) le temps qu'il fait, il vaudrait mieux rester à la maison. _____

(4) Mets ce manteau ( ) ne pas prendre froid. _____

(5) Nous publions cette nouvelle ( ) toutes réserves. _____

à   avec   dans   en   sous   pour

13. 動詞の補語を導く前置詞（1）– à, de –

① 動詞 ... à ...

appartenir à *qn /qc* …に属する

arracher *qc* à *qn* （人）から…を奪う

avoir affaire à *qn /qc* …とかかわりあう

avoir droit à *qc* …を請求する権利・資格がある

avoir du mal [plaisir] à+ 不定詞 …するのに苦労する［楽しい］

avoir intérêt à+ 不定詞 …するのが得策だ

avoir tendance à+ 不定詞 …する傾向がある

céder à *qn /qc* …に屈服する

consentir à *qc* …に同意する

consister à+ 不定詞 …することにある

convenir à *qn /qc* …に都合がいい

correspondre à *qn /qc* …に対応する

être à+ 不定詞 …されるべきだ

être à bout 限界である，へとへとである

être à court de *qc* …を欠いている，がない

être à la charge de *qn* （金銭的に人）の世話になる，に厄介をかける

être à l'aise くつろいでいる，（金銭的に）困っていない

être à la portée de *qn* （人）の手の届く範囲内にある，に理解できる

être bon à [pour] *qc* …に効く，に有益な，に適している

être dur à+ 不定詞 …するのがむずかしい

être long à+ 不定詞 なかなか…しない

manquer à *qc* …に背く

mettre+時間+à+ 不定詞 …するのに時間をかける

mettre *qn* à la porte （人）を追いだす，首にする

mettre *qc* à profit …を有効に使う

mettre fin à *qc* …にけりをつける

ne pas tarder à+ 不定詞 ぐずぐずしないで…する

Vous *avez droit à* la parole. あなたには発言権がある。

Les prix *ont tendance à* grimper en ce moment. 今は物価は急上昇する傾向にある。

Il faut que je m'arrête, je *suis à court d*'essence ! 車を止めなければならない，ガス欠だ！

② 動詞 ... de ...

abuser de *qn /qc* …を乱用する

attendre (*qc*) de *qn /qc* …に～を期待する

avertir *qn* de *qc* （人）に…を知らせる

avoir le temps de+ 不定詞 …する暇がある

bénéficier de *qc* …の恩恵に浴する

changer de+ 無冠詞名詞 …を変える

charger *qn /qc* de *qc* …を～で満たす

charger *qn* de+ 不定詞 （人）に…する役目を負わせる

débarrasser *qn /qc* de *qc* …から～をとり除く

décider de+ 不定詞 …を決める

discuter de [sur] *qc* …について議論する

être au courant de *qc* …を知っている

être d'avis de+ 不定詞 …するのがいいと思う

être de bonne [mauvaise] humeur 機嫌がいい［悪い］

être de passage +場所 （ある場所に）一時滞在している

être de retour （ある場所に）帰ってきている

être fonction de *qc* …に左右される

être loin de+ 不定詞 …するどころではない

manquer de+ 無冠詞名詞 …が欠けている

rendre compte de *qc* à *qn* （人）に…を報告・説明する

servir de *qc* à *qn* （人）に…として役立つ

tirer parti de *qc* …を利用する

tirer profit de *qc* …を利用する

traiter *qn* de+ 無冠詞名詞 （人）を…扱いする

Ils *ont bénéficié d*'un traitement de faveur. 彼らは優遇措置をうけられた。

J'*ai décidé de* prendre mes vacances en juillet. 私はヴァカンスを7月にとることにした。

3 前置詞に関する問題

La date du départ *sera fonction du* temps.　　　出発の日取りは天候次第でしょう。

EXERCICE 13

次の各設問において，（1）～（5）の（　）内に入れるのにもっとも適切なものを，下欄から１つ選び，解答欄に記入してください。なお，［　］内の数字は使用回数を示します。

1 (1) Ce qu'il a l'air redoutable ! Je n'aimerais pas avoir affaire (　　　) lui.

_____

(2) Je te téléphone parce que je suis (　　　) passage à Paris.　　_____

(3) L'utilisation de ces services n'est pas (　　　) la portée de tous les clients.　　_____

(4) Sa fille lui sert (　　　) secrétaire.　　_____

(5) Tu n'as pas tellement intérêt (　　　) te faire remarquer en ce moment.

_____

à[3]　　　**de**[2]

2 (1) Ce tableau appartient (　　　) une collection particulière.　　_____

(2) Elle manque (　　　) patience avec ses enfants.　　_____

(3) Essayez de mettre (　　　) profit ce que je vous ai dit.　　_____

(4) Il a mis une semaine (　　　) terminer ce travail.　　_____

(5) Je n'ai pas à vous rendre compte (　　　) mes décisions.　　_____

à[3]　　　**de**[2]

3 (1) Ce travail consiste (　　　) écrire des adresses sur des enveloppes.

_____

(2) Il m'a traité (　　　) menteur, mais ce n'est pas vrai !　　_____

(3) Tu abuses trop (　　　) l'alcool.　　_____

(4) Tu débarrasseras le tiroir (　　　) tous ces papiers.　　_____

(5) Un voleur a arraché son sac (　　　) ma femme.　　_____

à[2]　　　**de**[3]

3　前置詞に関する問題

151

14. 動詞の補語を導く前置詞（2）– à, de –

① 動詞 … à …

admettre *qn* à+ 不定詞 （人）が…するのを許す

aller à la rencontre de *qn* （人）を出迎えにいく

arriver à *qc*/ 不定詞 うまく…できる

échapper à *qn* /*qc* …から逃れる

en arriver à+ 不定詞 （= en venir à） …する
にいたる

en venir à *qc*/ 不定詞 ついに…するにいたる

en vouloir à *qn* （人）を恨む

estimer *qc* à+数量表現 …を～と見積もる

faire appel à *qn*/*qc* …に助けを求める

faire confiance à *qn* （人）を信用する

faire face à *qc* …と向かい合っている，対決する

frapper à *qc* …をノックする

hésiter à+ 不定詞 …するのをためらう

nuire à *qn* /*qc* …を害する

pardonner à *qn* （人）を許す

participer à *qc* …に参加する

passer outre à *qc* …にとりあわない，を無視する

prendre garde à *qn*/*qc* …に用心する

prendre part à *qc* …に参加する

réfléchir à [sur] *qc* …を熟考する

rendre service à *qn* （人）に貢献する

renoncer à *qc*/ 不定詞 …を断念する

résister à *qn* /*qc* …に抵抗する

servir à *qn* /*qc*/ 不定詞 …の役にたつ

succéder à *qn* /*qc* …の後を継ぐ

tendre à [vers] *qc*/ 不定詞 …を目指す

tirer [toucher] à sa fin 終わりに近づく

tenir à *qn* /*qc*/ 不定詞 …に執着する

tenir tête à *qn* （人）に抵抗する，の意志に逆らう

toucher à *qc* …に触れる

viser à *qc*/ 不定詞 …をねらう

voir à + 不定詞 …するように注意する

Il *a passé outre à* toutes les objections. 　彼はすべての反論を無視した。

Pour une fois, *fais-lui confiance*. 　1度だけ彼を信用してよ。

Prenez garde à cet homme. 　あの男には用心しなさい。

② 動詞 … de …

dater de *qc* …にさかのぼる

dépendre de *qn* /*qc* …次第である

douter de *qn* /*qc* …を疑う

faire cas de *qn*/*qc* …を重んずる

faire A de B BをAにする

faire de son mieux 全力をつくす

faire la connaissance de *qn* （人）と知り合いに
なる

faire part de *qc* à *qn* …を（人）に知らせる

faire partie de *qc* …の一部をなしている，に所属
する

faire preuve de *qc* …を態度で示す，発揮する

informer *qn* de [sur] *qc* （人）に…を知らせる

jouir de *qc* …を楽しむ

juger de *qn* /*qc* …を判断する

mettre *qc* de côté …を残しておく，蓄えておく

mourir de+ 無冠詞名詞 死ぬほど…である

ne plus vouloir de *qn* /*qc* …を必要としない

oublier de+ 不定詞 …するのを忘れる

perdre *qn* /*qc* de vue …を見失う

prendre note de *qc* …を覚えておく，銘記する

prendre possession de *qc* …を手中にする

profiter de *qn* /*qc* …を利用する

refuser de+ 不定詞 …するのを拒否する

souffrir de *qc* …で苦しむ

tenir de *qn* /*qc* …に似ている

tenir compte de *qc* …を計算にいれる，考慮する

Tu *fais partie d'*un syndicat ? 　君は労働組合に入ってるの？

Elle *juge de* tout sans savoir. 　　　　彼女はなにも知らないくせにあらゆることを評価する。

J'*ai pris note de* votre adresse. 　　　　　　あなたの住所を控えました。

注　1)〈名詞，代名詞 (quelque chose, quelqu'un, qu'est-ce que, quoi, rien, en, *etc.*)+de+形容詞〉

　　　 Des crayons ? Je m'*en* achèterai *de* nouveaux. 　鉛筆？新しいのを買うよ。

　　2)〈de quoi+ 不定詞 〉…するのに必要なもの

　　　 Prêtez-moi *de quoi* écrire. 　　　　　　私に書くものを貸してください。

　　3)〈数量の指示のある名詞+**de**+ 形容詞 〉

　　　 Je n'ai que *deux jours de* libres. 　　　　私は2日しか暇がない。

EXERCICE 14

　次の各設問において，（1）〜（5）の（　）内に入れるのにもっとも適切なものを，下欄から1つ選び，解答欄に記入してください。なお，下欄の語は文頭にくるものも小文字にしてあります。［　］内の数字は使用回数を示します。

1 (1)　Il a fait (　　　　) son fils un médecin. 　　　　＿＿＿＿

　　(2)　Il a oublié (　　　　) nous prévenir. 　　　　＿＿＿＿

　　(3)　J'ai dû faire face (　　　　) cette nouvelle difficulté. 　　＿＿＿＿

　　(4)　J'en viens (　　　　) ne plus croire personne. 　　＿＿＿＿

　　(5)　Les voleurs ont profité (　　　　) l'obscurité pour s'enfuir. 　＿＿＿＿

　　　　　　　à[2]　　　**de**[3]

2 (1)　Il met de l'argent (　　　　) côté pour ce voyage. 　　＿＿＿＿

　　(2)　Je ne doute pas (　　　　) son honnêteté. 　　＿＿＿＿

　　(3)　Le succès de cette réunion ne dépend que (　　　　) toi. 　＿＿＿＿

　　(4)　Nous renonçons (　　　　) comprendre, c'est trop difficile ! 　＿＿＿＿

　　(5)　Nous sommes allés (　　　　) la rencontre de notre tante. 　＿＿＿＿

　　　　　　　à[2]　　　**de**[3]

3 (1)　Je ne lui ai pas encore fait part (　　　　) mes projets. 　＿＿＿＿

　　(2)　Jusqu'à présent, je suis le seul à avoir échappé (　　　　) la grippe.

　　　　　　　　　　　　　　　　　　　　　　　　＿＿＿＿

　　(3)　L'expert a estimé ce tableau (　　　　) cinq mille euros. 　＿＿＿＿

　　(4)　N'hésitez pas (　　　　) me téléphoner, si vous avez besoin de moi.

　　　　　　　　　　　　　　　　　　　　　　　　＿＿＿＿

　　(5)　(　　　　) quand date ce château ? 　　　　＿＿＿＿

　　　　　　　à[3]　　　**de**[2]

15. 動詞の補語を導く前置詞（3）– à, de –

① 代名動詞+**à** ...

s'abonner à *qc* …の予約契約をする

s'adapter à *qc* …にきちんと合う，順応する

s'amuser à *qc*/不定詞 …して楽しむ

s'arrêter à [sur] *qc* … に気をとられる，こだわる

s'attendre à *qc*/不定詞 …を予想する

se borner à *qc*/不定詞 …だけにとどめる

se consacrer à *qn*/*qc* …に没頭する

se décider à+不定詞 …する決心をする

se fier à *qn*/*qc* …を信頼する，頼りにする

s'en remettre à *qn*/*qc* …に従う，に任せる

s'en tenir à *qc* …の域を出ない，だけで満足する

se préparer à [pour] *qc*/不定詞 …の準備をする

se reporter à *qc* …を参照する，にたち戻る

se résigner à *qc*/不定詞 …を甘受する

se risquer à+不定詞 思いきって…する

se soumettre à *qn*/*qc* …に従う

se plaire à *qc*/不定詞 …を好む

s'exercer à *qc*/不定詞 …の訓練をする

s'exposer à *qc* …に身をさらす

s'habituer à *qc*/不定詞 …に慣れる

s'occuper à *qc*/不定詞 …をして時を過ごす

Il *s'amuse à* lancer la balle contre le mur. 　　彼は壁にボールを投げて遊んでいる。

Il ne faut pas *vous arrêter à* des détails. 　　あなたは細部に気をとられるべきではない。

Nous *nous préparons à* partir. 　　私たちは出発の準備をしている。

Il faut *se soumettre aux* lois. 　　法律には従わなければならない。

Elle *s'est exposée* trop longtemps *au* soleil. 　　彼女は長時間，陽にあたりすぎた。

② 代名動詞+**de** ...

s'apercevoir de *qc* …に気づく

s'approcher de *qn*/*qc* …に近づく，似ている

s'arrêter de+不定詞 …するのをやめる

se charger de *qn*/*qc*/不定詞 …を担当する

se débarrasser de *qn*/*qc* …から解放される

se dépêcher de+不定詞 急いで…する

s'efforcer de+不定詞 …しようと努める

se méfier de *qn*/*qc*/不定詞 …に用心する

se passer de+無冠詞名詞 / 不定詞 …なしで済ます

se plaindre de *qc*/不定詞 …について不平を言う

se proposer de [pour]+不定詞 …するつもりである[…しようと申し出る]

se repentir de *qc*/不定詞 …を後悔する

se servir de *qn*/*qc* …を使う

se tromper de+無冠詞名詞 …をまちがえる

s'informer de *qc* …の情報を仕入れる

s'inquiéter de *qc*/不定詞 …を心配[照会]する

s'occuper de *qn*/*qc*/不定詞 …にかかわる，の世話をする

Ne *t'approche* pas *du* feu ! 　　火のそばに行ってはいけません！

Je *me chargerai des* enfants pendant ton absence.

　　あなたがいないあいだ私が子どもたちの世話をしましょう。

Elle *se plaint* tout le temps *d'*être mal payée. 　　彼女は給料が安いとしょっちゅうこぼしている。

Elle *se repent d'*avoir pris cette décision. 　　彼女はそう決定したことを後悔している。

Elle *s'occupe de* mes enfants quand je sors. 　　私の外出中は彼女が子どもたちの面倒をみてくれる。

EXERCICE 15

次の各設問において，（1）～（5）の（ ）内に入れるのにもっとも適切なものを，下欄から1つ選び，解答欄に記入してください。なお，［ ］内の数字は使用回数を示します。

1 (1)　À ta place, je ne me risquerais pas (　　　) prendre de telles responsabilités. ＿＿＿＿＿＿

(2)　Il est arrivé en retard parce qu'il s'était trompé (　　　) route. ＿＿＿＿＿＿

(3)　L'auteur a dû se résigner (　　　) ce qu'un chapitre soit supprimé.

＿＿＿＿＿＿

(4)　Les jeunes gens ne peuvent plus se passer (　　　) smartphones.

＿＿＿＿＿＿

(5)　Nous nous préparions (　　　) sortir quand tu as sonné. ＿＿＿＿＿＿

　　　　à[3]　　　de[2]

2 (1)　Elle se consacre (　　　) ses enfants. ＿＿＿＿＿＿

(2)　Elle s'est informée auprès d'un médecin (　　　) sa santé. ＿＿＿＿＿＿

(3)　Il vient de s'apercevoir (　　　) son erreur. ＿＿＿＿＿＿

(4)　Je me suis abonné (　　　) un hebdomadaire. ＿＿＿＿＿＿

(5)　On s'attend (　　　) de la pluie pour demain. ＿＿＿＿＿＿

　　　　à[3]　　　de[2]

3 (1)　Il faut se méfier (　　　) cet homme. ＿＿＿＿＿＿

(2)　Il n'arrive pas à s'habituer (　　　) parler en public. ＿＿＿＿＿＿

(3)　Il ne s'inquiète jamais (　　　) rien. ＿＿＿＿＿＿

(4)　Ils se sont efforcés (　　　) déplacer ce meuble. ＿＿＿＿＿＿

(5)　Je me fie (　　　) vous pour régler ce différend. ＿＿＿＿＿＿

　　　　à[2]　　　de[3]

16. 動詞の補語を導く前置詞（4）– avec, comme, contre, dans –

① 動詞 ... **avec** ...

alterner avec *qn/qc* …と交替する

avoir des difficultés avec *qn* （人）と仲たがい
している

compter avec *qn/qc* …を考慮する

en finir avec *qc* …にけりをつける

n'avoir rien à voir avec *qn/qc* …とは無関係だ

prendre contact avec *qn* （人）と連絡をとる

rivaliser avec *qc* …と比肩する

rompre avec *qn/qc* …と縁を切る

s'accorder avec *qn* [pour+ 不定詞] （人）と同
意する

s'arranger avec [de] *qn* （人）と和解する．合意
する

se battre contre [avec] *qn/qc* …と戦う

se disputer avec *qn* （人）と口論する

s'entendre bien [mal] avec *qn* （人）と仲がい
い［悪い］

se réconcilier avec *qn* （人）と和解する

À cause de cette histoire, il *a rompu avec* son meilleur ami.

その出来事が原因で，彼は最良の友と絶交した。

Il *s'arrange avec* son beau-père. 彼は義父と仲よくやっている。

Charles *s'entend* très bien *avec* Julien. シャルルはジュリアンととても仲がいい。

Il *s'est réconcilié avec* sa femme. 彼は奥さんと仲直りした。

Ses tableaux *rivalisent avec* ceux des plus grands peintres.

彼（女）の絵はもっとも偉大な画家たちの絵に匹敵する。

② 動詞 ... **comme** ...

considérer A comme B AをBとみなす

Tu *considères* ton travail *comme* terminé ? 君は仕事が終わったと思ってるの？

③ 動詞 ... **contre** ...

avoir quelque chose contre *qn/qc* …に対
して反感がある

changer A contre [pour] B AをBと交換する

lutter contre *qn/qc* …と闘う

protester contre *qn/qc* …に抗議する

réagir contre *qn/qc* …に抵抗する

se battre contre [avec] *qn/qc* …と戦う

s'exercer contre *qn/qc* …に対して発揮される．
示される

se révolter contre *qn/qc* …に対して反抗する

se serrer contre *qn/qc* …にぴったり身を寄せる

Je voudrais bien *changer* mon argent français *contre* de l'argent japonais.

フランスの通貨を日本の通貨に両替したいのですが。

Il est très malade, il *lutte contre* la mort. 彼の病気は重篤だ．彼は死と戦っている。

Le criminel politique *a protesté contre* une telle injustice.

政治犯はこのような不正に対して抗議した。

Le gouvernement essaie de *réagir contre* l'opposition.

政府は野党に対して対抗策をとろうとしている。

C'est normal, à son âge, de *se révolter contre* ses parents.

彼（女）の年齢だと両親に反抗するのは当然だ。

④ 動詞 ... **dans** ...

avoir dans l'idée que …と思う. 考える   s'absorber dans *qc* …に没頭する

pénétrer dans *qc* …に浸透する   se perfectionner en [dans] *qc* …が上達する

rentrer dans *qc* …に衝突する   tomber dans [en] *qc* …に陥る

On *pénètre dans* le bureau par un petit couloir. みんな狭い廊下を通ってオフィスへ入る。

Il *s'absorbe dans* la rédaction de son roman.   彼は小説の執筆に没頭している。

Il *est tombé dans* un profond désespoir.   彼は深い絶望にとらわれた。

EXERCICE 16

次の各設問において，（1）〜（5）の（　）内に入れるのにもっとも適切なものを，下欄から1つ選び，解答欄に記入してください。なお，[　]内の数字は使用回数を示します。

[1] (1) Ce ministre prétend n'avoir rien à voir (　　　) ce scandale. ＿＿＿＿＿

(2) Dans le métro, les gens se serrent les uns (　　　) les autres pour faire de la place. ＿＿＿＿＿

(3) Il s'absorbe (　　　) ses recherches. ＿＿＿＿＿

(4) Il se dispute souvent (　　　) son frère. ＿＿＿＿＿

(5) Le changement devrait être considéré (　　　) un pas dans la bonne direction. ＿＿＿＿＿

avec[2]   **comme**   **contre**   **dans**

[2] (1) Des périodes où nous travaillons énormément alternent (　　　) des périodes plus calmes. ＿＿＿＿＿

(2) Il a manqué un virage et il est rentré (　　　) un arbre. ＿＿＿＿＿

(3) Il s'accorde (　　　) moi sur ce point. ＿＿＿＿＿

(4) J'ai (　　　) l'idée que ce ne sera pas si facile que ça. ＿＿＿＿＿

(5) Je ne changerais pas ma place (　　　) la tienne. ＿＿＿＿＿

avec[2]   **contre**   **dans**[2]

[3] (1) Il a fait un séjour en Italie pour se perfectionner (　　　) la langue. ＿＿＿＿＿

(2) Ils luttent (　　　) la faim dans le monde. ＿＿＿＿＿

(3) Je voudrais en finir (　　　) cette tâche ennyueuse. ＿＿＿＿＿

(4) La personne arrêtée a voulu prendre contact (　　　) un avocat. ＿＿＿＿＿

(5) Tu as quelque chose (　　　) cette fille ? ＿＿＿＿＿

avec[2]   **contre**[2]   **dans**

17. 動詞の補語を導く前置詞（5）– en, par, pour –

① 動詞 … en …

avoir confiance en *qn/qc* …を信用している

consister en [dans] *qc* …から成る，にある

dégénérer en *qc* 劣化して…になる

diviser A en B AをBに分ける

être bon [mauvais] en *qc*（＝ être fort [faible] en）…が得意[不得手]だ

être en cours（de *qc*）…が進行中である

être en froid（avec *qn*）（人と）仲が悪い

être en jeu（＝ être en question）（事柄が）かかわっている

être en mesure de+ 不定詞 …できる状態にある

être en ordre [désordre] 整理されている [乱雑になっている]

être en rapport avec *qc* …と釣合いがとれている，にふさわしい

être en train de+ 不定詞 …している最中である

mettre *qn/qc* en jeu …を賭ける，危険にさらす

mettre *qc* en ordre …をきちんと片づける

passer *qc* en revue …を検討する

prendre *qn/qc* en charge …をひきとって面倒をみる

prendre *qc* en main …をひきうける

se mettre en+ 無冠詞名詞 …に身をおく

se spécialiser en [dans] *qc* …を専攻する

Leur conversation *consistait en* une série de quiproquos.
彼らの会話は一連の勘違いからなっていた。

Le rhume *a dégénéré en* bronchite.
風邪がこじれて気管支炎になった。

Divisez le groupe *en* deux équipes.
グループを2つのチームに分けてください。

Le nouveau directeur *a tout pris en main.*
新社長は一切を自分でひきうけた。

Ils *se sont mis en* route à huit heures.
彼らは8時に出発した。

② 動詞 … par …

commencer par *qn/qc/* 不定詞 …から始める

en passer par là 我慢して受けいれる

finir par *qc/* 不定詞 最後は…で終わる

saisir *qn/qc* par [à] *qc* …の部分をつかむ

se tenir par *qc* お互いに…をとりあう

se terminer par [en] *qc* …で[の形で]終わる

Arrêtons de nous disputer, nous allons *finir par* nous fâcher.
口論はやめよう，気分を害するのがおちだから。

On m'*a saisi par* le bras.
私は腕をつかまれた。

Il faut *en passer par* là.
それは辛抱しなければならない。

Le mot « amour » *se termine par* un « r ».
amour という語は r で終わる。

③ 動詞 … pour …

aller pour le mieux 事が申し分なく運んでいる

être indiqué pour *qn/qc* …に適している

être pour *qn/qc*（←→ être contre）…に賛成である

être pour beaucoup dans *qc* …に大いに関係がある

faire des difficultés pour+ 不定詞 …するのに難色をしめす

lutter pour *qc/* 不定詞 …のために闘う

opter pour *qc* …を選ぶ

passer pour+ 属詞 …とみなされる

prendre parti pour [contre] *qn/qc* …に味方[反対]する

se faire du souci pour *qn/qc* …のことを心配する

prendre A pour B A を B ととりちがえる

se mettre en rapport avec *qn* （人）と連絡をとる，近づきになる

s'accorder pour …に同意する

se décider pour *qc* …のほうを選ぶ

se passionner pour *qc* …に夢中になる

se proposer pour+不定詞 …しようと申し出る

Ils *ont lutté pour* obtenir l'indépendance. 彼らは独立を得るために闘った。

Il fait *passer* Cécile *pour* sa nièce. 彼はセシルのことを自分の姪で通している。

On la *prend* souvent *pour* sa sœur. 彼女はよく姉[妹]ととりちがえられる。

Il *se passionne pour* les courses de chevaux. 彼は競馬に夢中だ。

EXERCICE 17

次の各設問において，（1）～（5）の（ ）内に入れるのにもっとも適切なものを，下欄から1つ選び，解答欄に記入してください。なお，［ ］内の数字は使用回数を示します。

1 (1) À sa majorité, il pourra opter ( ) la nationalité française ou américaine. _____

(2) C'est fini, je n'ai plus confiance ( ) toi. _____

(3) Il passe ( ) riche, mais il ne l'est pas. _____

(4) La différence consiste ( ) ce que cet article est plus robuste que l'autre. _____

(5) Les enfants, tenez-vous ( ) la main pour traverser la rue. _____

en[2]　　par　　pour[2]

2 (1) Elle s'est enfin décidée ( ) la robe bleue. _____

(2) Il a fallu en passer ( ) leurs exigences. _____

(3) Je me fais du souci ( ) toi. _____

(4) Je ne suis pas ( ) mesure de vous rembourser en ce moment. _____

(5) Les journalistes ont passé ( ) revue les événements de la semaine. _____

en[2]　　par　　pour[2]

3 (1) Il est ( ) beaucoup dans cette affaire. _____

(2) Il prend toujours parti ( ) son frère. _____

(3) J'ai beaucoup de choses à faire, à commencer ( ) ranger mes affaires. _____

(4) L'ascenseur est ( ) cours de réparation. _____

(5) Le prix de ce manteau n'est pas ( ) rapport avec la qualité du tissu. _____

en[2]　　par　　pour[2]

18. 動詞の補語を導く前置詞（6）－ surなど －

① 動詞 … sur …

agir sur *qn/qc* …に作用する

avoir prise sur *qn* （人に対して）影響力がある

avoir vue sur *qc* …を見晴らせる，に面する

compter sur *qn/qc* …を当てにする

copier A sur B A を B からまる写しする

donner sur *qc* …に面している

être sur le point de+ 不定詞 まさに…しようとしている

faire des réserves sur *qc* …について態度を保留する，疑問を呈する

foncer sur *qn/qc* …に飛びかかる

insister sur *qc* …を強調する

jeter un coup d'œil sur *qc* …を一瞥する

passer sur *qc* …を大目にみる，を無視する

prendre exemple sur *qn/qc* …に範をとる

prendre *qn* sur le fait （人）の現場をおさえる

reposer sur *qc* …にもとづく

revenir sur *qc* …をふたたび話題にする

revenir sur ses pas （もと来た道を）ひき返す

sauter sur *qc* …に飛びつく

se fonder sur *qc* …を根拠にする

se renseigner sur [pour] *qn/qc* …について調べる

se replier sur soi-même 自分の殻に閉じこもる

se ruer sur *qn/qc* …に飛びかかる

s'exercer sur *qn/qc* …に対して行使される

tirer sur *qc* …をぴんと張る，に向けて発砲する

tomber sur *qn/qc* 偶然…に出会う，を見つける

La lumière *agit sur* la croissance des plantes. 　光は植物の成長に影響を及ぼす。

Vous viendrez, c'est sûr ? On *compte sur* vous. 　たしかに来ますか？あなたを当てにしています。

Il *a copié* la solution *sur* un manuel. 　彼は参考書から答えをまる写しした。

Ma chambre *donne sur* la rue. 　私の部屋は通りに面している。

Ai-je encore besoin d'*insister sur* ce point ? 　私はまだこの点を強調する必要がありますか？

L'accusation ne *repose sur* aucune preuve. 　その糾弾はいかなる証拠にも基づいていない。

Quand il est sorti, trois agents *ont sauté sur* lui.

彼が出てきたとき，3名の警官が彼に飛びかかった。

Sur quoi *vous fondez*-vous pour affirmer cela ? 何の根拠があってそう断言できるのですか？

Le policier *a tiré sur* le bandit. 　　　　　　警官は強盗をねらって撃った。

② その他

compter parmi *qn/qc* …のなかに数えられる

courir après *qn/qc* …を追いかける

reculer devant *qc* …に尻込みする

se classer parmi [dans] *qc* （優れたものの）部類に入る

se diriger vers *qc* …へ向かう

tomber sous la main [les yeux] 偶然手に入る [目につく]

Il *court après* cette femme depuis des semaines.

彼は何週間もまえからこの女を追いかけまわしている。

Il *recule devant* le procès dont ses voisins le menacent.

彼は隣人たちの訴訟を起こすぞというおどしに尻込みしている。

Il *s'est classé parmi* les meilleurs de sa classe. 　彼はクラスの最優秀者の仲間入りした。

L'avion *se dirige vers* le sud. 　　　　　　飛行機は南へ向かっている。

EXERCICE 18

次の各設問において，（1）〜（5）の（　）内に入れるのにもっとも適切なものを，下欄から1つ選び，解答欄に記入してください。なお，[　]内の数字は使用回数を示します。

1 (1) Ce sculpteur ne cesse pas de courir (　　　) la beauté.　　　_____

(2) Cette poésie se classe (　　　) les chefs-d'œuvre.　　　_____

(3) Il devrait prendre exemple (　　　) toi.　　　_____

(4) Je suis tombé (　　　) elle en sortant du café.　　　_____

(5) Passons (　　　) les faits insignifiants.　　　_____

après　　　**parmi**　　　**sur**[3]

2 (1) Cette occasion lui est tombée (　　　) la main.　　　_____

(2) Elle n'a aucune prise (　　　) son fils.　　　_____

(3) Il a un appartement qui a vue (　　　) la Seine.　　　_____

(4) Il s'est retourné et est revenu (　　　) ses pas.　　　_____

(5) On compte ce livre (　　　) les meilleurs de l'auteur.　　　_____

parmi　　　**sous**　　　**sur**[3]

3 (1) Elle s'est dirigée (　　　) le droit.　　　_____

(2) Il ne recule (　　　) rien.　　　_____

(3) Je compte (　　　) vous pour régler cette affaire.　　　_____

(4) J'étais (　　　) le point de partir lorsqu'il est arrivé.　　　_____

(5) Le parti de l'opposition a fait des réserves (　　　) le projet de loi.

_____

devant　　　**sur**[3]　　　**vers**

19. 形容詞の補語を導く前置詞（1）− à, de −

① 形容詞+**à** ...

bon(*ne*) à *qc*/[不定詞] …に適した，すべき

conforme à *qc* …にかなった

  cf. conformément à *qc* …に従って

contraire à *qn*/*qc* …に反する

  cf. contrairement à *qn*/*qc* …に反して

disposé(*e*) à+[不定詞] …する気になっている

dû (*due*) à *qc* …に起因する

égal(*e*) à *qn*/*qc* …と等しい

étran*ger*(*ère*) à *qc* …と無関係な

favorable à *qn*/*qc* …に好意的な

fidèle à *qn*/*qc* …に対して忠実な

hostile à *qn*/*qc* …に敵意のある

indifférent(*e*) à *qn*/*qc* …に(とって)無関心な

indispensable à [pour] *qn*/*qc*/[不定詞] …に欠くことのできない

nécessaire à [pour] *qn*/*qc* …にとって必要な

pareil(*le*) à *qn*/*qc* …によく似た

(定冠詞+) premier(*ère*) [dernier(*ère*), seul(*e*)] à+[不定詞] …した最初 [最後，ただ一人] の人 [もの]

propre à *qc*/[不定詞] …に適した

relatif(*ve*) à *qn*/*qc* …に関する

semblable à *qn*/*qc* …に似た

sujet(*te*) à *qc*/[不定詞] …に陥りやすい

supérieur(*e*) à *qn*/*qc* …を上回る，より優れた

utile à *qn*/*qc*/[不定詞] …に […すると] 役にたつ

Ces fruits pourris sont *bons à* jeter.   これらの腐った果物は捨てたほうがいい。

Cet accident est *dû à* l'imprudence.   この事故は不注意によるものだ。

Le pays entier est *hostile à* cet impôt.   国全体が今度の税金に反対している。

La persévérance est *indispensable au* succès.   根気は成功するには欠かせない。

Il a les qualités *nécessaires à* cet emploi.   彼にはこの仕事にとって必要な資質がある。

Sa maison est *pareille à* la mienne.   彼(女)の家は私のとよく似ている。

C'est une voiture *semblable à* toutes les autres.   それはどこにでもあるような車だ。

Ces notes sont *utiles à* la compréhension de l'œuvre.   これらの注は作品の理解に役だつ。

② 形容詞+**de** ...

absent(*e*) de *qc* …にいない，欠けている

âgé(*e*) de+[数詞]+ans …歳の

amoureu*x*(*se*) de *qn*/*qc* …に夢中である

capable de *qc*/[不定詞] …する能力がある，しかねない

curieu*x*(*se*) de *qn*/*qc*/[不定詞] …について好奇心が強い，したがる

certain(*e*) de *qc*/[不定詞] …を確信した

différent(*e*) de *qn*/*qc* …と異なった，を異にする

digne de *qn*/*qc* …に値する，ふさわしい

un [une] drôle de+無冠詞名詞 変な…, すごい…

fatigué(*e*) de *qn*/*qc*/[不定詞] …にうんざりした

faute de+無冠詞名詞/[不定詞] …がないので，しなければ

fier(*ère*) de *qn*/*qc*/[不定詞] …が自慢である

plein(*e*) de+無冠詞名詞 …でいっぱいの

proche [loin] de *qn*/*qc* …に近い[遠い]

responsable de [pour] *qc* …に責任がある

satisfait(*e*) de *qn*/*qc* …に満足した

sûr(*e*) de *qc*/[不定詞] …を確信した

J'étais *absent de* la précédente réunion.   私は前回の会議を欠席した。

Il est *âgé de* cinquante ans.   彼は50歳だ。

Elle est *curieuse de* connaître le résultat de l'entrevue.   彼女は会談の結果を知りたがっている。

Mon opinion politique est *différente de* la tienne.   私の政治に関する考えは君のとは異なる。

Je trouve que ce travail n'est pas *digne de* lui.   この仕事は彼にふさわしくないと思う。

Il est *fatigué de* tout. 彼はあらゆることにうんざりしている。

Il est *fier de* ses enfants. 彼は子どもが自慢だ。

Vos prévisions sont *proches de* la vérité. あなたの予想はほぼ当たっている。

EXERCICE 19

次の各設問において，（1）〜（5）の（　）内に入れるのにもっとも適切なものを，下欄から1つ選び，解答欄に記入してください。なお，［　］内の数字は使用回数を示します。

1 (1) Ce procédé est contraire (　　　) tous les usages établis. _____

(2) Elle est favorable (　　　) ce projet. _____

(3) Faute (　　　) payer dans les délais, vous seriez pénalisé. _____

(4) Il a trouvé un appartement conforme (　　　) ses besoins. _____

(5) Tu es certain (　　　) réussir, tu n'as aucun doute ? _____

à[3]　　de[2]

2 (1) Cette viande n'est plus propre (　　　) la consommation. _____

(2) La personne responsable (　　　) l'accident s'est fait connaître à la police. _____

(3) Le journaliste a posé au ministre une question relative (　　　) la taxe locale. _____

(4) Son panier est plein (　　　) champignons. _____

(5) Tu es sûr (　　　) ta mémoire ? _____

à[2]　　de[3]

3 (1) Depuis quelque temps, il est indifférent (　　　) tout. _____

(2) Il a été le premier (　　　) concevoir cette nouvelle politique. _____

(3) Il y a une drôle (　　　) tempête aujourd'hui. _____

(4) La directeur est satisfait (　　　) votre travail. _____

(5) Nous sommes fidèles (　　　) ce restaurant. _____

à[3]　　de[2]

20. 形容詞の補語を導く前置詞（2）– en, avec, dans, pour, sur –

① 形容詞+en ...

bon(*ne*) en *qc* …が得意な

déguisé(*e*) en *qn/qc* …に変装した

expert(*e*) en [dans] *qc* …に精通した

faible en [à] *qc* …が不得手な

fécond(*e*) en *qc* …に富んだ

fort(*e*) en [à, sur] *qc* …がよくできる

pauvre en *qc* …に乏しい

riche en [de] + 無冠詞名詞 …に富んだ

Il est *bon en* français, mais mauvais en histoire. 彼はフランス語は得意だが，歴史は苦手だ。

Elle est *faible en* gymnastique. 彼女は体操が苦手だ。

Il est très *expert en* informatique. 彼は情報工学にとても精通している。

La journée a été *féconde en* rebondissements. この一日はいろいろな展開があった。

Il est très *fort en* mathématiques. 彼は数学がとても得意だ。

② 形容詞+avec ...

n'avoir rien de commun avec *qn/qc* …と
まったく共通点がない

compatible avec *qc* …と両立しうる

incompatible avec *qc* …と相いれない

Je n'ai rien de *commun avec* mon frère. 私には兄[弟]と共通するものはなにもない。

Les dépenses qu'il fait sont *incompatibles avec* son salaire. 彼の出費は給料とそぐわない。

③ 形容詞+dans ...

obstiné(*e*) dans *qc* …において頑固な

versé(*e*) dans [en] *qc* …に精通した

spécialisé(*e*) dans [en] *qc* …が専門の

Il est un juriste *spécialisé dans* le droit international. 彼は国際法が専門の法学者だ。

Il est très *versé dans* l'histoire ancienne. 彼は古代史にとても明るい。

④ 形容詞+pour ...

bon(*ne*) pour *qn/qc/* 不定詞 …に良い，適した

commode pour *qn/qc/* 不定詞 …に便利な

convenable pour *qc* …にふさわしい

nécessaire pour *qc/* 不定詞 …に不可欠な

suffisant(*e*) pour [à] *qn/qc/* 不定詞 …（する
の）に十分な

Ce médicament est *bon pour* les rhumatismes. この薬はリューマチに効く。

Tu as des outils *convenables pour* réparer ce vélo ?

この自転車を修理するのに適した道具はある？

⑤ 形容詞+sur ...

basé(*e*) sur *qc* …に基づいた

copié(*e*) sur *qc* …からまる写しされた

fondé(*e*) sur *qc* …に基づいた

Sa démonstration est solidement *basée sur* des faits.

彼（女）の証明はしっかりと諸事実に基づいている。

EXERCICE 20

次の各設問において，（1）～（5）の（　）内に入れるのにもっとも適切なものを，下欄から1つずつ選び，解答欄に記入してください。ただし，同じものを複数回用いることはできません。

1 (1) Ce fruit est très riche (　　　) minéraux.　　　　　　　　_____

　　 (2) Il n'a rien de commun (　　　) les littérateurs estimés aujourd'hui.

　　　　　　　　　　　　　　　　　　　　　　　　　　　　_____

　　 (3) Je suis tout à fait versé (　　　) vos idées.　　　　　　　_____

　　 (4) Sa solution a été copiée (　　　) son livre de cours.　　　_____

　　 (5) Une inscription préalable est nécessaire (　　　) se présenter au concours.

　　　　　　　　　　　　　　　　　　　　　　　　　　　　_____

　　　　　　　avec　　　dans　　　en　　　pour　　　sur

2 (1) Ce sac est très commode (　　　) faire ses courses.　　　_____

　　 (2) Cette évolution était largement compatible (　　　) la stabilité des prix.

　　　　　　　　　　　　　　　　　　　　　　　　　　　　_____

　　 (3) Elle est obstinée (　　　) son refus.　　　　　　　　　　_____

　　 (4) Les invités étaient déguisés (　　　) personnages de l'histoire.

　　　　　　　　　　　　　　　　　　　　　　　　　　　　_____

　　 (5) Sa gestion est fondée (　　　) le principe de précaution.　_____

　　　　　　　avec　　　dans　　　en　　　pour　　　sur

3 (1) Cette alimentation est pauvre (　　　) vitamines.　　　　_____

　　 (2) Il s'intéresse à l'industrie spécialisée (　　　) la fabrication des instruments d'optique.　　　　　　　　　　　　　　　　_____

　　 (3) Mon accusation est basée (　　　) plusieurs preuves.　　_____

　　 (4) Nous n'avons pas la somme suffisante (　　　) acheter cette voiture.

　　　　　　　　　　　　　　　　　　　　　　　　　　　　_____

　　 (5) Son style de vie est incompatible (　　　) sa vie de famille.　_____

　　　　　　　avec　　　dans　　　en　　　pour　　　sur

次の各設問において，（1）～（5）の（　）内に入れるのにもっとも適切なものを，下の①～⓪のなかから1つずつ選び，解答欄にその番号を書いてください。ただし，同じものを複数回用いることはできません。なお，下欄の語は文頭にくるものも小文字にしてあります。

（配点 5）

1 (1) Alicia a passé (　　　) succès ses deux examens cette année.

(2) Apportez-moi (　　　) quoi boire.

(3) Ce médicament existe aussi (　　　) forme de cachets, c'est plus pratique.

(4) En pédagogie des langues, une progression (　　　) étapes permet d'atteindre de meilleurs résultats.

(5) Je ne sais pas si elle sera disposée (　　　) te recevoir.

① à　　② avec　　③ dans　　④ de　　⑤ depuis
⑥ par　　⑦ pour　　⑧ sans　　⑨ sous　　⓪ vers

(1)	(2)	(3)	(4)	(5)

2 (1) C'est ta santé que tu mets (　　　) jeu en menant cette vie-là.

(2) Il a fait des réserves (　　　) l'opportunité de cette mesure.

(3) Il compte (　　　) les plus violents adversaires de cette politique.

(4) Il s'est décidé (　　　) une veste en laine.

(5) La question est sujette (　　　) de vives controverses.

① à　　② avec　　③ dans　　④ de　　⑤ en
⑥ parmi　　⑦ pour　　⑧ sans　　⑨ sous　　⓪ sur

(1)	(2)	(3)	(4)	(5)

3 (1) Cette objection est (　　　) nature à ruiner tout un raisonnement.

(2) Hugo me téléphone tous les soirs (　　　) la moindre gêne.

(3) Il est gentil (　　　) tout.

(4) Mon père a l'estomac fragile, mais (　　　) part ça, les autres vont bien.

(5) (　　　) un peu, il aurait tout abandonné.

① à　　② comme　　③ dans　　④ de　　⑤ en
⑥ parmi　　⑦ pour　　⑧ sans　　⑨ sous　　⓪ sur

(1)	(2)	(3)	(4)	(5)

4 (1) Cette pièce de théâtre est divisée (　　　) cinq actes.

(2) Je vais regarder ce film ce soir (　　　) France 2.

(3) Le projet de loi est passé (　　　) cinquante voix contre trente.

(4) Mon père paraît gentil, mais il sait être sévère, (　　　) l'occasion.

(5) Vous êtes aimés des autres (　　　) la mesure où vous les aimez.

① à	② avec	③ dans	④ de	⑤ en
⑥ parmi	⑦ pour	⑧ sans	⑨ sous	⓪ sur

(1)	(2)	(3)	(4)	(5)

5 (1) Elle se bat (　　　) les préjugés de race.

(2) Il faut compter (　　　) le temps que ça prendra.

(3) Il s'est aperçu (　　　) mon trouble et s'en inquiète.

(4) Je ne me risquerai pas (　　　) la contredire.

(5) Tout le monde est venu, (　　　) deux personnes.

① à	② avec	③ contre	④ de	⑤ en
⑥ parmi	⑦ pour	⑧ sauf	⑨ sous	⓪ sur

(1)	(2)	(3)	(4)	(5)

6 (1) Fais ce que tu veux dans ta chambre ; (　　　) tout cas, n'entre plus dans le bureau.

(2) Il a passé outre (　　　) ces protestations.

(3) Il doit faire beau, (　　　) les journaux.

(4) Il n'est pas au courant (　　　) ce qui s'est passé hier.

(5) Il pleut, (　　　) conséquent le projet de promenade est abandonné.

① à	② avec	③ contre	④ de	⑤ en
⑥ par	⑦ pour	⑧ selon	⑨ sous	⓪ sur

(1)	(2)	(3)	(4)	(5)

4

動詞の活用に関する問題

　長文を読んで文脈にあう動詞を選び，適切な形にして文中の空欄をおぎなう問題です。文章の長さはだいたい15行から20行ほどです。空欄は5ヶ所で，選択肢として8つの動詞が不定詞の形で示されます。配点は10点です。

　この問題では動詞に関する知識と用法が問われます。文章をよく読んで意味から空欄に適合する動詞を選ぶと同時に，選んだ動詞の叙法時制をも正しく判断しなければなりません。出題される動詞の叙法時制は，不定詞や現在分詞とそれらの複合形，複合過去形，半過去形，大過去形，単純未来形など直説法の各時制，条件法と接続法の現在形や過去形です。

出題例（2018年 4 ）

4　次の文章を読み、（ 1 ）〜（ 5 ）に入れるのにもっとも適切なものを、下の語群から1つずつ選び、必要な形にして解答欄に書いてください。ただし、同じものを複数回用いることはできません。（配点　10）

　Samedi 6 mars, vers 21 heures, alors qu'un TER* en direction de Beaune prenait le départ en gare de Dijon, un voyageur s'est accroché** à une porte du train. (1) pour fumer une cigarette sur le quai, il n'était pas remonté à temps. À l'intérieur, un passager a vite prévenu un contrôleur. Le TER a été stoppé en urgence.

　Le comportement de cet homme (2) avoir des conséquences très graves. « Ce voyageur a mis sa vie en danger », déplore la SNCF. Pourtant, le déroulement du départ (3) tout à fait normalement, avec la diffusion d'un message et un son annonçant la fermeture des portes. « Bien qu'il (4) dans sa cabine des écrans pour voir les portes, le conducteur n'a rien remarqué. Le voyageur s'est en effet accroché juste au moment du départ. On se demande d'ailleurs comment il a pu le faire. Il y a très peu d'espace sur les marches et pas de poignée sur les portes. »

　Une plainte (5) par la SNCF dans quelques jours.

* TER : 地域圏急行
** s'accrocher : つかまる

avoir	comprendre	déposer	descendre
pouvoir	savoir	se faire	se produire

EXERCICE 1

次の文章を読み，（1）～（5）に入れるのにもっとも適切なものを，下の語群から1つずつ選び，必要な形にして解答欄に書いてください。ただし，同じものを複数回用いることはできません。

Le 15 juin, le ministère de l'Education nationale* (1) que, pour la période du baccalauréat, la SNCF (2) en temps réel le lien avec le rectorat** qui avertirait les centres d'examens, afin de les aviser sans délai en cas de retard sur un train transportant des candidats. Ainsi, des services de taxi ou de bus pourront (3) en place pour permettre aux candidats et aux examinateurs*** de se rendre aux centres. Au bac, un retard d'une heure est toléré, s'il est justifié. Vous devez ainsi demander un justificatif**** à un agent de la SNCF avant d'aller aux épreuves. Par ailleurs, le surveillant de l'épreuve devra indiquer votre heure d'arrivée afin que le correcteur***** (4) prendre en compte ce paramètre****** dans la correction.

Rien ne sert de courir, il faut partir plus tôt. Pour cela, anticipez ! (5) des temps de trajets plus longs. Selon les annonces de la SNCF et de la RATP, prenez ce qu'il y a, même si vous devez attendre plusieurs heures avant l'épreuve. Quitte à dormir moins et à faire preuve de beaucoup de patience.

*ministère de l'Education nationale：教育省
**rectorat：大学区本部
***examinateur：試験官
****justificatif：証明書
*****correcteur：採点者
******paramètre：(現象把握の鍵となる) 要因

annoncer	arriver	assurer	contenir
mettre	passer	pouvoir	prévoir

(1)	(2)	(3)
(4)	(5)	

EXERCICE 2

次の文章を読み，（1）～（5）に入れるのにもっとも適切なものを，下の語群から1つず
つ選び，必要な形にして解答欄に書いてください。ただし，同じものを複数回用いることはで
きません。

Les chutes de motos sont décidément de saison. Après celui de mardi, un
nouvel accident de la circulation impliquant un deux-roues a eu lieu ce mercredi
13 juin à 18 h 20 rue Maurice-Ravel. Circulant sur une mini-moto, un
adolescent de 15 ans （ 1 ） la rue à contresens* lorsqu'il a perdu le contrôle de
son engin, qui （ 2 ） une voiture. Le choc a été violent, la voiture （ 3 ） au
niveau du pare-chocs** avant et du pare-brise***.

Blessé aux jambes, le pilote （ 4 ） en charge par les pompiers puis transporté à
l'hôpital. Lorsque la police est arrivée sur place, la mini-moto non
homologuée**** （ 5 ）, enlevée par un groupe de jeunes. On ignore si le blessé
roulait sans casque. Mardi, un homme d'une vingtaine d'années, non casqué,
avait lourdement chuté sur la chaussée, près de la place Vogel, après avoir
doublé une file de voitures en roue arrière avec un téléphone à la main.

*à contresens：反対方向に
**pare-chocs：バンパー
***pare-brise：フロントガラス
****homologuer：認可する

| disparaître | donner | endommager | percuter |
| prendre | produire | remonter | venir |

(1)	(2)	(3)
(4)	(5)	

EXERCICE 3

　次の文章を読み，（1）〜（5）に入れるのにもっとも適切なものを，下の語群から1つずつ選び，必要な形にして解答欄に書いてください。ただし，同じものを複数回用いることはできません。

　À 14 heures, mercredi 13 juin, un bouchon de 6 km était déjà formé sur l'A1, dans le sens Lille-Paris, près d'un village dans le sud-est de la Somme.　Le ralentissement était dû à un accident qui（　1　）trois quarts d'heure plus tôt.　Il （　2　）une voiture avec remorque* et trois camions dans cette zone où la circulation est déviée à cause de travaux.　Les quatre personnes impliquées sont indemnes**.　Si les véhicules accidentés n'entravent*** plus la circulation, les embouteillages, de plusieurs kilomètres, dans ce sens, continuent.

　En fin de matinée, vers 11 heures, 400 mètres plus au nord, dans le même sens de circulation, un autre accident survenait, entre deux voitures.　Une personne avait dû（　3　）à l'hôpital pour des douleurs cervicales****.　La veille aussi, entre midi et 14 heures, un accident était signalé.

　Les travaux de rénovation de la chaussée devraient durer jusqu'au 13 juillet avec des fermetures ponctuelles du péage***** entre le lundi 18 et le vendredi 22 juin.　De lundi 6 heures à mercredi 6 heures, les bretelles****** d'entrées vers Lille comme vers Paris sont fermées.　De mercredi 6 heures à vendredi midi, il ne sera plus possible de prendre la sortie 12, que l'on（　4　）de Paris ou de Lille.　Les bretelles de sortie（　5　）en travaux.

*remorque：トレーラー
**indemne：無事な
***entraver：妨害する
****cervical, e：頚部の
*****péage：料金所
******bretelle：(高速道路の) ランプ

avancer	concerner	être	ralentir
se produire	surpasser	transporter	venir

(1)	(2)	(3)
(4)	(5)	

EXERCICE 4

次の文章を読み，（1）～（5）に入れるのにもっとも適切なものを，下の語群から1つずつ選び，必要な形にして解答欄に書いてください。ただし，同じものを複数回用いることはできません。

Du 10 au 25 mars, huit étudiants ont vécu dans le désert de l'Utah (États-Unis) comme s'ils (1) en mission sur la planète Mars.

Bastien Baix termine des études d'ingénieur. « À 10 ans, j'ai commencé à m'intéresser aux manières d'aller dans l'espace. Cette passion m'a fait choisir le domaine des sciences et des maths pour arriver aux études d'ingénieur. » Même s'il ne s'était pas spécialisé dans l'aéronautique*, Bastien (2) « branché » sur l'espace. Lorsqu'il a vu que son université présentait un projet sur Mars, il s'est porté candidat. La sélection s'est faite en deux parties. Il a réussi la pemière épreuve ! La seconde partie de la sélection était assurée par la Mars Society. C'est l'organisation internationale qui possède sa base dans le désert de l'Utah. Il a réussi la deuxième épreuve aussi !

« Nous avons préparé durant un an notre séjour de 15 jours dans la base. Nous étions huit à partir de notre université et chacun (3) mettre au point une expérience à réaliser sur place. Moi, j'ai préparé de quoi faire la carte des environs de la base avec un drone. »

Dans cette base de l'Utah, chaque minute d'une journée est bien utilisée : expériences scientifiques, contacts « avec la Terre » (contacts qui imposent que tout ce qui a été fait (4) en anglais et envoyé par écrit à l'équipe de la Mars Society), tâches ménagères. « L'eau est présente dans l'habitat** mais limitée à moins de 3 000 litres pour les 15 jours. On (5) compte que la moitié partait dans l'arrosage*** des plantes de la serre****. L'idée est de faire pousser des légumes pour avoir du frais sur Mars. »

*aéronautique：航空学
**habitat：生息環境
***arrosage：散水
****serre：温室

consigner	devoir	entendre	être
persisiter	rester	se rendre	servir

(1)	(2)	(3)
(4)	(5)	

EXERCICE 5

次の文章を読み，（1）～（5）に入れるのにもっとも適切なものを，下の語群から1つずつ選び，必要な形にして解答欄に書いてください。ただし，同じものを複数回用いることはできません。

En tant que psychiatre* expert, je ne peux pas être solidaire de l'idée de création d'une juridiction** *ad hoc*** devant laquelle (1) les sujets pénalement irresponsables****, si leur état mental le permettait. (2) clairs : les malades mentaux ne seront pas plus « punissables » que maintenant. Le projet ne remet pas en question ce principe fondamental.

En revanche, il insiste sur un point qui me semble essentiel : aller jusqu'au bout de l'instruction, en cas de non-lieu***** psychiatrique. Ce n'est pas parce qu'un acte criminel est commis par un « fou » que la recherche de l'établissement des faits ne doit pas (3). Il s'agit là d'une avancée qui répond à une attente légitime des victimes. Aujourd'hui, lorsqu'une irresponsabilité****** pénale est prononcée, le juge d'instruction peut parfois clore prématurément le dossier. Le procès n'a pas lieu. Or les victimes attendent une sorte de cérémonie, socialement (4), durant laquelle on leur expliquerait publiquement les conclusions des experts et où l'on (5) sur l'imputabilité******* des faits.

*psychiatre：精神科医
**juridiction：裁判所
***ad hoc：特別な
****irresponsable：責任無能力の
*****non-lieu：控訴棄却の決定
******irresponsabilité：免責
*******imputabilité：刑事責任

arrêter	comparaître	être	expédier
poursuivre	procéder	reconnaître	statuer

(1)	(2)	(3)
(4)	(5)	

EXERCICE 6

次の文章を読み，（1）〜（5）に入れるのにもっとも適切なものを，下の語群から1つずつ選び，必要な形にして解答欄に書いてください。ただし，同じものを複数回用いることはできません。

Concettina Husson société est spécialisée dans la formation des publics en difficulté. Sur son bureau, un joli plumier en bois. C'est un élève qui le lui (1) après un an et demi de cours, à l'issue desquels il réussissait à lire un texte de plusieurs lignes. Il avait quitté les bancs de l'école à quinze ans pour travailler à l'usine. Un exploit à quarante-sept ans !

L'usine de tuiles* où il (2), devait faire l'objet d'une nouvelle modernisation. Seule la fabrication des accessoires (comme les faîtières**) nécessitait encore beaucoup de manutention***. Y travaillaient ceux dont on considérait qu'ils (3) le plus de difficultés à évoluer. Mais la décision (4) de moderniser aussi cette unité. On demandait aux mandataires**** de savoir rentrer quelques données sur un ordinateur, d'identifier et de corriger les éventuels défauts s'affichant sur l'écran, ainsi que de remplir des formulaires de contrôle de qualité.

Pour Alain Deschamps, directeur de fabrication de cette unité d'accessoires, il n'était pas question de licencier une seule personne. « Il était clair que, si on les licenciait, ils ne (5) pas de travail. Je voulais garder le personnel, prouver qu'ils étaient capables d'y arriver. »

*tuile：瓦
**faîtière：棟瓦
***manutention：荷物取り扱い
****mandataire：受任者

| assembler | avoir | construire | ménager |
| offrir | prendre | retrouver | travailler |

(1)	(2)	(3)
(4)	(5)	

EXERCICE 7

次の文章を読み，（1）～（5）に入れるのにもっとも適切なものを，下の語群から1つず
つ選び，必要な形にして解答欄に書いてください。ただし，同じものを複数回用いることはで
きません。

Économiser de 20 % à 30 % sur le prix d'achat de la voiture de ses rêves en
allant l'acheter moins cher dans un autre pays d'Europe. Faire son choix dans
des grandes surfaces de type Carrefour, (1) un large éventail de marques et
de modèles. Voir ses factures* de réparation automobile revues à la baisse**.
Non, il ne s'agit pas d'un rêve. Mais c'est ce que nombre d'automobilistes
(2) depuis l'ouverture du marché unique*** européen, en 1993. Hélas, sept
ans plus tard, rien n'a changé ! Les Renault, Peugeot, Fiat et autres Volkswagen
continuent de bénéficier d'un droit de vente.

Ces pratiques sont contraires au droit européen de la concurrence****. Elles
(3) par la commission, en 1985, puis à nouveau en 1995, mais pour une durée
limitée... et à la condition que les consommateurs en (4) les principaux
bénéficiaires. On en est loin.

Certains pensent que « les prix des voitures (5) baisser de 20 % à 30 % si
ce marché n'était pas protégé ».

*facture : 請求額
**revoir *qc* à la baisse : 下方修正する
***marché unique :（関税を廃した）統一市場
****concurrence : 競争

| attendre | autoriser | certifier | être |
| moderniser | offrir | pouvoir | varier |

(1)	(2)	(3)
(4)	(5)	

EXERCICE 8

次の文章を読み，（ 1 ）〜（ 5 ）に入れるのにもっとも適切なものを，下の語群から1つず
つ選び，必要な形にして解答欄に書いてください。ただし，同じものを複数回用いることはで
きません。

Cette semaine, des pilotes d'avion de la compagnie Brussels Airlines ont cessé
le travail lundi et mercredi. Leurs appareils n'ont pas quitté la piste de
l'aéroport de Bruxelles. Brussels Airlines est une compagnie belge qui (1)
par la compagnie allemande Lufthansa.

Les syndicats réclament de la clarté sur les projets de la société allemande
Lufthansa. Les 500 pilotes veulent en particulier que leurs conditions de travail
soient rediscutées avec la direction. Ils demandent de meilleurs salaires. Pour
aider l'entreprise en difficulté sept ans avant, ils (2) de réduire leurs
rémunérations* d'environ 30%. À présent, ils (3) récupérer ces montants**,
si c'est possible.

Ils veulent aussi un meilleur équilibre entre vie professionnelle et vie privée.
Ils dénoncent des rythmes de travail trop lourds. « Les équipages*** assurent
de plus en plus de vols chaque jour, avec parfois des escales**** à l'étranger. »
explique Luc Martin, de la CNE (un des trois syndicats qui négocient avec la
direction de Brussels Airlines).

Les pilotes souhaiteraient que 30 pilotes supplémentaires (4). Ils
voudraient que leur métier (5) comme pénible et que cela leur donne le droit
de toucher leur retraite à 55 ans.

La direction signale que chaque jour de grève coûte 10 millions d'euros à
l'entreprise. Trois vols sur quatre ont été annulés et 63 000 passagers ont dû soit
déplacer leur vol, soit être remboursés.

*rémunération：報酬
**montant：合計金額
***équipage：クルー
****escale：寄航

| accepter | engager | exporter | gagner |
| racheter | recevoir | reconnaître | vouloir |

(1)	(2)	(3)
(4)	(5)	

EXERCICE 9

次の文章を読み，（1）〜（5）に入れるのにもっとも適切なものを，下の語群から1つずつ選び，必要な形にして解答欄に書いてください。ただし，同じものを複数回用いることはできません。

Souvenez-vous, dimanche 11 mars, le nord du département avait été frappé par d'importants orages. Plusieurs dizaines de communes (1). Le président du conseil départemental François Sauvadet avait demandé qu'un arrêté (2) pour reconnaître l'état de catastrophe naturelle dans toute la Côte-d'Or. Il avait également annoncé qu'il (3) aux élus « la création d'un fonds d'aide exceptionnel pour permettre aux communes et aux territoires* d'engager sans attendre les travaux de réparation ».

Les sept communes (4) en état de catastrophe naturelle.

« Les sinistrés** disposent d'un délai de dix jours à compter de la date de publication de cet arrêté au Journal officiel pour déposer auprès de leur compagnie d'assurances un état estimatif*** de leurs pertes afin de bénéficier du régime d'indemnisation**** (5) par la loi du 13 juillet 1982 », annonce la préfecture dans un communiqué.

*territoire：管轄区域

**sinistré：被災者

***estimatif：見積もりの

****indemnisation：補償

<table>
<tr><td>avertir</td><td>concerner</td><td>décider</td><td>prendre</td></tr>
<tr><td>prévoir</td><td>proposer</td><td>reconnaître</td><td>savoir</td></tr>
</table>

(1)	(2)	(3)
(4)	(5)	

EXERCICE 10

　次の文章を読み，（1）～（5）に入れるのにもっとも適切なものを，下の語群から1つず
つ選び，必要な形にして解答欄に書いてください。ただし，同じものを複数回用いることはで
きません。

　Le Forum des images a organisé la première édition du festival Pocket films.

　Le Festival（　1　）d'une idée de la directrice du Forum des images．En plus
des innovations technologiques, il（　2　）du culot* pour créer un événement
entièrement conçu à partir de téléphones portables．Il aura fallu plus d'un an à
l'équipe du Forum pour que le projet（　3　）le jour.

　En mai, le Forum met à la disposition des artistes des portables（　4　）de
caméra et leur demande de réaliser des films, en leur laissant le choix de la durée
et du thème．Photographes, vidéastes, écrivains, étudiants en cinéma, tous vont
immortaliser** sur leur mobile***, de jour comme de nuit, quelques instants de
leur vie.

　Les images réalisables à partir d'un portable offrent une vision nouvelle et
unique du sujet filmé．« L'objet de ce festival est de montrer qu'à partir d'un
téléphone portable, il est possible de tourner un film en temps réel et de
l'envoyer en quelques secondes à des dizaines de personnes », explique Benoît
Labourdette, qui a dirigé le projet.

　Le Forum propose aux spectateurs de tourner eux aussi des films à partir d'un
portable qui sera mis à leur disposition．Ils（　5　）ensuite les monter**** avec
l'aide de professionnels, puis, s'ils le souhaitent, les envoyer via le Web.

*culot：大胆さ

**immortaliser：不滅にする

***mobile：携帯電話

****monter：編集する

connecter	disposer	falloir	mener
munir	naître	pouvoir	voir

(1)	(2)	(3)
(4)	(5)	

5

長文完成

20行程度の長文のなかに設けられた5つの空欄にはいる適切な語句や文をそれぞれ3つの選択肢から選ぶ選択式問題で，配点は5点です。

━━► 出題例（2017年 5） ━━━━━━━━━━━━━━━━━━━━

 次の文章を読み、（ 1 ）～（ 5 ）に入れるのにもっとも適切なものを、それぞれ右のページの ① ～ ③ のなかから1つずつ選び、解答欄のその番号にマークしてください。（配点 5）

　Qu'est-ce que l'école « hors contrat » ? C'est une catégorie de l'enseignement dont on parle peu car elle représente une (1) de l'offre d'enseignement en France : 57 000 élèves (soit 0,5 % de tous les élèves) suivent leur scolarité dans les écoles dites « hors contrat », c'est-à-dire sans aucun lien financier* avec l'Éducation nationale. (2) marginaux, ces lieux d'enseignement inhabituels sont plus nombreux qu'avant.

　Ces écoles hors contrat, qui ne reçoivent pas de subventions** publiques, ont une gestion totalement autonome. Elles embauchent (3) comme enseignants, sans condition de diplôme. En France, la liberté d'enseignement est considérée comme fondamentale. Trois lois, adoptées à la fin du 19e siècle et au début du 20e, en fixent les modes dans une philosophie très libérale : n'importe qui, à condition d'avoir le bac et plus de 21 ans, peut ouvrir une école. Une déclaration doit être déposée avant auprès des autorités administratives, et, éventuellement, l'administration (4) l'ouverture de l'école si elle considère que cela constituerait un « trouble à l'ordre public » ou que les conditions d'hygiène ne sont pas réunies.

　Une fois l'école ouverte, les services de l'Éducation nationale peuvent mener autant d'inspections qu'ils l'estiment nécessaire. Deux lois, en 1998 et 2005, ont (5) les contrôles pour éviter — c'était l'objectif à l'époque — les déviations sectaires***. L'enseignement ne doit rien comporter de contraire « au respect des lois ».

* financier : 財政的な

** subvention : 補助金

*** sectaire : セクトの

(1) ① belle opportunité
   ② part minuscule
   ③ valeur positive

(2) ① Comme ils sont
   ② Quand ils paraissent
   ③ S'ils restent

(3) ① ce qu'elles désirent
   ② ceux qu'elles souhaitent
   ③ ceux qui le veulent

(4) ① doit encourager
   ② ne veut pas aider
   ③ peut empêcher

(5) ① conseillé d'arrêter
   ② interdit de mener
   ③ permis de renforcer

EXERCICE 1

次の文章を読み，（1）〜（5）に入れるのにもっとも適切なものを，それぞれ右のページの①〜③のなかから1つずつ選び，解答欄にその番号を書いてください。

C'est un acte terrible de maltraitance animale. La semaine dernière, dans la nuit de mercredi à jeudi, un chaton de dix mois a été enfermé pendant 15 minutes dans un four chauffé à 200°C, lors d'une soirée. （ 1 ） ont été déposées auprès de la police, dont l'une par la propriétaire de l'animal. Un homme en particulier （ 2 ） d'avoir torturé le chaton. La police belge a ouvert une enquête.

C'est l'un des convives de la soirée qui, entendant des coups sourds contre la porte du four, avait découvert le chat à l'intérieur et l'avait délivré. La pauvre bête se trouvait à l'intérieur depuis un quart d'heure. Le chaton, Coco, （ 3 ） au bout de deux jours, après avoir passé 48 heures dans une cabine de douche pour tenter de calmer ses brûlures. Il était alors dans un état pitoyable.

« Le chat a de graves brûlures, les coussinets sur ses pattes sont complètement brûlés et il y a des saignements internes. Nous le traitons notamment avec des analgésiques à la morphine et de l'onguent au miel », a expliqué la vétérinaire. Elle pense désormais que Coco （ 4 ）.

Les frais （ 5 ） se révèlent cependant très élevés (500 euros), une cagnotte en ligne a été lancée pour aider son propriétaire.

[単語リスト：maltraitance 虐待，plainte 訴え，convive 会食者，coussinet 肉球，analgésique 鎮痛剤，onguent 膏薬，cagnotte 積立金]

182

(1) ① Des reproches
     ② Deux plaintes
     ③ Plusieurs invités

(2) ① a de la chance
     ② est obligé
     ③ est soupçonné

(3) ① n'a été amené à un vétérinaire qu'
     ② n'a pas été emmené chez le vétérinaire
     ③ s'est amélioré

(4) ① a pu survivre à cause de ce drame
     ② a de grandes chances de survivre
     ③ avait la malchance de mourir jeune

(5) ① de nourriture de ce chaton
     ② pour soigner le chaton
     ③ que chacun partage

5
長文完成

(1)	(2)	(3)	(4)	(5)

EXERCICE 2

次の文章を読み，（1）〜（5）に入れるのにもっとも適切なものを，それぞれ右のページの①〜③のなかから1つずつ選び，解答欄にその番号を書いてください。

La répartition de la population active entre les différentes catégories socioprofessionnelles a connu une véritable mutation. Le nombre des agriculteurs (exploitants et ouvriers agricoles) (1) depuis le milieu du XXe siècle. Celui des ouvriers a diminué plus récemment, à partir du début des années 70. Les « cols bleus », manœuvres et ouvriers de toutes qualifications qui avaient profité des deux premières révolutions industrielles (machine à vapeur et électricité) (2), celle de l'électronique.

Les professions intermédiaires (techniciens, contremaîtres, chefs d'équipe, instituteurs...) ont connu dans le même temps une forte progression de leurs effectifs. (3) des cadres et des professions intellectuelles supérieures (professeurs, professionnels de l'informatique, de l'art et des spectacles...). Les artisans et commerçants ont vu au contraire leur nombre se réduire (4).

On a assisté globalement à une « tertiarisation » des emplois : 72 % concernent les services. La féminisation de la société a eu des incidences sensibles ; (5). Enfin, le salariat s'est développé et regroupe aujourd'hui 89 % des actifs.

[単語リスト：répartition 配分，socioprofessionnel 職業別の．mutation 変化，cols bleus ブルーカラー，contremaître 現場監督．tertiarisation 第3次化，féminisation 女性の進出，incidence 波及効果]

(1) ① ont dépassé la moyenne
    ② s'est considérablement réduit
    ③ s'est formidablement élevé

(2) ① ont été touchés par la troisième révolution
    ② s'étaient laissé influencer par l'opinion publique
    ③ voulaient faire la révolution

(3) ① Il en est de même
    ② On n'avait pas besoin
    ③ On s'est quelquefois aperçu

(4) ① au fur et à mesure du développement des grandes surfaces
    ② en proportion de l'augmentation du nombre des magasins
    ③ sans aucun rapport avec la diminution des heures de travail

(5) ① les femmes allaient quitter un poste de responsabilité
    ② les femmes représentaient 46 % de la population active
    ③ on appréciait la société des femmes

(1)	(2)	(3)	(4)	(5)

EXERCICE 3

次の文章を読み，（1）〜（5）に入れるのにもっとも適切なものを，それぞれ右のページの①〜③のなかから１つずつ選び，解答欄にその番号を書いてください。

La tenue d'une cigarette à la main pourrait potentiellement être considérée comme un handicap pour la conduite. Mais contrairement à l'usage du téléphone au volant, la réglementation routière (1) le fait de fumer en conduisant. Le Code de la route ne contient pas d'article qui sanctionnerait le simple fait de conduire en fumant.

Contrairement à une fausse information diffusée par certains médias et démentie par la Sécurité routière, aucun article du Code de la route ne prévoit expressément une interdiction de fumer au volant, (2) un mineur est présent dans le véhicule.

Toutefois, certains automobilistes ont déjà été verbalisés par les forces de l'ordre sur le fondement d'un article du Code de la route qui prévoit que le conducteur doit être « en état et en position d'exécuter commodément et (3) toutes les manœuvres qui lui incombent ». En d'autres termes, un conducteur pourrait potentiellement être sanctionné dès lors que la cigarette (ou le cigare, la cigarette électronique ou la pipe) qu'il tient à la main (4) dans sa conduite.

Ces verbalisations sont laissées à la libre appréciation des forces de police et de gendarmerie. (5), une certaine tolérance des forces de l'ordre semblant exister sur cette question.

［単語リスト：potentiellement 潜在的に，sanctionner 罰する，démentir 否定する，Sécurité routière 道路交通安全局，expressément 明白に，verbaliser 調書をとる，forces de l'ordre 機動隊，incomber 負わされる，forces de police 警官隊，forces de gendarmerie 憲兵隊]

(1) ① admet entièrement

    ② ne permet pas toujours

    ③ n'interdit pas expressément

(2) ① à condition qu'

    ② hormis lorsqu'

    ③ même si

(3) ① avec peine

    ② par moments

    ③ sans délai

(4) ① est capable de causer la brûlure

    ② est susceptible de le gêner

    ③ peut le divertir

(5) ① Beaucoup de conducteurs ont donc été verbalisés

    ② Elles restent néanmoins très rares en pratique

    ③ Tous les conducteurs doivent respecter le Code de la route

5
長文完成

(1)	(2)	(3)	(4)	(5)

次の文章を読み，（1）〜（5）に入れるのにもっとも適切なものを，それぞれ右のページ
の①〜③のなかから1つずつ選び，解答欄にその番号を書いてください。

Un lion des cavernes vient d'être trouvé en Russie, dans un très bon état de
conservation. Cet animal, (1), est l'ancêtre du lion africain et vivait à
l'époque des mammouths, il y a plus de 10 000 ans. Adulte, il pouvait mesurer
jusqu'à 2,5 m de long et peser plus de 300 kg. Pourtant, contrairement au lion
d'aujourd'hui, les mâles n'avaient probablement pas de crinière.

Le spécimen découvert mesure, lui, environ 45 cm et pèse 4 kg. C'est un bébé.
Il devait être âgé d'un peu plus d'un mois lorsqu'il est mort. Mais (2). Pour
le moment, les scientifiques estiment qu'elle remonte à au moins 20 000 ans,
mais elle pourrait remonter à 50 000 ans ! Ils vont pratiquer des analyses sur le
lionceau afin de connaître plus précisément la date et la cause de sa mort. Mais
aussi pour savoir s'il s'agit d'un mâle ou d'une femelle.

L'animal était pris dans une couche de terre qui (3). Car, en Sibérie, il fait
très froid : l'hiver, les températures peuvent descendre jusqu'à − 45°C. Depuis
toutes ces années, le sol dans lequel se trouvait le lionceau n'avait jamais
décongelé. Et (4), le lionceau préhistorique est donc encore aujourd'hui bien
conservé. D'ailleurs, avant lui, deux autres lionceaux des cavernes (5), dans
la même région. Mais ils n'étaient pas dans un aussi bel état.

[単語リスト：caverne 洞窟．crinière たてがみ．spécimen 標本．décongeler 解凍する．lionceau ラ
イオンの子ども．préhistorique 有史以前の]

(1) ① maintenant disparu

② menacé d'extinction

③ quelquefois apparu

(2) ① la date de sa mort est encore floue

② on peut préciser facilement la date de sa mort

③ personne ne peut rappeler la date de sa mort

(3) ① est rarement congelée

② n'est pas exploitée pour toujours

③ reste normalement congelée en permanence

(4) ① bien que le froid empêche le corps de pourrir

② comme la glace arrête la décomposition du corps

③ si le climat tempéré favorise la croissance du corps

(5) ① avaient disparu

② avaient été découverts

③ étaient déjà morts

(1)	(2)	(3)	(4)	(5)

EXERCICE 5

次の文章を読み，（1）〜（5）に入れるのにもっとも適切なものを，それぞれ右のページ
の①〜③のなかから１つずつ選び，解答欄にその番号を書いてください。

Les humains ont, dans le corps, environ 5 litres de sang. Le sang est vital. Or,
il arrive que des personnes en perdent beaucoup lors d'une opération ou après
un grave accident. Certains (1) lors d'un traitement pour une maladie
particulière.

Il existe quatre grands types de sang : O, A, B et AB. Les personnes qui ont
un sang de type O ne peuvent recevoir que du sang O. Celles qui ont du sang A
peuvent recevoir du A et du O. Les gens qui ont du sang B peuvent recevoir du
B et du O. Ceux qui sont AB peuvent recevoir n'importe quel sang.

Les hôpitaux ont donc des réserves de sang, conservées dans des poches en
plastique qui sont triées selon les types. En Belgique, on a besoin de plus de
150 000 poches par an. Pour (2), il faut récolter du sang tout le temps. C'est
la Croix-Rouge qui s'occupe de cela. Elle accueille des donneurs, qui doivent
avoir plus de 18 ans, être en bonne santé et (3). Elle leur prend 450 ml de
sang en 12 minutes, avec une aiguille, comme lors d'une prise de sang. Pour le
donneur, il n'y a pas de problème car (4).

La Croix-Rouge a sans cesse besoin de donneurs de sang. C'est pour cela
qu'elle lance une opération de sensibilisation. Des partenaires (communes,
entreprises, associations, médias...) ont accepté (5) de leurs affiches,
journaux, logos, textes... C'est une façon d'attirer l'attention et de rappeler
qu'on a besoin de donneurs de tous les types de sang.

[単語リスト：vital 生存のために不可欠な，poches en plastique ビニール袋，trier 区分けする，
opération de sensibilisation 関心を高めるためのキャンペーン]

(1)　① ne doivent pas recevoir beaucoup de sang

　　② ont aussi besoin de sang

　　③ ont des troubles de la circulation du sang

(2)　① alimenter ces réserves

　　② épuiser les réserves de sang

　　③ faire couler le sang

(3)　① annuler un contrat

　　② poser d'autres conditions

　　③ répondre à certaines autres conditions

(4)　① il est bien payé

　　② sa condition physique s'améliore rapidement

　　③ son sang se reconstitue en quelques heures

(5)　① d'écrire en majuscule la lettre S

　　② de retirer les lettres A, B et O

　　③ de tirer un nouveau type

(1)	(2)	(3)	(4)	(5)

EXERCICE 6

次の文章を読み，（1）〜（5）に入れるのにもっとも適切なものを，それぞれ右のページの①〜③のなかから1つずつ選び，解答欄にその番号を書いてください。

Le 31 mai, c'est la journée mondiale sans tabac, qui a pour but de rappeler les dangers de la cigarette. Fumer tue. Toutes les six secondes, une personne dans le monde meurt à cause du tabac.

La fumée du tabac contient plus de 4 000 composants différents. Il y a de la nicotine, qui fait battre le cœur plus vite et a des effets sur le cerveau. C'est à cause d'elle, notamment, que le fumeur （ 1 ）. Il y a aussi du goudron qui encrasse et abîme les poumons. Il peut causer des bronchites et des cancers (des poumons, de la gorge, de la bouche…).

Ce n'est pas tout. Dans la fumée des cigarettes, il y a aussi du monoxyde de carbone. （ 2 ）, et du coup, on manque d'oxygène, et le cœur souffre. C'est pour cela que c'est difficile pour un fumeur de courir sans s'essouffler ! C'est pour cela aussi que le fumeur （ 3 ）. Cette année, la journée sans tabac a mis l'accent sur les dangers du tabagisme pour le cœur.

Le tabac nuit aussi à la santé des non-fumeurs. C'est ce qu'on appelle le tabagisme passif. Aujourd'hui, （ 4 ） ont des crises d'asthme, des maladies respiratoires ou même des cancers parce qu'ils ont respiré de la fumée de cigarette ! Chaque année, parmi les sept millions de personnes qui meurent dans le monde à cause du tabac, 900 000 sont des non-fumeurs （ 5 ）. Ne pas fumer préserve sa santé et celle des autres.

[単語リスト：composant 成分，goudron タール，encrasser 付着する，abîmer 傷つける，monoxyde de carbone 一酸化炭素，tabagisme たばこ中毒，tabagisme passif 受動喫煙]

(1) ① n'arrive pas à s'empêcher de fumer

　　② peut s'abstenir sans peine de fumer

　　③ risque d'avaler la fumée

(2) ① Il y a autant de CO que d'oxygène dans le sang

　　② Le CO prend la place de l'oxygène dans le sang

　　③ Le CO vicie l'air de la pièce

(3) ① a plus de risques d'avoir des problèmes au cœur

　　② a tendance à avoir mal au cœur

　　③ s'absente souvent de son travail sous prétexte de maladie

(4) ① de moins en moins de gens qui fumaient

　　② de plus en plus de gens qui n'ont jamais fumé

　　③ la plupart des fumeurs qui ne peuvent pas arrêter de fumer

(5) ① dont les enfants souffrent d'asthme

　　② qui exigent de faire la séparation entre la zone pour fumeurs et celle
　　　pour non-fumeurs

　　③ qui ont été exposés à la fumée des cigarettes des autres

(1)	(2)	(3)	(4)	(5)

EXERCICE 7

次の文章を読み，（1）〜（5）に入れるのにもっとも適切なものを，それぞれ右のページの①〜③のなかから1つずつ選び，解答欄にその番号を書いてください。

Des scientifiques analysent la biodiversité du Loch Ness en Écosse. Le Loch Ness est un lac d'eau douce de 39 km de long sur 1 à 3 km de large, situé dans les Highlands, en Écosse. Il est célèbre parce que, (1), il serait habité par un monstre. Depuis le VIe siècle, régulièrement, des personnes affirment (2). Les explications sur la nature de la créature, baptisée Nessie, sont nombreuses. Ce serait un reptile marin qui aurait survécu depuis la préhistoire, un poisson géant ou encore simplement du bois flottant à la surface du lac. Jusqu'à présent, l'existence du monstre n'a jamais été scientifiquement prouvée.

Neil Gemmell, un scientifique néo-zélandais, propose d'analyser l'ADN présent dans les eaux du Loch Ness pour (3). Cette méthode est basée sur le fait que chaque organisme vivant laisse des traces d'ADN dans l'eau quand il se déplace. L'ADN provient de la peau, des écailles...

Concrètement, l'équipe de Neil Gemmell a prélevé environ 300 échantillons d'eau (4) du lac. Les traces d'ADN contenues dans l'eau seront extraites en laboratoire, puis analysées pour déterminer à quelle espèce elles appartiennent. Au fur et à mesure des analyses, les scientifiques dresseront la liste des espèces présentes dans le Loch Ness. Ont-ils une chance de trouver de l'ADN du monstre du Loch Ness ? Ils vont peut-être trouver de l'ADN d'espèces inconnues car il reste encore beaucoup d'êtres vivants à découvrir sur la planète. (5), ils auront une bonne idée de quelle sorte d'animal ou de créature il s'agit.

[単語リスト：biodiversité 生物多様性, préhistoire 先史時代, écaille うろこ, organisme vivant 生命体, prélever 採取する]

(1)　① d'après les scientifiques

　　② malgré tout

　　③ selon la légende

(2)　① l'avoir aperçu

　　② qu'il n'y avait rien

　　③ son identité

(3)　① dresser la liste des plantes qui y poussent

　　② faire l'inventaire des êtres vivants qui le peuplent

　　③ rechercher les espèces des organismes microscopiques qui y vivent

(4)　① à différents endroits et profondeurs

　　② à toute la surface

　　③ dans l'endroit le plus profond

(5)　① À condition de modifier de la qualité de l'eau

　　② En analysant cet ADN

　　③ En se plongeant dans le lac

(1)	(2)	(3)	(4)	(5)

EXERCICE 8

次の文章を読み，（１）〜（５）に入れるのにもっとも適切なものを，それぞれ右のページの①〜③のなかから１つずつ選び，解答欄にその番号を書いてください。

Le chanteur belge Raphy Rafaël aime faire chanter les enfants.　Il réunit volontiers beaucoup d'enfants pour les faire chanter avec lui sur scène.　Cette fois, son projet « Chanson et inclusion » (　1　), qui parlent quatre langues différentes !　Une centaine d'enfants sont concernés.

Toute l'année, les élèves ont découvert et appris une dizaine de chansons de Raphy Rafaël.　Ils ont aussi écrit une chanson, « Aimer aimer », avec le chanteur.

Ils se sont réunis à l'école communale des Vallons de Pesche pour présenter (　2　) au public.　Ils étaient 118 enfants, sur scène, accompagnés de Raphy et de ses trois musiciens.　Ils ont donné une heure de concert en français, mais (　3　).　L'an prochain, ils apprendront un peu de turc.

Les élèves poursuivront le projet et prépareront un concert international, qui réunira une soixantaine d'élèves des quatre pays.　Tous les élèves chanteront un peu dans les langues des autres.　Chaque école proposera un chant de sa culture et la chanson (　4　).　Chaque école viendra avec deux musiciens locaux.　Ce rendez-vous est prévu dans un an.　Pour le préparer, (　5　).　Voilà un projet qui crée des possibilités de rencontres riches, de partages d'émotions, de découvertes humaines et culturelles.

［単語リスト：inclusion 包摂，école communale 公立小学校］

(1) ① a été accepté dans les quatre classes
     ② concerne six écoles de quatre pays
     ③ est le plus souvent refusé par les écoles

(2) ① la difficulté de ce projet
     ② le fruit de leur travail
     ③ le goût pour la chanson

(3) ① avec un peu d'espagnol et d'anglais
     ② pour apprendre l'espagnol et l'anglais
     ③ sans utiliser l'espagnol et l'anglais

(4) ① qu'elle n'aime pas chanter
     ② qu'elle a créée
     ③ qui est à la mode

(5) ① des contacts seront noués entre les écoles
     ② il faudra fixer sa date et son heure
     ③ la rivalité naîtra entre les écoles

(1)	(2)	(3)	(4)	(5)

次の文章を読み，（1）〜（5）に入れるのにもっとも適切なものを，それぞれ右のページの①〜③のなかから1つずつ選び，解答欄にその番号を書いてください。

Quand il fait beau et chaud, on a forcément envie de s'éclater sur la plage, de se prélasser au bord d'une piscine ou tout simplement de passer du temps en extérieur. Mais pour profiter de toutes ces activités, il vous faut avant tout （ 1 ）. L'été, les pertes en eau sont naturellement plus fortes. Une seule solution pour les compenser : boire un maximum !

Mais quelles sont les quantités conseillées, et y a-t-il d'autres manières de les obtenir ?

Les besoins en eau peuvent varier selon le poids et la corpulence de la personne. Les apports en eau nécessaires （ 2 ）, mais de manière générale, comptez entre 2 et 4 litres pour un adulte actif — en visant la fourchette basse ou haute selon les températures extérieures. （ 3 ）, il vous en faudra certainement plus si vous pratiquez une activité physique régulière.

Exposé à la chaleur, l'organisme se rafraîchit à travers la transpiration, ajoute Amy Shapiro, diététicienne du cabinet Real Nutrition NYC. « Pour ne pas se déshydrater, il est essentiel de （ 4 ）. L'un des meilleurs moyens est de boire tout au long de la journée, sans attendre d'avoir soif. » Sa recommandation : （ 5 ） pour déterminer la quantité requise. Par exemple, une personne de 60 kilos devra prendre environ 2 litres par jour.

[単語リスト：s'éclater 夢中になる，se prélasser くつろぐ，corpulence 体格，apport 供給，fourchette 数値の幅，transpiration 発汗，se déshydrater 脱水状態になる，requis 必要な]

(1) ① pratiquer plusieurs sports

    ② vous amuser joyeusement

    ③ vous hydrater correctement

(2) ① changent d'un individu à l'autre

    ② diminuent de moitié

    ③ sont invariables

(3) ① Dans ce cas-là

    ② Néanmoins

    ③ Par conséquent

(4) ① compenser l'eau qu'on perd par la sudation

    ② faire attention à ne pas boire trop d'eau

    ③ transpirer beaucoup

(5) ① diviser par 30 votre poids

    ② doubler votre poids

    ③ perdre votre poids

5 長文完成

(1)	(2)	(3)	(4)	(5)

EXERCICE 10

次の文章を読み，（1）〜（5）に入れるのにもっとも適切なものを，それぞれ右のページの①〜③のなかから１つずつ選び，解答欄にその番号を書いてください。

Depuis de nombreuses années, les scientifiques ont observé une augmentation des températures sur Terre. Celle-ci est si forte que si elle continue comme c'est le cas actuellement, les températures de la Terre （ 1 ） en moyenne en 2100. Elle aurait beaucoup de conséquences.

Les premières conséquences du réchauffement de la Terre ont déjà pu être observées. Il provoque une fonte plus rapide des glaciers, ce qui augmente la hauteur des océans, et certaines îles se font recouvrir par l'eau. Les cyclones, tempêtes, inondations et sécheresses sont plus graves.

Du côté des animaux, certaines espèces sont obligées de quitter leur habitat car elles ne trouvent plus （ 2 ）, et d'autres sont en voie de disparition car leurs conditions de vie ne sont plus adaptées.

Mais les scientifiques ont découvert de nouvelles victimes de ce réchauffement climatique : les aliments, et surtout les légumes. （ 3 ）, l'air est plus chaud et l'eau moins présente près des champs, ce qui, avec le temps, réduit la santé des légumes un peu partout dans le monde. À force, les aliments les plus affaiblis pourraient disparaître. Et c'est comme ça que les pommes de terre, les oignons, les haricots, mais aussi le café et … le chocolat （ 4 ）.

Pour éviter cette catastrophe et pouvoir continuer à manger des frites ou des gâteaux au chocolat, il est important de réagir et de modifier notre mode de vie, （ 5 ）, et de trouver de nouveaux moyens de cultiver les légumes pour qu'ils soient plus résistants.

[単語リスト：conséquence 影響，fonte 溶解，habitat 生息地，à force ついには，réagir 対処する]

(1) ① pourraient être plus élevées de 4°C

② pourraient marquer 4°C

③ tomberaient de 4°C

(2) ① ce qui leur permet de survivre

② d'animaux qui chassent leur proie

③ d'éleveurs qui les nourrissent

(3) ① À cause de lui

② Au contraire de lui

③ Grâce à lui

(4) ① inonderaient la table

② s'effaceraient de nos assiettes

③ seraient arrangés sur nos assiettes

(5) ① de chercher à acheter assez d'aliments

② de ne pas manquer de faire des réserves d'aliments

③ d'éviter de gaspiller les aliments

(1)	(2)	(3)	(4)	(5)

6

長文読解

20行～25行程度の長文を読んで，その内容が設問として示された8つのフランス語文の内容と一致するかどうかを判断する問題で，配点は16点です。

出題例（2017年 ⑥）

6 次の文章を読み、右のページの (1) ～ (8) について、文章の内容に一致する場合は解答欄の ① に、一致しない場合は ② にマークしてください。(配点 16)

La ville de Dijon va devenir une grande bibliothèque en plein air. Les 22 et 23 mars, les journées « Le Bouquin Voyageur » sont organisées dans cette ville par la librairie Deschamps et l'association « Les Amis du Livre ». Cette manifestation a pour but de faire circuler les livres et d'amener les gens à la lecture. Habitués à monter des projets en commun, les deux organisateurs souhaitent rendre la vie culturelle dijonnaise plus dynamique à l'occasion de cet événement.

Environ 500 bouquins vont être déposés dans tous les quartiers, dans des lieux publics, même inattendus. « Sur des bancs, dans les tours d'immeuble, chez plusieurs commerçants, on va en semer pour que chacun puisse tomber sur un livre », explique Myriam Bachot, de la librairie Deschamps. Une étiquette avec le nom de l'événement est collée sur chaque ouvrage. Les participants prennent une photo du livre récolté à l'endroit où il a été laissé. Les photos doivent être envoyées par e-mail aux organisateurs pour être publiées sur leur site web. Ces démarches permettent de suivre le voyage de chaque livre. « Cela plaît beaucoup aux gens de savoir par où le livre est passé », précise Olivier Sampieri, de l'association « Les Amis du Livre ».

Pour cette action, les organisateurs ont rassemblé plus de 700 livres en un mois : « Les bibliothèques, les amis et les amis des amis nous ont envoyé des bouquins. » Des livres contemporains, étrangers, de grands auteurs, de littérature pour la jeunesse, et même quelques nouveautés ont été récupérés. « On ne s'attendait pas à en recevoir autant, et surtout pas de si bonne qualité », avoue Myriam Bachot. Dans une quarantaine d'endroits différents, des livres seront à découvrir, et il y en a pour tous les goûts. Ensuite, chacun fait ce qu'il veut : garder le livre ou continuer de le faire voyager.

(1) La mairie de Dijon va créer une bibliothèque en plein air.

(2) À l'occasion des journées « Le Bouquin Voyageur », les organisateurs veulent donner aux gens l'envie d'aller vers la lecture.

(3) La librairie Deschamps et l'association « Les Amis du Livre » ont déjà organisé ensemble des manifestations culturelles.

(4) Les participants aux journées « Le Bouquin Voyageur » sont informés à l'avance des lieux où les livres sont déposés.

(5) Chaque participant aux journées « Le Bouquin Voyageur » est invité à envoyer aux organisateurs une photo du livre qu'il a pris.

(6) Les organisateurs des journées « Le Bouquin Voyageur » vont déposer dans la ville tous les livres qu'ils ont reçus.

(7) Les organisateurs des journées « Le Bouquin Voyageur » ont réussi à rassembler beaucoup plus de livres qu'ils ne le pensaient.

(8) Aucun participant aux journées « Le Bouquin Voyageur » n'est obligé de rendre le livre qu'il a récolté.

EXERCICE 1

次の文章を読み，右のページの（1）〜（8）について，文章の内容に一致する場合は ① を，
一致しない場合は ② を解答欄に記入してください。

Les plus belles plages du Panama prennent souvent des airs de déchetterie.
C'est la triste réalité sur la situation actuelle, pointée du doigt par les
associations et fondations pour la protection de l'environnement. Plusieurs
millions de tonnes de déchets arrivent chaque jour des océans, qui sont
aujourd'hui envahis de plastique. Une pollution sans précédent, qui menace
notre planète. Quels sont les gestes que chacun peut faire au quotidien ?

Autant que possible, il faut avant tout réduire la quantité de ces déchets en
plastique. Dans nos sociétés de consommation, le plastique à usage unique est
devenu quasi systématique (les flacons, les sachets, les pailles, les bouteilles, les
gobelets...). Le recours à ce type de contenant au quotidien a des conséquences
dramatiques pour notre planète lorsque, après utilisation, il est jeté dans la
nature.

Préférez réutiliser ce que vous pouvez : boire dans un verre plutôt qu'un
gobelet en plastique, acheter la nourriture et les produits ménagers en vrac pour
éviter les emballages inutiles, se servir de bocaux plutôt que de boîtes en
plastique.

Si vous n'avez pas le choix, donnez la priorité au recyclage. En théorie, le
plastique est recyclable à 100 %. Mais dans les faits, la France ne recycle encore
que 24 % de ses plastiques, presque uniquement des bouteilles et des flacons,
pour le moment les seuls emballages ménagers acceptés par la plupart des
centres de tri.

Nos usines doivent effectuer une mutation afin qu'elles puissent traiter tout ce
que vous aurez déposé dans les poubelles de tri « plastique » : au côté des
traditionnels flacons et bouteilles, on pourra alors ajouter les pots de yaourts,
par exemple, qui aujourd'hui terminent dans la poubelle dédiée aux ordures
ménagères.

Ainsi, tout ce qui pourra être recyclable le sera, et le reste partira en
valorisation énergétique. L'objectif ? Que demain, on ne trouve plus aucun
plastique à la décharge.

[単語リスト：déchetterie ごみ処理場，à usage unique 使い捨て，systématique 型にはまった，
en vrac 梱包せずに，tri 選別，valorisation 活用，décharge ごみ捨て場]

(1) Les plages du Panama qui sont habituellement belles prennent un tout autre aspect tous les étés.

(2) Un tas de déchets en plastique sont apportés sur les plages du Panama tous les jours.

(3) Notre vie quotidienne est inondée par les objets d'usage courant en plastique.

(4) Il est préférable pour notre planète que les déchets en plastique se jettent dans la mer.

(5) Au point de vue écologique, il convient qu'on emballe la nourriture et les produits ménagers.

(6) La France réutilise plus de 24 % des plastiques recyclables.

(7) Maintenant les usines françaises manquent de capacité pour recycler tous les plastiques jetés dans les poubelles de tri « plastique ».

(8) Il est impossible d'utiliser le plastique pour produire de l'énergie renouvelable.

(1)	(2)	(3)	(4)	(5)	(6)	(7)	(8)

次の文章を読み，右のページの（1）～（8）について，文章の内容に一致する場合は ① を，一致しない場合は ② を解答欄に記入してください。

On est mercredi. C'est le jour des activités au jardin pour les personnes âgées qui vivent dans la maison de repos Anne-Sylvie Mouzon, à Bruxelles.

Cette semaine, les enfants sont là. Ce sont des enfants de la commune, accompagnés par des mamans. Régulièrement, ces enfants viennent jardiner avec les résidents de la maison de repos. Yvette, bientôt 90 ans, apprécie beaucoup ces moments de rencontre. Tout sourire, elle nous explique : « Le jardin, c'est bien, sinon on ne sort jamais. Et puis, les enfants, ça met de la vie. Ils aiment bien venir. Ils nous connaissent, c'est un peu comme si on était leurs grands-mères. »

Dehors, les enfants empoignent des outils. Avec l'aide de Lucas, qui leur donne des conseils et des explications, ils sèment de la roquette, des salades, des radis, des épinards... Les enfants s'activent, s'amusent, passent du français au néerlandais, sous le regard intrigué d'une dame dans un fauteuil roulant. On entend : « Ahmed, donne-moi de water pour arroser ! ».

Tout à coup, Josiane arrive bien décidée. Elle a découvert des pensées en train de se faner dans un coin du jardin. Elle organise une énergique opération de sauvetage avec Redouane et Ima. « Regarde comme je fais. Mets un peu d'eau dans le trou. C'est bien. »

Rodaina, 12 ans, vient ici depuis des mois avec ses deux frères. « L'an dernier, on a planté des tomates, on a fait une soupe avec, et on l'a mangée avec les vieilles personnes. On joue avec elles. C'est chouette. »

La plupart des enfants n'ont pas de jardin. Ce contact avec la nature leur apporte beaucoup. Rencontrer des personnes âgées est important aussi, surtout pour ceux qui ont des origines étrangères et qui n'ont pas de grands-parents en Belgique.

Les seniors, de leur côté, aiment voir les enfants animer leur jardin et partager quelques moments avec eux. Ça les distrait, ça remet de la vie dans leur vie. Et puis, la nature est apaisante et belle, avec les fleurs, les oiseaux, les papillons...

［単語リスト：sauvetage 救済，apaisante 気持ちを和らげる］

(1) Les enfants viennent jouer dans cette maison de repos tous les mercredis.

(2) Les enfants s'amusent avant tout à bavarder avec ceux qui vivent à la maison de repos.

(3) La visite des petits-enfants d'Yvette anime beaucoup la maison de repos.

(4) Lucas se charge de conseiller des enfants dans leur culture de légumes.

(5) Les enfants parlent quelquefois le français en y mêlant le néerlandais.

(6) Josiane a essayé de sauver les fleurs qui se flétrissaient, en collaborant avec ses amies.

(7) Rodaina a fait une soupe avec des tomates qu'elle avait cultivées pour manger avec les vieilles personnes.

(8) Les enfants qui ne sont pas d'origine belge ont des grands-parents qui leur apprennent à jardiner.

(1)	(2)	(3)	(4)	(5)	(6)	(7)	(8)

EXERCICE 3

次の文章を読み，右のページの（1）～（8）について，文章の内容に一致する場合は ① を，一致しない場合は ② を解答欄に記入してください。

Paris peut-il se retrouver sous l'eau ?

Non. Le niveau de la Seine peut encore monter d'un mètre d'ici à ce soir, mais il reste encore trois mètres en dessous des records de la grande crue de 1910. Pour que Paris soit inondé, il faudrait, en plus du Loing, des crues simultanées de l'Yonne, de la Marne, de l'Aube, de la Seine en amont, ce qui n'est pas le cas aujourd'hui.

En revanche, pour le Loing, il s'agit d'une crise majeure. C'est un événement rare — une telle crue revient en moyenne sur une période de 100 à 120 ans. Il ne s'agit cependant pas de quelque chose d'exceptionnel : ces crues font partie du fonctionnement du cours d'eau.

Qu'est-ce qui explique une telle montée des eaux ?

Ces inondations sont dues à la conjonction de deux phénomènes. Tout d'abord, un hiver et un printemps avec beaucoup de pluies qui ont saturé les nappes phréatiques de ce bassin. Ensuite, des précipitations très intenses ces derniers jours, que les sols n'ont pas pu absorber, et qui ont porté le coup de grâce.

A-t-on atteint le pic des inondations ?

Pour Nemours et Montargis, oui. Le niveau redescend très lentement, au rythme de quelques centimètres par heure. Il faudra plusieurs jours avant que l'eau ne disparaisse. La gestion post-crise va alors commencer pour les communes. Il va falloir mettre en place un travail d'accompagnement juridique pour les sinistrés en aidant à remplir les documents pour les assurances, psychologique pour ceux qui peuvent craquer, et matériel en fournissant par exemple des groupes électrogènes là où l'électricité manque.

［単語リスト： crues 増水，amont 上流，nappe phréatique 自由地下水，précipitations 降水，accompagnement 支援，groupes électrogènes 発電装置］

(1) Les Parisiens assistent à une crue de la Seine sans précédent.

(2) Dans les circonstances actuelles, il est inévitable que Paris soit inondé dans les 24 heures.

(3) Le Loing n'a guère connu une si grande crue depuis longtemps.

(4) Du point de vue du cours de la rivière, ces crues ne sont pas impossibles.

(5) Paris a subi des inondations à cause du déluge d'hiver et de printemps et de la pluie diluvienne récente.

(6) Le niveau des fleuves a atteint son sommet dans toutes les communes, sauf Nemours et Montargis.

(7) À Nemours et à Montargis, l'eau potable s'épuisera dans quelques jours parce que le niveau redescend lentement.

(8) Il faut apporter aux sinistrés de l'aide sur le plan juridique, psychologique et matériel.

(1)	(2)	(3)	(4)	(5)	(6)	(7)	(8)

EXERCICE 4

次の文章を読み，右のページの（1）〜（8）について，文章の内容に一致する場合は ① を，一致しない場合は ② を解答欄に記入してください。

En janvier dernier, sur la plage de Wedge Island, au nord de Perth, en Australie, Tonya Illman, en balade avec des amis, remarque une bouteille à demi enfouie sous le sable. Elle la ramasse, sans se douter de sa découverte. En la débarrassant du sable qui s'est glissé à l'intérieur, elle trouve une feuille de papier humide, roulée sur elle-même et attachée par un fil.

Un texte est écrit sur le document. Il est légèrement effacé mais on peut quand même lire, en langue allemande, des coordonnées et une date. Après de longues recherches sur Internet avec Kym, son mari, Tonya comprend que cette bouteille a été jetée à la mer le 12 juin 1886 ! Le capitaine d'un bateau allemand, La Paula, l'a larguée dans l'océan Indien, dans le but d'étudier les courants marins pour améliorer les routes maritimes.

Après cette découverte, la famille Illman est mise en relation avec des spécialistes allemands et hollandais, qui continuent les recherches dans les archives. Ils retrouvent notamment le journal de bord tenu par le capitaine du bateau, qui permet de confirmer qu'il a bien lâché une bouteille dans l'océan à la date indiquée. Des milliers de bouteilles ont été ainsi jetées dans le monde entier, de 1864 à 1933 sur ordre de l'Observatoire naval d'Allemagne à Hambourg. 663 messages ont été retrouvés, dont celui de Tonya. La bouteille a parcouru 950 km à travers l'océan, avant d'échouer sur la plage l'année même où elle a été jetée. Puis elle a été recouverte par le sable, qui l'a ainsi conservée pendant 132 ans.

[単語リスト：Wedge Island ウェッジ島，Perth パース，larguer 投下する，journal de bord 航海日誌，Observatoire naval 海軍天文台，échouer 乗り上げる]

(1) Tonya Illman a trouvé une bouteille en se baignant dans la mer.

(2) Tonya Illman a été sûre de faire une grande découverte aussitôt qu'elle a ramassé la bouteille.

(3) Une feuille de papier roulée sur elle-même débordait un peu de la bouteille.

(4) Des coordonnées et une date écrites sur le document étaient trop effacées pour être lues.

(5) C'est sur Internet que Tonya Illman a compris quand et où cette bouteille avait été jetée.

(6) Le capitaine allemand a jeté la bouteille dans l'océan pour découvrir les nouvelles routes maritimes en recherchant les courants marins.

(7) Des spécialistes ont retrouvé le journal de bord tenu par le capitaine qui avait largué la bouteille dans l'océan.

(8) La bouteille retrouvée par Tonya Illman a parcouru 950 km à travers l'océan en 132 ans.

(1)	(2)	(3)	(4)	(5)	(6)	(7)	(8)

EXERCICE 5

次の文章を読み，右のページの（1）〜（8）について，文章の内容に一致する場合は ① を，一致しない場合は ② を解答欄に記入してください。

En 1886, deux squelettes d'hommes, vieux d'environ 36 000 ans ont été découverts dans la grotte de Spy, en Belgique. Adrie et Alfons Kennis ont été chargés de redonner son apparence humaine à l'un de ces hommes à partir de ses ossements.

Pour reconstituer le squelette complet, on a d'abord scanné tous les os retrouvés, mais il en manquait. Les os manquants ont été reconstitués à partir de ceux de trois autres squelettes néandertaliens retrouvés en Europe. Ensuite, un puissant ordinateur a fait de nombreux calculs pour transformer les images du scanner en images 3D virtuelles. Enfin, l'ordinateur a transmis à une machine toutes ces informations pour qu'elle reproduise les os, pour de vrai, dans une matière plastique. C'est seulement là que les frères Kennis sont intervenus. Ils ont replacé les muscles, la graisse, la peau et les cheveux sur le squelette afin de donner l'impression qu'il était bien vivant. Bien sûr tout est faux ! Tout, à l'exception des cheveux, est en matière plastique.

L'Homme de Spy est un Homme de Néandertal, c'est-à-dire une espèce humaine, différente de la nôtre, mais qui a vécu en même temps que notre ancêtre l'homo sapiens. On pense que 16 ou 17 espèces d'hommes ont peuplé la Terre. Mais la nôtre est la dernière. L'Homme de Néandertal a disparu il y a environ 30 000 ans.

Il est bien plus costaud que nous ! Il a un crâne plus gros que le nôtre, de larges épaules, des os plus courts et plus gros, et des jambes plus courtes. Il mesure environ 1,65 m. C'est un grand chasseur de mammouth, mais aussi de renne, de bison et de cheval. Il peut aussi pêcher et manger le fruit de sa cueillette. Il vit là où il fait froid (surtout dans le nord de l'Europe et en Asie).

L'intelligence ! Son cerveau est à peu près aussi gros que le nôtre. Il fabrique ses outils en pierre, en os, en bois. Il s'habille avec des peaux et connaît les colorants naturels comme le charbon de bois et l'ocre, dont il se peint peut-être le corps. Il enterre ses morts, c'est le premier homme à le faire. Enfin, il a sans doute un langage simple.

［単語リスト：grotte de Spy スパイ洞窟，costaud 頑丈な，cueillette 摘み取り，colorants 染料］

(1) Adrie et Alfons Kennis ont découvert deux squelettes néandertaliens en 1886.

(2) Tous les os qui constituent un corps humain ont été retrouvés en 1886.

(3) Toutes les parties du corps de l'Homme de Néandertal, imitation très réussie, sont en plastique.

(4) L'Homme de Néandertal est une autre espèce humaine que l'homo sapiens.

(5) Plus de quinze espèces d'hommes vivaient sur la terre en même temps que notre ancêtre.

(6) L'Homme de Néandertal était d'une plus forte constitution que nous.

(7) L'Homme de Néandertal mangeaient non seulement de la viande d'animaux sauvages mais aussi du poisson et des fruits.

(8) Le mode de vie de l'Homme de Néandertal était tout différent du nôtre.

(1)	(2)	(3)	(4)	(5)	(6)	(7)	(8)

EXERCICE 6

次の文章を読み，右のページの（1）～（8）について，文章の内容に一致する場合は ① を，一致しない場合は ② を解答欄に記入してください。

Nous sommes en 1561. Après son couronnement, Charles IX, âgé de 11 ans, fait un grand tour de France afin de découvrir son pays. Au cours de ce voyage, il constate combien le royaume est divisé y compris quand il s'agit de fêter la nouvelle année. En effet, à cette époque on peut commencer l'année à quatre dates différentes : le 1ᵉʳ mars à la mérovingienne, le 25 mars à la capétienne, le 25 décembre à la carolingienne ou à la romaine, le premier janvier. Pour mettre fin à ce désordre, c'est au cours de ce voyage que Charles IX proclame l'Édit de Roussillon où il est écrit que désormais le premier janvier sera pour tous le premier jour de l'année.

Mais il n'est jamais question d'un nouvel an le premier avril.

Effectivement, cette date est symbolique. Le mois d'avril est le premier mois suivant l'hiver mais jamais le premier avril n'a été le premier jour de l'année. Par contre, il semble que certaines personnes ignorant le changement de date de la nouvelle année ou refusant de changer leurs habitudes, ont continué à célébrer la nouvelle année fin mars ou en avril, enfin bref, au printemps.

Pour se moquer gentiment de ces retardataires, certains se sont mis à leur offrir de faux cadeaux le jour du premier avril et en particulier de faux poissons.

Mais pourquoi a-t-on choisi le poisson comme symbole de cette journée ? Pourquoi le poisson d'avril ? Là encore les explications des historiens sont nombreuses !

Tout d'abord, le signe du poisson est le dernier signe astrologique de l'hiver (entre le 19 février et le 20 mars). D'autre part, le poisson rappelle un symbole utilisé par les premiers chrétiens pour se reconnaître. L'ichtys est formé de 2 arcs de cercles entrelacés ressemblant à un poisson stylisé. Enfin, le premier avril tombe généralement à la fin du carême. Les chrétiens, pendant cette période de jeûne, ne mangeaient pas de viande : par conséquent, le poisson (le vrai) était un cadeau offert fréquemment et apprécié à cette époque de l'année.

[単語リスト： Édit de Roussillon ルシヨンの勅令，retardataires 時代遅れの人，signe astrologique 占星術の星座，ichtys イクティス（古代キリスト教でキリストのシンボル。ギリシア語で魚を表わす），carême 四旬節，jeûne 断食]

6 長文読解

(1) Au cours de son tour de France, Charles IX a su que la date où on fêtait la nouvelle année variait selon les régions.

(2) Personne ne célébrait la nouvelle année le premier janvier.

(3) Charles IX a proclamé un édit pour unifier les dates où on fêtait la nouvelle année.

(4) Personne n'a considéré le premier avril comme le commencement de l'année.

(5) Tout le monde n'a pas toujours obéi à l'Édit de Roussillon.

(6) Ceux qui voulaient célébrer la nouvelle année fin mars ou en avril ont commencé à s'offrir de faux cadeaux le premier avril.

(7) Les historiens ne peuvent pas expliquer pourquoi le premier avril est symbolisé par un poisson.

(8) Pendant la période de carême, les chrétiens se sont privés de toute nourriture.

(1)	(2)	(3)	(4)	(5)	(6)	(7)	(8)

EXERCICE 7

次の文章を読み，右のページの（1）〜（8）について，文章の内容に一致する場合は①を，
一致しない場合は②を解答欄に記入してください。

Il y a 40 000 ans, nos ancêtres font du troc. En l'absence de monnaie, les
hommes échangent une chose contre une autre simplement parce qu'ils en ont
besoin à ce moment-là.

Il y a environ 5 000 ans, les hommes commencent à échanger des métaux
comme l'or, l'argent, le cuivre, le plomb, le fer, l'étain. La monnaie en métal a de
nombreux avantages. Elle ne prend pas beaucoup de place. Elle ne risque pas
de perdre toute sa valeur d'un seul coup. Elle peut se diviser. Mais ça n'est pas
encore une pièce. Elle s'échange au poids, à l'aide d'une balance, sous la forme
de pépites, de poudre, d'anneaux...

On a retrouvé les plus anciennes pièces en Turquie. Elles ont environ
2 700 ans. Elles sont en or et en argent. Cette invention va devenir très
pratique. D'abord, les pièces contiennent un poids précis de métal. On n'a
donc plus besoin de les peser lors des échanges, il suffit de les compter. Plus
tard, le poids en métal sera même marqué dessus. Ensuite, on risque moins de
se faire voler en acceptant des pièces d'or plutôt que de la poudre d'or. Car si
l'or est pur dans les pièces fabriquées à la demande d'un roi, d'un pays ou d'une
ville, il ne l'est pas forcément dans de la poudre que vous proposera un inconnu.
Et puis, on peut frapper des pièces de valeur différentes en changeant de métal
(par exemple, un "aureus" romain en or vaut 25 "denarius" d'argent), ce qui
facilite les échanges. Enfin, c'est toujours une monnaie « marchandise » qui a de
la valeur, car le métal est précieux.

Mais pourtant, aujourd'hui, il existe des billets et nos pièces ne sont plus en or
ou en argent. C'est vrai. Le problème est que les échanges ont tellement
augmenté que l'on n'a plus trouvé assez de métal pour frapper les pièces. C'est
pourquoi après le troc, la monnaie « marchandise » et la monnaie en métal, on a
fabriqué de la monnaie papier qui n'a pas vraiment de valeur. Les premiers à en
fabriquer seront les Chinois au XIᵉ siècle.

Enfin, il existe aujourd'hui une monnaie que l'on ne voit pas, une sorte de
« monnaie fantôme ». C'est celle, par exemple, que l'on utilise quand on fait un
achat avec une carte bancaire sur internet.

[単語リスト：troc 物々交換，étain 錫，pépites 金塊，aureus 古代ローマのアウレウス金貨，denarius
デナリウス銀貨]

6
長文読解

216

(1) L'échange de métaux a suivi le troc dans le mode d'échange.

(2) La valeur des métaux a été jugée d'après leur forme.

(3) Ça fait à peu près 2 700 ans que les plus anciennes pièces ont été inventées.

(4) On a commencé à utiliser les pièces lors des échanges, ce qui a évité de les peser.

(5) Si on n'utilise pas des pièces d'or mais de la poudre d'or lors des échanges, on risque moins de se faire arnaquer sur le calcul.

(6) La valeur du métal ne représentait pas celle de la pièce dans l'Empire romain.

(7) Aujourd'hui, nos pièces ne sont plus en or ni en argent parce qu'il n'y a personne qui puisse fabriquer des pièces en or ou en argent.

(8) Ni la monnaie papier ni la monnaie fantôme n'ont de valeur monétaire.

(1)	(2)	(3)	(4)	(5)	(6)	(7)	(8)

EXERCICE 8

次の文章を読み，右のページの（1）～（8）について，文章の内容に一致する場合は ① を，
一致しない場合は ② を解答欄に記入してください。

Dans la nature, de nombreux animaux marins vivent ou cherchent leur nourriture dans des endroits rocheux que l'on appelle des récifs. L'idée est de placer des récifs artificiels pour attirer des animaux et des végétaux, dans des endroits où la vie marine est pauvre. Ils ne ressemblent pas du tout à des rochers. Les pêcheurs japonais était les premiers à fabriquer, dès le XVIIe siècle, des récifs artificiels en assemblant des bambous. Mais aujourd'hui, ces « villages à poissons » sont surtout fabriqués en béton ou en métal. C'est rarement beau, mais ça semble plaire aux poissons !

Au bout de quelques années, les poissons se reproduisent dans ces « villages » et les bébés poissons y grandissent. Alors, c'est comme si on créait une oasis dans le désert. On installe ces « villages » sur des fonds sableux, sans vie et on essaie d'en faire des endroits riches en espèces animales et végétales.

Il existe des « villages » pour poissons dans les mers du monde entier. Mais les Japonais sont ceux qui en fabriquent le plus. Ils en inventent de toutes les formes et de toutes les tailles. Ils s'en servent de garde-manger. Les Japonais mangent beaucoup de poisson. Mais s'ils en pêchent trop, un jour il n'y en aura plus. En installant des récifs artificiels, ils offrent aux poissons plus d'endroits où se reproduire. Et tous les bébés supplémentaires seront bientôt de gros poissons bons à manger. Ainsi, les Japonais peuvent continuer à beaucoup pêcher sans provoquer la disparition de tous les poissons.

Les Américains préfèrent créer des « villages à poissons » pour les touristes pratiquant la plongée sous-marine. Ils coulent de vieux bateaux, des wagons de métro et des carcasses de voiture. Ce sont les rois du recyclage ! Si les défenseurs de la nature disent que l'on se sert de la mer comme d'une poubelle, les poissons, eux, apprécient ces endroits. Depuis l'installation de wagons de métro au large de Washington, les animaux marins sont 400 fois plus nombreux qu'il y a 7 ans !

［単語リスト：récif 暗礁，sableux 砂地質の，garde-manger 食糧品貯蔵室，carcasse 骨組み］

(1) Les récifs artificiels servent d'endroits rocheux où les poissons viennent chercher de quoi manger.

(2) Les premiers récifs artificiels étaient fabriqués en béton ou en métal.

(3) En installant des « villages à poissons », on peut transformer des endroits stériles en endroits féconds.

(4) Les « villages à poissons » servent aux Japonais de dépôts de poissons vivants.

(5) Les Japonais n'installent des récifs artificiels que pour éviter la pollution marine.

(6) Les Japonais sont impatients de pêcher de jeunes poissons qui sont nés dans des récifs artificiels.

(7) Les Américans fabriquent des « villages à poissons » dans le même but que les Japonais.

(8) La vie des poissons est menacée par de vieux véhicules jetés à la mer par les Américains.

(1)	(2)	(3)	(4)	(5)	(6)	(7)	(8)

EXERCICE 9

次の文章を読み，右のページの（1）〜（8）について，文章の内容に一致する場合は ① を，一致しない場合は ② を解答欄に記入してください。

Quand nous, adultes, nous passons le permis de conduire, nous apprenons d'abord le code de la route, c'est-à-dire à connaître les règles qui permettent de circuler sur la route. Ensuite, nous apprenons à conduire une voiture. Au début, il faut réfléchir à tout : comment passer une vitesse, penser à regarder dans le rétroviseur, appuyer sur les bonnes pédales et j'en passe. À force d'entraînement, cela finit par devenir automatique et l'on ne se pose même plus la question de comment passer une vitesse par exemple.

L'opération « Permis Piéton » sensibilise les enfants de CE2 aux risques de la circulation et au bon usage de l'espace public. Ils sont trop petits pour conduire une voiture mais ils se déplacent pourtant sur la route tous les jours ou presque : pour aller à l'école, pour rentrer à la maison, pour aller chez un copain, *etc.*

L'idée du permis piéton, c'est de leur apprendre les règles que doivent respecter les piétons pour se déplacer de la manière la plus sécurisée possible. Pour cela, il faut passer par des explications pour qu'ils puissent comprendre pourquoi il faut avoir tel ou tel comportement, puis prendre de bonnes habitudes.

Pour que les enfants soient capables de se déplacer en toute sécurité dans la ville, la Municipalité et la communauté éducative ont décidé de se mobiliser. En janvier, les agents des services Enseignement et Sécurité et Qualité de Vie Urbaine interviennent dans les classes de CE2 pour remettre aux élèves le « Code du jeune piéton ». Après une formation dispensée par l'enseignant dans le cadre de l'Attestation de première éducation à la route (A.P.E.R.), les élèves passent en avril un test de connaissances et des mises en situation pour obtenir le précieux permis. Il s'agit de développer le sens de la responsabilité des enfants afin de leur permettre d'assurer leur sécurité de façon autonome.

［単語リスト：opération キャンペーン，CE2 小学校初等科 2 年，se mobiliser 決起する，attestation 証明書，autonome 自立の］

(1) Les adultes qui peuvent tout juger selon le sens commun n'ont pas à apprendre le code de la route.

(2) Les conducteurs expérimentés peuvent conduire automatiquement, sans réfléchir à rien.

(3) L'opération « Permis Piéton » a pour objet de protéger les enfants contre l'accident de la circulation.

(4) Les enfants marchent rarement dans la rue parce que leurs parents les conduisent en voiture.

(5) Les piétons ne doivent pas mépriser les règles pour se déplacer en sécurité sur la route.

(6) On a beau expliquer aux enfants pourquoi ils doivent respecter les règles, ils ne le font pas.

(7) En janvier, les agents des services Enseignement et Sécurité et Qualité de Vie Urbaine viennent faire passer le « Code du jeune piéton » aux élèves de CE2.

(8) Il suffit de suivre la formation dans le cadre de l'Attestation de première éducation à la route pour que les élèves obtiennent le permis piéton.

(1)	(2)	(3)	(4)	(5)	(6)	(7)	(8)

EXERCICE 10

次の文章を読み，右のページの（1）～（8）について，文章の内容に一致する場合は ① を，一致しない場合は ② を解答欄に記入してください。

Après la vue, le goût et le toucher, nous vous proposons de parler de l'ouïe. C'est grâce aux oreilles que l'on entend tous les sons.

Un son est une vibration qui se déplace dans l'air comme les vaguelettes à la surface de l'eau. Le son se déplace à la vitesse de 340 mètres par seconde (plus de 1 200 km/h). Si jamais un véhicule va plus vite que la vitesse du son (comme un avion), ça fait un gros boum ! On dit alors qu'il a passé le mur du son.

Le son entre par notre oreille, à l'intérieur de la tête. Il frappe le tympan, comme la peau d'un tambour. Les petits os qui se trouvent derrière se mettent ensuite à bouger contre le limaçon qui envoie un signal au cerveau. Ce dernier le décode. Alors seulement, on comprend le son.

Dans ce drôle de limaçon se trouve des sortes de cils (appelés cellules ciliées) qui transforment le son en un signal électrique qui sera ensuite transmis au cerveau. On peut les comparer à des algues qui vont et viennent sous l'effet d'une vague. Or, ces cils sont très fragiles. Chaque bruit trop fort (marteau-piqueur, baladeur, explosion,...) peut détruire des cils qui ne seront, contrairement à d'autres cellules, jamais remplacés. Le risque, bien entendu, est de devenir sourd ou d'entendre en permanence des bourdonnements ou des sifflements très désagréables appelés acouphènes.

Certaines espèces entendent des sons différents des nôtres. Le dauphin entend des sons très aigus que les humains ne peuvent pas entendre : on appelle ça des *ultrasons*. Quant aux baleines, girafes et éléphants, ils peuvent produire des sons impossible à entendre par les humains, tellement ils sont graves : on appelle ça des *infrasons*. Les infrasons jouent un rôle dans la communication chez eux.

[単語リスト：vaguelette さざ波，tympan 鼓膜，limaçon 蝸牛殻，cil 繊毛，ciliée 繊毛のある，algues 藻，acouphènes 耳鳴り]

(1) L'ouïe est un sens qui permet d'entendre tous les sons.

(2) Le son se compare souvent à des rides à la surface de l'eau.

(3) Tous les véhicules exploseront s'ils roulent à plus de 1 200 km à l'heure.

(4) Le son entre par l'oreille, passe par quelques organes et atteint enfin le cerveau.

(5) Le limaçon a pour rôle de transformer le son en un signal électrique après avoir été transmis au cerveau.

(6) Les cils qui se trouvent dans le limaçon sont trop fragiles pour résister au bruit du tonnerre.

(7) La destruction des cils ne risque pas de causer des troubles auditifs.

(8) Le dauphin entend des ultrasons et la baleine, la girafe et l'éléphant entendent des infrasons.

(1)	(2)	(3)	(4)	(5)	(6)	(7)	(8)

7

長文要約

20行から25行程度の文章を読み、設問の指示にしたがって内容を日本語で要約する問題です。本文をそのまま和訳するだけの問題ではありません。字数も決められています。配点は15点です。

━━━ **出題例（2017年 7 ）** ━━━

7 次の文章を読み、右のページの (1)、(2) に、指示にしたがって**日本語**で答えてください。句読点も字数に数えます。

解答欄は解答用紙の裏面にあります。（配点 15）

En France, environ 5 millions d'individus souffrent de troubles auditifs. Si le fait d'être sourd pose déjà des difficultés, certaines conséquences des troubles de l'audition sont plus graves. À commencer par l'influence que peuvent avoir les pertes de l'audition sur l'affaiblissement cognitif*.

Plusieurs études scientifiques ont en effet souligné un lien entre la surdité et la maladie d'Alzheimer. Dans une étude réalisée par Francis Ling, professeur à l'université de Montréal, il est démontré que la perte d'audition est associée à celle de la faculté cognitive. Il précise tout de même qu'on ne sait pas si ce lien statistique** est de cause à effet. Notamment parce que la maladie d'Alzheimer débute bien avant que les symptômes ne soient évidents.

Pour Laure Dupin, professeur à l'université d'Aix-Marseille, on peut expliquer cette relation par l'isolement social auquel sont confrontées de fait les personnes souffrant de troubles auditifs. On peut penser qu'une personne âgée qui entend moins bien va peu à peu restreindre sa vie sociale. Elle va moins communiquer avec les autres, moins sortir, ou limiter ses activités de loisir. Et c'est sans doute cet isolement progressif qui joue un rôle dans la diminution cognitive.

C'est aussi l'avis de Francis Ling. Mais il avance également une autre hypothèse. L'audition fait appel à des régions du cerveau qui sont liées à la mémoire. Lorsqu'on n'entend plus, ces régions deviennent moins actives. Ne plus entendre les bruits habituels de la vie quotidienne peut entraîner une moindre stimulation de ces parties du cerveau et faire baisser les activités cognitives globales.

* cognitif：認知の　** statistique：統計学的な

(1) 本文によれば、聴覚障害とアルツハイマー病の関係が疑われるのは、聴覚障害が高齢者の日常にどのような影響をもたらすからですか。（45字以内）

(2) 本文によれば、聴覚障害とアルツハイマー病の関係について、生理学的にはどのような説明が可能ですか。（45字以内）

EXERCICE 1

次の文章を読み，右のページの（1）〜（3）に，指示にしたがって**日本語**で答えてください。句読点も字数に数えます。

Le concept de jeunes filles au pair est loin d'être nouveau. Elles s'immergent dans une famille d'un autre pays pour aider et participer à la vie de famille, garder les enfants à domicile, aller les chercher à l'école… Néanmoins, face au vieillissement de la population mondial se développe un nouveau concept, celui des Mamies au pair !

Le concept de Mamie au pair offre de nombreux avantages : il permet aux personnes âgées à la retraite de voyager, de vivre de nouvelles expériences, de tisser du lien social mais également des liens intergénérationnels avec les enfants dont elles sont amenées à s'occuper. Dans la société actuelle, de nombreuses retraitées vivent loin de leur descendance et sont ravies de pouvoir jouer les grands-mères avec d'autres enfants.

Marie Bardet, 65 ans, est par exemple partie au bout du monde pour s'occuper d'une petite fille de 7 ans : « Une maman célibataire australienne a fait appel à moi pour s'occuper de sa petite fille. Je devais surtout la conduire à l'école et l'aider pour ses devoirs. J'étais donc libre quand la petite était en classe, et j'en ai profité pour découvrir la ville et passer du temps à la plage ». Conquise par l'expérience, cette Française a par la suite enchaîné les voyages : Australie, Philippines.

La maturité est particulièrement appréciée des familles, tout autant que l'expérience auprès des enfants, comme en témoigne Marion Renouard, responsable commerciale à la recherche d'une Mamie au pair : « Je préfère confier mon bébé à quelqu'un d'expérimenté, qui a déjà eu des enfants. Et comme mes parents sont loin, et ceux de mon mari plutôt occupés, ce sera bien pour le bébé d'avoir une sorte de substitut de grand-mère à la maison ».

Une famille de Zurich de 3 garçons est également conquise par le concept : « Cela fait deux ans que nous avons des Mamies au pair. Elles restent en général 4 à 6 mois et reviennent plusieurs fois. Ce sont souvent des veuves ou des femmes divorcées, qui aiment découvrir le pays ».

[単語リスト：intergénérationnel 世代間の，descendance 子孫，enchaîner 繋ぐ，substitut 代行，conquis 魅了された]

（1） « Mamie au pair » のコンセプトが提供してくれる利点として，高齢者が旅行の機会をあたえられることと新たな経験ができること以外になにがありますか。（30字以内）

（2） Marie Bardet は仕事が暇な時間になにをしていましたか。（30字以内）

（3） Marion Renouard によると，Mamie au pair が家族から高く評価される理由は何ですか。（30字以内）

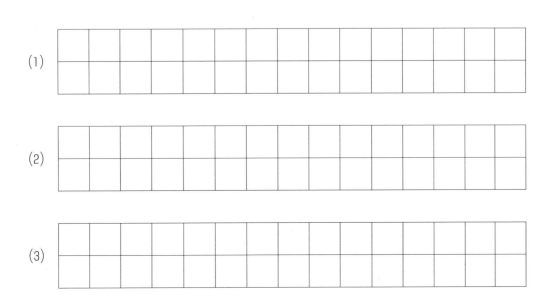

EXERCICE 2

次の文章を読み，右のページの（1）～（3）に，指示にしたがって**日本語**で答えてください。句読点も字数に数えます。

Après le constat probant que la croissance telle que nous la connaissions au siècle dernier, gardienne de nos emplois et de notre pouvoir d'achat, ne renaitra plus jamais, des groupes de personnes ont décidé de vivre dans un système à contre-courant.

À l'instar des objecteurs de croissance actuelle, les fondateurs de ce qu'on peut appeler « l'écologie radicale » affirment déjà que « la société industrielle met en péril l'équilibre des liens unissant l'homme et la nature et qu'il convient que les hommes retrouvent un mode de vie qui ne soit pas centré sur la recherche du confort maximal ». Loin d'être des marginaux vivant en autarcie, les décroissants ont avant tout fait le constat d'une société malade dans laquelle l'humanité s'autodétruit plus qu'autre chose.

Pour entamer le chemin vers la décroissance, le simple constat ne suffit pas. Il est essentiel de rentrer dans un processus de désengagement profond vis-à-vis des modèles jusqu'ici suivis. Nous avons tous en nous des résistances qui nous empêchent de changer du jour au lendemain de comportement général. Que ce soit des résistances familiales (comme les modèles parentaux qui nous imprègnent et qui guident inconsciemment tous nos choix) ou encore les barrages sociaux (il faut faire comme tout le monde, sinon je passe pour un fou). La résistance interne la plus fréquente reste la rationalisation souvent dictée par la peur du changement.

Bref, tout ça pour dire que pour emprunter la voie de la décroissance, ces personnes se sont tout simplement débarrassées de ces barrages internes et de ce fait se sont libérées.

La société telle que nous l'a connaissons aujourd'hui se base sur la croissance économique : elle se construit grâce à la consommation de produits issus de ressources épuisables. Il faut dire les choses telles qu'elles sont ! Notre Terre a des ressources limitées que notre modèle utilise sans limitation justement. Le mouvement de décroissance s'affranchit de cette exploitation infinie en se rapprochant au maximum de la nature.

[単語リスト：constat 総括，probant 確かな，à l'instar de …にならって，prémisse 前提条件，objecteur 反対者，marginal アウトサイダー，autarcie 自給自足経済体制，imprégner 浸透させる，dicter 押しつける，s'affranchir 解放される]

（1）« l'écologie radicale » の創始者たちは工業社会をどのように評していますか。(30字以内)

（2）筆者は反成長へ向かうためにはなにが必要だと述べていますか。(25字以内)

（3）筆者によると，反成長運動の根幹をなすのはどのようなことですか。(35字以内)

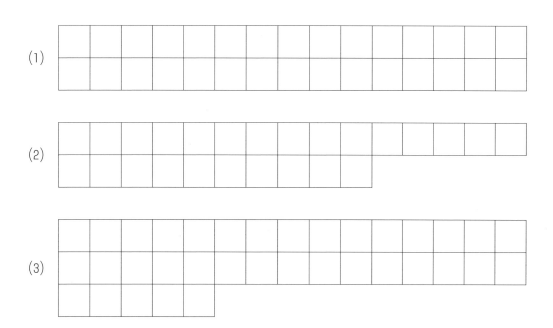

次の文章を読み，右のページの（１）〜（３）に，指示にしたがって**日本語**で答えてください。句読点も字数に数えます。

La famille recomposée est devenue chose courante, mais elle est encore considérée par certains comme « contre-nature ». La recomposition familiale entraîne le renversement d'un certain ordre établi. Cette perturbation est à l'origine de l'apparition de sentiments tels que la jalousie, la frustration, le sentiment d'être aliéné ou encore de sentiments provenant d'une déception de ne pas être l'unique attraction d'un couple. Un enfant peut ressentir un manque d'affection et d'attention de son parent biologique. Aussi, il arrive parfois qu'il se culpabilise en ayant un rapport avec son beau-parent pouvant lui faire éprouver un sentiment de trahison envers son autre parent.

Le succès de l'établissement d'une famille recomposée repose donc sur la patience, le temps, l'harmonie et le soutien inconditionnel et constant du parent biologique envers son conjoint. Pendant cette construction familiale, les enfants aux liens demi-fraternels ou quasi-fraternels peuvent se livrer à une confrontation pour trouver leur place dans ce nouveau cadre familial.

De plus, la coopération de tous pour forger de nouvelles habitudes de vie est essentielle. L'autorité devra prioritairement être régie par le parent biologique, mais le beau-parent devra aussi participer au bon fonctionnement de la maison, et donc exercer une forme d'autorité. Faisant partie de la famille, le beau-parent a également son mot à dire et sa part de responsabilité en ce qui concerne l'enfant du conjoint, dans le quotidien et dans la maison. Sans tout cela, l'harmonie et le respect seront difficilement acquis. En effet, le beau-parent deviendrait un adulte sans autorité et sans responsabilité, et serait exclu et dévalorisé aux yeux de l'enfant.

Dans une famille recomposée, il est donc possible et souhaitable que, sans abus ou tentative de prendre le rôle de la mère ou du père, le beau-parent ait lui aussi un rôle à jouer dans l'éducation de ses quasi-enfants.

De plus, voyant son parent biologique heureux avec le nouveau conjoint, l'enfant apprendra à tisser un lien avec ce dernier, ou du moins à le respecter.

［単語リスト：renversement 転覆，perturbation 混乱，se culpabiliser 罪悪感を抱く，inconditionnel 無條件の，régir 支配する，dévaloriser 評価を落とす，abus 乱用］

（1）筆者によると，再構成家族のなかで子どもはなぜ自分を責めるのですか。（30字以内）

（2）筆者によると，再構成家族がうまくいくためにはなにが必要ですか。（30字以内）

（3）筆者によると，再構成家族において義理の親は子どもに対してどのように接することが
望まれますか。（30字以内）

（1）

（2）

（3）

EXERCICE 4

次の文章を読み，右のページの（1）〜（3）に，指示にしたがって**日本語**で答えてください。句読点も字数に数えます。

Les données personnelles sont nombreuses et elles sont éparpillées. La commune en a, le médecin aussi, l'école également, un club de sport ou une académie de musique, les amis... mais aussi des entreprises à qui vous avez commandé un produit.

Certaines données sont « sensibles ». On n'a pas envie que tout le monde connaisse notre âge, sache qu'on n'a pas beaucoup d'argent ou qu'on est au contraire très riche, qu'on souffre d'une maladie grave. Certaines de ces informations pourraient empêcher de trouver un travail, d'acheter une maison.

D'autres données semblent plus anodines. Mais, en général, on n'apprécie pas de recevoir des centaines de publicités dans sa messagerie parce qu'on a participé à un concours sur Internet. On est parfois agacé d'être appelé sur son GSM par une entreprise à qui on n'a jamais donné son numéro. En fait, tout le monde a droit au respect de la vie privée.

L'Union européenne a décidé de protéger les citoyens, en établissant des règles de protection de leurs données. C'est le RGPD (règlement général de protection des données). Ce règlement autorise la collecte de données personnelles, mais à certaines conditions. Par exemple, si elles sont nécessaires pour remplir un contrat, pour soigner ou sauver une vie.

Si l'on n'est pas face à une obligation de ce genre, la personne doit donner son accord à l'entreprise ou à l'organisation qui veut utiliser ses données. La personne doit connaître le but clair et précis de l'utilisation de ses données ainsi que la durée. De plus, l'entreprise ou l'organisation ne peut traiter que les données dont elle a besoin. Par exemple, votre club de foot doit demander votre accord avant de publier votre photo dans le magazine du club ou sur son site Internet, et il doit vous dire quand et où il partagera cette photo.

[単語リスト：éparpiller 散乱する，anodin 害のない，messagerie メッセージサービス，GSM GSM方式（携帯電話の通信方式の1つ）

（1）筆者は個人情報をその性質から2種類に分けています。その2種類とは何ですか。（30字以内）

（2）RGPDが個人情報の収集を認める状況として筆者があげている具体例を書いてください。（30字以内）

（3）企業や団体が同意をえて個人情報を使う場合の条件は何ですか。（30字以内）

（1）

（2）

（3）

次の文章を読み，右のページの（1）～（3）に，指示にしたがって**日本語**で答えてください。句読点も字数に数えます。

Les Climats du vignoble de Bourgogne sont de petites parcelles de vignes précisément délimitées et réparties sur la côte de Nuits et la côte de Beaune, coteaux naturels aux sols argilo-calcaires de composition extrêmement variable s'étendant sur 50 km du sud de Dijon jusqu'aux Maranges.

Les Climats du vignoble de Bourgogne sont le berceau et l'archétype, toujours vivant, des vignobles de terroir dont la spécificité est d'associer étroitement la qualité gustative de leur production à la parcelle dont elle est issue.　En Bourgogne, depuis le haut Moyen Âge, l'identification du vin au lieu sur lequel il est produit a été poussée au plus haut degré, donnant naissance à un parcellaire d'une exceptionnelle minutie.　Les nombreux crus, provenant de cette mosaïque, issus de deux cépages uniques (Pinot noir et Chardonnay), en expriment l'extrême diversité.

Ainsi 1247 Climats différents sont très précisément délimités selon leurs caractéristiques géologiques, hydrographiques et atmosphériques et hiérarchisés dans le système des Appellations d'Origine contrôlée (AOC).　Les Climats sont le produit des conditions naturelles et de l'expérience accumulée du savoir-faire vigneron constitué sur près de deux millénaires.　Ils traduisent d'une manière exceptionnelle la relation très ancienne des communautés humaines locales avec leur territoire.　Depuis le Moyen-Âge, ces communautés ont démontré leur capacité à identifier, exploiter et distinguer progressivement les propriétés géologiques, hydrologiques, atmosphériques et pédologiques et le potentiel productif des Climats.

Les Climats matérialisent ainsi un modèle de production viti-vinicole exceptionnel reflétant des traditions viti-vinicoles et des savoir-faire spécifiques. Un grand nombre de ces Climats sont encore clairement identifiables dans le paysage — par des chemins, des murs de pierre ou des clôtures — et sont fixés et réglementés par les décrets d'appellation d'origine.

[単語リスト：terroir ブドウ産地，gustatif 味に関する，parcellaire 森林区画，cépage ブドウ品種，géologique 地質の，hydrographique 水路の，vigneron ブドウ栽培者，pédologique 土壌学，viti-vinicole ブドウ生産の，décret 政令]

(1) « Climats du vignoble de Bourgogne » 産のワインの特徴は何ですか。(30字以内)

(2) « Climats du vignoble de Bourgogne » の境界はどいう特質をもとにして画定されますか。(30字以内)

(3) « Climats du vignoble de Bourgogne » が実現しているのは，どのようなブドウ生産モデルですか。(30字以内)

(1)

(2)

(3)

次の文章を読み，右のページの（１）〜（４）に，指示にしたがって**日本語**で答えてください。句読点も字数に数えます。

Le développement d'un pays est considéré comme « durable » lorsqu'il répond aux besoins du présent sans compromettre la capacité des générations futures à répondre aux leurs. On peut le mesurer en comparant la demande que la consommation humaine fait peser sur la biosphère (empreinte écologique) à la superficie ou à l'offre de terres productives disponibles pour répondre à cette demande (biocapacité).

Selon le rapport du Global Footprint Network, la majorité des États membres de l'Union européenne est en situation de déficit écologique. Un pays connaît un déficit écologique lorsque l'empreinte émise par sa population sur son territoire dépasse la biocapacité de ce territoire. À l'inverse, il y aura une réserve écologique lorsque la biocapacité d'un pays dépasse l'empreinte écologique de sa population. C'est au Nord (Suède, Finlande, Estonie et Lettonie) et à l'Est (Roumanie) que se situent les États en situation de réserve écologique. La Finlande est le pays qui obtient les meilleurs résultats : sa biocapacité est supérieure à son empreinte écologique de 6,7 hectares globaux par personne (gha/pers.).

Certains pays qui avaient enregistré des progrès notables sont tombés dans le déficit et d'autres l'ont aggravé. Par exemple, les Pays-Bas, qui étaient considérés en capacité de réserve écologique, sont passés à un déficit de 4,7 gha/pers de déficit. La France ne fait pas figure d'exception et a déjà franchi la barre des 2 gha/pers de déficit. Quant à la Bulgarie, elle a aussi perdu son statut de réserve écologique et se situe désormais à la limite du déficit.

[単語リスト：compromettre 損ねる，biosphère 生物圏，écologique 生態学的，biocapacité 生物生産力，déficit 赤字，hectares globaux (gha) グローバルヘクタール（私たちの生活が環境に与える影響の度合いを表わす単位で，ヘクタールhaをもとにする）]

（1） « empreinte écologique » とは何ですか。（20字以内）

（2） « biocapacité » とは何ですか。（30字以内）

（3） 生態学的備蓄がある国を 3 ヶ国書いてください。（20字以内）

（4） オランダ，フランス，ブルガリアのなかでもっとも赤字が大きいのはどの国ですか。
　　（5字以内）

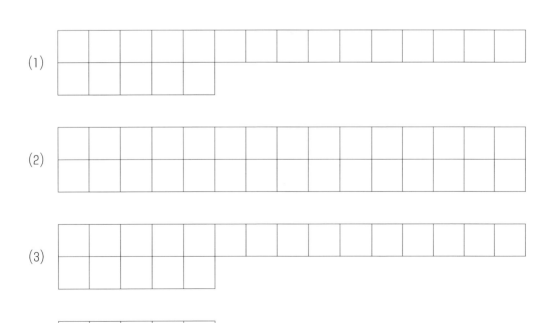

次の文章を読み，右のページの（1）～（3）に，指示にしたがって**日本語**で答えてください。句読点も字数に数えます。

Un enfant mémorise parfaitement dès ses premières heures. Et pourtant, un adulte est incapable de se rappeler ses trois premières années.

Quel est votre tout premier souvenir ? Il y a de fortes chances pour que cela soit un événement parfaitement anodin survenue lorsque vous aviez 3 ou 4 ans. Rien en effet de ce que l'on a vécu précédemment ne nous accompagne jusqu'à l'âge adulte. Faute de disposer dans la petite enfance d'une mémoire efficace ? C'est ce que l'on crut longtemps après que Freud eut décrété que les tout-petits étaient frappés d'« amnésie infantile ». Mais l'amnésie infantile est un concept erroné, car — on l'a maintes fois prouvé depuis — la mémoire fonctionne parfaitement chez l'enfant. Comment alors expliquer cette incapacité à avoir des souvenirs d'enfance qui remontent plus loin ? La mémoire est prête à fonctionner dès la naissance. Une équipe de psychologues universitaires a démontré que la mémoire existait déjà in utero lors d'une expérience menée en 1986. On fait écouter à des nouveau-nés âgés de 33 heures l'enregistrement de la voix de leur mère et celui de la voix d'une autre femme. Résultat : ils sucent plus intensément leur tétine lorsque la voix est celle de leur mère, voix dont ils se souviennent.

Comment expliquer que la mémoire naisse avec l'enfant mais qu'elle ne stocke rien durablement avant l'âge de 3 ans ? Il y a, parmi d'autres explications, une hypothèse biologique. Le cerveau n'est pas complètement construit, il le sera vers l'âge de 7 ans. L'hippocampe, qui joue dans la mémoire le rôle d'un archiviste, fonctionne mais n'est pas mature. Le jeune enfant stocke, retient puis oublie. Mais surtout, il y a l'absence de langage. Pour mémoriser des événements, faut-il pouvoir les traduire en mots, les premiers remontent à l'âge où l'on sait les mettre en mots, où on comprend qu'il existe un monde physique et un monde mental.

[単語リスト：décréter 決めつける，amnésie 記憶喪失，in utero 子宮内の，hippocampe 海馬，archiviste 古文書保管人]

（1）フロイトの言う《 amnésie infantile 》はなにを意味する概念ですか。（30字以内）

（2）筆者によると，記憶力が機能するのはいつからですか。（30字以内）

（3）筆者があげている幼児経験が長期的に保存されない2つの理由を書いてください。（30字以内）

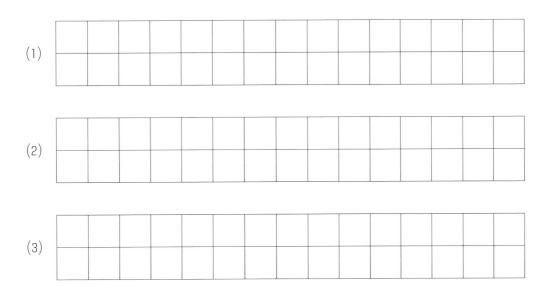

（1）

（2）

（3）

EXERCICE 8

次の文章を読み，右のページの（1）〜（3）に，指示にしたがって**日本語**で答えてください。句読点も字数に数えます。

Chassé des villes pour laisser place à l'automobile, le tramway revient à la fois en force et en douceur dans les rues. Sur son passage, l'environnement urbain reprend un aspect humain.

Pourquoi ce succès ? Il y a d'abord une raison économique. De tous les transports en commun, c'est le moins cher et le plus simple, le plus rapide à réaliser — de 15,2 à 22,8 millions d'euros du kilomètre. Pour le métro, il faut multiplier ces chiffres par quatre. C'est ensuite un moyen de transport agréable, moins stressant que la plongée dans un obscur tunnel. Ici, on est en surface. Le large vitrage de la voiture permet de voir la ville. La vitesse est modulable. Le tram peut passer en centre-ville ou en périphérie à des rythmes différents. Roulant en site propre, sur un revêtement (bois, pavé, gazon) qui se différencie du goudron de la chaussée, il évite les embouteillages, et sa régularité en est renforcée. Les antiques caisses étroites, hautes sur pattes, ont été radicalement modifiée et son plancher abaissé — ce qui facilite l'accès des passagers.

Le tramway a-t-il une incidence sur l'urbanisme ? Très certainement, répond l'urbaniste Patrick Ecoutin. « C'est un équipement moderne, donc requalificatif. La création d'une nouvelle ligne permet de rénover le paysage urbain en profondeur, de refaire les sols, de replanter des arbres, d'installer un nouveau mobilier, de modifier les éclairages. Ce processus est très visible à Strasbourg.

Le tramway est enfin une alternative sournoise à l'automobile et un moyen discret de lutter contre sa prolifération. En effet, les rames circulant sur un site propre confisquent tout naturellement une partie de la voirie à leur usage exclusif. La concurrence entre les deux moyens de transport ne date pas d'hier. Au lendemain de la Première Guerre mondiale, le lobby de l'automobile, entre les mains de Louis Renault, principal constructeur d'autobus, a fait en sorte que la Société des transports en commun de la région parisienne (STCRP) abandonne le tram au profit exclusif du bus. Ce qui a été effectif dès 1937.

[単語リスト：vitrage ガラス格子，modulable 調整できる，périphérie 周辺部，revêtement 舗装，goudron タール，incidence 影響，requalificatif 資格を再交付する，sournois 密かな，confisquer 占有する，prolifération 氾濫，lobby 圧力団体]

(1) 筆者があげている路面電車が受けいれられた理由を２つ書いてください。(30字以内)

(2) 筆者によると，路面電車は具体的に都市計画にどういう影響をもたらしますか。(30字以内)

(3) 交通手段としての自動車と路面電車が競争するおもな理由は何ですか。(30字以内)

(1)

(2)

(3)

EXERCICE 9

次の文章を読み，右のページの（1）〜（3）に，指示にしたがって**日本語**で答えてください。句読点も字数に数えます。

La présence d'eau sous forme de glace au pôle Sud de la planète Mars a été détectée pour la première fois de façon directe par la sonde européenne Mars Express. C'est ce qu'ont révélé les experts de l'Agence spatiale européenne. Certes, les spécialistes, se fondant sur des indications indirectes, comme la concentration en hydrogène dans certaines régions observées par la sonde américaine Mars Odyssey, disposaient déjà d'un faisceau d'arguments en faveur de l'existence d'eau sur la planète rouge. Les travaux de Mars Express ont donc confirmé un certain nombre d'hypothèses.

La sonde Mars Express, en orbite autour de la planète rouge depuis un mois, au terme d'un voyage interplanétaire de sept mois, a en effet identifié de l'eau sous forme de glace sur Mars. Il s'agit de la première preuve directe de la présence d'eau sur la planète rouge, se basant non plus seulement sur des photos ou des conclusions découlant d'observations indirectes, comme cela avait été le cas jusqu'à présent, mais sur de réelles analyses.

Cette découverte majeure pour la mission spatiale européenne revient, entre autres, à l'équipe de chercheurs de l'Institut d'astrophysique spatiale d'Orsay, qui a pu, grâce à l'analyse spectrale des rayonnements infrarouges, mettre en évidence cette présence d'eau. Ce qu'ils ont découvert, c'est une importante quantité d'eau sous forme de glace. Elle est condensée dans une énorme banquise de glace de gaz carbonique (CO_2). L'exploration de Mars continue de plus belle, avec l'arrivée d'Opportunity, un nouveau robot de la Nasa qui devrait examiner une face de la planète diamétralement opposée à celle où a atterri Spirit, un autre robot américain actuellement frappé par une panne que les experts n'arrivaient pas à comprendre.

[単語リスト：détecter 探知する，hydrogène 水素，un faisceau de 一連の，orbite 軌道，infrarouge 赤外線，condenser 凝縮させる，banquise 氷原，diamétralement まったく]

（1）アメリカの研究者たちが火星に水が存在する根拠としたのは何ですか。（30字以内）

（2）ヨーロッパの探査ロケットによる水の存在の証明はこれまでとなにが違うのですか。
（30字以内）

（3）ヨーロッパの研究者たちはどのような状態の水の存在を明らかにしたのですか。
（30字以内）

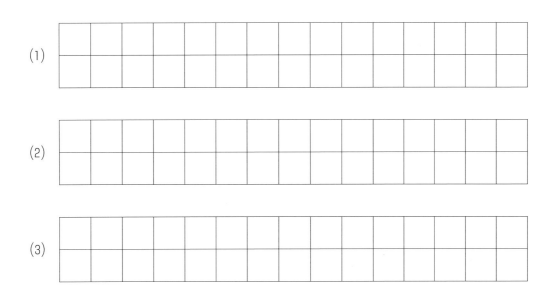

次の文章を読み，右のページの（1）〜（3）に，指示にしたがって**日本語**で答えてください。句読点も字数に数えます。

Entre 1990 et 1999, date des deux derniers recensements du XXe siècle, le nombre de logements en France métropolitaine a augmenté plus rapidement que la population pendant la même période. En effet, pendant cette période, le nombre de résidences principales a crû de 9,4 % alors que la population n'a crû que de 3,4 %. Depuis 1982, le nombre de personnes par logement a continûment baissé. En 1982, il était de 3,1. Il était de 2,6 en 1990, et de 2,4 en 1999. Le nombre de logements recensés en métropole lors du recensement de 1999 s'élève à 28,7 millions. Parmi ces logements, 83 % sont des résidences principales et celles-ci sont plus vastes qu'elles ne l'étaient lors du recensement précédent.

L'augmentation du nombre de résidences principales entre 1990 et 1999 est comparable à celle de la période 1982-1990 mais les logements sont un peu plus grands et comme, en parallèle, la taille des ménages diminue, chacun dispose d'un peu plus de place. Le nombre moyen de pièces par résidence principale est maintenant de 3,86 (contre 3,08 en 1962). C'est en zone rurale que les logements sont les plus grands (4,48 pièces en moyenne). C'est dans l'agglomération parisienne qu'ils sont les plus petits (3,18 pièces en moyenne).

En ce qui concerne la proportion de ménages propriétaires de leur appartement, elle s'est stabilisée entre 1990 et 1999 alors qu'elle avait augmenté rapidement pendant la trentaine d'années précédentes (54,4 % en 1990, 54,7 % en 1999).

L'habitat individuel n'a guère progressé non plus dans les années quatre-vingt-dix après une forte augmentation entre 1982 et 1990. 56 % des résidences principales sont des maisons individuelles ou des fermes. Cet habitat est particulièrement important dans les départements sans grandes agglomérations de l'Ouest et du Nord de la France.

En revanche le confort des résidences principales a progressé : en mars 1999 plus de 4 logements occupés sur 5 sont équipés d'installations sanitaires, de WC intérieurs et du chauffage central. Ce ratio n'était que de 3 sur 4 en 1990 et inférieur à 1 sur 2 en 1975. Le confort est le plus répandu en Ile-de-France et dans les métropoles régionales en expansion. Les résidences principales sans installation sanitaire ni WC sont en majorité des petits logements occupés par des ménages âgés ruraux ou par des étrangers.

[単語リスト：recensement 国勢調査，résidence principale 本邸，agglomération 人口密集地域，sanitaire 給排水の]

(1) 1990年から1999年にかけての住宅と人口の増加にはどういう関係がありますか。
(30字以内)

(2) 1990年か1999年にかけての住居では，家人の専有面積にどういう変化がありましたか。
(35字以内)

(3) 1990年代以降の住宅事情にはどういう傾向が見られますか。(30字以内)

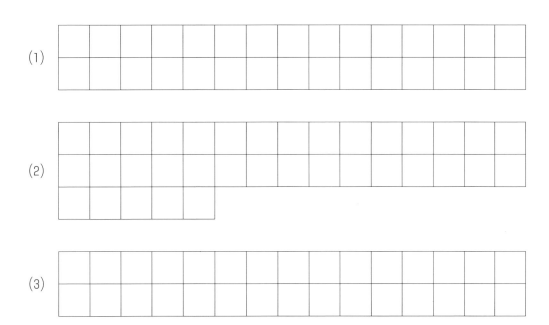

(1)

(2)

(3)

8

和文仏訳

　日本語文をフランス語文に訳する問題です。フランス語文で3〜5行の短い文
で，配点は14点です。内容は，おもに1人称で日常生活の一コマを切りとったも
のですが，ときには新聞記事のような説明文も出題されます。和文仏訳では，文法，
語法，語彙に関するフランス語の総合的な力が試されます。また，フランス語文
では，日本語のように主語を省略しませんし，単語の反復を嫌うといった言語表
現の根本的な違いもありますから，こうしたことにも気をつけなければなりませ
ん。日本語文を逐語訳するというより，知識として頭のなかにあるフランス語文
の領域内でフランス語文を作成するというように発想の転換が必要です。

➤ 出題例（2017年 8）

8 次の文章をフランス語に訳してください。
解答欄は解答用紙の裏面にあります。（配点　14）

　けさは天気がよかったので、買ったばかりの白いワンピースを着て出かけた。ところ
が帰宅途中、思いがけずひどい雷雨に見舞われた。ワンピースは台なしになったけれ
ど、雨あがりの夕空はいつもより美しく思われた。

EXERCICE 1

次の文章をフランス語に訳してください。

　とりわけ夏は花火の季節だ。日本では，全国で数百もの花火がある。先週の日曜日，兄［弟］と私は川辺で打ち上げられる花火を見に行った。打ち上げは19時に始まるので，早めに出なければならなかった。私たちは15時には現地に*着いていた。飲みものとサンドイッチを買うためにコンビニに寄らなければならなかった。浴衣姿の若者たちとすれ違った。

　*現地に：sur les lieux

_____

_____

_____

_____

_____

EXERCICE 2

次の文章をフランス語に訳してください。

　村に住む人たちは美しい風景を捨てて都会に移り住んだのですが，いまや反対に，都会に住む人たちが美しい風景をもとめて山へやってきます。そこをあてにして，村人に生きのこる道はないものでしょうか。工場誘致*によってとり残され，農業の近代化**にも期待できない山村の住民たちが最後の希望を託すのは観光開発***なのです。

　*誘致：implantation　　**近代化：modernisation　　***開発：exploitation

_____

_____

_____

_____

_____

EXERCICE 3

次の文章をフランス語に訳してください。

　泳ぐのが好きになって以来，私は仕事に行くまえに，毎朝規則的にプールへ通っている。プールへ行く途中にパン屋がある。寒くて目を開けているだけでもつらいというのに，パン屋のまえを通るとき，パンのいい匂いがする。足を止めたいという誘惑*は大きいが，負けてはならない，とりわけショーウインドーの向こうから微笑みかけてくるチョコレートパンを見ないようにしなければならない。

　*誘惑：tentation

_____

_____

_____

_____

EXERCICE 4

次の文章をフランス語に訳してください。

　フランスはなによりも広大な農村です。そこで暮らしている人たちの大半はパリのファッションとはなんら関わりもありません。彼らは昔の生活様式を守りながら慎ましく生活しています。去年の10月から１年間，語学研修生*としてフランス東端の小都市ブザンソン**のある家庭に下宿する機会があって，そうした庶民の暮らしぶりをかいま見ることができました。

　*研修生：stagiaire　　**ブザンソン：Besançon

_____

_____

_____

_____

_____

EXERCICE 5

次の文章をフランス語に訳してください。

　先日私は夫と４歳になる娘といっしょに買い物に行った。夫はパソコン用のUSBメモリー＊を買わなければならなかった。私は彼と話しこみ始めた。不意にふりむくと，娘の姿がなかった。私は売り場で，名前を呼びながら彼女を探したが見つからなかった。結局夫がスーパーの外で彼女を見つけた．彼女は歩道＊＊のほうへ行っていた。

　＊USBメモリー：clé [clef] mémoire USB　＊＊歩道：trottoir

_____

_____

_____

_____

_____

_____

EXERCICE 6

次の文章をフランス語に訳してください。

　私は新宿で美容師をしていました。私はこの仕事が好きで，長時間立ったままでいなければならない仕事でしたが，私が働いている小さな美容院はあまりお客さんもいませんでしたから，ひどく疲れるということはありませんでした。そこであらゆる年齢，性格，社会環境＊のたくさんの女性を知ることもできました。夕方はぶらぶらしたり，自宅の近所の小さな店で食べものを買うのが好きでした。

　＊社会環境：milieux sociaux

_____

_____

_____

_____

_____

EXERCICE 7

次の文章をフランス語に訳してください。

先日，まだ朝の8時になっていなかった。あまりにも早く起きなければならなかったので，目をこすりながら，眠気と闘いながら満員の*地下鉄で立っていた，そのとき正面に座っている茶髪の女の子が目に入った。彼女は大きなイヤホンで音楽を聴きながら，ピザをむさぼるように食べていた。そして私に気がつくとすぐに席をゆずるために立ち上がった。

*満員の：bondé

EXERCICE 8

次の文章をフランス語に訳してください。

なつかしい子ども時代の思い出！空で太陽が輝いていれば，私は森へ散歩に行ったり，川へ魚釣りに行ったりしていました。雨や寒さのために家にいなければならないときは，かくれんぼ*をしたり，リビングのソファーで絵本を読んだりしていました。雪のときは友だちと雪合戦**をしに行ったものでした。

*かくれんぼ：cache-cache　　**雪合戦：bataille de boules de neige

EXERCICE 9

次の文章をフランス語に訳してください。

　近所の公園へ散歩に行った。よく晴れた秋の日だった。その日は，ごくわずかな人たちとすれ違っただけだった。落ち葉を集める掃除人*たちだけがときおり公園の静寂を破っていた。こうした穏やかで静かな空気は私の心を強く打った。銀杏**の葉はもうすっかり黄色になっていた。ときどき実***が枝からはなれて乾いた音をたてながら地面に落ちていた。

　　*掃除人：balayeurs　**銀杏：ginkgo　***実：noix

_____

_____

_____

_____

_____

EXERCICE 10

次の文章をフランス語に訳してください。

　ある朝，気晴らしに古い自転車に乗って散策していたら，パトカー*に呼び止められ，容疑者**扱いされた。「これはあなたの？」「名前は？」横柄でぞんざいな調子の詰問が30分以上続いた。私は警察に協力するのがいやになった。

　　*パトカー：voiture de patrouille de la police　**容疑者：suspect

_____

_____

_____

_____

2次試験

面接試験（2次試験）について

　1次試験の合格者を対象とした個人面接試験は，フランス人と日本人の面接委員が二人一組になっておこないます。試験室へ入る3分まえにA，B2つのテーマが書かれた問題が渡されます。A，Bどちらかのテーマについて3分間分の論述をまとめなければなりません。

　論述を始めるまでの3分間の準備時間がとても重要になります。指示にしたがって試験室へ入ったら，会話はすべてフランス語でおこなわれます。まず受験者の確認のために，名前，身分，職業など簡単な質問がありますから，自己紹介の準備をしておいてください。名前や職業や身分だけではなく，試験会場へくる交通手段についても答える準備をしておくといいでしょう。そのあと選択したテーマについて3分間の論述に入ります。この3分間は予想以上に長く感じられるはずです。実際に原稿を読んでみて時間を体感しておくことをおすすめします。論述のあとフランス人との質疑応答があります。試験時間は入室してから退室まででだいたい7分間です。論述の内容や構成が評価のポイントになります。テーマに合った具体例を示すことができれば説得力が増します。論述がすむと，その内容に関する面接委員からの意見や反論に答えます。面接委員との対話は議論の場ではありません。対話を通して論述内容を補足していくといった心構えで対応してください。試験時間が終了して，退出する際にはあいさつをするように心がけましょう。

　過去に出題された問題をみると，時事的な話題を扱ったものが多いようです。フランス語で答えを組み立てる以前に，テーマの趣旨が理解できないというようなことがないように，ふだんから日本の新聞や雑誌にも目を通す習慣を身につけ，国内で起こっていることに関心をもち，それをどう考えるのかをまとめる作業をしておく必要があります。

　面接試験の対策としては，フランス語の各種教材のCD，インターネット，ニュース番組，映画などを活用してできるだけフランス語を聞く機会をふやすようにしましょう。また，気に入ったフランス語の文章を暗唱したり，ある程度の長さのフランス語を繰り返し声に出して発音する練習もしてみましょう。インターネットで受験者の体験談が紹介されています。面接の現場を伝える声ですから大いに参考になります。

準１級の２次試験は次のように進行します。

試験方法

○２次試験は個人面接です。（面接時間：約７分）

○各自の試験開始予定時刻の３分前にテーマを２題渡します。この３分間に，渡された２題のテーマのうちいずれか１題について考えをまとめておいてください。

○指示に従い試験室に入室し，はじめに氏名などについてフランス語で簡単な質問がありますから，フランス語で答えてください。

○次に選択したテーマについて，３分間，フランス語で自由に述べてください。つづいて，その内容についてフランス語で質問がありますから，フランス語で答えてください。時間に余裕があれば，一般会話をおこなうことがあります。

＊注意＊　・テーマが渡されてから，辞書・参考書類を使ったり，音読したり，他の人と相談したりしないでください。

　　　　　・試験室入室前に携帯電話，ポケットベル等の電源を切ってください。

　２次試験の問題はすべて A，B ２つのテーマからなり，どちらか１つを選択します。過去に出題されたテーマを紹介しておきます。

次のテーマのうち，いずれか１題について考えをまとめておいてください。

[日本]

1. **A** On dit que les jeunes Japonais sont actuellement plus conservateurs que les générations précédentes. Qu'en pensez-vous ?

   B Êtes-vous pour ou contre l'installation de caméras de surveillance dans les trains ?

2. **A** Plusieurs scandales liés à des fraudes sur les contrôles de qualité frappent de grands entreprises japonais. Comment expliquez-vous le phénomène ?

   B Certains prénoms insolites dits *kira-kira name* provoquent des discussions ces dernières années. Qu'en pensez-vous ?

3. **A** Le nombre de touristes étrangers au Japon progresse d'année en année. Qu'en pensez-vous ?

   B Au Japon, l'accouchement sous anesthésie partielle reste une pratique très minoritaire (le taux était de 5, 2 % en 2016). Comment expliquez-vous le phénomène ?

1. **A** La France vise à interdire la vente de véhicules essence et diesel d'ici 2040. Qu'en pensez-vous ?

   B Êtes-vous pour ou contre les robots d'assistance aux personnes dépendantes ?

2. **A** Que pensez-vous des impôts sur les grosses fortunes ?

   B Alors que les Français n'hésitent pas à acheter des articles d'occasion, les Japonais ont tendance à préférer le neuf. Qu'en pensez-vous ?

3. **A** À l'instar de la Catalogne, plusieurs régions d'Europe aspirent à une plus grande autonomie. Le phénomène ne risque-t-il pas de compromettre l'avenir de l'UE ?

   B Que pensez-vous du marché très concurrentiel de la livraison ultra-rapide ?

[日本]

1. **A** 日本の若者は現在，以前の世代より保守的だといわれます。そのことをどう考えますか？

   B 電車の車内への監視カメラの設置に賛成ですか，それとも反対ですか？

2. **A** 品質検査の不正にからむいくつものスキャンダルが日本の大企業をおそっています。この現象をどう説明しますか？

   B 近年「キラキラネーム」と呼ばれる一部の突飛な名前が議論を呼んでいます。そのことをどう考えますか？

3. **A** 日本を訪れる外国人観光客の数は年々増加しています。そのことをどう考えますか？

   B 日本では，部分麻酔下での出産をおこなうのは依然としてごく少数の人たちです（2016年の割合は5.2%）。この現象をどう説明しますか？

[パリ]

1. **A** フランスは2040年までにガソリン車とディーゼル車の販売を禁止しようとしています。そのことをどう考えますか？

   B 要介護者の支援ロボットに賛成ですか，それとも反対ですか？

2. **A** 富裕税についてどう考えますか？

   B フランス人が中古品の購入をためらわないのに対して，日本人は新品を好む傾向があります。そのことをどう考えますか？

3. **A** カタロニアにならって，ヨーロッパのいくつもの地域がより大きな自治権を望んでいます。この現象はEUの将来を脅かす危険はないでしょうか？

   B 超特急宅配サービスの激しい競争市場をどう考えますか？

次のテーマのうち，いずれか1題について考えをまとめておいてください。

[日本]

1. **A** Au Japon, le risque de mort par excès de travail pose un problème de plus en plus sérieux. Qu'en pensez-vous ?

   B Quand vous achetez de la nourriture, à quoi faites-vous attention ?

2. **A** Les écarts entre les sexes restent au Japon plus grands que dans les autres pays développés. Qu'en pensez-vous ?

   B Halloween s'impose de plus en plus au Japon. Comment expliquez-vous le phénomène ?

3. **A** Que pensez-vous de la possibilité d'abdiquer pour l'empereur du Japon ?

   B Les cas de maltraitance sur enfant sont en augmentation au Japon. Qu'en pensez-vous ?

[パリ]

1. **A** À Paris, la location de vacances s'impose comme le premier mode d'hébergement touristique. Ce système peut-il réussir au Japon ?

   B On dit que les jeunes Japonais sont de moins en moins attirés par le mariage. Qu'en pensez-vous ?

2. **A** En octobre dernier, la France et le Japon se sont opposés à l'adoption par l'ONU de l'interdiction des armes nucléaires. Qu'en pensez-vous ?

   B En France, le camion-restaurant est de plus en plus à la mode. Comment expliquez-vous le phénomène ?

3. **A** Que pensez-vous de la remise du prix Nobel de littérature au chanteur Bob Dylan ?

   B Êtes-vous pour ou contre les combats d'animaux ?

258

[日本]

1. **A** 日本では，過労死の危険がますます深刻な問題となっています。そのことをどう考えますか？

   B あなたは食べものを買うとき，どんなことに注意しますか？

2. **A** 日本では，男女間の格差は他の先進諸国より大きいままです。そのことをどう考えますか？

   B 日本ではハロウィンがますます存在感を増しています。この現象をどう説明しますか？

3. **A** 日本の天皇の退位の可能性についてどう考えますか？

   B 日本では，児童虐待事件が増加しています。そのことをどう考えますか？

1. **A** パリではバケーションレンタルがトップの観光宿泊方法として注目されています。このシステムは日本でも成功するでしょうか？

   B 日本の若者はますます結婚への関心を失っていると言われます。そのことをどう考えますか？

2. **A** さる10月，フランスと日本は国連による核兵器禁止条約の採択で対立しました。そのことをどう考えますか？

   B フランスではキッチンカーがますます流行しています。この現象をどう説明しますか？

3. **A** ノーベル文学賞が歌手のボブ・ディランに授与されたことをどう考えますか？

   B 動物の闘技に賛成ですか，それとも反対ですか？

次のテーマのうち，いずれか1題について考えをまとめておいてください。

[日本]

1. **A** Le système numérique d'identification est déjà en vigueur dans plusieurs pays. Est-ce qu'on a tort de se méfier de l'intruduction d'un numéro peronnel au Japon ?

   B D'après vous, les cris des enfants sont-ils des « nuisances sonores » ?

2. **A** Le ministère des Finances japonais souhaite diminuer le nombre d'instituteurs à l'école primaire et au collège. Qu'en pensez-vous ?

   B Que pensez-vous de ceux qui utilisent leur smartphone en marchant ?

3. **A** Le Japon doit-il accueillir plus de réfugiés ?

   B Êtes-vous pour ou contre la vaccination obligatoire ?

[パリ]

1. **A** Les habitants de Hambourg ont rejeté, via un référendum, la candidature de leur ville pour l'organisation des Jeux Olympiques en 2024. La ville de Paris doit-elle maintenir la sienne ?

   B Les enfants japonais vont seuls à l'école et la presse fraçaise trouve cela « surprenant ». Partagez-vous ce point de vue ?

2. **A** Après le scandale de Volkswagen, doit-on faire moins confiance aux industriels ?

   B Au Japon, on interdit aux personnes tatouées l'accès aux bains publics. Que pensez-vous ?

［日本］

1. **A** デジタル認証システムがすでにいくつもの国で発効されています。日本でマイナンバー導入に警戒するのはまちがいですか？

   B あなたの考えでは，子どもの叫び声は「騒音公害」ですか？

2. **A** 日本の財務省は小中学校における教員数を減らしたがっています。そのことをどう考えますか？

   B 歩きながらスマートフォンを使っている人たちをどう思いますか？

3. **A** 日本はもっと難民を受け入れるべきでしょうか？

   B 強制予防接種に賛成ですか，それとも反対ですか？

［パリ］

1. **A** ハンブルクの住民は市民投票を通して，2024年のオリンピック開催への市の立候補を否決しました。パリ市はあくまで立候補を続けるべきでしょうか？

   B 日本の子どもたちは自力で登校します。フランスの報道はこれを「驚くべきこと」と考えます。あなたはこうした見方に賛成ですか？

2. **A** フォルクスワーゲンの不祥事以降は，企業をあまり信用すべきではないでしょうか？

   B 日本では，刺青のある人が公衆浴場に入ることは禁じられています。そのことをどう考えますか？

2次試験にのぞむにあたって，論述の大まかな構成はテーマには関係なく決めておくことができます。たとえば，次のようなものです。

1. テーマに関する一般的な現状分析や定義を述べます。これはテーマを正しく理解していることを伝えるためのものです。

2. テーマについて，できれば具体例をあげながら，肯定的な評価と否定的な評価を紹介します。

   D'un côté, ..., d'un autre côté, ... や D'une part, ..., d'autre part, ... や Certains pensent que... などの表現を使って，できるだけ複数の見方を述べる必要があります。自説の主張に終始するのは禁物です。

3. 述べてきたことを土台にして，自分の考えを述べます。

   À mon avis ... や Personnellement などの表現を使って自分の見方を説明します。

   テーマを渡されてから3分間でなにを話すかという具体的な内容を用意しなければなりません。もちろんフランス語で作成できればそれにこしたことはありませんが，なにしろ準備時間が短いですから，日本語の箇条書きでいいでしょう。そのときに使用できるフランス語の単語や短文に見当をつけておきましょう。過去に出題されたいくつかのテーマについて具体的な構成を考える練習をしておくことをおすすめします。

第1回
実用フランス語技能検定模擬試験
筆記試験問題冊子　〈準1級〉

問題冊子は試験開始の合図があるまで開いてはいけません。

筆 記 試 験	14 時 50 分 〜 16 時 30 分	
	(休憩 20 分)	
書き取り 聞き取り	試験	16 時 50 分から約 35 分間

◇**筆記試験と書き取り・聞き取り試験の双方を受験しないと欠席になります。**

◇問題冊子は表紙を含め 12 ページ、全部で 8 問題です。

注 意 事 項

1　途中退出はいっさい認めません。

2　筆記用具は **HB または B の黒鉛筆** (シャープペンシルも可)を用いてください。ボールペンや万年筆等でマークした解答は機械による読み取りの対象とならないため、採点されません。

3　解答用紙の所定欄に、**受験番号**と**カナ氏名**が印刷されていますから、まちがいがないか、**確認**してください。

4　**マーク式の解答は、解答用紙の解答欄にマークしてください。**たとえば、②の(1)に対して③と解答する場合は、次の例のように解答欄の ③ にマークしてください。

例	2	解答番号	解 答 欄
		(1)	① ② ● ④ ⑤ ⑥ ⑦ ⑧ ⑨ ⓪

5　記述式の解答の場合、正しく判読できない文字で書かれたものは採点の対象となりません。

6　解答に関係のないことを書いた答案は無効にすることがあります。

7　解答用紙を折り曲げたり、破ったり、汚したりしないように注意してください。

8　問題内容に関する質問はいっさい受けつけません。

9　不正行為者はただちに退場、それ以降および来季以後の受験資格を失うことになります。

10　**携帯電話等の電子機器の電源はかならず切って、かばん等にしまってください。**

11　**時計のアラームは使用しないでください。**

12　この試験問題の複製 (コピー)を禁じます。また、この試験問題の一部または全部を当協会の許可なく他に伝えたり、漏えいしたりすることを禁じます(インターネットや携帯サイト等に掲載することも含みます)。

＊解答用紙は p.276 にあります。

1 次の(1)〜(5)について、**A**のイタリック体の部分を変化させて**B**の（　　）内に入れると、2つの文**A**、**B**がほぼ同じ意味になります。（　　）内に入れるのにもっとも適切なフランス語（各1語）を、解答欄に書いてください。（配点　10）

(1) **A** Il *a satisfait* ses parents par sa réussite au bac.

　　B Sa réussite au bac a donné (　　　　) à ses parents.

(2) **A** Il est difficile de *lancer* ce nouveau produit.

　　B Le (　　　　) de ce nouveau produit est difficile.

(3) **A** Il faut répartir *équitablement* les charges.

　　B L'(　　　　) est exigée dans la répartition des charges.

(4) **A** Le musée *ouvre* à dix heures.

　　B L'(　　　　) du musée est à dix heures.

(5) **A** Vous pouvez *choisir* entre deux solutions.

　　B Vous avez le (　　　　) entre deux solutions.

2

次の (1)〜(5) について、**A**、**B** の（　　）内には同じつづりの語が入ります。（　　）内に入れるのにもっとも適切な語を、下の ① 〜 ⓪ のなかから１つずつ選び、解答欄のその番号にマークしてください。ただし、同じものを複数回用いることはできません。（配点　5）

(1)　**A**　Ce quartier n'est pas (　　　　) la nuit, il faut se méfier des voleurs.

　　　B　Je ne suis pas (　　　　) qu'il ait l'intention de s'occuper de cette affaire.

(2)　**A**　C'est lui qui se charge de l'(　　　　) du voyage quand on part en vacances.

　　　B　Il est bénévole dans une (　　　　) non gouvernementale.

(3)　**A**　Il est (　　　　) du vol dont on l'accuse.

　　　B　Quel (　　　　) de croire une histoire pareille !

(4)　**A**　Ils ont réservé un (　　　　) glacial à de nouvelles propositions.

　　　B　J'ai reçu un (　　　　) chaleureux.

(5)　**A**　Je lui ai donné le (　　　　) de ne pas répéter ce que je lui ai dit.

　　　B　Le (　　　　) de classe a réuni les enseignants d'une classe, en présence des représentants des élèves et des parents.

　①　accueil　　　②　certain　　　③　conseil　　　④　égard

　⑤　infaillible　　⑥　innocent　　⑦　intérêt　　⑧　organisation

　⑨　plan　　　　⓪　sûr

次の(1)～(5)の（　　）内に入れるのにもっとも適切なものを、下の ①
～ ⓪ のなかから1つずつ選び、解答欄のその番号にマークしてください。
ただし、同じものを複数回用いることはできません。（配点　5）

(1)　Ces parents cèdent trop facilement (　　　) leur fille.

(2)　Ils se disputent de temps en temps, mais (　　　) l'ensemble, ils
s'entendent bien.

(3)　Il veut sortir (　　　) ce temps affreux !

(4)　J'essaie de me passer (　　　) tabac.

(5)　Je passe (　　　) tes fautes.

①　à　　　　②　avec　　　③　dans　　　④　de　　　⑤　en

⑥　par　　　⑦　pour　　　⑧　selon　　　⑨　sous　　　⓪　sur

次の文章を読み、（　1　）～（　5　）に入れるのにもっとも適切なものを、下の語群から1つずつ選び、必要な形にして解答欄に書いてください。ただし、同じものを複数回用いることはできません。（配点　10）

Un nouveau-né d'une tribu* indienne du Brésil (　1　) après avoir été enterré vivant sept heures durant par sa famille, ont annoncé jeudi les autorités locales.

Une infirmière a alerté la police après avoir vu que ce bébé de sexe féminin (　2　) peu après sa naissance, dans le parc national du Xingu, où vivent de nombreuses tribus autochtones**, dans l'État du Mato Grosso.

L'arrière grand-mère du bébé, membre de la tribu Kamayura, a été interpellée.

« Nous avons ouvert une enquête pour établir s'il s'agit d'un infanticide*** ou si elle pensait que le bébé (　3　) mort-né », a indiqué le procureur**** Paulo Roberto do Prado.

Malgré les sept longues heures passées sous terre, « l'enfant se porte bien ». Il a été amené à Cuiaba, capitale de l'État de Mato Grosso, pour y être hospitalisé dans une unité de soins intensifs.

La famille a expliqué à la police que le bébé (　4　) sur la tête après que sa mère a accouché dans les toilettes, mais les autorités mettent en doute cette version.

« Comme le père refuse de reconnaître l'enfant et la mère est âgée de seulement 15 ans, il est possible qu'ils (　5　) de tuer le nouveau-né » a affirmé la police locale.

* tribu : 部族

** autochtone : 原住の

*** infanticide : 嬰児殺し

**** procureur : 検事

| être | enterrer | limiter | retarder |
| survivre | témoigner | tenter | tomber |

次の文章を読み、(1)〜(5)に入れるのにもっとも適切なものを、それぞれ右のページの ① 〜 ③ のなかから1つずつ選び、解答欄のその番号にマークしてください。（配点 5）

L'Accorderie est un système d'échange de services qui repose sur le temps et non sur l'argent : une heure de service rendu est égale à une heure de service reçu, quelle que soit la nature du service échangé. Chaque membre (Accordeur) participe de manière équilibrée aux échanges, par des offres et par des demandes de services. Son concept vise à (1) en renforçant les solidarités entre des personnes d'âges, de classes sociales, de nationalités et de sexes différents. Il repose sur un principe simple et original : proposer aux habitants d'un même quartier de se regrouper pour échanger entre eux des services, sur la base de leurs savoir-faire.

Concrètement, un Accordeur qui effectue, par exemple, une heure de dépannage informatique (2) qu'il peut ensuite utiliser pour obtenir l'un des services proposés par d'autres Accordeurs de son quartier. Il dispose d'un compte-temps sur Internet où sont comptabilisés* les échanges sur la base d'heures données et reçues. Cette nouvelle forme de solidarité, qui favorise la mixité** sociale sur un territoire donné mais répond aussi aux besoins de personnes (3), a connu un grand succès au Québec.

Une Accorderie fonctionne dans le monde de l'économie sociale et solidaire, en proposant un système économique alternatif reposant sur la création d'une nouvelle forme de richesse. Une richesse collective et solidaire qui (4) des membres de toute la communauté. Une communauté, où trop souvent, les citoyens les plus pauvres sont jugés non productifs, car occupant un emploi mal rémunéré***. Une Accorderie fait plutôt le pari qu'il est possible de créer cette richesse collective et solidaire en se basant sur la contribution de tous les membres de la communauté. Une Accorderie, c'est (5) construire une alternative au système économique dominant.

* comptabiliser : 記帳する

** mixité : 混成

*** rémunérer : 報酬をあたえる

(1)　① détruire le régime politique

　　② lutter contre la pauvreté et l'exclusion

　　③ obtenir la liberté de la presse

(2)　① a le droit de louer une villa

　　② doit déployer son talent

　　③ se voit attribuer un crédit de temps

(3)　① en déficit alimentaire

　　② en situation de pauvreté ou d'isolement

　　③ sans domicile fixe

(4)　① dépend de l'aide financière

　　② n'a pas besoin de générosité

　　③ s'appuie essentiellement sur le potentiel

(5)　① une façon démocratique et organisée de

　　② une simple mesure administrative pour

　　③ un système démodé pour

6 次の文章を読み、右のページの(1)〜(8)について、文章の内容に一致する場合は解答欄の ① に、一致しない場合は ② にマークしてください。

(配点　16)

Les parlementaires ont définitivement voté l'interdiction des téléphones portables dans les écoles et collèges, voire dans certains lycées, dès la rentrée de septembre. Cette proposition de loi des députés LaREM*, déposée en mai, traduit une promesse de campagne du président de la République.

Après le feu vert du Sénat** la semaine dernière, l'ultime vote de l'Assemblée a scellé l'adoption, ce lundi, de la loi sur « l'encadrement de l'utilisation du téléphone portable dans les établissements d'enseignement scolaire », issue d'un compromis entre les deux chambres. Le texte a obtenu 62 voix pour et une contre. Les députés LR***, socialistes et communistes se sont pour leur part abstenus, critiquant « une opération de communication » ou « une loi de circonstance » qui « ne va rien changer ».

Le texte modifie l'ancien article du code de l'éducation, qui prévoit que « dans les écoles maternelles, les écoles élémentaires et les collèges, l'utilisation durant toute activité d'enseignement et dans les lieux prévus par le règlement intérieur, par un élève, d'un téléphone mobile est interdite ». La nouvelle loi interdit l'usage de tout objet connecté (portable, tablette, montre...), dans les écoles et collèges, avec des exceptions possibles « pour des usages pédagogiques » ou pour les enfants handicapés. Les activités liées à l'enseignement mais aussi celle en extérieur, comme le sport, seront concernées. Pour les lycées, chaque établissement aura la possibilité, mais pas l'obligation, d'inscrire l'interdiction totale ou partielle du portable et autres objets connectés dans leur règlement intérieur.

Le nouveau texte précise « qu'à l'exception des lieux où le règlement intérieur l'autorise expressément, l'utilisation d'un téléphone mobile par un élève est interdite dans les écoles maternelles, les écoles élémentaires et les collèges ». Concrètement, la mesure ne va pas changer grand-chose. Mais elle permettra aux établissements scolaires de rédiger plus facilement les règlements intérieurs, qui n'auront plus qu'à préciser les lieux où le portable est autorisé, plutôt que d'énumérer les lieux où il est interdit.

(1)　Ni les collégiens ni les écoliers ne pourront utiliser un téléphone portable dans les écoles dès la rentrée de septembre.

(2)　Le président de la République voulait promouvoir l'interdiction des téléphones portables dans les écoles.

(3)　L'opposition entre deux chambres a empêché l'Assemblée d'adopter le projet de loi.

(4)　Les députés LR, socialistes et communistes ont voté contre le projet de loi.

(5)　L'article du code de l'éducation, rédigé cette fois, est absolument révolutionnaire.

(6)　Tous les lycées n'interdisent pas l'usage de tout objet connecté.

(7)　Dans les écoles, il y a des endroits où les élèves peuvent utiliser un téléphone mobile.

(8)　La mesure oblige les établissements scolaires à énumérer tous les lieux où le portable est interdit.

次の文章を読み、右のページの(1)～(3)に、指示にしたがって日本語で答えてください。句読点も字数に数えます。
解答欄は解答用紙の裏面にあります。（配点　15）

Les vieux sont devenus des vieux. Fini le temps où on les appelait des personnes du 3ᵉ* au 4ᵉ âge, et où les annonceurs les paraient du nom de seniors, pour les flatter et exploiter leur pouvoir d'achat. Tant mieux. Cette rhétorique n'était qu'hypocrisie. Quel que soit l'euphémisme** valorisant qu'on emploie pour les désigner, les vieux sont malheureux et seuls. Si on répugnait à les appeler des vieux, ce n'était pas pour améliorer leur sort, mais pour nier leur existence et mieux les oublier.

Ils sont pourtant de plus en plus nombreux. La durée de la vie s'allonge, alors que la natalité*** diminue. Dans un prochain avenir, un quart de la population aura plus de soixante ans dans la plupart des pays industrialisés. Les vieux d'aujourd'hui et de demain ne ressemblent pas à ceux d'autrefois. Ils n'habitent plus avec leurs enfants et leurs petits-enfants. Les maisons sont devenues trop petites. Et les cœurs trop étroits. Tout n'était pas rose, loin de là, dans les grandes demeures paysannes où s'entassaient trois ou quatre générations. L'ancêtre qui n'était plus capable de donner à manger aux poulets ou de plumer une oie se sentait inutile. Il se laissait parfois mourir.

On se débarrassait des vieux lorsqu'ils ne pouvaient plus travailler. Aujourd'hui, c'est lorsqu'ils le pourraient encore qu'on les rejette. Ils prennent la place d'un jeune. La bataille pour l'emploi a dressé des générations les uns contre les autres. On n'a plus assez d'argent pour fêter les noces d'or des grands-parents. Les vieux sont indésirables même au Japon, où ils étaient jusque-là respectés, et pris en charge par leurs familles. La situation ne peut qu'empirer, puisque le Japon a le taux de vieillissement le plus élevé de tous les pays industrialisés. Plus de place pour les vieux, dans cet archipel surpeuplé.

Mais les Japonais ont compris qu'ils vieilliront tous un jour, et qu'ils ont intérêt à améliorer la condition de leurs anciens. Ils ont d'abord créé une « banque du temps ». Le principe en est simple. Vous vous occupez bénévolement d'une ou de plusieurs personnes âgées, et vous achetez ainsi

des heures et des journées de soins pour votre propre vieillesse. Les Japonais
espèrent mobiliser**** 12 millions de volontaires pour cet échange de services
différé. La peur de la vieillesse est le commencement de la générosité.

* 3ᵉ âge : 第 3 年齢期

** euphémisme : 婉曲語法

*** natalité : 出生率

**** mobiliser : 動員する

（1）　筆者は老齢化の原因についてどう述べていますか。（25字以内）

（2）　筆者は老人数の増加をどう予測していますか。（25字以内）

（3）　日本人が創設した「時間の銀行」とはどういうシステムですか。（35字以内）

8 次の文章をフランス語に訳してください。
解答欄は解答用紙の裏面にあります。（配点　14）

　日本は世界でもっとも地震の多い国です。この国が昨年経験した地震は、多くの家を破壊し、ときには大火災を引き起こし、甚大な物的損害をもたらすと同時に数知れぬ人命を奪いました。海底の地震はしばしば津波を起こし、海岸の都市や漁村に大きな被害をもたらします。たとえば、国の北東部にある三陸海岸の住民たちは幾度となく津波による被害をうけてきました。

＊書き取り試験・聞き取り試験問題の音声は姉妹編『完全予想仏検準1級—書き取り問題・聞き取り問題編』に付属している MP3 CD-ROM に吹き込まれています。

第1回
実用フランス語技能検定模擬試験
聞き取り試験問題冊子 〈準1級〉

書き取り・聞き取り試験時間は、
16 時 50 分 から 約 35 分 間

　先に書き取り試験をおこないます。解答用紙表面の書き取り試験注意事項をよく読んでください。書き取り試験解答欄は裏面にあります。
　この冊子は指示があるまで開かないでください。

◇**筆記試験と書き取り・聞き取り試験の双方を受験しないと欠席になります。**

◇問題冊子は表紙を含め 4 ページ、全部で 2 問です。

書き取り・聞き取り試験注意事項

1　途中退出はいっさい認めません。

2　書き取り・聞き取り試験は、CD・テープでおこないます。

3　解答用紙の所定欄に、**受験番号**と**カナ氏名**が印刷されていますから、まちがいがないか、**確認**してください。

4　CD・テープの指示にしたがい、中を開いて、日本語の説明をよく読んでください。フランス語で書かれた部分にも目を通しておいてください。

5　解答はすべて別紙の書き取り・聞き取り試験解答用紙の解答欄に、**HB または B の黒鉛筆**(シャープペンシルも可)で記入またはマークしてください。ボールペンや万年筆等でマークした解答は機械による読み取りの対象とならないため、採点されません。

6　問題内容に関する質問はいっさい受けつけません。

7　**携帯電話等の電子機器の電源はかならず切って、かばん等にしまってください。**

8　**時計のアラームは使用しないでください。**

9　この試験問題の複製(コピー)を禁じます。また、この試験問題の一部または全部を当協会の許可なく他に伝えたり、漏えいしたりすることを禁じます(インターネットや携帯サイト等に掲載することも含みます)。

＊解答用紙はp.278にあります。

1
- まず、Sarah へのインタビューを聞いてください。
- つづいて、それについての５つの質問を読みます。
- もう１回、インタビューを聞いてください。
- もう１回、５つの質問を読みます。１問ごとにポーズをおきますから、その間に、答えを解答用紙の解答欄にフランス語で書いてください。
- それぞれの（　　）内に１語入ります。
- 答えを書く時間は、１問につき 10 秒です。
- 最後に、もう１回インタビューを聞いてください。
- 数を記入する場合は、算用数字で書いてください。
  （メモは自由にとってかまいません）（配点　10）

(1) Non, au départ, elle voulait être journaliste. Mais, quand elle a essayé de se (　　), elle a eu envie de travailler dans le domaine (　　).

(2) Elle (　　) ses clients, les (　　) et s'occupe de la vente.

(3) C'était (　　), elle a visité une (　　) d'hôtels en cinq jours.

(4) C'est un stage d'abord de (　　), ensuite d'(　　) et enfin de service.

(5) Il faut être à l'(　　) des clients et être très (　　).

メモ欄

2

- まず、Lucas の話を2回聞いてください。
- 次に、その内容について述べた文(1)〜(10)を2回通して読みます。それぞれの文が話の内容に一致する場合は解答欄の ① に、一致しない場合は ② にマークしてください。
- 最後に、もう1回 Lucas の話を聞いてください。
  （メモは自由にとってかまいません）（配点　10）

メモ欄

表面　第１回実用フランス語技能検定模擬試験（準１級）筆記試験　解答用紙

1

解答番号	解答欄	採点欄
(1)		②⓪
(2)		②⓪
(3)		②⓪
(4)		②⓪
(5)		②⓪

4

解答番号	解答欄	採点欄
(1)		②⓪
(2)		②⓪
(3)		②⓪
(4)		②⓪
(5)		②⓪

2

解答番号	解答欄
(1)	①②③④⑤⑥⑦⑧⑨⓪
(2)	①②③④⑤⑥⑦⑧⑨⓪
(3)	①②③④⑤⑥⑦⑧⑨⓪
(4)	①②③④⑤⑥⑦⑧⑨⓪
(5)	①②③④⑤⑥⑦⑧⑨⓪

3

解答番号	解答欄
(1)	①②③④⑤⑥⑦⑧⑨⓪
(2)	①②③④⑤⑥⑦⑧⑨⓪
(3)	①②③④⑤⑥⑦⑧⑨⓪
(4)	①②③④⑤⑥⑦⑧⑨⓪
(5)	①②③④⑤⑥⑦⑧⑨⓪

5

解答番号	解答欄
(1)	①②③
(2)	①②③
(3)	①②③
(4)	①②③
(5)	①②③

6

解答番号	解答欄
(1)	①②
(2)	①②
(3)	①②
(4)	①②
(5)	①②
(6)	①②
(7)	①②
(8)	①②

7 8 の解答欄は裏面にあります。

7

解答番号	採点欄
(1)	⓪①②③④
(2)	⓪①②③④
(3)	⓪①②③④
(4)	⓪①②③

8

解答番号	採点欄
	⓪①②③④⑤⑥⑦⑧⑨ ⑩⑪⑫⑬⑭

会場名　氏名　受験番号　会場コード

記入およびマークについての注意事項

マーク例

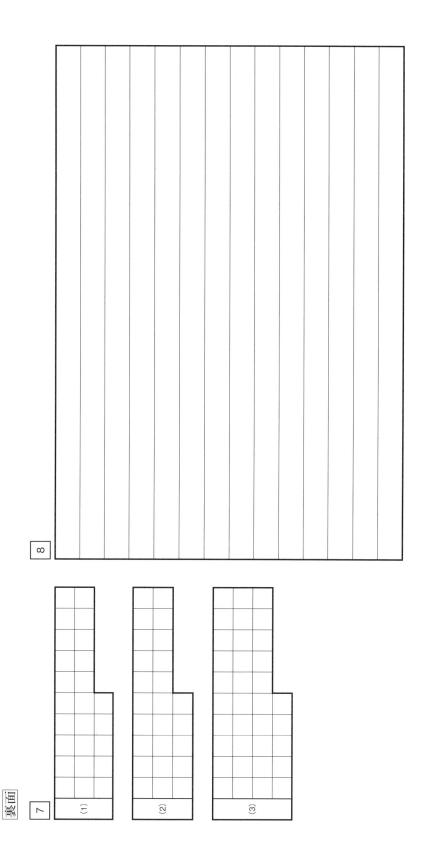

裏面

7

(1)

(2)

(3)

8

表面　**第1回実用フランス語技能検定模擬試験（準1級）書き取り試験 聞き取り試験 解答用紙**

書き取り試験注意事項　（書き取り試験解答欄は裏面にあります。）

フランス語の文章を、次の要領で3回読みます。全文を書き取ってください。

・1回目は、ふつうの速さで全文を読みます。内容をよく理解するようにしてください。
・2回目は、ポーズをおきますから、その間に書き取ってください（句読点も読みます）。
・最後に、もう1回ふつうの速さで全文を読みます。
・読み終わってから3分後に、聞き取り試験にうつります。
・数を書く場合は、算用数字で書いてかまいません。　　（配点 20）

書き取り試験

採点欄
⓪①②③④⑤⑥⑦⑧⑨⑩⑪⑫⑬⑭⑮⑯⑰⑱⑲⑳

聞き取り試験

1

解答番号	解 答 欄	採点欄
(1)		①⓪
		①⓪
		①⓪
(2)		①⓪
		①⓪
(3)		①⓪

解答番号	解 答 欄	採点欄
(4)		①⓪
		①⓪
(5)		①⓪
		①⓪

2

解答番号	解 答 欄	解答番号	解 答 欄
(1)	①②	(6)	①②
(2)	①②	(7)	①②
(3)	①②	(8)	①②
(4)	①②	(9)	①②
(5)	①②	(10)	①②

会　場　名

氏　　　名

会場コード　⓪①②③④⑤⑥⑦⑧⑨

受験番号　⓪①②③④⑤⑥⑦⑧⑨

準1級書き取り試験　解答欄

裏面

第2回
実用フランス語技能検定模擬試験
筆記試験問題冊子　〈準1級〉

問題冊子は試験開始の合図があるまで開いてはいけません。

筆　記　試　験	14時50分 ～ 16時30分
	(休憩20分)
書き取り 聞き取り　試験	16時50分から約35分間

◇**筆記試験と書き取り・聞き取り試験の双方を受験しないと欠席になります。**

◇問題冊子は表紙を含め12ページ、全部で8問題です。

注　意　事　項

1　途中退出はいっさい認めません。

2　筆記用具は**HBまたはBの黒鉛筆**(シャープペンシルも可)を用いてください。ボールペンや万年筆等でマークした解答は機械による読み取りの対象とならないため、採点されません。

3　解答用紙の所定欄に、**受験番号**と**カナ氏名**が印刷されていますから、まちがいがないか、**確認**してください。

4　**マーク式の解答は、解答用紙の解答欄にマークしてください。**たとえば、2の(1)に対して③と解答する場合は、次の例のように解答欄の③にマークしてください。

例　| 2 | 解答番号 | 解　答　欄 |
|---|---|---|
| | (1) | ① ② ● ④ ⑤ ⑥ ⑦ ⑧ ⑨ ⑩ |

5　記述式の解答の場合、正しく判読できない文字で書かれたものは採点の対象となりません。

6　解答に関係のないことを書いた答案は無効にすることがあります。

7　解答用紙を折り曲げたり、破ったり、汚したりしないように注意してください。

8　問題内容に関する質問はいっさい受けつけません。

9　不正行為者はただちに退場、それ以降および来季以後の受験資格を失うことになります。

10　**携帯電話等の電子機器の電源はかならず切って、かばん等にしまってください。**

11　**時計のアラームは使用しないでください。**

12　この試験問題の複製(コピー)を禁じます。また、この試験問題の一部または全部を当協会の許可なく他に伝えたり、漏えいしたりすることを禁じます(インターネットや携帯サイト等に掲載することも含みます)。

＊解答用紙はp.296にあります。

1 次の (1) ～ (5) について、A のイタリック体の部分を変化させて B の ( ) 内に入れると、2つの文 A、B がほぼ同じ意味になります。( ) 内に入れるのにもっとも適切なフランス語（各1語）を、解答欄に書いてください。(配点 10)

(1) **A** Ce film n'était pas *intéressant*.

    B Ce film était sans ( ).

(2) **A** Elle est sortie malgré que son père le lui *interdise*.

    B Elle est sortie malgré l'( ) de son père.

(3) **A** La police n'a pas encore pu *identifier* l'homme trouvé mort ce matin.

    B La police n'a pas encore pu établir l'( ) de l'homme trouvé mort ce matin.

(4) **A** Le maire les *a marié* samedi.

    B Leur ( ) a eu lieu samedi à la mairie.

(5) **A** On a mis trois heures à *moissonner* ce champ de blé.

    B On a mis trois heures à faire la ( ) de ce champ de blé.

2

次の(1)～(5)について、**A**、**B**の（　　）内には同じつづりの語が入ります。（　　）内に入れるのにもっとも適切な語を、下の ① ～ ⓪ のなかから1つずつ選び、解答欄のその番号にマークしてください。ただし、同じものを複数回用いることはできません。（配点　5）

(1)　**A**　Cette rue est (　　　　) au boulevard : prends-la, on arrivera plus vite.

　　B　Le marché (　　　　) des diamants a été dénoncé dans la presse.

(2)　**A**　Il faut (　　　　) des documents pour faire son exposé dans un congrès.

　　B　Les bouteilles en plastique servent à (　　　　) l'eau de pluie pour les plantes.

(3)　**A**　J'avais tellement soif que j'ai bu mon verre d'eau d'un (　　　　).

　　B　La fréquence des pluies est un (　　　　) dominant du climat de cette région.

(4)　**A**　Le caissier du magasin a compté la (　　　　) des ventes d'une journée.

　　B　Le cuisinier a essayé une nouvelle (　　　　) de poulet aux champignons.

(5)　**A**　Le maître d'hôtel a oublié de (　　　　) du vin dans mon verre.

　　B　Nous n'avons pas assez d'argent pour (　　　　) un acompte pour cette maison.

① élevée　　② front　　③ louer　　④ parallèle

⑤ recette　　⑥ recueillir　　⑦ rejoindre　　⑧ trait

⑨ vente　　⓪ verser

3

次の(1)～(5)の（　　）内に入れるのにもっとも適切なものを、下の①～⓪のなかから1つずつ選び、解答欄のその番号にマークしてください。ただし、同じものを複数回用いることはできません。（配点　5）

(1) C'est une fille travailleuse, (　　) la différence de son frère.

(2) Elle a mis (　　) côté la somme nécessaire à cet achat.

(3) Je vais vous prendre (　　) charge dès votre arrivée à l'aéroport.

(4) La taxe (　　) les alcools est un impôt indirect.

(5) Les experts font rarement des erreurs (　　) leurs prévisions.

① à　　② avec　　③ dans　　④ de　　⑤ en

⑥ parmi　　⑦ pour　　⑧ sauf　　⑨ sous　　⓪ sur

次の文章を読み、（　1　）～（　5　）に入れるのにもっとも適切なものを、下の語群から1つずつ選び、必要な形にして解答欄に書いてください。ただし、同じものを複数回用いることはできません。（配点　10）

Cité Soleil, c'est un vaste bidonville*, c'est-à-dire un immense espace surpeuplé, où la population vit dans une extrême pauvreté.

Cité Soleil a été créé il y a 55 ans. Le bidonville s'est développé, a connu beaucoup d'épisodes difficiles, (　1　) par une grande violence.

Un nouveau projet fait parler de lui. Il a démarré il y a un an. Tout a commencé quand des jeunes qui, jusqu'alors, (　2　), ont trouvé une entente**. Les jeunes sont majoritaires parmi les 500 000 habitants. Ils ont imaginé un projet de bibliothèque.

À Cité Soleil, il n'y a qu'une seule école d'enseignement secondaire, pas d'école supérieure. Beaucoup d'habitants ne savent ni lire ni écrire. Mais les jeunes ont décidé que « s'il fallait faire quelque chose pour Cité Soleil, cela devait d'abord commencer avec et pour les habitants ». Ils ont donc sollicité les habitants. Un des policiers qui travaillent à Cité Soleil raconte: « Ce qui m'(　3　) très plaisir et qui m'a beaucoup motivé, ce sont les gens qui ne savent ni lire ni écrire, mais qui donnent quand même de l'argent en disant : voilà mes 50 gourdes (0,60 euro), c'est pour mon enfant. Je veux qu'il (　4　) une bonne éducation. »

Plus de 10 000 livres ont déjà été collectés, ainsi que 4,7 millions de gourdes. Mais où va-t-on installer cette bibliothèque ? Tout a été réfléchi. Ce (　5　) au croisement des 34 quartiers de la Cité, histoire de ne pas titiller*** la mémoire des gangs rivaux. Selon certains, participer à ce projet de konbit (qui veut dire « travail collectif » en créole) est une fierté.

* bidonville : 貧民街

** entente : 相互理解

*** titiller : くすぐる

apprendre　　avoir　　conduire　　être

marquer　　s'affronter　　s'exposer　　faire

第2回実用フランス語技能検定模擬試験

285

5

次の文章を読み、（　1　）～（　5　）に入れるのにもっとも適切なものを、それぞれ右のページの ① ～ ③ のなかから1つずつ選び、解答欄のその番号にマークしてください。（配点　5）

La Californie est actuellement ravagée par de gigantesques incendies. Les flammes envahissent la Californie depuis le début du mois de juillet. Un (　1　) partiel a d'ailleurs été déclaré. Les 14 incendies en cours dans l'État ont dévasté 63 000 hectares, d'après le service des urgences du gouverneur* de Californie. 10 000 pompiers ont été mobilisés dans tout l'État pour tenter de (　2　). Les forces de l'ordre ont par ailleurs arrêté un pyromane** présumé.

« Carr », le dernier incendie en date, a fait d'énormes dégâts aux alentours de la ville de Redding. Les flammes ont causé la mort de deux pompiers et ravagé 32 700 hectares. L'incendie a par ailleurs détruit plus de 500 bâtiments. Néanmoins, un petit miracle qui (　3　) est récemment survenu dans le brasier***.

Un officier de police en charge des autoroutes de l'État a en effet sauvé un petit faon qui tentait d'échapper tant bien que mal aux flammes. Le policier (　4　) afin d'aider dans la lutte contre « Carr ». Sa patrouille a déclaré sur Twitter à propos de son sauvetage héroïque : L'animal est seulement âgé d'un mois. Sur les clichés****, on peut voir le faon lécher le cou de son sauveur. Il semblerait donc qu'une complicité naturelle soit immédiatement née entre le jeune animal et le policier. Depuis son sauvetage, le faon a été (　5　) qui s'occupe des animaux abandonnés.

* gouverneur：州知事

** pyromane：放火魔

*** brasier：猛火

**** cliché：写真

(1) ① coup d'État

② état de faillite

③ état d'urgence

(2) ① causer l'incendie

② combattre le projet gouvernemental

③ maîtriser les flammes

(3) ① est valable un mois

② mérite d'être mis en avant

③ n'a pas à être souligné

(4) ① était en flammes

② flânait dans la forêt

③ se rendait sur place

(5) ① confié à une organisation

② laissé à la consigne

③ retourné à l'état sauvage

6 次の文章を読み、右のページの(1)～(8)について、文章の内容に一致する場合は解答欄の ① に、一致しない場合は ② にマークしてください。

(配点　16)

La communication chez les abeilles est très élaborée et a fait l'objet de nombreuses études. Elle permet la cohésion de la ruche, la reconnaissance entre individus, la diffusion des alertes, mais également le repérage des sources de nourriture, d'eau, de résines, ou des emplacements possibles d'implantation. Elle est basée sur les échanges tactiles à l'aide des antennes, sur des messagers chimiques appelés phéromones, et sur un comportement remarquable : les danses des abeilles.

Les phéromones sont des substances chimiques émises par chacun des membres de la ruche : la reine, les ouvrières, les mâles et même le couvain. Ces substances sont de véritables messages qui conditionnent les comportements au sein de la colonie.

Il est facile d'observer les ouvrières émettant une phéromone de regroupement, tête basse et abdomen relevé, après que la ruche a été dérangée ou au cours de l'essaimage*. Les phéromones de la reine jouent également un rôle de cohésion primordial. Par exemple, si la ruche est trop populeuse, ou si la reine est affaiblie, vieillit, ou meurt, ses phéromones n'atteignent plus la périphérie de la ruche : c'est ainsi que l'on explique le démarrage de la construction de cellules royales et l'élevage de nouvelles reines.

La danse des abeilles est un terme utilisé en apiculture** et en éthologie*** pour désigner un mode de communication des abeilles butineuses****. Ce mode si particulier paraît presque incroyable. Il s'agit d'un langage abstrait, complexe et sophistiqué, permettant de transmettre une quantité considérable d'informations. Les abeilles s'en servent pour indiquer l'emplacement de sources de nourriture, d'un endroit favorable à l'implantation de la colonie, mais aussi de points d'eau ou de zones de récolte de résines pour la propolis. Non seulement le lieu est situé précisément, mais des informations quantitatives et qualitatives sont fournies !

Pour situer et caractériser une source de nourriture, deux danses sont possibles: la danse en rond pour les sources proches (quelques dizaines de mètres de la ruche) et la danse frétillante au-delà et jusqu'à plusieurs kilomètres.

* essaimage : 分封

** apiculture : 養蜂

*** éthologie : 動物行動学

**** butineur : 蜜をあさる

(1) La communication chez les abeilles est le moyen qui permet de maintenir la cohésion de la colonie.

(2) Les abeilles ont trois sortes de moyens de communication.

(3) Les phéromones répandues par des abeilles jouent un rôle de messages qui coordonne leurs actions.

(4) Seules les ouvrières émettent toujours une phéromone pour rappeler leurs camarades.

(5) La reine fait signe aux ouvrières de construire des cellules royales en augmentant l'émission des phéromones.

(6) On peut considérer la danse des abeilles comme une sorte de langage.

(7) Les abeilles se servent de la danse pour avertir les autres abeilles de l'invasion des ennemis.

(8) Les abeilles peuvent employer judicieusement deux danses selon leur attachement pour la ruche.

次の文章を読み、右のページの(1)〜(3)に、指示にしたがって日本語で答えてください。句読点も字数に数えます。
解答欄は解答用紙の裏面にあります。（配点　15）

Malgré les efforts entrepris pour combattre les maladies nosocomiales*, des germes de plus en plus résistants apparaissent. Principales causes : la surconsommation d'antibiotiques** et une hygiène parfois insuffisante.

Est-ce la fin d'un tabou ? Longtemps occultée, la question des maladies contractées*** à l'hôpital est maintenant abordée avec plus de transparence. « La seule façon d'être crédible, c'est de reconnaître qu'il y a des difficultés », avoue Bruno Soudan, directeur du centre hospitalo-universitaire Henri-Mondor, à Créteil. Confronté au décès de quatre patients contaminés**** par une bactérie dans l'unité de réanimation de son établissement, il n'a pas hésité à publier tous les détails de la situation sanitaire et à fermer le service concerné, jusqu'à sa complète désinfection.

Cette bactérie n'est pas une inconnue pour les médecins français. Elle prolifère depuis des décennies. Mais sa nouvelle variante, multirésistante, n'est apparue que récemment. Elle fait partie de la famille des « bactéries opportunistes***** », présentes un peu partout dans l'environnement. Sur un sujet sain, celles-ci ne provoquent généralement pas de maladies. Elles vivent sans danger pour le porteur, à la surface de la peau ou des muqueuses. En revanche, elles peuvent créer de graves infections chez les personnes dont les défenses immunitaires****** sont faibles. Ainsi, les patients en soins intensifs sont des proies faciles pour ces microbes.

Autre caractéristique de ces micro-organismes : leur robustesse. Ils continuent de vivre sur une matière inerte (téléphone, bouton de téléviseur, clavier d'ordinateur) pendant plusieurs jours, voire plusieurs semaines. La transmission se fait par les mains, généralement celles des médecins ou des infirmiers. Mais le malade contaminé peut lui-même être un vecteur, lorsqu'il est transféré d'un établissement à l'autre. Depuis une quinzaine d'années, les autorités sanitaires essaient de réduire le nombre d'infections contractées en milieu hospitalier. Des moyens financiers ont été dégagés. Des structures de

surveillance ont été créées : chaque hôpital et chaque clinique privée dispose
désormais d'un comité de lutte contre les infections nosocomiales.

* nosocomial：病院内の

** antibiotique：抗生物質

*** contracter：病気にかかる

**** contaminer：病原菌を感染させる

***** opportuniste：日和見性の

****** immunitaire：免疫の

(1)　筆者のいうタブーとは何ですか。(30字以内)

(2)　アンリ＝モンドール大学病院の患者を襲ったバクテリアはふつうどこに生息し
　　ていて、どういう人たちに感染しますか。(30字以内)

(3)　問題のバクテリアの感染ルートはなにが考えられますか。(30字以内)

8

次の文章をフランス語に訳してください。
解答欄は解答用紙の裏面にあります。（配点　14）

　私が突然今週の土曜日に富士山へ、少なくとも富士山をとりまく5つの湖のなかのどれか1つに行こうと決めたのは先週の水曜日のことだった。私は何ヶ月もネットで美しい写真を眺め、感嘆していた。「みずからそこへ行って、自分の目でそれを見なければならない」としょっちゅう思っていた。だから東京・河口湖間の往復バス切符を予約した。

＊書き取り試験・聞き取り試験問題の音声は姉妹編『完全予想仏検準1級―書き取り問題・聞き取り問題編』に付属している MP3 CD-ROM に吹き込まれています。

第 2 回
実用フランス語技能検定模擬試験
聞き取り試験問題冊子 〈準 1 級〉

> 書き取り・聞き取り試験時間は、
> 16 時 50 分 から 約 35 分 間

先に書き取り試験をおこないます。解答用紙表面の書き取り試験注意事項をよく読んでください。書き取り試験解答欄は裏面にあります。

この冊子は指示があるまで開かないでください。

◇**筆記試験と書き取り・聞き取り試験の双方を受験しないと欠席になります。**

◇問題冊子は表紙を含め 4 ページ、全部で 2 問題です。

書き取り・聞き取り試験注意事項

1　途中退出はいっさい認めません。

2　書き取り・聞き取り試験は、CD・テープでおこないます。

3　解答用紙の所定欄に、**受験番号**と**カナ氏名**が印刷されていますから、まちがいがないか、**確認**してください。

4　CD・テープの指示にしたがい、中を開いて、日本語の説明をよく読んでください。フランス語で書かれた部分にも目を通しておいてください。

5　解答はすべて別紙の書き取り・聞き取り試験解答用紙の解答欄に、**HB または B の黒鉛筆**(シャープペンシルも可)で記入またはマークしてください。ボールペンや万年筆等でマークした解答は機械による読み取りの対象とならないため、採点されません。

6　問題内容に関する質問はいっさい受けつけません。

7　**携帯電話等の電子機器の電源はかならず切って、かばん等にしまってください。**

8　**時計のアラームは使用しないでください。**

9　この試験問題の複製(コピー)を禁じます。また、この試験問題の一部または全部を当協会の許可なく他に伝えたり、漏えいしたりすることを禁じます(インターネットや携帯サイト等に掲載することも含みます)。

＊解答用紙はp.298にあります。

1

- まず、Philippe へのインタビューを聞いてください。
- つづいて、それについての 6 つの質問を読みます。
- もう 1 回、インタビューを聞いてください。
- もう 1 回、6 つの質問を読みます。1 問ごとにポーズをおきますから、その間に、答えを解答用紙の解答欄にフランス語で書いてください。
- それぞれの（　　）内に 1 語入ります。
- 答えを書く時間は、1 問につき 10 秒です。
- 最後に、もう 1 回インタビューを聞いてください。
- 数を記入する場合は、算用数字で書いてください。
（メモは自由にとってかまいません）（配点　10）

(1) Il a pratiqué (　　　) sports différents.

(2) Non, il aime bien se (　　　) un petit peu mais jamais dans l'idée de (　　　).

(3) Non, il n'y a (　　　) sportif dans la famille et lui-même n'aime que les sports de (　　) air.

(4) Il fait de l'(　　　), actuellement.

(5) Il a fait un (　　　) dans l'Atlas, c'est-à dire qu'il est monté jusqu'à (　　　) mètres.

(6) Oui. Il a fait une (　　) sur un (　　) en montagne.

メモ欄

2

- まず、心臓病（maladie cardiaque）に関する話を2回聞いてください。
- 次に、その内容について述べた文(1)〜(10)を2回通して読みます。それぞれの文が話の内容に一致する場合は解答欄の ① に、一致しない場合は ② にマークしてください。
- 最後に、もう1回話を聞いてください。
  （メモは自由にとってかまいません）（配点　10)

～～～～～～～～～～～～～～～～～～～～～～～～～～～～～～～～～～～～

メモ欄

表面　第２回実用フランス語技能検定模擬試験（準１級）　筆記試験　解答用紙

会場名

氏名

会場コード

受験番号

1

解答番号	解 答 欄	採点欄
(1)		② ⓪
(2)		② ⓪
(3)		② ⓪
(4)		② ⓪
(5)		② ⓪

4

解答番号	解 答 欄	採点欄
(1)		② ⓪
(2)		② ⓪
(3)		② ⓪
(4)		② ⓪
(5)		② ⓪

2

解答番号	解 答 欄
(1)	① ② ③ ④ ⑤ ⑥ ⑦ ⑧ ⑨ ⓪
(2)	① ② ③ ④ ⑤ ⑥ ⑦ ⑧ ⑨ ⓪
(3)	① ② ③ ④ ⑤ ⑥ ⑦ ⑧ ⑨ ⓪
(4)	① ② ③ ④ ⑤ ⑥ ⑦ ⑧ ⑨ ⓪
(5)	① ② ③ ④ ⑤ ⑥ ⑦ ⑧ ⑨ ⓪

3

解答番号	解 答 欄
(1)	① ② ③ ④ ⑤ ⑥ ⑦ ⑧ ⑨ ⓪
(2)	① ② ③ ④ ⑤ ⑥ ⑦ ⑧ ⑨ ⓪
(3)	① ② ③ ④ ⑤ ⑥ ⑦ ⑧ ⑨ ⓪
(4)	① ② ③ ④ ⑤ ⑥ ⑦ ⑧ ⑨ ⓪
(5)	① ② ③ ④ ⑤ ⑥ ⑦ ⑧ ⑨ ⓪

5

解答番号	解 答 欄
(1)	① ② ③
(2)	① ② ③
(3)	① ② ③
(4)	① ② ③
(5)	① ② ③

6

解答番号	解 答 欄
(1)	① ②
(2)	① ②
(3)	① ②
(4)	① ②
(5)	① ②
(6)	① ②
(7)	① ②
(8)	① ②

7

解答番号	採 点 欄
(1)	⓪ ① ② ③ ④ ⑤
(2)	⓪ ① ② ③ ④ ⑤
(3)	⓪ ① ② ③ ④ ⑤

8

採 点 欄
⓪ ① ② ③ ④ ⑤ ⑥ ⑦ ⑧ ⑨ ⑩ ⑪ ⑫ ⑬ ⑭
⓪ ① ② ③ ④ ⑤ ⑥ ⑦ ⑧ ⑨ ⑩ ⑪ ⑫ ⑬ ⑭

7 **8** の解答欄は裏面にあります。

記入およびマークについての注意事項

1. 解答にはかならずHBまたはBの黒鉛筆（シャープペンシルも可）を使用してください。ボールペンや万年筆等でマークした解答は機械による読み取りの対象とならないため、採点されません。
2. 記入は太線の枠内に、マークは〇の中を正確に塗りつぶしてください（下記マーク例参照）。採点欄は塗りつぶさないでください。
3. 訂正の場合は、プラスチック製消しゴムできれいに消してください。
4. 解答用紙を折り曲げたり、破ったり、汚したりしないでください。

マーク例　　良い例　　悪い例

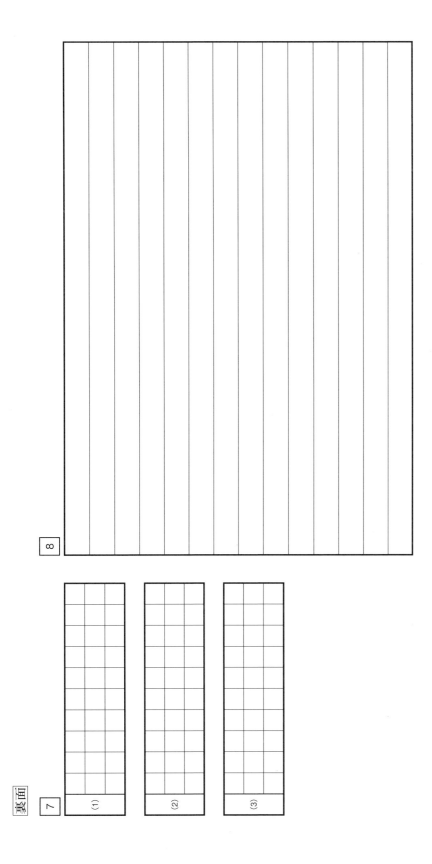

表面　第２回実用フランス語技能検定模擬試験（準１級）書き取り　聞き取り　試験　解答用紙

書き取り試験注意事項　（書き取り試験解答欄は裏面にあります。）

フランス語の文章を、次の要領で３回読みます。全文を書き取ってください。

・１回目は、ふつうの速さで全文を読みます。内容をよく理解するようにしてください。
・２回目は、ポーズをおきますから、その間に書き取ってください（句読点も読みます）。
・最後に、もう１回ふつうの速さで全文を読みます。
・読み終わってから３分後に、聞き取り試験にうつります。
・数を書く場合は、算用数字で書いてかまいません。（配点　20）

会　場　名	
氏　　　名	

会場コード

0	0	0	0
1	1	1	1
2	2	2	2
3	3	3	3
4	4	4	4
5	5	5	5
6	6	6	6
7	7	7	7
8	8	8	8
9	9	9	9

受　験　番　号

0	0	0	0	0
1	1	1	1	1
2	2	2	2	2
3	3	3	3	3
4	4	4	4	4
5	5	5	5	5
6	6	6	6	6
7	7	7	7	7
8	8	8	8	8
9	9	9	9	9

記入およびマークについての注意事項

1. 解答にはかならずHBまたはBの黒鉛筆（シャープペンシルも可）を使用してください。ボールペンや万年筆等でマークした解答は機械による読み取りの対象とならないため、採点されません。
2. 記入は太線の枠内に、マークは○の中を正確に塗りつぶしてください（下記マーク例を参照）。採点欄は塗りつぶさないでください。
3. 訂正の場合はきれいに消してください。プラスチック製消しゴムできれいに消してください。
4. 解答用紙を折り曲げたり、破ったり、汚したりしないでください。

マーク例　　良い例 ●　悪い例 ○ ⊗ ◯ ◑ ②

書き取り試験

採点欄

0	1	2	3	4	5	6	7	8	9
10	11	12	13	14	15	16	17	18	19	20

聞き取り試験

1

解答番号	解　答　欄	採点欄
(1)		0　1
(2)		0　1
(3)		0　1
(4)		0　1

解答番号	解　答　欄	採点欄
(5)		0　1
(6)		0　1

2

解答番号	解　答　欄	解答番号	解　答　欄
(1)	1　2	(6)	1　2
(2)	1　2	(7)	1　2
(3)	1　2	(8)	1　2
(4)	1　2	(9)	1　2
(5)	1　2	(10)	1　2

準1級書き取り試験　解答欄

裏面

著者紹介
富田　正二（とみた　しょうじ）
　1951年熊本生まれ。1979年，中央大学大学院
文学研究科仏文学専攻博士課程満期退学。
仏検対策に関する著書多数。ジョルジュ・ポ
リツェル「精神分析の終焉―フロイトの夢理
論批判」，ジャン＝リュック・ステンメッツ
「アルチュール・ランボー伝」（共訳，水声社）
など。

完全予想　仏検準1級
—筆記問題編—

2020.11.1　初版発行　　　2023.9.1　3刷発行

著　　者　　富 田 正 二

発 行 者　　上 野 名 保 子

発 行 所　　株式会社　駿河台出版社

〒101-0062 東京都千代田区神田駿河台3の7
電話 03（3291）1676 FAX03（3291）1675
振替 0 0 1 9 0 - 3 - 5 6 6 6 9

印刷・製本　㈱フォレスト

ISBN978-4-411-00555-7 C1085

http://www.e-surugadai.com